W0194978

KLASSIKER DES HISTORISCHEN ROMANS
Herausgegeben von Edgar Bracht

BENITO PEREZ GALDOS

DER AUFSTAND VON MADRID

ZWEI HISTORISCHE ROMANE IN EINEM BAND

BAILEN

Aus dem Spanischen ins Deutsche übertragen
von Werner Siebenhaar
Mit einem Nachwort von Barbara Röhl

BASTEI
LÜBBE

BASTEI-LÜBBE-TASCHENBUCH
Band 13 904

Erste Auflage: September 1997

© 1997 by Bastei-Verlag Gustav H. Lübbe GmbH & Co.,
Bergisch Gladbach
All rights reserved
Originaltitel: EL 19 DE MARZO Y EL 2 DE MAYO/BAILÉN
Lektorat: Dr. Edgar Bracht
Titelbild: Archiv für Kunst und Geschichte, Berlin
Umschlaggestaltung: Agentur Karl Kochlowski
Satz: KCS GmbH, Buchholz/Hamburg
Druck und Verarbeitung: Elsnerdruck, Berlin
Printed in Germany
ISBN 3-404-13904-6

INHALT

DER AUFSTAND VON MADRID

1

Im März 1808 waren es vier Monate, daß ich den Beruf des Schriftsetzers ausgeübt hatte. Ich setzte die Lettern schon mit mäßigem Geschick und verdiente drei Real[1] pro hundert Zeilen in der Druckerei der Zeitung *Diario de Madrid*. Mein Fleiß schien mir nicht sehr gut angewandt und die typographische Laufbahn nicht zu rosigen Zielen zu führen, denn obwohl alles auf der Handhabung von Buchstaben beruhte, war es doch eher eine langweilige als lehrreiche Tätigkeit. So kam es denn, daß ich – ohne in meinem Fleiß nachzulassen – in Gedanken weitere Horizonte und eine ehrenwertere Sphäre als unsere dunkle, erstickende Druckerei suchte.

Mein Leben war in dieser Zeit so grau und gleichförmig wie diese Arbeit, die anfangs die Intelligenz versklavte, ohne sie zu nähren. Als ich aber erst einmal eine gewisse Praxis in dieser lästigen Handhabung erlangt hatte, lernte mein Geist, sich frei zu machen, während die fünfundzwanzig Buchstaben unter meinen Fingern aus dem Kasten in die Form wanderten. Diese geringe Freiheit genügte mir, um die Sklavenherrschaft des Kellers, in dem wir arbeiteten, die Mühen des Setzhandwerks und die Ungebührlichkeiten unseres Faktors[2], eines geschwärzten Zyklopen, der eher in eine Schmiede als in eine Druckerei paßte, mit Geduld zu ertragen.

Dies bedarf nun einiger Erklärung. Meine Gedanken wanderten nämlich zu Inés, um die alle Organismen meines Geisteslebens kreisten, wie untergeordnete Welten ständig ihre Bahn um das Gestirn ziehen, das der Mittelpunkt des Systems ist. Wenn meine Arbeitskollegen von ihren Liebschaften und Kabalen erzählten, berichtete ich ihnen in meinem Mitteilungsdrang alle meine Gedanken über diesen Mittelpunkt meiner Vorstellungswelt.

»Meine Freundin wohnt in Aranjuez mit ihrem ehrwürdigen Onkel, dem Pater Don Celestino Santos del Malvar, einem der besten Lateiner unter der Sonne. Die liebe Inés

9

ist Waise und arm, aber das soll mich nicht hindern, sie mit der Hilfe Gottes, der die Kleinen groß macht, eines Tages zur Frau zu nehmen. Sie ist sechzehn Jahre alt, also ein Jahr jünger als ich, und so schön, daß sie mit ihrem Gesicht alle Rosen des Königlichen Palastes in den Schatten stellt. Aber was ist schon ihre Schönheit im Vergleich zu ihrer Intelligenz! Inés ist ein wahres Wunder – sie weiß mehr als alle Weisen, ohne daß es sie jemand gelehrt hat. Alles nimmt sie aus ihrem Köpfchen – die Lehren von Hunderttausenden von Jahren.«

Wenn ich mich nicht mit solchen Lobpreisungen beschäftigte, verreiste ich im Geiste mit ihr. Währenddessen glitten die Lettern durch meine Finger und verwandelten sich von stumpfer, stummer Materie in beredte Schrift. Welch eine Bewegung in dieser chaotischen Masse! Im Setzkasten schien jedes Zeichen die Elemente darzustellen, die vor dem Beginn der großen Schöpfung hier und dort verstreut lagen. Ich setzte sie in Bewegung, und aus jenen Bleistücken wurden Silben, Stimmen, Ideen, Sätze, Reden, Absätze, Kapitel, Abhandlungen – das menschliche Wort in seiner ganzen Herrlichkeit. Und danach, wenn die Form ihren mechanischen Dienst geleistet hatte, nahmen meine Finger sie wieder auseinander und verteilten die Buchstaben, jeden in sein Fach, wie die Ingredienzen, die der Chemiker nach der Trennung separat aufhebt. Die Buchstaben verloren ihren Sinn, das heißt ihre Seele, wurden wieder zu bloßem Blei und fielen stumm und bedeutungslos in den Kasten zurück.

Die gleichen Gedanken, der gleiche Mechanismus zu allen Werkstunden an allen Arbeitstagen, Woche für Woche, Monat für Monat ... Aber die Freuden der Wochenenden waren ein Ausgleich für alle Monotonie, alle Anstrengungen der übrigen Zeit. Ah, seht es meinem hohen Alter nach, daß es bei der Erinnerung daran in Verzückung gerät, daß diese dunkle Wolke sich verdünnt und von einem Lichtstrahl durchzogen wird. Die Samstage waren für mich von unvergleichlicher Schönheit. Das Licht dieser Tage erschien mir klarer, ihre Atmosphäre reiner als gewöhnlich. Und außerdem – wer konnte daran zweifeln, daß die Gesichter der Leute froher und die ganze Stadt freundlicher waren?

Diese Freude ging aber nur von meiner Seele aus. Der Samstag ist der Vorläufer des Sonntags, und am Mittag begannen meine Reisevorbereitungen zu jener Reise in den Himmel, die meine Vorstellung heute wiedererweckt, fünfundsechzig Jahre später. Ich sehe mich wieder mit den Fuhrleuten der Straße Angosta de San Bernardo über die Reisebedingungen verhandeln. Endlich entschließe ich mich für einen Wagen und kann nicht umhin, noch eine Weile über die Wetteraussichten für die Fahrt zu schwatzen. Ich wasche mir einmal, zweimal, dreimal, viermal Gesicht und Hände, um auch ja jeden Fleck der verabscheuten Druckerschwärze zu entfernen, und spaziere durch Madrid in Erwartung der Nacht. Ich schlafe ein wenig, wenn meine Ungeduld das zuläßt, und wenn die Uhr der Kirche Buen Suceso die froheste Zwölf schlägt, die ich in meinem Leben vernahm, ziehe ich mir wieder meinen neuen Anzug an, eile zu jenen Fuhrleuten, die ohne Zweifel die besten Menschen der Welt sind, steige auf den Lastwagen und bin schon unterwegs.

Mit großer Aufmerksamkeit betrachte ich alle Besonderheiten des Weges, und meine Fragen prasseln auf die Fuhrleute nieder, die bald davon genug haben. Wir fahren wieder über die Toledobrücke, lassen die Kreuzungen der Straßen nach Carabanchel und Toledo auf der Rechten zurück und kommen durch das Tor der Freuden und an der Löwenschänke vorbei. Da ziehen die Wirtshäuser von Villaverde vorbei, die Kreuzungen der Straßen nach Getafe und Parla auf der rechten Seite, und an der Pintoschänke dürfen die Maultiere etwas ausruhen. Dann sieht uns Valdemoro an seiner ehrwürdigen Mauer entlangeilen, und das Posthaus von Espartinas bietet den trägen Zugtieren wieder einige Augenblicke der Rast. In der Morgendämmerung fahren wir die Königinsteige hinunter, wo sich dem Blick das weite Tal öffnet, in dem sich die Flüsse Tajo und Jamara vereinigen. Wir fahren über die berühmte Breite Brücke auf die Breite Straße und setzen bald den Fuß auf den Platz des Ortes Aranjuez, der wegen seiner königlichen Sommerresidenz auch Real Sitio genannt wird.

Meine Augen suchen zwischen den Bäumen und über den Dächern den bescheidenen Turm der Kirche. Dahin strebe ich. Pater Don Celestino hält gerade die Messe ab, die – da es ein Festtag ist – gesungen wird. Von innen vernehme ich die Stimme des Onkels von Inés, die ausruft: »*Gloria in excelsis Deo.*«[3] Auch ich singe mit leiser Stimme *Gloria* und betrete die Kirche. Eine ernste und feierliche Freude, die das ewige Glück ahnen läßt, erfüllt den großen Raum und spiegelt sich in meiner Seele. Die farblosen Fenster lassen reichlich Licht ein, das sich in der nackten Wölbung verbreitet, die außer dem matten Gips keine Farbe aufweist. Der Hochaltar ist ganz in Gold, die Heiligen und die Altargemälde sind verstaubt. Auf dem ersten Gemälde sehe ich einen Heiligen, der sich mit ausgebreiteten Armen zum Volk wendet. Es läuten die Glocken in den Türmen. Alle knien sich nieder und schlagen sich auf die sündige Brust. Die Messe nimmt ihren Lauf. Währenddessen schaue ich unaufhörlich auf die seitlich von mir sitzenden Frauen. Unter diesen Hunderten von schwarzen Mantillas[4] erkenne ich diejenige, die den hübschen Kopf von Inés verhüllt. Ich würde sie unter Tausenden erkennen können.

Nach Ende der Messe erhebt sich Inés. Ihre Augen suchen mich so unter den Männern, wie ich sie unter den Frauen gesucht habe. Endlich hat sie mich entdeckt, aber wir sagen uns kein Wort. Ich biete ihr geweihtes Wasser, und wir verlassen die Kirche. Unsere ersten Worte des Wiedersehens sind natürlich begeistert und erregt, aber wir sprechen nichts Bedeutsames, lachen über alles. Das Haus des Priesters liegt neben der Kirche, und wir betreten es Hand in Hand. Es hat einen Innenhof mit einem breiten Wandelgang, an dessen dicken Pfeilern ein alter Weinstock seine rauhen, holzigen Arme emporrankt. Daneben wartet ein Jasminstrauch auf den Frühling, um seine tausend Blüten erstrahlen zu lassen. Wir steigen die Treppe hinauf, und oben empfängt uns Don Celestino, der heute nicht mit seiner alten grünlich-schwarzen Soutane, sondern mit einer neuen bekleidet ist. Wir essen zusammen, und wenn schönes Wetter und der Boden trocken ist, gehen wir im Prinzengarten spazieren – Inés und ich voraus, der Pater, auf einen Stock gestützt, hinterher. Inés und ich unterhalten uns mit den Augen und dem Mund.

Pater Celestino ruft uns ständig von hinten, daß wir nicht so schnell gehen sollen, weil er uns nicht mehr folgen kann, und wir – die wir am liebsten fliegen würden – zügeln unsere Schritte. Schließlich setzen wir uns am Flußufer nieder, an einer Stelle, wo der Tajo und der Jamara unerwartet aufeinandertreffen: Wenn der eine vom anderen Kenntnis genommen hat, umarmen sie sich, mischen ihre Wasser und ziehen als ein einziger Strom weiter – zwei Leben zu einem vereint. Es konnte gar nicht anders sein, als daß Inés und ich an dieser Stelle dieselbe Empfindung hatten.

Der Tag neigt sich dem Ende zu, denn obwohl es unsere Herzen verlangen, besteht kein Grund, daß sich die Planetenbahnen ändern und diesem für uns so kostbaren Tag mehr Stunden gewähren, als ihm zukommen. Es kommt der Abend, die Dämmerung, die Nacht, und ich verabschiede mich, um wieder zu meiner Galeerenfron zurückzukehren. Ich bin von tausend Gedanken erfüllt, sage tausend Ungereimtheiten – bisweilen scheint es mir, als ob ich fröhlich wäre – bisweilen sehr traurig.

Ich erreiche Madrid auf dem gleichen Wege wie auf der Hinfahrt und betrete mein Zimmer. Es ist Montag – ein Tag der Müdigkeit, des Unbehagens, der Trägheit und Arbeitsunlust. Es hilft aber nichts, ich muß wieder an die Arbeit, und der Setzkasten hält mir seine Lettern entgegen, die nur auf meine Hände warten, damit sie zusammengesetzt werden und sprechen können. Meine Hand kennt in diesen ersten Momenten nur vier von diesen schwarzen Schriftzeichen, die sich zu einem Namen vereinen: *Inés*.

Ich spüre einen Schlag auf meiner Schulter. Es ist der zyklopische Faktor, der mich einen Faulpelz schimpft und mir einen Manuskriptzettel hinwirft, der sofort gesetzt werden muß. Es ist eine dieser ach so ›interessanten und ergreifenden‹ Anzeigen des *Diario de Madrid* mit folgendem Wortlaut: ›Junger Mann von siebzehn bis achtzehn Jahren gesucht, der etwas von Buchhaltung, Herrenfrisuren und -bärten und – für gelegentliche Anwendung – auch etwas vom Kochen versteht. Bewerber, die diese Kenntnisse besitzen und außerdem gute Zeugnisse aufzuweisen haben, wollen sich bitte an die Woll- und Tuchhandlung von Don Mauro Requejo, Calle de la Sal* Nr. 5, neben dem Friseurladen, hinsichtlich Lohn und Unterbringung wenden.‹

Beim Lesen dieses Namens war es mir, als ob ich ihn schon mal vernommen hätte.

2

Von den glücklichen Sonntagen habe ich bereits berichtet. Nun darf ich aber auch nicht verschweigen, was sich an einem dieser Wochenenden zugetragen hat. Der Leser vergesse bitte nicht, daß meine Erzählung im März 1808 beginnt, als ich den Ort Real Sitio schon mit zehn oder zwölf meiner Besuche beehrt hatte. An dem Tag, auf den ich mich beziehe, traf ich dort ein, als die Messe schon beendet war, und aus dem Hause vernahm ich einen harmonischen Flötenton, der mir ankündigte, daß Don Celestino guter Laune war. Es konnte sich also nichts Unangenehmes in der kleinen Familie ereignet haben. Inés trat zu meiner Begrüßung heraus und sagte mir nach den ersten Willkommensworten: »Onkel Celestino hat einen Brief aus Madrid erhalten, der ihn sehr freut.«

»Von wem denn?« fragte ich.

»Das hat er mir nicht gesagt – auch nicht, worum es sich

---

* Salzstraße (Anm. des Übersetzers)

handelt. Aber er ist sehr zufrieden und sagt, der Brief bringe gute Nachrichten.«

»Das ist aber sonderbar«, meinte ich verwirrt. »Wer kann euch denn aus Madrid gute Nachrichten schreiben?«

»Ich weiß es nicht, aber wir werden es ja bald erfahren«, erwiderte Inés. »Der Onkel sagte mir nur: ›Wenn Gabriel kommt und wir uns zu Tisch setzen, werde ich euch erzählen, was in diesem Brief steht. Es geht uns alle drei an, besonders aber dich, Inés, denn du bist darin die Hauptperson. Ich bin als dein Onkel daran beteiligt und Gabriel, weil er dein Bräutigam werden wird, wenn er alt genug ist.‹«

Wir sprachen nicht mehr davon, und ich trat in das Zimmer des guten Priesters und Humanisten ein. Ein Bett mit blütenweißer, grün umrandeter Bettdecke war das größte Möbelstück in diesem engen Raum. Den Rest füllte ein Kieferntisch mit zwei oder drei Stühlen sowie eine seltsame Kommode mit verschiedenartigen Beschlägen und Ausbesserungen aus. Dieser bescheidene Hausrat wurde durch ein Kruzifix sowie eine Marienstatue vervollständigt, die in Samt gekleidet und von mehreren Schwertern und Blitzen durchbohrt war. Beide Bildnisse waren mit Oliven- und Steineichenzweigen geschmückt. Die vielen Bücher bedeckten den halben Tisch und die halbe Kommode und ließen nur Platz für einige Notenblätter und Schreibpapier, worauf der gute Priester seine Entwürfe für lateinische Verse niederschrieb. Durch das Fenster sah man einen recht gut instand gehaltenen Garten und weiter hinten die Wipfel der Ulmen, die wie riesige Wachposten alle größeren Straßen von Real Sitio umrandeten. Das war die Wohnung des Paters Celestino.

Wir drei setzten uns zu Tisch, und der Onkel von Inés hub an: »Gabrielito, ich muß dir ein lateinisches Gedicht vorlesen, das ich zu Ehren des Friedensfürsten Godoy[5], meines Landsmannes Freundes und – wie ich glaube – auch Verwandten, geschrieben habe. Es hat mich eine Woche Arbeit gekostet, denn das Dichten in lateinischer Sprache geschieht nicht im Handumdrehen. Ich möchte es dir vorlesen, obwohl du kein Gebildeter bist, denn ich weiß, daß du ein sehr verständiger Bursche bist. Ich möchte es danach an Sánchez Barbero[6] senden, den ersten der Poeten, seit es Dichtkunst in Spanien gibt – man komme mir ja nicht mit Fray Luis de León[7], de Rioja[8], de Herrera[9] oder den anderen, die sich in Romantik ergingen. Alles nur Versuche und Kinderspiele. Ein lateinischer Vers von Sánchez Barbero ist mehr wert als all die Episteln, Sonette, Sylven[10], Hirtengedichte und Gesänge, mit denen die breiten Volksschichten verdummt werden ... Aber, wie ich eben sagte, bevor ich mein Werk jenem Phönix des Geistes unserer Tage zur Prüfung vorlege, hätte ich gern gewußt, was du davon hältst.«

»Aber, Señor Don Celestino, ich kann doch kein Wort der lateinischen Sprache, außer vielleicht *Dominus vobiscum y bobilis bobilis*.«

»Das ist nicht wichtig. Gerade die Laien können oft am besten die Harmonie, den Widerhall, das *ore rotundo*, die abgerundete Sprache, beurteilen, in der diese Verse verfaßt werden müssen«, erwiderte der Priester mit unerbittlicher Hartnäckigkeit.

Inés sandte mir einen Blick zu, in dem sie mir mit ihrer ihr angestammten Weisheit Selbstverleugnung und Geduld für die bevorstehende Zumutung empfahl.

So übten wir uns beide in Aufmerksamkeit, während Don Celestino uns etwa vierhundert Verse vorlas, die meinem Ohr nur wie eine Serie von Tonwandlungen ohne Sinn vorkamen. Er schien sehr zufrieden zu sein und unterbrach seinen Vortrag immer wieder mit den Worten: »Was haltet ihr von dieser Passage? Inés, diese Wendung hier nennen wir *Litotes*[11], Abschwächung, und dies hier ›Wortschlag‹, um die Geräusche des aufgewühlten Meeres zu imitieren, das vom Staatsschiff durchquert wird, geschickt geleitet von dem, was *Onomatopöie*[12], Schallnachahmung, genannt wird, die in eine andere Form, die *Allegorie*[13], übergeht.«

So las er uns sein ganzes Werk, und Sie können sich wohl gut vorstellen, wie viel wir davon verstanden. Der

Anfang, der etwa wie folgt lautet, ist mir noch im Gedächtnis geblieben: »*Te, Godoie, canam: pacis tua munera coelo. inserere aegrediar: per te Pax alma biformem vineta recusantem conduxit carcere Janum.*«*

Vierhundert Verse dieser Art mußten Inés und ich schlucken. Meine Freundin lauschte aufmerksam, als ob sie alles verstünde, und auch an den am lautesten deklamierten Stellen gab sie noch Anzeichen der Zustimmung und des Lobes, um dem armen Alten eine Freude zu machen. Das nenne ich Aufopferung!

»Da es euch so gefallen hat, liebe Kinder«, fügte Don Celestino hinzu, während er sein Manuskript beiseite legte, »werde ich euch die wichtigsten Teile davon an einem anderen Tage wieder vorlesen. Auf diese Weise wird das Vergnügen verlängert, aber vermieden, daß der geistige Magen von einer Reihe von zu süßen und köstlichen Speisen überlastet wird.«

»Haben Sie auch vor, sie dem ›Friedensfürsten‹ vorzulesen?«

»Wozu hätte ich sie denn sonst geschrieben? Seiner gnädigen Hoheit gefallen doch lateinische Verse so sehr – er ist nämlich ein großer Lateiner. Ich möchte ihn möglichst bald damit überraschen. Aber im Hinblick auf die Politik des Friedensfürsten – was redet man denn so in Madrid? Hier sind die Leute ziemlich aufgeregt. Bei euch in Madrid auch?«

»Dort wissen sie nicht, was sie denken sollen. Es handelt sich ja auch um schwerwiegende Fragen. Die Leute fürchten die Franzosen, von denen immer mehr nach Spanien strömen. Sie sagen, der König habe doch nicht die Erlaubnis erteilt, daß so viele herkommen, und es scheint, als ob sich Napoleon überhaupt nicht um den Königshof von Spanien und das, was er mit ihm ausgehandelt hat, kümmert.«

---

*   Etwa: Dich, Godoy, möchte ich besingen. Dein Geschenk des Friedens sehe ich als Gabe des Himmels an. Durch Dich hat der Frieden den zwiegesichtigen Janus, der sich gegen die Fesseln sträubte, in den Kerker geführt. (Anm. des Übersetzers)

»Die Leute, die so reden, haben wenig Weitblick«, entgegnete Don Celestino, »denn Godoy und Bonaparte wissen sehr wohl, was sie tun. Hier glaubt jedermann mehr zu wissen als diejenigen, die an der Spitze sind. Deshalb hört man so viele dumme Meinungen.«

»Mit Portugal ist es aber ganz anders gelaufen, als man gedacht hatte. Dort wurde ein französischer General eingesetzt, und als die königliche Familie nach Amerika ging, sagte er: ›Hier regiert niemand als der Kaiser und ich in seinem Namen. Her mit vierhundert Millionen Realen. Her mit den Gütern der Adligen, die mit der königlichen Familie nach Brasilien gegangen sind!‹«[14]

»Wollen wir doch nicht nach dem äußeren Schein urteilen«, meinte Don Celestino dazu, »denn wer weiß, was daran wirklich wahr ist.«

»In Spanien werden sie das gleiche tun. Und da die Königsfamilie voller Angst ist und der ›Friedensfürst‹ so verwirrt, daß er nicht weiß, was er machen soll …«

»Was sagst du da, kleiner Narr? Wie ungebührlich sprichst du von dieser Zier der Diplomaten, diesem Vorbild der Minister? Er soll nicht wissen, was er zu tun hat?«

»So jedenfalls sagen viele. Napoleon täuscht alle. Es gibt allerdings viele in Madrid, die sich freuen, daß so starke französische Truppen nach Spanien kommen, denn sie hoffen, die werden den Prinzen Ferdinand auf den Thron setzen. Schön dumm sind die!«

»Dummköpfe, Toren, Schwachsinnige!« rief Don Celestino mit Nachdruck aus.

»Na, wir werden ja sehen. Wenn diese Herren mit guter Absicht kommen – warum besetzen sie dann im Handstreich die wichtigsten Plätze und Festungen? Zuerst setzten sie sich in Pamplona fest, nachdem sie die Garnison übertölpelt hatten, dann kamen sie nach Barcelona, wo sie eine große Festung besetzten, die Montjuich genannt wird. Dann nahmen sie eine weitere Festung in Figueras, die nicht weniger groß ist. Pacorro Chinitas sagte sogar, es sei die größte der Welt. Letztens haben sie sich auch in San Sebastián eingenistet. Sie können sagen, was Sie wollen, diese Leute kommen nicht als Freunde. Die spanische Armee murrt. Man muß mal die Offiziere hören, die aus dem Norden kommen und gesehen haben, wie sich die Franzosen in den Festungen einrichten ... Die speien Gift und Galle vor Wut. Karl IV. und seine Regierung sind nicht mehr Herr in ihrem eigenen Land. Alle haben doch gesehen, welchen Unsinn sie damit angerichtet haben, die Franzosen hereinzulassen. Wissen Sie, was man sich so in Madrid erzählt?«

»Na, was wird das schon sein! Zweifellos wieder solche Entgleisungen stumpfer Geister. Ich habe es doch schon gesagt: Wir verstehen nichts von den Staatsgeschäften. Wozu ist es schon gut, sich das Maul zu zerreißen über die Winkelzüge und Pläne dieser hochgestellten Persönlichkeiten, die sich abmühen, um das Beste für uns zu erreichen?«

»In Madrid sagt man aber, daß sich die königliche Familie in Intrigen eingesponnen sieht und nach Amerika auswandern will. Sie wird bald von Aranjuez nach Cádiz gehen. Natürlich freuen sich die Parteigänger des Prinzen Ferdinand darüber, denn sie glauben, daß der dann auf den Thron steigen wird.«

»Dummköpfe, Toren!« rief Inés' Onkel und regte sich wieder mächtig auf. »Da hat der Friedensfürst, mein Landsmann und wahrscheinlich auch Verwandter, schließlich auch noch ein gewichtiges Wörtchen mitzureden ... Aber wollen wir doch nicht über ungelegte Eier streiten, Gabriel, und über Dinge, die wir nicht zu entscheiden haben. Kommt, laßt uns essen, denn es ist Zeit, und der Körper verlangt es.«

Inés, die sich einen Augenblick vorher zurückgezogen hatte, kehrte zurück, um uns mitzuteilen, daß das Essen fertig sei. Während des Mahls teilte uns der ehrenwerte Geistliche den Inhalt jenes geheimnisvollen Briefes mit, der am Morgen eingetroffen war.

»Kinder«, begann er, nachdem wir Platz genommen hatten, »ich muß euch ein freudiges Ereignis mitteilen. Ja, Inés, du wirst dich freuen können. Das Glück tritt zu dir durch die Tür, und du bekommst den Beweis, daß Gott nie die Hilflosen und Bedürftigen verläßt. Du weißt ja, daß deine gute Mutter, Gott habe sie selig, einen Vetter hatte mit Namen Don Mauro Requejo, Tuchhändler, dessen Firmenschild – wenn ich mich nicht irre – in der Salzstraße Ecke Poststraße hängt.«

»Don Mauro Requejo«, sagte ich, und die Erinnerung kam mir wieder, »der also. Doña Juana erwähnte diesen Namen mir gegenüber einige Male, das fällt mir wieder ein, weil dieser Don Mauro einige Anzeigen in unsere Zeitung setzen ließ, die mich etliche Arbeit gekostet haben.«

»Auch ich kann mich an ihn entsinnen«, bemerkte Inés. »Er und seine Schwester waren die einzigen Verwandten, die meine Mutter in Madrid hatte. Er hat es immer abgelehnt, sich um uns zu kümmern, obwohl wir seine Hilfe bitter nötig hatten. Ich sah ihn zweimal. Glaubt ihr, daß er uns auch nur einmal wenigstens getröstet hätte – geschweige denn geholfen? Meine Mutter nähte einige Wäschestücke für ihn, und er feilschte um den Preis. Er zahlte nur die Hälfte des abgemachten Preises und meinte dazu: ›Zu etwas muß Verwandtschaft doch gut sein!‹ Er und seine Schwester hörten nicht auf, von ihrer Ehrlichkeit zu reden und wie weit sie es in ihrem Geschäft gebracht hatten. Sie machten uns für unsere Armut verantwortlich und verboten, daß wir sie in ihrem Haus besuchten, solange wir so kläglich leben mußten.«

»Dann würde ich aber sagen«, bemerkte ich voll Entrüstung, »daß dieser Don Mauro und seine Schwester zwei ganz gemeine Personen sind.«

»Langsam, langsam«, fuhr der Priester fort, »laßt mich doch mal ausreden. Es kann ja sein, daß der Vetter deiner Mutter nicht richtig handelte, aber jetzt hat Gott sein Herz gerührt, und er möchte seine Fehler korrigieren, indem er sich um dich als guter Verwandter und mildtätiger Mensch kümmert. Ihr müßt wissen, daß er dank seines Fleißes und seiner Sparsamkeit reich geworden ist. Also: In dem Brief, den ich heute morgen erhalten habe, teilt er uns mit, daß er dich in seinem Haus aufnehmen und unterstützen will. Es soll dir an nichts fehlen – nichts, was den jungen Damen von heute so gefällt, wie zum Beispiel Schmuck, schöne Kleider, kostbare Parfüms, elegante Handschuhe und andere Lappalien. Kurz und gut, Gott hat sich deiner erinnert, liebe Nichte. Ah, du wirst staunen, welches Interesse er in seinem Brief an dir zeigt! Wie sehr er deine Vorzüge lobt! Wie sehr er dich in den Himmel hebt, dein Waisentum bedauert, und wie gerührt er ist, daß du vom gleichen Blut wie er bist und trotz dieses Vorzugs ohne all die Dinge auskommen mußt, von denen er im Überfluß besitzt. Ich wiederhole es dir, der Señor Mauro Requejo ist durch großen Fleiß und Sparsamkeit sehr reich geworden. Welch glückliche Zukunft dich erwartet, Inés! Und hier ist der rührendste Absatz des Briefes deiner Verwandten«, fügte er hinzu und holte die Epistel hervor: »Wem sollen wir schon hinterlassen, was wir haben, wenn nicht unserer geliebten Nichte?«

Inés war über die unerwartete Gefühlswandlung ihrer einst so hartherzigen Verwandten so verwirrt, daß sie nicht wußte, was sie denken sollte. Sie sah mich an und suchte offenbar in meinen Augen etwas, was ihr Aufschluß über diese unerklärliche Veränderung geben könnte. Aber ich, der schon etwas ahnte, hütete mich, mir davon etwas in Worten oder Gesten anmerken zu lassen.

»Ich bin sehr überrascht«, sagte das Mädchen, »und meine, daß meine Verwandten, die mich nun so lieben, irgendeine Absicht damit verbinden, die wir noch nicht erkennen.«

»Nein, Gott hat ihnen nur die Augen geöffnet«, erklärte Don Celestino in seinem naiven Optimismus. »Warum müssen wir immer etwas Böses hinter guten Dingen wittern? Don Mauro ist ein ehrenwerter Mann. Er mag seine Fehler haben, aber was zählen schon solche kleinen Mängel der Seele, wenn sie vom Glanz der Güte erhellt wird?«

Inés blickte mich an, als wolle sie mich fragen, was ich denn davon halte.

Einige Monate vorher hätte ich die Ausführungen von Don Mauro Requejo mit naiver Begeisterung aufgenommen, aber einige üble Erfahrungen hatten mich inzwischen vorsichtig gemacht. Ich kannte jetzt die Grundbegriffe der Herzenswissenschaft und hatte begonnen, jenes Mißtrauen zu entwickeln, das uns beim Einschätzen der gefährlichen Schritte des Lebens nur helfen kann. Meine Antwort lautete also: »Da der ehrenwerte Vetter deiner Mutter vorher ein Schuft war, weiß ich nicht, warum wir ihm jetzt glauben sollten, daß er ein Heiliger geworden ist.«

»Du bist ein Jüngelchen ohne Erfahrung«, schalt mich Don Celestino, »und ich hätte das alles gar nicht in deiner Gegenwart erzählen dürfen. Meinst du nicht, daß ich das Wahre vom Falschen unterscheiden kann? Und schließlich: Inés, wenn er dich auf die Ebene der großen Leute heben will, sein Geld für seine geliebte Nichte ausgeben – warum solltest du das nicht annehmen? Ich könnte dir jetzt noch etliches erzählen, aber er wird dir persönlich seine große Zuneigung beweisen.«

»Was?« fragte Inés bestürzt. »Er wird hierher nach Aranjuez kommen?«

»Ja, meine Kleine«, erwiderte der Geistliche. »Ich habe mir diese Nachricht als letzte Überraschung für dich aufbewahrt. Am nächsten Sonntag wirst du die Freude haben, deinen lieben Onkel und Beschützer hier begrüßen zu dürfen. Ach, Inés! Es wird mir sehr weh tun, mich von dir trennen zu müssen, aber es wird mir auch ein großer Trost sein, daß du glücklich bist, daß du dich Tausender von Dingen erfreuen können wirst, die ich dir niemals bieten könnte. Und wenn ich alter Hinfälliger mal nach Madrid kommen werde, um dich zu besuchen, hoffe ich, daß du mich mit Freude und ohne Hochmut empfangen wirst. Ich hoffe auch, daß dich die verderbliche Eitelkeit nicht packen wird, wenn du in höhere Regionen aufsteigst als ich, denn als Onkel stehe ich, der ich der Bruder deines verschiedenen Vaters bin, dir doch noch näher als Don Requejo.«

Don Celestino war gerührt – und ich auch, allerdings aus anderem Grunde.

»Ja«, fuhr der Priester fort, »in acht Tagen werden wir

diesen geachteten Geschäftsmann der Salzstraße bei uns empfangen dürfen. Er teilte mir in dem Brief mit, daß er an der Lagune von Ontigola Ländereien gekauft hat, so daß sein Besuch zwei Zwecken dienen wird – der Besichtigung seines neues Eigentums und dem Treffen mit dir. Er hofft, daß du mit ihm und seiner Schwester Doña Restituta, die uns auch die Ehre ihres Besuches erweisen wird, nach Madrid gehen wirst.«

Als wir das hörten, schwiegen wir beide. In meinem Kopf wälzte ich seltsame und nicht sehr fröhliche Gedanken und warf Inés einen fragenden Blick zu.

Die Frage, die mich bewegte, war, ob dieser Mann verheiratet war.

Inés las mit unvergleichlicher Intuition in meinem Herzen und antwortete lebhaft: »Er ist Witwer.«

Danach schwiegen wir wieder, und nur Don Celestinos Summen einer Antiphonie unterbrach die ernste Stille.

3

Unbeschreiblich traurig kehrte ich nach Madrid zurück und verbrachte die Woche gedankenverloren, wie betäubt. Die ganze Zeit wünschte ich mir einerseits den Sonntag herbei, fürchtete ihn aber andererseits. Neugier und Angst stritten sich in meinem Hirn. Samstag nacht war meine Aufregung so groß, daß ich kein Auge schloß und im Morgengrauen zum Gasthaus in der Zollstraße eilte, um mir einen Platz in einem Lastkarren nach Real Sitio zu suchen. Mein Geldmangel setzte mich der Gefahr aus, überhaupt nicht wegzukommen, was mir außerordentliche Qualen bereitete.

Mit Bitten, Zureden und dem bißchen Geld, das ich anbieten konnte, gelang es mir doch noch, das harte Herz eines Fuhrmanns zu erweichen, der mich schließlich mitnahm. Es schien mir, als ob die drei Maultiere fast ein Jahrhundert für diese Reise bräuchten, so daß ich fürchtete, die Verwandten von Inés könnten vor mir eintreffen – was glücklicherweise nicht der Fall war. Ich erreichte Real Sitio, als Don Celestino noch das Hochamt zelebrierte. Ich betrat die Kirche wie auch sonst an den Sonntagen, aber diesmal erschien sie mir traurig und düster. Beim Hinausgehen gab ich Inés geweihtes Wasser, und wir warteten an der Tür der Sakristei auf den guten Pfarrer. Auf dem Wege ins Haus sprachen wir drei kein einziges Wort, sondern seufzten nur. Während des Essens versuchte ich, die anderen aufzuheitern, indem ich mich gut gelaunt gab, aber es gelang mir nicht. Da die Zeit der erwarteten Ankunft schon verstrichen war, glaubte ich, daß die Requejos nicht mehr kommen würden. Meine langsam aufkommende Freude war aber verfrüht. Wir hatten gerade beschlossen, mit dem Essen zu beginnen, da hörten wir plötzlich Stimmen im Innenhof des Hauses. Als ich den Korridor entlangeilte, hörte ich eine hohlklingende und rauhe Stimme fragen: »Wohnt hier der Lateiner und Musikus Don Celestino Santos del Malvar, Pfarrer der Gemeinde?«

Don Mauro Requejo und seine Schwester Doña Restituta waren doch noch eingetroffen.

Sie betraten das Zimmer, worin wir uns aufhielten, und kaum, daß Don Mauro seine Nichte erblickt hatte, flog er mit ausgebreiteten Armen auf sie zu und umarmte sie. Dabei rief er mit einer unecht klingenden, süßlichen Stimme aus:

»Inés, meine Liebe, unschuldige Tochter der armen Juana! Endlich, endlich sehe ich dich wieder einmal. Gelobt sei Gott, der mir diesen Trost zuteil werden läßt! Wie hübsch du bist! Komm, laß dich noch einmal umarmen.«

Doña Restituta übertrieb noch mehr, was die rührselige Miene und die gekünstelte Innigkeit der Umarmung betraf. Nachdem die beiden ihren ach so überschwenglichen Gefühlen gebührenden Ausdruck verliehen hatten, begrüßten sie Don Celestino, der angesichts dieser Herzlichkeit ein paar Tränen nicht unterdrücken konnte. Ich hätte mich gern mit einigen Ohrfeigen für die Umarmungen revanchiert, mit denen diese Figuren, deren Beschreibung ich hier als unerläßlich ansehe, meine geliebte Inés belästigten.

Don Mauro Requejo war ein durch und durch linkischer Mensch. Ich glaube zwar, daß damit alles gesagt ist, habe aber doch meine Zweifel, so daß ich mich noch besser verständlich machen will. Entweder die Natur oder die Gewohnheit haben bewirkt, daß eine Hälfte des Körpers durch ihr Geschick und die andere durch ihre Unbeholfenheit gekennzeichnet ist. Eine unserer beiden Hände ist zu ungeschickt für das Schreiben und dient bei Handarbeiten nur zur Unterstützung ihrer begabteren Schwester, der Rechten. Diese vollführt alle wichtigen Bewegungen. Am Klavier spielt sie die Melodie, bei der Geige führt sie den Bogen, der die Töne entlockt, beim Fechten den Degen, bei der Seefahrt das Ruder und beim Malen den Pinsel. Sie ist es, die beim Streit die Ohrfeige austeilt, die beim Gebet das Zeichen des Kreuzes vollführt und im Zeichen der Reue auf die Brust schlägt. Ähnliche Talente hat der rechte Fuß. Wenn beim Tanz etwas Wichtiges und Außerordentliches zu vollführen ist, wird zweifellos der rechte Fuß dazu benutzt. Er ist es auch, der als erster die Flucht ergreift, der in der Wut auf den Boden stampft, der den bissigen Hund abwehrt, der das schmutzige Reptil zertritt und als Waffe gegen einen Feind dient, der es nicht wert ist, von der Vorderseite gezüchtigt zu werden. Diese mechanische, muskel- und nervenabhängige Überlegenheit der rechten Extremitäten erstreckt sich auf den ganzen Körper. Wenn wir nicht wissen, in welche Richtung wir uns wenden sollen, wenn der Körper sich seinem Instinkt überlassen sieht, wird er nach rechts streben, und die Augen richten sich zur Orientierung meistens zuerst nach rechts. Auf der linken Seite ist dagegen alles Ungeschicktheit, Unfähigkeit, Schwerfälligkeit. Ihre Unterlegenheit drückt sich auch im Wuchs aus. Die linke Hälfte des Menschen ist gewöhnlich kleiner als die rechte. Um dies auszugleichen, ist wohl das Herz auf die linke Seite gesetzt worden.

Ich bin hier so weit abgewichen, um die Beschreibung Don Requejos verständlicher zu machen. Die beiden Seiten dieses Mannes waren zwei linke Seiten, das heißt, alles an ihm war ungeschickt, unsicher, unfähig, schwerfällig, unwirsch, gehemmt. Ich weiß immer noch nicht, ob ich den Eindruck, den er auf mich machte, hier richtig vermitteln kann. Es schien, als ob ihn seine eigenen Hände störten. Wenn man ihn so von einer Seite zur anderen blicken sah, gewann man den Eindruck, er suche eine Ecke, wo er diese unnützen Gliedmaßen ablegen konnte. Die zu engen Handschuhe schnürten offenbar das Gefühl der Finger so sehr ab, daß ihr Besitzer sie nicht mehr als die seinen erkennen konnte.

Er hatte sich auf den Rand des Stuhles gesetzt, und seine Beine, klein und steif, glichen nicht denen, mit denen sich andere Menschen fest auf den Boden stützen. Sie streckten sich vielmehr jeweils zu einer Seite, wie die Krücken, die ein Lahmer beim Sitzen an sich zieht. Sie schienen zu nichts anderem zu gebrauchen zu sein, als die schwerfälligen Füße von einer Stelle zur anderen zu schleppen. Als er seinen Hut absetzte und auf den Boden legte, sich den Schweiß mit einem großen Taschentuch von der Stirn wischte, machte er den Eindruck eines Trägers, der sich gerade eines großen Bündels entledigt. Die teure Kleidung schien an seinem Körper bloß aufgehängt zu sein, statt ihn zur Geltung zu bringen. Immer wieder befingerte er die Glieder seiner Uhrkette und den Spitzenbesatz seiner Hemdbrust, um sicherzustellen, daß sie nicht abgefallen waren. Da er aber unter dem Flanell der Handschuhe das Tastgefühl verloren hatte, mußte er die Augen zu Hilfe nehmen – so daß er wie ein Affe wirkte, der sich eines Morgens verwundert vom Kopf bis zu den Füßen bekleidet sieht.

Seine Unruhe war außerordentlich, wie bei einem, der von starkem Juckreiz geplagt ist, und jede Falte seiner Kleidung mußte wie ein Messer in sein empfindliches Fleisch schneiden. Zeitweise schweifte diese gelbe Pranke mit den tauben Fingern zu den Achseln oder zur Gürtellinie mit der Geschwindigkeit der Kratzlust ab, hielt sich dann jedoch zurück, um das frisch rasierte Kinn zu streicheln. Auch bewegte er häufig den Hals, als ob sich irgendein fremdartiges Tierchen zwischen Kragen und Hinterkopf festgesetzt hätte. Es war der eingefettete Lederkoller, der sich unehrerbietig zwischen Haut und Hemd schob oder am Ohr scheuerte. Der gelbe Handschuh wanderte auch in diese Richtung, hielt sich aber zurück, um wieder hinunterzugleiten und das Knie zu reiben.

Das Gesicht des Don Mauro Requejo war rund wie das Zifferblatt einer Uhr. Die Nase schien nicht am richtigen Ort angewachsen zu sein. Sie neigte sich zur linken Backe, die durch eine Geschwulst ein größeres Volumen als ihre Schwester aufwies. Die ein wenig chinesenhaft geformten grünen Augen unter schwarzen Brauen blickten tückisch. Der Mund, der ab und zu zwei oder drei angefaulte Zähne sehen ließ, zeigte alle Mienenspiele eines plumpen Bauernfängers, der seine Mitmenschen zu übertölpeln versucht. Das Lachen des Don Mauro war laut und kam unerwartet. Bei den meisten Menschen beginnt und endet dieses physiologische Phänomen sehr allmählich, weil es bestimmte Zustände des Geistes begleitet, der – wie wir ja wissen – nicht mit der strengen Präzision einer Maschine funktioniert. Don Mauro dagegen schien in seinem Organismus eine Sprungfeder zu besitzen, die das Lachen aus dem Zustand des tiefsten Ernstes auslöste, als ob ein mysteriöser Finger sich abrupt von der dunklen auf die helle Taste gelegt hätte. Ich glaube, daß in solchen Augenblicken in seinem Hirn der Gedanke auftauchte: »Jetzt muß gelacht werden«, worauf die Feder ihren Dienst verrichtete.

4

Es war unmöglich zu sagen, ob Doña Restituta jünger oder älter war als ihr Bruder. Beide schienen die Vierzig seit etlicher Zeit überschritten zu haben, aber wenn sie sich auch im Alter ähnelten, so doch nicht im Gesicht und Benehmen, denn die Restituta war eine Frau, die still sitzen konnte, sich nicht unnötig aufregte. Sie hatte zwar kein feines Benehmen, wohl aber die routinehafte Gewandtheit eines Menschen, der oft mit anderen sprechen muß. Bei dem Vergleich dieser beiden menschlichen Zweige eines gleichen Stammes konnte man folgern, daß Mauro sein Leben lang die Tuchballen gehandhabt hatte, während Restituta abmaß und verkaufte – er war der Lagerhauswurm, sie die Ladenspinne.

Sie war groß und mager, und ihre neutrale und gleichmäßige Gesichtsfarbe glich einem Überzug. Ihre Hände waren groß und häßlich, hatten aber durch den ständigen Umgang mit Stoffen eine gewisse Geschmeidigkeit. Die Haare waren dünn und so glänzend an den Schädel geklebt, daß sie eher wie angemalt aussahen. Ihre Nase war fleischig, etwas körnig und diente offensichtlich nicht als delikates Empfangsorgan für Wohlgerüche. Der Mund wirkte zusammengekniffen mit fallenden Winkeln, das Kinn war ein wenig haarig und der Blick wie zwischen Abend und Nacht, aus Augen, denen man nicht ansehen konnte, ob sie wirklich etwas aufnahmen oder nicht. Restituta Requejo war eine Person, die auf den ersten Blick weder sympathisch noch unsympathisch wirkte. Wenn man aber öfter mit ihr sprach, bemerkte man in ihr etwas Glattes, was sich der Aufmerksamkeit entzog; es würde viel Zeit erfordern, mit sehr geschickten Fingern die feuchte Haut ihres Charakters abzutasten, der – um zu entgleiten – die Wendigkeit eines Sauriers und die Geschmeidigkeit einer Schlange angenommen hatte. Lassen wir nun diese Betrachtungen und wenden wir uns den Worten dieser Verwandten von Inés zu.

»*Dieser da* war so ungeduldig, hierherzukommen«, sagte Doña Restituta und wies auf ihren Bruder, »daß wir in der Eile nichts mitbringen konnten, was wir eigentlich gewünscht hätten.«

Don Celestino bedeutete ihnen mit einem liebenswürdigen Lächeln, daß dies keine Rolle spielte.

»Ich war so ungeduldig, diese Ländereien zu besichtigen«, bemerkte Don Mauro, »daß ... und natürlich zerriß es mir das Herz, als ich daran denken mußte, daß mein liebes Nichtlein, Waise und verlassen ... Wissen Sie, Don Celestino, diese Ländereien sind keine Mistgrube, und ich habe dreihundertachtundvierzig Real und dreizehn Maravedí dafür zahlen müssen, die Ausgaben für Ämter und Notar nicht eingerechnet. Ja, mein Herr: Es ist alles bezahlt, Pesete für Pesete.«

»Alles bezahlt«, wiederholte Doña Restituta und schickte einen Blick nach dem anderen zu uns dreien. »*Dieser da* möchte niemandem etwas schulden.«

»In allem muß man reinen Tisch machen. Ich möchte mich lieber hängen lassen, als jemandem einen Maravedí zu schulden«, erklärte Don Mauro und führte die Tatze an seine Kehle, die von einem Tuch eingeengt wurde.

»In unserem Geschäft haben wir niemals Kunstgriffe angewandt«, fügte seine Schwester hinzu.

»Dieser Festigkeit haben Sie es zu verdanken, daß Sie es so weit gebracht haben«, stimmte Don Celestino zu.

»Wir haben eben Glück gehabt«, meinte Don Mauro. »*Die da* ist ja auch so fleißig, so sparsam, so ameisengeschäftig ...«

»Aber alles verdanken wir deiner Ehrlichkeit«, fügte Restituta hinzu. »Ja, auf seine Ehrlichkeit können Sie bauen. *Dieser da* hat einen solch guten Ruf wegen seiner Ehrlichkeit, daß man ihm die Staatsschätze anvertrauen würde.«

»Na ja ... es ist etwas erreicht worden dank Gott und unserer Arbeit. Wenn es nach *dieser da* ginge, sollte ich immer mehr Ländereien kaufen. Das würde ihr wirklich gefallen.«

»Und aus gutem Grund. Wenn *dieser da* auf mich hören würde«, sprach die Schwester und sah dabei nacheinander alle Anwesenden an, »würden alle Früchte unserer Arbeit in Nutzland angelegt werden.«

»Da ich aber …«, versuchte Don Mauro einzuwerfen.

»Ohne Hochmut, Don Celestino«, fuhr Restituta fort, »meiner Meinung nach sollte man zeigen, was man hat.«

»Sie sorgt auch dafür, daß ich Kleidung, Hüte und Wertgegenstände kaufe«, sprach Don Mauro. »Was wir uns nicht schon alles zugelegt haben! Sehen Sie mal diese Kette«, fügte er hinzu und zeigte Don Celestino den Schmuck an seinem Hals. »Und diese Nadel. Was denken Sie, was mich das gekostet hat? Die Kleinigkeit von tausend Real. Ich wollte ja erst nicht, aber *die da* ließ mir keine Ruhe, und da wir es uns leisten können …«

»Das sind wirklich schöne Stücke.«

»Und ich hatte dir auch gesagt, du solltest den Smaragdring kaufen. Kannst du dich entsinnen, damals haben sie ihn für fast nichts verkauft. Es ist schade, daß ihn jetzt der Herzog von Altamira hat.«

Sie sah uns dabei an, und wir antworteten mit Zeichen der Zustimmung, aber ohne Worte, denn weder Inés noch mir fielen welche dazu ein.

»Aber wie geht es denn meiner Nichte, die jetzt so schweigsam ist?« erkundigte sich Don Mauro, ließ die Lachfeder hochschnellen und wurde danach wieder todernst.

Inés lächelte ohne ein Wort, denn es gab auch wirklich nichts zu sagen.

»Die Abstammung läßt sich nicht verleugnen! Wie sie ihrer Mutter, der armen Juana, meiner lieben Base, ähnelt!« rief Requejo aus und hielt sich die Tatze vor den Mund, um ein Gähnen zu verbergen. »Und wie früh die Arme sterben mußte!«

»Im besten Alter mußte sie von uns gehen, diese heilige und beispielhafte Frau«, säuselte Doña Restituta. »Es ist aber besser, wenn wir sie jetzt nicht mehr erwähnen, denn das reißt nur wieder unseren Schmerz und den des armen

Mädchens auf – obwohl es ja noch ein Kind ist, und Kinder sich leicht trösten.«

Auch dazu sagte Inés nichts, aber die Röte ihres Gesichts verwandelte sich in starke Blässe. Der Priester hielt es für angebracht, das Thema zu wechseln, und sagte:

»Haben Sie die Ländereien an der Lagune von Ontigola besichtigt?«

»Nein, noch nicht«, erwiderte Requejo, »aber man hat mir berichtet, daß sie ausgezeichnet sind. Na ja, mir bedeutet das nicht so viel. *Diese da* hat mir sehr zugeraten, so daß ich mich schließlich dazu entschloß. In unserer Heimat, auf dem Lande, haben wir noch viel mehr Grundstücke, die wir nacheinander kauften.«

»Ihre Heimat ist doch die Gegend von Bierzo, wenn ich mich nicht täusche?«

»Noch über Bierzo hinaus, in Santiagomillas, dem Land der Maragatería[15]. Daher stammen wir alle, und dort ist auch noch das Stammhaus der Requejos.«

»Das ist doch eine Familie adligen Ursprungs, soviel ich weiß«, meinte Don Celestino. »Man hat eben sein angestammtes Stück Erde«, antwortete Don Mauro, »und wie uns ein belesener Notar meiner Heimat berichtete, hatten unsere Vorfahren einen großen *Quejigar*, einen Bergeichenhain, woher der Name Requejo kommt.«

»Ja, so wird es sein. Die vornehmsten Familien haben Namen, die man auf eine Pflanze, ein Gemüse zurückführen kann. So gab es schon im alten Rom die *Lentulos*, was von Linse kommt, die *Fabios*, von der Bohne hergeleitet, und die *Pisones*, die Festtreter, weil einer ihrer Vorfahren Linsen, Bohnen und Erbsen anbaute. Was meinen Namen, *Malvar*, angeht, so meine ich, daß er daher kommt, daß ein Vorfahr sich auf den Anbau von Malven spezialisiert hatte.«

»Ja, ich glaube nämlich«, warf Don Mauro ein und ließ wieder sein Lachen erschallen, »daß sich der Adel nicht aus Kriegen und Heldentaten irgendwelcher Ritter herleitet – alles Lüge. Mir soll man nicht mit solchen Märchen kommen. Es wird wohl so gewesen sein, daß die Könige

31

jemanden zum Herzog machten, weil er zum Beispiel einen Zwiebelgarten hatte, und einen anderen zum Grafen, weil er gute Melonen anbauen konnte. Jedenfalls stammt unsere Familie von keiner Wegdistel ab.«

»Sei es, wie es sei«, meldete sich Doña Restituta wieder, »das Wichtigste ist doch, daß es in unserem Hause nicht an Gottes Segen mangelt. Obwohl wir keinen Luxus zeigen, nicht in einer Karosse fahren und nicht jeden Tag ein Huhn im Topf haben … einige Annehmlichkeiten des Lebens brauchen wir schon.«

»Was mich angeht, so kann ich mit wenig auskommen. Ein Stück Brot, ein Stück Schweinefleisch und Wasser aus der Berroquelle – das würde mir schon reichen, aber *die da* gönnt uns mehr. Jeden Tag müssen eineinhalb Pfund Rindfleisch und jede Menge abgelegener Schinken im Haus sein und jeden Freitag der feinste Kabeljau; zum Abendessen ein Rebhuhn für jeden, sonntags drei Kapaune und zu Weihnachten und zu meinem Namenstag, der am 15. Januar ist, oder zu dem des Heiligen Restituto, am 10. Juni, fliegen die Fasanen ins Haus. Der Haushofmeister der Herzöge von Medina de Ríoseco, der ab und zu zu uns kommt, um Geld zu borgen, zeigte sich überrascht über so viel Reichhaltigkeit und meinte, er habe noch keinen Haushalt gesehen, der so viel dafür aufwendet.«

»Ja, das stimmt«, erklärte Restituta, »für Speisen ist uns kein Real zu schade, aber auch nicht für gute Kleidung oder guten Brennholzginster für das Feuer. Wir leben ruhig und glücklich. Unsere einzige Sorge war bis jetzt, daß wir niemanden haben, dem wir unseren Besitz hinterlassen können, wenn es Gott gefällt, uns zu sich zu rufen, denn die Verwandten, die wir noch in Santiagomillas haben, sind Gauner, die uns viel zu schaffen machen.«

Daraufhin drückte Don Mauro wieder den Knopf der Lachfeder, sah Inés an und sprach: »Aber hier hat uns Gott doch unser liebes Nichtlein beschert, diese frühe Rose, diese kleine Dame, die wie ein Engel aussieht. Ach, die

Abstammung läßt sich nicht leugnen, sie hat die *Füsikno-mie** ihrer Mutter.«

»Um Gottes willen, Mauro«, rief Restituta aus, »erinnere doch nicht wieder an diese heilige Frau, denn ich habe ihren Tod immer noch nicht verwunden, und bei der Erwähnung ihres Namens kommen mir immer die Tränen.«

»Alles geschieht nach Gottes Willen«, meinte Requejo und drückte auf den Knopf für die Sprungfeder der ernsten Miene. »Was ich jedenfalls besitze und haben werde, soll diese kleine Ringeltaube bekommen. Sie verdient es schon durch ihr Prinzessinnengesicht.«

»Ja, ja«, meinte Restituta und kniff ein Auge zusammen, »es wird ihr an Freiern nicht mangeln. Ich kenne Barone und Grafen, die nicht wenig unter unseren Fenstern seufzen werden, wenn sie erfahren, welchen Schatz wir in unserem Haus haben.«

»Wirklich haufenweise werden sie kommen, Mädchen«, warf Requejo ein. »Wenn du das Alter erreicht hast, werden wir dir einen Freier aus den besten Familien Spaniens aussuchen, der würdig ist, diesen Schatz heimtragen zu dürfen.

Ja, es gibt sehr reiche Häuser, wo nicht nur alles Schein ist, und ich kenne edle Jünglinge, die den Himmel anflehen werden, dich zu bekommen, wenn sie hören, was du von deinen Verwandten erben wirst. Meiner Treu, unser Haus ist keine Lumpenbude, und wenn wir in unserem Salon die Vorhänge aus rotem Serge mit den gelben Zweigen und den Vögeln in Dunkellila, die wie lebendig erscheinen, anbringen lassen, können wir alle Herren des Königlichen Rates empfangen. Die Kleine wird in dem großen Haus einen würdigen Rahmen haben.«

Don Celestino, der sah, daß seine Nichte auf diese pathetischen Zuneigungsbezeugungen nicht reagierte, meinte nun, das Wort ergreifen zu müssen: »Sie dankt

---

* Kein Vorgriff auf die Rechtschreibreform, sondern eine Verballhornung von ›Physiognomie‹ (Anm. des Herausgebers).

Ihnen von Herzen für das Gute, das Sie ihr antun wollen.«

»Na, dann bin ich ja zufrieden, Don Celestino«, erwiderte Requejo. »Eines hatte mir gefehlt, und ich habe es jetzt. Inés wird meine Erbin. Sie wird einen ihr würdigen Mann heiraten, der auch was mitbringt. Sie wird glücklich sein – und wir auch.«

»Ach, sprich nicht weiter, denn mir kommen die Tränen«, sprach Doña Restituta. »Welch eine Freude, jemanden zu haben, der einem Gesellschaft in der Einsamkeit leistet und die Annehmlichkeiten teilt, die unsere Arbeit uns gebracht hat. Ach ja, Inésita, du bist so hübsch und erinnerst mich an meine Kindheit, als ich im Garten des Konvents der Mütter Recoletas de Sahagún, wo ich erzogen wurde, spielte. Es kommt mir schon so vor, als ob ich nicht mehr die Kraft hätte weiterzuleben, wenn man mich von dir trennen würde.«

Sprachs und schlang ihre Arme wieder um Inés. Es schien mir, als ob der Überzug ihres Gesichts, das heißt ihre Haut, einen rötlichen Ton annahm.

»Da Inés ja ungeduldig sein wird, mit uns zu kommen«, fügte Requejo hinzu, »werden wir sie schon heute abend mitnehmen.«

»Was! Heute abend? Ich?« rief Inés heftig aus.

»Meine Tochter«, sprach Restituta, »du brauchst doch deine Zuneigung zu uns nicht zu verbergen. Wir sind doch deine nahen Verwandten, und ich sage dir, daß du uns für das, was wir für dich tun, nicht zu danken brauchst, denn wir sehen es als unsere Pflicht an.«

»Vielleicht kommt ihr das alles zu überraschend, so schnell mit Ihnen zu gehen«, wandte Don Celestino ein, »aber ich bin sicher, daß sie bald die Vorteile ihrer neuen Gesellschaftsstellung erkennen und Euch dann mit Freuden folgen wird.«

»Was, sie möchte nicht mit uns kommen?« rief Requejo mit großer Verwunderung aus. »Dann liebt uns unsere Nichte also nicht? Jesus – welche Schande!«

»Doch … sie liebt Sie«, beeilte sich der Priester zu entgegnen, der sich verzweifelt bemühte, die Abneigung gegen die Requejos, die sich auf Inés' Gesicht überdeutlich abzeichnete, abzuschwächen.

»Bruder, du weißt ja nicht, was du redest«, wandte Restituta ein. »Unsere Nichte ist ein Ausbund von Bescheidenheit, Unschuld und Einfachheit. Möchtest du etwa, daß sie jetzt hier Freudentänze aufführt, weil wir sie mitnehmen wollen? Das wäre doch unschicklich. Sie ist eben sehr zurückhaltend, ganz wie es sich für ein wohlerzogenes Mädchen gehört ... Ja, man sieht, sie ist die Tochter dieser frommen Frau – sie schließt ihre Freude in sich ein und dankt im Geiste Gott für den Segen, den Er ihr zuteil werden ließ.«

»Also, Don Celestino«, ergriff Requejo wieder das Wort, »wir sehen uns jetzt gleich diese Ländereien von Ontigola an, das ist in Richtung Titulcia, und am Abend, wenn wir zurückkommen, wird Inés wohl bereit sein, mit uns nach Madrid zu kommen.«

»Das ließe sich einrichten, wenn Inés damit einverstanden ist«, antwortete der Priester und blickte seine Nichte an.

Aber sie hatte keine Zeit mehr, ihre Meinung zu sagen, denn die Requejos erhoben sich und gaben an, daß eine Maultierkutsche am Standplatz Rincón auf sie warte. Sie umarmten ihre Nichte jeweils zwei-, dreimal, erwiesen Don Celestino lächerliche Höflichkeitsbezeugungen und gingen davon, ohne mich eines Blickes zu würdigen, was mich ehrte. Der Priester blieb sehr zufrieden, Inés sorgenvoll und ich wütend zurück.

5

Nun mußte der Familienrat entscheiden, was zu tun sei. Da ich mit dem Geistlichen allein sprechen wollte, bat ich Inés, uns einige Zeit allein zu lassen. Dann wandte ich mich an Don Celestino: »Wären Sie, lieber Don Celestino, imstande, Inés diesem Gänserich namens Don Mauro und dieser Eule namens Doña Restituta mitzugeben?«

»Mein Sohn«, gab er zu bedenken, »die Requejos sind sehr reich. Sie können Inesilla Annehmlichkeiten bieten, die mir unmöglich sind. Und wenn sie zum Herrn gerufen werden, wird sie alles erben.«

»Glauben Sie das wirklich? Man könnte meinen, Sie haben nicht die Lebenserfahrung von sechzig Jahren. Ich behaupte hier und werde es immer wiederholen, daß dieser verteufelte Don Mauro mir wie ein ausgemachter Heuchler vorkommt. An Ihrer Stelle würde ich mich weigern, Inés mit ihnen gehen zu lassen.«

»Ich bin arm, mein Sohn, und sie sind reich. Deshalb muß Inés mit ihnen gehen. Wenn die Requejos sie schlecht behandeln, holen wir sie eben wieder zurück.«

»Sie werden sie gar nicht einmal schlecht behandeln, nein, nein«, meinte ich erregt. »Ich fürchte etwas anderes – und das kann ich nicht zulassen!«

»Na, was denn, mein Junge?«

»Sie wissen doch genausogut wie ich, daß Inés nicht die Tochter von Doña Juana ist, sondern daß sie dem Bauch einer großen Dame des Hofes entstammt, deren Namen wir nicht kennen. Wenn Sie das alles wissen, wie können Sie da die Absicht der Requejos mißverstehen?«

»Welche Absicht?«

»Die Requejos haben Doña Juana immer verachtet, haben ihr nie im mindesten geholfen und sie nicht einmal während ihrer Krankheit besucht. Und jetzt, mein lieber Don Celestino, weinen sie, wenn der Name der Verstorbenen fällt. Sie geifern vor gespielter Zuneigung, wenn sie ihr ›Nichtlein‹ anblicken. Das kann doch nichts anderes bedeuten, als daß die Requejos herausgefunden haben, wer die wirklichen Eltern von Inés sind. Sie haben verstanden, daß das Mädchen ihnen sehr nützlich sein kann. Ich zweifle auch nicht daran, daß dieser Don Mauro hinter seinen Augenbrauen den Plan wälzt, Inés zu zwingen, ihn zu heiraten, sobald sie sich erst einmal in ihrem Hause befindet.«

»Beruhige dich, mein Junge, und höre mir zu. Es kann sehr gut sein, daß die Requejos das vorhaben, was du sagst, aber genausogut kann es auch sein, daß sie die Wahrheit gesagt haben. Da ich zuerst immer an das Gute glaube, bin ich so lange von der Aufrichtigkeit Don Mauros überzeugt, wie mir nicht das Gegenteil bewiesen wird. Und wenn Inés nun von heute auf morgen zu einer Dame wird, die in einer herrlichen Karosse mit federbuschgeschmückten Pferden und livriertem Kutscher fährt? Ja, ich sehe sie schon umgeben von Lakaien und Pagen, geschmückt mit nußgroßen Diamanten in einem jener Herrenhäuser von Madrid, die größer als ein Konvent sind.«

»Bah! Das ist doch so, als ob ich mir vorstelle, Fürst, Generalissimus oder Staatssekretär zu sein. Mit sechzehn Jahren kann man vielleicht an solche Dinge glauben, aber nicht mit sechzig!«

»Wenn Inés bei mir bleibt, ist sie zur ewigen Kargheit verurteilt. Ist es da nicht besser, daß sie mit den Verwandten ihrer Mutter geht, die sehr mildtätig zu sein scheinen? Jedenfalls, mein lieber Gabriel, wenn es dem Mädchen dort nicht gefällt, können wir es ja jederzeit wieder holen, denn ich als wirklicher Onkel habe doch das Sorgerecht.«

»Aber warum lassen Sie sie denn überhaupt gehen?«

»Na, weil die Requejos reich sind – verstehst du endlich? Weil Inés im Hause dieser Leute wie eine Prinzessin leben wird und eines Tages einen sehr reichen Kaufmann der Post- oder Silberschmiedstraße heiraten kann.«

»Halt mal, mein Herr«, rief ich erbost aus, »sie wollen Inés einem Reichen zuschieben? Mit Gottes Hilfe wird Inés keinen anderen als mich heiraten, wenn Sie auch noch so viel von reichen Kaufleuten und Erlauchtheiten schwärmen!«

»Ach ja, daran hatte ich im Moment gar nicht gedacht, Söhnchen«, entgegnete der Priester mit leichtem Spott. »Heiraten mit siebzehn, ja? Die Ehe ist wohl so eine Art Spiel? Außerdem sag mir doch mal, was du in deiner Druckerei so verdienst.«

»Mehr als drei Real pro Tag.«

»Das heißt dreiundneunzig Real an Monaten mit einunddreißig Tagen. Gut, das ist einiges, langt aber nicht, mein Kleiner. Schau mal, wenn Inés in ihrem Salon mit grünen Vorhängen und gelben Zweigen darauf an ihrem Tisch sitzt, auf dem sieben Fasane zu Weihnachten liegen und wo sie jeden Abend Rebhuhn speist – wie kann sich da jemand mit einem Einkommen von dreiundneunzig Real an Monaten mit einunddreißig Tagen erdreisten, sie heiraten zu wollen?«

»Das hat *sie* doch zu entscheiden«, erwiderte ich in höchster Wut. »Wenn sie mich wirklich liebt, möchte ich doch mal sehen, was alle Requejos der Welt dagegen ausrichten können! Kurz und gut, Don Celestino, Sie sind also entschlossen, Inés heute abend mit Don Mauro zu schicken?«

»Wirklich entschlossen, mein Sohn. Das ist für mich eine Gewissenssache.«

»Wer sagt Ihnen eigentlich, daß man mit dreiundneunzig Real im Monat keine Familie ernähren kann? Ich möchte nämlich Inés wirklich heiraten, mein Herr!«

»Heiraten mit deinen siebzehn Jahren! Ihr müßtet warten, bis ihr die fünfunddreißig vollendet habt. Das Leben vergeht schnell, keine Angst. Dann könnt ihr heiraten, weil ihr dann reif genug füreinander seid. Wollen wir doch mal sehen, ob du bis dahin nicht mehr aus deinem Beruf gemacht hast.«

»Könnte ich nicht versuchen, einen Posten durch Protektion zu bekommen?«

»Das ist, als ob du darauf warten würdest, daß dir ein Fürstentum zum Geschenk gemacht wird.«

»Nein, ich meine einen Posten in irgendeinem Rechnungsamt oder dergleichen, wie man ihn einem armen Schlucker zur Verbesserung seines Lebens gibt.«

»Glaubst du denn, daß solch eine Stellung leicht zu bekommen ist?«

»Warum nicht?« entgegnete ich. »Wozu sind denn solche Posten da, als den Spaniern gegeben zu werden, die sie brauchen?«

»Mein Sohn, die Wartezimmer der Mächtigen sind voll von Leuten, die solche Posten suchen. Du wirst dich erinnern, daß ich vierzehn Jahre lang Bittschriften eingereicht habe, obwohl ich Landsmann und Freund des Friedensfürsten bin.«

»Na ja, Sie könnten seine Hoheit doch wieder mal besuchen und ihn dann um ein Pöstchen für mich bitten. Ich glaube nicht, daß er es Ihnen abschlagen wird.«

»Ach«, rief Don Celestino verklärt aus, »der Tag meines Besuches bei Seiner Hoheit war für mich der schmeichelhafteste meines Lebens, denn von seinen erhabenen Lippen hörte ich die freundlichsten Worte. Wenn du gesehen hättest, mit welcher Zuvorkommenheit er mich behandelte, wie liebenswürdig, aufmerksam und aufrichtig er zu mir war, ohne dabei die Würde des Fürsten in Worten und Gesten abzulegen! Als ich in den Audienzsaal trat, war ich so aufgeregt und verwirrt, daß mir die Zunge wie gelähmt vorkam. Seine Hoheit forderte mich auf, mich zu setzen, und fragte mich, ob ich aus Villanueva de la Serena sei. Verstehst du, welche Aufmerksamkeit er mir damit bewies? Ich antwortete ihm, daß ich in Los Santos de Maimona geboren wurde, einem Ort an der Königlichen Straße, wenn man von Badajoz nach Fuente de Cantos fährt. Dann fragte er mich nach der Ernte jenes Jahres, und ich antwortete ihm, daß meines Wissens der Roggen und die Gerste schlecht gewesen waren, aber es in dem Jahre viele Eicheln gegeben hatte. Daraus ersiehst du das Interesse, das er an der Landwirtschaft hat. Danach wollte er wissen, ob ich mit meiner Gemeinde zufrieden sei, was ich bejahte. Ich fügte hinzu, daß mich die Frommheit meiner Pfarrkinder rührte. Wenn ich das hier so erzähle, kommen mir regelrecht die Tränen. Man erkennt doch daran, wie wichtig dem Fürsten die Religion ist. Ich erzählte ihm, daß ich meine Freizeit mit dem Verfassen von Gedichten in lateinischer Sprache verbringe und auch schon eines in Hexametern fertiggestellt habe, das ihm gewidmet sei. Daraufhin antwortete er: ›Wie interessant!‹, woraus klar hervorgeht, daß er sich für das lateinische Schrifttum begeistert. Nach zehn Minuten bat er mich herzlich, ihn zu entschuldigen, weil er wichtige Staatsgeschäfte zu erledigen habe. Dies beweist, daß er arbeitsam ist und die besten Stunden des Tages dem Regieren widmet. Ich kann dir versichern, daß ich begeistert von ihm gegangen bin.«

»Und gehen Sie nicht mehr hin?«

»Ich brauche ihn gar nicht mehr um eine Audienz zu bitten. Seinerzeit bat ich Seine Hoheit, daß er mir mitteilen lassen möge, wann ich ihm das lateinische Gedicht überreichen darf, und morgen werde ich wieder die Ehre haben, den Fuß in den Palast meines berühmten Landsmanns zu setzen.«

»Dann werde ich mit Ihnen gehen, Don Celestino«, sagte ich wild entschlossen, »und Sie werden ihn dabei um einen Posten für mich bitten.«

»Du bist verrückt!« versetzte der Geistliche überrascht. »Zu solcher Unehrerbietigkeit werde ich nicht imstande sein.«

»Dann werde *ich* ihn eben darum bitten«, erklärte ich, der ich immer entschlossener wurde, in die Staatsverwaltung einzutreten.

»Zügele deine Ungeduld, junger Mann ohne Erfahrung! Was stellst du dir denn vor, wie ich dich so einfach dem Friedensfürsten vorstellen soll? Was soll ich denn von dir sagen? Welche Vorzüge hast du denn? Hast du vielleicht die blasseste Ahnung von lateinischen Versen? Kannst du wenigstens den Gruß *Divitias alius fulvo sibi coegerat auro, el Passer, delitioe meoe puelloe* oder *Cynthia prima suis me cepis ocellis* entbieten? Bist du denn verrückt? Glaubst du etwa, daß die Posten auf Jüngelchen warten, denen es mal so einfällt, um einen zu bitten?«

»Sie können ihm ja sagen, ich sei ein Verwandter von Ihnen, und ich werde dann schon weiterreden.«

»Verwandter von mir? Das wäre doch eine Lüge, und ich lüge nicht!«

So stritten wir eine ganze Weile, bis ich endlich mit vielem Bitten und Raisonieren Pater Celestino doch überreden konnte, mich zu Seiner Exzellenz Godoy mitzunehmen. Meine Hartnäckigkeit wurde durch die Verzweiflung angestachelt, in die mich der Besuch der Requejos und ihr Vorschlag, sich um die arme Inés zu kümmern, gestürzt hatten. Der Widerwillen, den mir das Geschwisterpaar eingeflößt hatte, als ich zum ersten Male das Unglück hatte, sie zu erblicken, rief in meinem Geist große Besorgnis hervor. Ich stellte mir die arme Inés in quälender Versklavung unter diesen unsympathischen Figuren vor, dazu verurteilt, langsam vor Traurigkeit dahinzuwelken, wenn Gott mir kein Mittel geben würde, sie zu befreien. Wie sollte ich das anstellen, da ich doch ärmer als eine Ratte war? Während ich diesen Gedanken in meinem Hirn hin und her wälzte, kam mir eine rettende Idee, die zu jener Zeit auch vielen anderen Spaniern eingefallen war – all denen, die nicht viel besaßen und sich nicht zum Klosterleben hingezogen fühlten – die Idee, einen Posten in der Staatsverwaltung zu erlangen. Posten gab es zwar damals immer weniger, aber an Anwärtern mangelte es nicht.

Spanien hatte im Krieg mit England die unvorstellbare Summe von *siebentausend Millionen Real* ausgegeben. Wer so viel Geld für eine Torheit verschwendet hatte, müßte der mir nicht fünftausend Real zukommen lassen, damit ich heiraten konnte? Natürlich war die Absicht, in jener Zeit als Siebzehnjähriger zu heiraten, eine noch größere Torheit, als siebentausend Millionen für einen Krieg auszugeben. Dennoch schlug diese Idee schnell Wurzeln in meinem Hirn. Eine halbe Stunde nach meiner Unterredung mit Don Celestino stellte ich mir schon vor, wie ich vor einem mit grünem Flanell überzogenen Tisch die Funktionen wahrnahm, die der Staat mir für sein Wohlergehen anvertrauen würde. Gewiß war es sehr kühn von mir, den mächtigen Minister selbst um diesen Gefallen zu bitten, aber der Ernst meiner Lage und der sehnliche Wunsch, einen Posten zu erlangen, der mich in die Lage versetzen würde, Inés den Fängen des widerwärtigen Requejo-Paars zu entwinden, verringerten die Hindernisse in meinen Augen und gaben mir Antrieb für die schwierigsten Unternehmungen.

Im Gespräch mit mir verbarg Inés nicht die Abneigung, die ihre Verwandten ihr einflößten. Vielleicht hätte ich die Entführung verhindern können, aber Don Celestino wiederholte, sein Gewissen lasse nicht zu, daß seine Nichte diese Chance ausschlage. Daraufhin wagte meine Freundin es nicht, dem Onkel ihre Besorgnis vorzutragen. So unumstößlich war in jener Zeit die Unterordnung den Erwachsenen gegenüber!

Die Gewissenhaftigkeit des Priesters konnte allerdings nicht verhindern, daß ich gegen das Geschwisterpaar vom Leder zog, ihre Manieren und Kleidung kritisierte und meine Meinung zu der Angeberei mit den sieben Fasanen, Kapaunen und dem Rebhuhn pro Person zum Abendessen sagte. Auch spottete ich unerbittlich darüber, daß sie sich gegenseitig mit *dieser da* und *diese da* bezeichneten. Don Celestino schalt mich, ich solle doch mehr Achtung vor zwei ehrenwerten Personen haben, die es durch ihre Arbeit und Ehrlichkeit zu einem erklecklichen Vermögen gebracht hatten. Indessen packte Inés mit großem Widerwillen ihre Sachen.

Es dauerte nicht lange, da wurde das Haus des Priesters wieder von den Requejos beehrt. Sie kamen gegen vier und erzählten tausend Dinge über die Ländereien, die sie in der Nähe von Ontigola gekauft hatten. Sie waren höchst zufrieden, daß Inés sich anschickte, mit ihnen zu gehen.

»Du brauchst dich nicht zu beeilen, Schätzchen«, sagte Don Mauro, »wir haben noch viel Zeit.«

»Ihre Ungeduld, die Reise anzutreten«, bemerkte Doña Restituta und legte den hautähnlichen Überzug ihres Gesichts in seltsame Falten, »ist doch sehr groß. Das arme Kind möchte recht bald von hier gehen.«

»Nein, das kann man nicht sagen«, bemerkte Don Celestino ein wenig verschnupft, »denn ihr Onkel hat sie nicht so schlecht behandelt, daß sie so ungeduldig wäre, sich von ihm zu trennen.«

Inés brach in den Armen des Priesters in Schluchzen aus, und beide vergossen so manche Träne. Ich dagegen dachte mir, daß es nicht klug sei, die Requejos wissen zu lassen, daß mich eine lange und starke Liebe mit Inés verband. So verbarg ich meinen Schmerz. Als sie hinausging, um einen Gegenstand zu suchen, ging ich ihr nach und schärfte ihr ein: »Mein Schatz, sag mir vor ihnen kein Wort, schau mich nicht an, und verabschiede dich auch nicht rührend von mir. Ich bleibe hier – aber bald werden wir uns dort wiedersehen.«

Schließlich kam die Stunde der Abreise. Die Kutsche fuhr vor dem Hause vor. Inés stieg weinend ein, und die Requejos setzten sich zu beiden Seiten von ihr, als ob sie immer noch fürchteten, sie könnte ihnen entkommen. Niemals habe ich eine Frau mehr einem Rötelgeier ähneln sehen als Doña Restituta in diesem Augenblick. Die Kutsche setzte sich in Bewegung und war bald hinter den Baumreihen unseren Blicken entschwunden. Don Celestino versuchte, ausgeglichen und zufrieden zu wirken, aber es gelang ihm nicht. Er schnitt eine Grimasse wie ein vom Schmerz übermannter Knabe, holte sein großes Taschentuch hervor und wischte sich damit die Augen.

»Ach, Gabriel. Sie haben sie uns genommen!«

Ich war innerlich so aufgewühlt, daß ich nichts antworten konnte.

6

Am Tag darauf nahm mich Don Celestino zum Palast des Friedensfürsten mit. Wenn ich mich richtig erinnere, war es der 15. März.

Ich besaß zwar nicht die Kleidung für ein solches feierliches Ereignis, hatte jedoch immerhin meine besten Sachen nach Aranjuez mitgebracht. Don Celestino borgte mir ein sauberes Hemd, so daß ich seiner Meinung nach auch für Napoleon Bonaparte präsentabel gewesen wäre. Unterwegs und während des Wartens auf die Audienz las Don Celestino mit lauter Stimme sein lateinisches Gedicht vor.

»Vielleicht möchte Seine Hoheit«, meinte er, »daß ich den einen oder anderen Teil vorlese. Das muß dann mit klassischer Betonung und sicherem Rhythmus geschehen, als ob ich ein Botschafter oder ausländischer General wäre.«

Dann steckte er das Manuskript wieder ein und sprach mit einer gewissen Bekümmertheit: »Weißt du, der Küster der Gemeinde, dieser ruchlose Santurrias – du kennst ihn ja –, hat mich heute morgen sehr aufgeregt. Er behauptete doch tatsächlich, daß der Friedensfürst keine zwei Tage mehr an der Spitze unserer Nation bleiben und man ihm dann den Kopf abschlagen würde. Solche Reden verdienen natürlich nur Verachtung, Gabrielito, machen mich aber sehr wütend. Und was meinst du – ich habe herausgefunden, daß dieser schurkische Santurrias Jakobiner ist und Umgang mit den Kutschern des Prinzen Don Antonio Pascual pflegte, die sehr unbesonnene Leute sind.«

»Und was hat denn dieser Küster noch weiter so gesagt?«

»Tausend Torheiten, wie du dir wohl vorstellen kannst. Als ob man Leuten von Kultur, die im Nagel des kleinen Fingers alle lateinischen Klassiker haben, so etwas vorsetzen könnte! Er sagte, daß der Friedensfürst fürchte, Napoleon könne unseren geliebten König absetzen. Deshalb habe er dem Königspaar vorgeschlagen, nach Andalusien zu fahren, um sich von dort nach Amerika einzuschiffen.«

»Als ich gestern abend zum Fuhrmannsgasthaus gegangen bin«, warf ich ein, »um ihnen mitzuteilen, daß sie nicht auf mich warten sollten, hörte ich einige Gäste das gleiche sagen. Auch die sprachen von Ihrem Freund und Landsmann mit einer Verachtung, als wäre er ein Händler vom Trödelmarkt.«

»Die wissen ja nicht, was sie schwatzen, mein Sohn«, entgegnete der Priester »denn entweder täusche ich mich sehr, oder die Anhänger des Prinzen von Asturias* stiften ganz bewußt Unruhe. In Aranjuez gibt es jetzt eine Menge

* Prinz Ferdinand (Anm. des Übersetzers)

dunkler Gestalten. Da meinte doch heute morgen der Santurrias, daß er große Lust habe, die Glocken mit voller
Kraft zu läuten, wenn sich das Volk erhebe. *Ich* aber habe
ihm gesagt«, und hier hielt Don Celestino inne und
wedelte drohend mit dem Zeigefinger, »daß ich mich beim
Bischof über ihn beschweren werde, wenn er die Glocken
ohne meine Erlaubnis läutet.«

Inzwischen war die Zeit der Audienz gekommen, und
wir begaben uns zum Palast Seiner Hoheit. Wir schritten
an mehreren Wachposten am Tor vorbei. Wie der König
hatte auch der Generalissimus seine Wachen zu Fuß und
zu Pferd – gut bewaffnet, wie man sehen konnte.

Weder am Tor noch auf der Treppe wurden wir angehalten. Als wir jedoch ein großes Vestibül betraten, auf dessen
Bodenbelag die Stiefel weiterer Wächter knallten, hielt uns
einer an und fragte Don Celestino mit einer gewissen
Hochnäsigkeit, wohin wir denn wollten.

»Seine Hoheit«, stammelte der Geistliche, »hatte die
Ehre, mir mitzuteilen … ach nein … ich hatte die Ehre, von
ihm zu dieser Zeit herbestellt zu werden.«

»Seine Hoheit ist im Königspalast. Ich weiß nicht, wann
er zurückkehren wird«, sagte der Wachposten und machte
kehrt.

Don Celestino wandte sich ratsuchend erst mit den
Augen und dann mit Worten an mich, als von der Pforte
Geräusche zu hören waren.

»Ah, da ist er! Seine Hoheit ist gekommen«, sagten die
Wächter, setzten eilig ihre Hüte auf und nahmen ihre Waffen, um zu präsentieren.

Der Fürst jedoch stieg auf der Privattreppe zu seinen
Privatgemächern empor.

»Vielleicht empfängt Seine Hoheit heute nicht«, erklärte
der Wachposten, der uns kurz vorher angehalten hatte.
»Wenn sie wollen, können Sie aber warten. Er wird uns
schon mitteilen, ob er noch Audienzen gibt oder nicht.«

Und mit diesen Worten führte er uns in ein großes Zimmer, wo viele Leute schon seit dem Morgen saßen und auf
eine Audienz warteten. Darunter befanden sich einige sehr

vornehme Damen, Soldaten und Herren der alten Schule, die lange Herrenröcke und monumentale Perücken trugen, aber auch einfache Leute.

Die so im Warten vereinigten Bittsteller sahen sich mißtrauisch und schlecht gelaunt an, denn in einem Wartesaal stört ein jeder den anderen, weil alle fürchten, daß für sie selbst nicht viel übrig bleibe, wenn die Gunst auf so zahlreiche Köpfe verteilt werden muß. Ein Türhüter fragte uns, wer wir seien, worauf der gute Priester antwortete: »Wir sind Priester der Gemeinde ... ich will sagen, ich bin der Priester, und dieser junge Mann ... dieser junge Mann verdient dreiundneunzig Real in Monaten mit einunddreißig Tagen, und wir kommen, um ... Aber ich glaube, ich werde den Fürsten um nichts bitten, denn dieser Schlingel«, und er wies auf mich, »wird sich nicht die Zunge abbeißen und schon sagen, was er haben möchte.«

Als der Türhüter gegangen war, machte ich meinem Begleiter Vorwürfe, weil er sich so oft versprach. Er solle doch nicht schon vorher von unseren Bitten reden, und es sei auch vollkommen unnötig, daß er meinen Lohn erwähne. Darauf entgegnete er mir, er sei es gar nicht gewohnt, sich in Wartesälen und Palästen aufzuhalten, und rede deshalb nur dummes Zeug.

Einer der wartenden Herren näherte sich uns. Als er den Priester erkannte, begrüßten sich beide sehr höflich, und dann sagte der Fremde: »Don Celestino, was führt Sie denn hierher?«

»Ich möchte Seiner Hoheit einen Besuch abstatten. Wissen Sie, er und ich sind nämlich Landsleute und Freunde. Mein Vater und sein Großvater machten mal eine Reise zusammen von Trujillo nach Vera de Plasencia, einem Wildgehege, wo die Godoyes manchmal jagten. Ich bin ihm sehr dankbar, denn Seiner Hoheit habe ich meine Pfarrgemeinde zu verdanken. Er setzte sich für mich ein, als er von meiner Not hörte. Von meiner ersten Bittschrift bis zur Einsetzung in dieser Gemeinde vergingen nur vierzehn Jahre.«

»Es ist bekannt, daß der Fürst Ihnen einen Dienst erweisen wollte«, stimmte unser Gesprächspartner zu, »und er erfüllt nicht jedem seinen Wunsch so schnell. Seit zweiundzwanzig Jahren bitte ich nun schon darum, daß man mich wieder in meinen Posten beim Steueramt, Abteilung Neuntelsteuer und Freigestellte, einsetzt. Trotz allem verliere ich den Mut nicht. In der nächsten Woche werde ich bestimmt …«

»Ja, ich weiß, daß nicht alle solches Glück haben wie ich«, meinte der Optimist Don Celestino. »Als Landsmann und Freund Seiner Hoheit bin ich in einer sehr bevorzugten Situation. Von meinem Dorf nach Badajoz, wo Manuel Godoy herstammt, sind es kaum dreizehneinhalb Meilen[*] auf guter Straße, und ich habe das Haus, in dem diese Leuchte Spaniens geboren wurde, schon oft gesehen. Deshalb, als er von meiner Not hörte …«

»Aber, was meinen Sie«, fragte der andere und senkte dabei die Stimme, »wird das Königspaar nach Andalusien fahren oder nicht?«

»Glauben Sie etwa solch ein Geschwätz?« erwiderte Don Celestino mit fester Stimme. »So etwas setzt mein Küster Santurrias in die Welt, und ich habe ihm gesagt, daß, wenn er die Glocken ohne meine Erlaubnis anrührt …«

»Aber alle sagen es doch. Wissen Sie nicht, daß viele Truppen nach Madrid gekommen sind? Und durch die Straßen dieses Ortes hier ziehen Leute mit schlechten Umgangsformen.«

»Was soll denn aber die Reise nach Andalusien für einen Zweck haben?«

»Mein lieber Freund, Napoleon hat in Spanien schon die Kleinigkeit von hunderttausend Mann. Er hat Murat[16] zum Oberbefehlshaber ernannt, von dem man behauptet, er hätte sich mit seinen Truppen schon von Aranda nach Somosierra auf den Weg gemacht. Weiß man denn, warum alle diese Leute kommen – um die ganze königliche Familien zu verjagen oder nur, um nach Portugal zu ziehen?«

»Na, wer fürchtet sich schon vor solchen Dingen!«

---

[*] 1 spanische Meile = 5,572 km (Anm. des Übersetzers)

meinte Don Celestino. »Nehmen wir mal an, sie kämen mit schlechten Absichten – was sind da hunderttausend Mann? Mit zwei oder drei Regimentern unserer Truppen könnte man sie doch verjagen, in der Zeit, in der Seine Hoheit die Sporen anlegt. Das mit der Reise nach Andalusien ist doch pure Erfindung einiger Müßiggänger und Feinde Seiner Hoheit, die ihn beleidigen, weil er ihnen keine Posten gegeben hat. Als ob jeder einen Posten erhalten könnte, der danach strebt!«

Dieses Gespräch wurde abgebrochen, weil der Türhüter uns ein Zeichen gab, ihm zu folgen. Seine Hoheit wolle uns anhören. Als die anderen Wartenden sahen, daß die zuletzt Gekommenen vorgelassen wurden, erhob sich ein unzufriedenes Murmeln im Wartesaal. Wir durchquerten ihn mit großem Stolz über diese Bevorzugung, und während Don Celestino in seiner gewohnten Liebenswürdigkeit nach einer und der anderen Seite grüßte, richtete ich einen verächtlichen Blick auf die am nächsten Stehenden, der meiner Überzeugung Ausdruck gab, bald in den Staatsdienst einzutreten.

Wir schritten durch reich ausgestattete Säle. Welch schöne Wandbehänge, welch wundervolle Bilder und Statuen aus Marmor und Bronze, welch elegante Vasen und Kandelaber, welch kostbare Möbel und Vorhänge, welch dicke Teppiche! Ich konnte mich am Anblick dieser eindrucksvollen Dinge nicht ergötzen, weil der Türhüter uns mit Eile führte. Ich merkte, wie meine anfängliche Kühnheit schwand, und ich begann zu fürchten, daß mir Worte und Speichel fehlen würden, um dem Friedensfürsten meine Wünsche auszudrücken. Endlich gelangten wir in das Arbeitszimmer von Godoy, der gerade über einen Tisch gebeugt bei der Prüfung einiger Papiere stand. Wir warteten geraume Zeit, bis er geruhte, uns anzublicken.

Manuel de Godoy war kein schöner Mann, wie man allgemein glaubt, aber sehr sympathisch. Dem Betrachter fiel zuerst seine Nase auf, die etwas groß und gestülpt war und einen gewissen Eindruck von Offenheit und Leutseligkeit vermittelte. Er schien um die vierzig Jahre alt zu sein. Sein Kopf war geradlinig geschnitten und würdevoll, seine Augen lebhaft, seine Gesten elegant, und die Anmut seines Körpers, der eher klein als groß war, machten seinen Anblick angenehm. Er hatte das Antlitz eines edlen und großzügigen Herrn. Vielleicht fühlte sich sein Herz auch wirklich zu großen Dingen hingezogen, aber in seinem Kopf brodelten Dünkel, Zerstreuung, Schwerfälligkeit, Ausschweifungen und falsche Vorstellungen über die Menschen und Umstände seiner Zeit.

Wie ich schon gesagt habe, schaute er uns an, und Don Celestino, der wie ein zehnjähriger Junge zitterte, machte eine tiefe Verbeugung – und ich auch. Dem Priester fiel der Hut auf den Boden. Er hob ihn auf, machte ein paar Schritte und stammelte: »Da Eure Hoheit die Ehre hat ... ach nein ... Da ich die Ehre habe, von Seiner durchlauchten Hoheit empfangen zu werden ... ich freue mich, daß Eure Hoheit bei guter Gesundheit ist, so daß sie noch für tausend Jahre Gutes für Spanien bewirken kann.«

Der Fürst schien sehr in Gedanken versunken zu sein und reagierte auf den Gruß nur mit einem leichten Senken des Kopfes. Dann schien er sich zu erinnern und sprach: »Sind Sie nicht der Kantor der Kathedrale von Asorga, der kommt, um ...«

»Erlauben Eure Hoheit«, unterbrach ihn Don Celestino, »Euch daran zu erinnern, daß ich der Priester der Militärpfarrgemeinde von Aranjuez bin.«

»Ah«, rief der Fürst aus, »jetzt entsinne ich mich ... da war doch neulich ... Ihnen wurde doch der Sprengel auf Empfehlung der Gräfin ... Amaranta gegeben. Stammen Sie nicht aus Villanueva de la Serena?«

»Nein, Euer Gnaden, ich komme aus Santos de Maimona. Erinnert sich Eure Hoheit nicht an diesen Ort? Er liegt an der Straße, die von Fuente de Cantos kommt. Dort erntet man Wassermelonen von enormem Gewicht ... Heute komme ich aus zwei Gründen. Nämlich erstens, um die Ehre zu haben, Eurer Hoheit ein lateinisches Gedicht dieses Knaben hier vorlesen zu lassen ... nein, ich will sagen ...«

Don Celestino war kläglich in seiner Rede steckengeblieben. Der Fürst, dem solche Kenntnisse der Klassiker bei meiner Jugend ganz außergewöhnlich erschien, schaute mich mit wohlwollenden Augen an.

»Nein«, sagte der Geistliche, der die Kontrolle über seine Stimme wiedererlangt hatte, »das Gedicht ist von *mir* verfaßt worden, und nun möchte ich dem Wunsch Eurer Hoheit entsprechen und es vorlesen.«

Der Fürst hob die Hand mit jener instinktiven Geste, die eine unsichtbare Gefahr abzuwehren scheint. Don Celestino jedoch verstand nicht, daß sein Beschützer mit dieser Handbewegung die drohende Rezitation dieses Werkes ablehnte, und holte mit resoluter Entschlossenheit die Waffe seines beabsichtigten Anschlags, sein Manuskript, hervor. Manuel de Godoy, der uns wenig Beachtung schenkte und mit sehr ernsten Gedanken beschäftigt schien, wandte sich abrupt wieder dem Tisch zu und begann von neuem in den Papieren zu blättern.

Don Celestino sah mich an und ich ihn.

So verging eine Minute, nach der sich der Fürst wieder an uns wandte und auf einige Stühle wies: »Setzen Sie sich doch, meine Herren.«

Dann fuhr er mit der Untersuchung der Papiere fort. Wir beide auf den Stühlen berieten uns leise.

»Um deine Bitte vorzubringen«, sagte der Onkel von Inés, »mußt du abwarten, bis ich mein Gedicht vorgelesen habe, was mit der angemessenen Pause nicht länger als eineinhalb Stunden dauern wird. Die außerordentliche Wirkung, welche diese klassischen Verse, die er so liebt, auf ihn ausüben wird, wird ihn für dich gnädig stimmen, so daß ich nicht daran zweifle, daß er deiner Bitte entsprechen wird.«

Nach einer weiteren Wartezeit trat ein Amtsträger in das Arbeitszimmer des Fürsten ein, um ihm eine Eilbotschaft vorzulegen. Dieser öffnete sie sofort, las sie angespannt, legte sie auf den Tisch und wandte sich an Don Celestino: »Entschuldigen Sie bitte die Unterbrechungen. Heute ist für mich ein Tag ernster und unerwarteter Geschäfte. Ich wollte auch niemanden empfangen, und wenn ich Sie dennoch kommen ließ, so war es, weil ich wußte, Sie würden mich nicht um einen Posten bitten.«

Don Celestino verneigte sich zum Zeichen seiner Zustimmung, und ich sagte mir: »Na, da sind wir ja schön reingefallen!« Seine Hoheit schaute zu mir herüber und sprach: »Was das lateinische Gedicht betrifft, das dieser junge Mann verfaßt hat, so habe ich schon gehört, daß es ein bemerkenswertes Werk ist. Fahren Sie in Ihrem Fleiß bei diesen Studien fort, junger Mann, und Sie werden eines Tages ein berühmter Mann. Heute kann ich leider nicht Ihr Gedicht genießen. Da man Sie mir aber schon lobend erwähnte, habe ich beschlossen, Ihnen einen Posten im Übersetzungsamt zu geben, wo Ihre Frühreife von großem Nutzen sein wird. Geben Sie mir doch mal Ihren Namen ...«

Don Celestino wollte eingreifen, den Fehler berichtigen, aber seine Aufregung hinderte ihn daran. Bevor mein Begleiter auch nur ein Wort herausbringen konnte, hatte ich mich schon erhoben. Ich schrieb meinen Namen auf ein Blatt Papier, das auf dem Tisch lag, und reichte es ehrerbietig dem Fürsten, der abschließend sagte: »Ich muß Sie bitten, sich jetzt zurückzuziehen, denn meine Geschäfte lassen mir leider nicht mehr Zeit.«

Wir verbeugten uns respektvoll. Don Celestino stotterte die für solche Gelegenheiten angebrachten schwülstigen Formeln, und wir verließen das Arbeitszimmer des Fürsten. Wir erreichten den Saal, wo die anderen Bittsteller ungeduldig warteten, und der Türhüter ließ seine Stimme gebieterisch erschallen: »Heute gibt es keine Audienzen mehr!«

Als wir wieder auf der Straße waren und der gute Priester die Geistesgegenwart und den Gebrauch seiner Zunge wiedererlangt hatte, äußerte er in vorwurfsvollem Ton: »Warum hast du ihm denn nicht gesagt, daß das Gedicht nicht von dir, sondern von mir stammt?«

Ich konnte nicht umhin aufzulachen, wie ich ihn da so in seiner Eigenliebe getroffen sah und an das seltsame Resultat unseres Besuchs beim Friedensfürsten dachte.

7

»Eines ist aber sicher, Gabrielito«, sprach Don Celestino, als
wir vor seinem Haus angelangt waren, »es gibt plötzlich
zu viele Leute im Ort, die nicht hierher gehören! Ich sehe
viele fremde Gesichter, und es erscheint mir auch, als ob
die Zahl der Soldaten angestiegen ist. Siehst du die Gruppe
da an der Ecke? Das scheinen Fuhrleute von der Mancha
zu sein ... und unter ihnen kann man einige Kavallerie-
uniformen erkennen. Da hinten kommen andere, die den
Eindruck von Betrunkenen machen ... Hörst du die Rufe?
Laß uns schnell ins Haus gehen, bevor sie uns noch ansprechen können. Ich verabscheue den Pöbel.«

Und wirklich, in den Straßen von Aranjuez und auf dem
San-Antonio-Platz liefen die Menschen mehr oder weniger
lärmend in Gruppen umher. Ihr Anblick war nicht gerade
beruhigend. Die Einwohner schauten aus dem Fenster auf
die Vorbeiziehenden. Die allgemeine Meinung war, daß
man noch nie so viele Leute in Aranjuez, dem Real Sitio,
gesehen hatte. Wir gingen ins Haus, stiegen ins Zimmer
von Don Celestino hinauf, und als dieser den Staub von seinem Priesterrock schüttelte und mit dem Ärmel den rebel-
lischen Plüsch seines Schaufelhutes glättete, wurde die Tür
halb geöffnet: Ein faltiges, dunkelhäutiges Gesicht schaute
mit unstet flackernden Augen herein. Es war eines jener
Gesichter, die alt sind und jung erscheinen oder umgekehrt.
Dieses hier zeichnete sich durch einen breiten Mund mit
ungewöhnlich großen Zähnen aus. Es war Gorito Santurrias, der Küster dieser Pfarrgemeinde.

»Darf man eintreten, Herr Pfarrer?« fragte er. Seine
Aura war eine Mischung aus jener Heiterkeit, die alle Possenreißer auszeichnet, und der teuflischen Hinterlist, die
sein hervorstechendster Charakterzug war.

»Der Herr Küster kommt gerade richtig«, sagte der Priester mit gerunzelten Brauen, »denn ich habe ihm etwas zu
sagen. Wissen Sie, ich bin verärgert, und da das Kirchen-
gesetz mich berechtigt, Sie zu strafen ... na ja, darauf

komme ich noch zurück. All die Leute, die man hier jetzt sieht, die kommen doch nicht aus dem Grund, den Sie andeuteten? Das fehlte ja noch!«

»Herr Pfarrer«, entgegnete Santurrias unehrerbietig, »heute nacht wird mir der Strick der großen Glocke durch die Hände gleiten. Es muß geläutet werden – geläutet, um die Leute zusammenzurufen.«

»Also Santurrias, wenn Sie die Glocken ohne meine Zustimmung läuten ... Aber was will denn dieser Pöbel? Was fordert er?«

»Das werden wir dann schon sehen.«

»Gehen Sie zu Barrabas, dem Teufel mit den sieben Schwänzen! Aber wozu kommt denn dieses Volk eigentlich nach Aranjuez?« wiederholte Don Celestino und wandte sich an mich. »Gabriel, wir haben vergessen, dem Friedensfürsten mitzuteilen, was hier vorgeht, damit er seine Maßnahmen treffen kann. Wie dankbar wäre uns Seine Hoheit für diese Aufmerksamkeit gewesen!«

»Das erzählt man sich doch schon überall«, murmelte Santurrias spöttisch. »Diese Leute wollen verhindern, daß man unser angebetetes Königspaar nach Westindien verschleppt.«

»Sieh mal an«, rief der Priester aus und wurde gelb im Gesicht, »da kommt die Katze aus dem Sack. Als ob unsereiner nicht die Autorität hätte, solche Gerüchte Lügen zu strafen, als ob unsereiner nicht Freund wäre mit Personen, die wissen, was vorgeht, als ob unsereiner nicht auf der Höhe der Zeit sei!«

Don Celestino ließ mich nicht aus den Augen, denn er erhoffte offenbar von mir eine diskrete Bestätigung seiner Behauptungen. Santurrias aber, der einer der unverschämtesten Küster war, die ich je gesehen hatte, hörte nicht auf, sich über seinen Vorgesetzten lustig zu machen. Einmal widersprach er dem, was Don Celestino sagte, ein anderes Mal sang er mit teuflischer Musikalität ein freches Liedchen, das sich aus Teilen von Singspielen und lateinischen Sätzen des Gottesdienstes zusammensetzte.

»O Herr Pfarrer, Herr Pfarrer!« rief er. »Wir werden Euer

Hochwürden mit geschürzten Rockschößen die Straße nach Madrid entlangeilen sehen, ha, ha, ha!

> Leih mir dein Taschentuch,
> Wenn es sauberer als das meine ist,
> Damit ich die gerösteten Kichererbsen
> Darauflegen kann,
> Um die du mich gebeten hast.

*Asperges me, Domine, hissopo, et mundábor.«**

»Meine Würde«, entgegnete der Geistliche, der immer verärgerter wurde, »erlaubt es mir nicht, mich so zu erniedrigen, daß ich mich mit einem Herrn Santurrias streite. Wenn ich ihn nicht als Gleichgestellten behandelt hätte, würde sich die Disziplin nicht so gelockert haben. Aber in Zukunft werde ich energisch sein, ja, mein Herr – energisch, und wenn ein Santurrias sich daran ergötzt, daß dieses unwürdige Packzeug den Friedensfürsten beleidigt, wird er erfahren, daß *ich* in meiner Kirche befehle und … aber davon will ich jetzt gar nicht reden. Es sieht wohl so aus, als ob ich endlos sanftmütig bin, aber Celestino Santos del Malvar kann auch zornig werden, und wenn er erst mal so richtig zornig ist …«

»Wenn die Stunde des Festes kommt, wird Euer Hochwürden die Flaschen, die er im Schrank verborgen hat, herausholen, um uns zu laben«, sprach Santurrias wieder und bog sich vor Lachen.

»Trunkenbold! Du denkst wohl, du hast die heilige Kirche in deinen schurkischen Händen«, erwiderte der Priester. »Gabriel, kannst du dir vorstellen, daß ich vor zwei Tagen den Besen ergreifen mußte, um die Sakramentenkapelle auszufegen, in der der Müll eine halbe Elle dick lag? Schon als ich hierherkam, sagte man mir, daß dieser Mann die Schenke des Tío Malayerba** besucht. Ich nahm mir

---

* Besprenge mich, o Herr, und ich werde rein sein. (Anm. des Übersetzers)
** Etwa: Onkel Unkraut (Anm. des Übersetzers)

vor, ihn mit frommen Ermahnungen zu bessern – aber der Teufel reitet ihn! Es gibt Tage, da verschwindet selbst der Wein des Heiligen Abendmahls aus den Meßkännchen. Und dieser Kerl erlaubt sich, seine politischen Ansichten herauszuprahlen und mit mir zu streiten, ob der ehrwürdige, der verdienstvolle, der – ja, hör gut hin – der unvergleichliche Fürst des Friedens fällt oder nicht!«

»Jawohl«, bekräftigte Santurrias, »sie werden ihn durch die Straßen schleifen wie den Osterfestriesen.«

»Was strömen für Scheußlichkeiten aus diesem Munde!«

Sofort begann Santurrias mit hohler Stimme und ernster Miene einen Teil der Totenmesse zu singen, um dann mit Diskantstimme und grotesken Gesten in einen Seguidilla[17]-Volkstanz zu verfallen. Darauf imitierte er den Laut der Glocken und trieb die Unverschämtheit so weit, daß er die näselnde Stimme Don Celestinos nachahmte, der – völlig verwirrt – mehrmals die Gesichtsfarbe wechselte, ohne den Ungebührlichkeiten seines respektlosen Untergebenen Einhalt gebieten zu können.

»Aber«, brachte er schließlich heraus, »was erwartet sich der gnädige Herr Küster eigentlich von einem Aufruhr? Vielleicht daß er die niederen Priesterweihen erhält, um zum Subdiakon ernannt zu werden?«

»Wir werden ja sehen, Don Celestino«, entgegnete der Possenreißer. »Heute nacht oder morgen früh wird sich zeigen, was Santurrias macht. Sie brauchen nichts zu fürchten, Priesterchen, *Ihnen* werden wir nichts tun!

> *Tuba mirum spargens sonum*
> *per sepulchra regionum*
> *coget omnes ante thronum.**

Gebt nur acht, meine Herren, tirili, tirila.
Viele zeigen sanfte Mienen,
Aber haben Hände wie die Klauen des Geiers.«

---

* Die Trompete, die solch wunderlichen Klang verbreitet über den Gräbern der Lande, ruft alle vor den Thron. (Anm. des Übersetzers)

»Wie schön!« rief der Priester aus. »Jetzt mischt er doch tatsächlich schon Gotteslieder mit Gassenhauern! Nun ist aber meine Geduld zu Ende, mein Herr Küsterschelm! O Gabriel, ich kann es nicht mehr mit anhören, obwohl ich sicher bin, daß nichts geschehen wird. Man darf diesem Gerüchtemacher überhaupt kein Ohr schenken. Wer weiß, wie viele Krüge Wein er schon im Bauch hat. Trotzdem sollte man aufpassen. Hör mal, Söhnchen, geh doch mal raus und horch dich um, was man so im Ort redet. Diese Tunichtgute scheinen doch die Zunge locker zu haben. Wenn wirklich etwas bevorsteht, komm und teile es mir mit. Sobald ich ein wenig geschlafen habe, werde ich dann den Fürsten warnen, damit er seine Maßnahmen treffen kann. Wie dankbar wird er mir dafür sein, der gute Herr!«

Nicht nur auf Geheiß Don Celestinos, sondern auch aus Neugier verließ ich das Haus und streifte durch die Straßen der kleinen Stadt. Inzwischen hatten sich noch mehr Menschen eingefunden – besonders auf dem Platz des San Antonio. Ich brauchte gar keine Fragen zu stellen, um herauszubekommen, daß das Volk, erzürnt über die wahre oder falsche Nachricht, das Königspaar fahre nach Andalusien, entschlossen sei, dies zu verhindern. Es sah in dieser Reise nur einen weiteren Baustein eines von Godoy und Bonaparte ausgeheckten teuflischen Planes.

Überall wurde in den schlimmsten Tönen vom Generalissimus gesprochen, und ich dachte mir, daß ich nicht in der Haut dieses hohen Herrn stecken möchte, den ich kurz zuvor noch in solcher Macht und Pracht gesehen hatte. Aber es ist ja bekannt, daß Fortuna die am schändlichsten verrät, die sie vorher am meisten begünstigt hatte, und daß man sich auf diese niederträchtige Kurtisane nicht verlassen kann. Man sagte weiter auf der Straße, daß den Anhängern des guten Karl IV. diese Reise nicht geheuer erschiene und daß, obwohl dem Volk bisher das Recht versagt worden sei, an der Gestaltung des Schicksals unserer guten Mutter Spanien teilzunehmen, sie jetzt alle bereit seien zu beweisen, daß zwölf Millionen Seelen, die die Luft auf der Halbinsel atmeten, auch etwas zu sagen hätten.

Zwei Stunden schlenderte ich durch die Straßen. Da ich immer wieder Leute vom Hofe sah, hielt ich nach einem bekannten Gesicht Ausschau – vergeblich. Bei Einbruch der Dunkelheit schlug ich den Weg zum Haus des Priesters ein, als ein junger Mann sich aus einer Gruppe löste, hastig auf mich zutrat, mich mit meinem Namen ansprach und sich über meine Gesundheit erkundigte. Zuerst erkannte ich den Jungen, der etwas älter als ich war, nicht, aber nachdem wir einige Worte gewechselt hatten, fiel es mir wieder ein: Er war ein Gehilfe aus den königlichen Küchen, ich hatte ihn vor fünf Monaten im Palast El Escorial[18] kennengelernt.

»Kannst du dich nicht an den erinnern, der dir immer abends das Essen gab?« fragte er mich. »Weißt du nicht mehr, daß ich dir auf deine tausend Fragen Rede und Antwort gestanden habe?«

»Ach ja«, entgegnete ich, »jetzt erkenne ich dich. Du bist doch der Lopito. Bist aber ganz schön dick geworden!«

»Das gute Leben, mein Freund«, antwortete er und strich sich selbstzufrieden über den Umhang, in den er gehüllt war. »Ich bin auch nicht mehr in der Küche, sondern im Jagdgefolge des Prinzen Don Antonio Pascual, wo es nicht viel zu tun gibt und man sich viel amüsieren kann. Jetzt hat man uns befohlen, die Livreen auszuziehen und durch diesen Ort zu ziehen ... aber das sollte ich lieber verschweigen.«

»Das Leben im Palast wäre nichts für mich. Drei Tage lang war ich Page bei der Gräfin Amaranta, und es gefiel mir überhaupt nicht.«

»Jedem das Seine. Nirgendwo hat man es so gut wie im Palast. Man bekommt ein gutes Bett, gutes Essen, gute Kleidung, und bei Gelegenheiten wie diesen hier fehlt auch nicht eine Dublone in der Geldbörse ... Aber das ist kein Gespräch hier zwischen so vielen Menschen auf der Straße. Da ist doch die Schenke von Tío Malayerba, die uns zu rufen scheint, um dort etwas zu uns zu nehmen und uns über unsere Lebensumstände zu unterhalten.«

Lopito war einer dieser Jünglinge, die sich gern wie

Männer geben. Schon damals existierte jene Kaste, die sich dadurch auszeichnet, daß sie wie ein Loch säuft, mit der Faust auf den Tisch schlägt, jedem frech gegenübertritt, wie ein Schläger dreinblickt und sich mit unwahrscheinlichen Erlebnissen brüstet. Aber selbst mit solchen Schwächen – und anderen – hatte dieser Exküchenjunge noch etwas Sympathisches, denn er verband mit seiner Angeberei doch die Großzügigkeit und die Freimütigkeit der Jugend. So lud er mich zum Abendessen in die Taverne, wo wir bis neun Uhr schwatzten und uns dann wie dicke Freunde verabschiedeten, die zusammen auf der gleichen Schulbank lesen gelernt haben.

Am nächsten Tage konnte ich nicht nach Madrid zurückfahren, weil die Fuhrleute unverschämte Preise verlangten, und so traf ich mich wieder mit Lopito. Dieser hatte genauso wenig zu tun wie ich, so daß wir den größten Teil des Tages zwischen der Taverne von Tío Malayerba und den Prinzengärten verbrachten, wo wir über Gott und die Welt diskutierten, besonders aber über die jüngsten Ereignisse in Spanien, worüber er angeblich besonders gut Bescheid wußte. Zuerst wollte er mit dem, was er wußte, nicht so richtig rausrücken, aber das Geheimnis lastete so schwer auf seiner Seele, daß er sich mir schließlich offenherzig anvertraute:

»Wenn du willst, kannst du dir ein paar Münzen verdienen. Ich werde dich zum Haus des Señor Pedro Collado mitnehmen, der Diener Seiner Hoheit des Prinzen Ferdinand ist und dir einen Lohn geben wird. Hast du diese Bauern aus der Mancha bemerkt, die jetzt hier herumlaufen? Alle bekommen acht, zehn oder zwölf Real pro Tag bei bezahltem Transport und Wein, soviel sie wollen.«

»Aber was sagst du da, Lopito? Ich habe gedacht, die schrien und kreischten, weil es ihnen Spaß macht. Deiner Meinung nach werden sie also für das Geschrei von ›Hoch unser Königspaar!‹ und ›Tod dem Wurstmacher!‹ bezahlt?«

»So kann man das nun auch wieder nicht sagen. Alle Spanier verabscheuen diesen Mann. Da sie aber ihre Häuser, Felder und Ställe verlassen müssen, um hierherzukommen, muß ihnen doch jemand den Verdienstausfall bezahlen. Alle Bediensteten des Prinzen Don Antonio Pascual und des Prinzen Ferdinand haben Leute zusammengetrommelt. Aus Madrid haben wir die halbe Einwohnerschaft des Stadtviertels Maravillas mitgebracht, und in den Dörfern Ocaña, Titulcia, Villatobas, Corral de Almaguer, Villamejor und Romeral sind wohl bloß noch die Frauen und die Alten geblieben, denn der Señor Collado hat alle anderen mit hierhergebracht – selbst eine Herde von Knaben.«

»Aber, Dummkopf«, glaubte ich als entscheidendes Argument einwerfen zu müssen, »was nützt es schon, wenn das ganze Volk vor den Toren des Palastes kreischt? Es gibt doch die königlichen Truppen, die sich Respekt verschaffen werden! Wo sind wir denn hier eigentlich? Wenn ein paar Handvoll schreiender Leute aus den Außenbezirken und der Umgebung von Madrid den König zu bestimmten Dingen zwingen können, warum hat dieser Herr sich dann überhaupt die Mühe gemacht, die Krone aufzusetzen?«

»Da hast du nicht unrecht, Gabrielito, und wenn sich der Generalissimus auf die Truppen verlassen könnte, würden all diese Leute, die hier versammelt sind, um ihm ein Ständchen zu geben, wieder nach Hause gehen können. Aber du bist ja nicht unterrichtet. Es ist auch Geld an die Soldaten verteilt worden«, fügte er hinzu und senkte die Stimme, »und da Prinz Ferdinand viele Truhen voller Goldunzen hat, die ihm sein Vater als Spielzeug gab ... Nun ja – Prinz Ferdinand hat freie Hand, weil er von allen großen Herren des Adels, vielen Bischöfen, vielen Generalen und sogar von den Ministern des Königs unterstützt wird.«

»Das ist aber wirklich eine Gaunerei«, rief ich zornig aus. »Die sind Minister des Königs und Kollegen des Generalissimus, dem sie wahrscheinlich die Schuhe an ihren Füßen verdanken, und machen dennoch gemeinsame Sache mit dem Knaben Fernando, weil sie merken, daß das Volk den haben will. Die sagen sich wohl: ›Der kommt ja sowieso früher oder später auf den Thron. Dann soll es eben früher sein!‹«

Inzwischen waren wir an der Schenke angekommen, nahmen dort Platz, und Lopito bestellte für sich Chinchón-Branntwein und ich Arganda-Rotwein. Wir waren nicht die einzigen in dieser Akademie der Kenner geistiger Getränke, denn in der Nähe des Tisches, an dem wir fleißig übten, saßen mindestens zwei Dutzend Herren, in deren Gesichtern ich die Ähnlichkeit mit jenen zweifelhaften Helden entdeckte, die ein Poet mit folgenden Worten so episch besungen hat:

> Große, unbesiegbare Helden,
> die ihr den wohlbekannten Heeren
> der Trunkenheit, des Raubes,
> der Diebereien, Messerkämpfe
> und unflätigen Redensarten angehöret,
> Ritter der Tavernennächte und der lasterhaften Spiele
> kommet und ergreifet die Gelegenheit,
> euch für oft erlittene Verachtung
> zu rächen und zu laben.
> Bewundernswerter Raufbold Pelachón,
> gefürchteter Marrajo voll des Stolzes,
> du unerreichter Künstler der Listen und Hinterhalte
> und ihr anderen, Bewahrer unserer tausend Tugen-
> den,
> kommet alle, alle …

Unter ihnen sah ich manche mit solch ekelhaften Gesichtern und in solche Lumpen gekleidet, daß es eine Beleidigung für die Augen war.

»Die da«, meinte Lopito, um meine offensichtliche Neugier zu befriedigen, »sind die Creme des berüchtigten Zocodover von Toledo[19], wo sie ihr Geschick im Erleichtern von Geldbörsen und Begaunern von Passanten zur vollen Blüte bringen.«

Auch Kavalleriesoldaten zechten in dieser Taverne, und

bald hatten die Gespräche eine solche Lautstärke erreicht, daß man kein einziges Wort mehr verstand, sofern man sich überhaupt noch vorstellen konnte, daß dieses Geschrei und diese Flüche aus Worten bestanden. Einige behaupteten, die königliche Familie würde noch am selben Abend abreisen, andere widersprachen heftig: der König denke gar nicht daran, fortzugehen.

Bald wurden die Zweifel beseitigt, denn Seine Majestät wandte sich durch eine Bekanntmachung, die an allen öffentlichen Gebäuden angeschlagen werden sollte, an das Volk. Darin teilte König Karl IV. seinen ›Vasallen‹ genannten Untertanen mit, daß die besagte Reise eine Erfindung boshafter Seelen sei, daß er nichts von den Franzosen, ›unseren lieben Freunden und Verbündeten‹, zu fürchten habe und sich mit seiner Familie unter seinem Volke wohl befinde. Dieses Volk lebe doch in Wohlstand und Glück unter dem Schutz väterlich vorsorgender Institutionen.

Die meisten der Helden von Zocodover und Las Vistillas schienen nicht geneigt zu sein, diesen königlichen Worten Glauben zu schenken. Alle, die die Bekanntmachung lasen, spotteten mit Worten wie:

»Mal langsam, König Karl, uns kann man nichts vorgaukeln. Jetzt werden wir die Sache in die Hand nehmen!«

Als ich das Priesterhaus wieder betrat, fand ich Don Celestino außer sich vor Freude vor. Mit wehender Soutane schwebte er durch die Räume, und obwohl nicht einmal der Schatten des verruchten Küsters zu erblicken war, äußerte er mit triumphierendem Tonfall: »Siehst du, ruchloser Santurrias, Tunichtgut, Säufer und Tagedieb, daß du weniger weißt als ein Säugling in der Wiege? Siehst du, wie recht ich hatte? Siehst du, daß das Königspaar nie an diese Reise gedacht hatte? Sie bleiben auf ihrem Thron, um dich Lügen zu strafen, du Intrigenspinner und Opferstockräuber[20]. Es hatte dir ja nicht genügt, als ich es dir sagte – ich, der ich ein Freund Seiner Hoheit des Generalissimus bin und genug studiert habe, um zu wissen, was gut für die Nation ist! Komm mir jetzt mal mit deinem widerlichen Geschwätz und deinen Drohungen, die

Glocken ohne meine Einwilligung zu läuten! Ah, der Kerl kann mir dankbar sein, daß ich nicht auf der Stelle zu Seiner Hoheit gehe und ihm berichte, was für ein Schurke er ist. Daraufhin würde ihn der Bischof kurzerhand auf die Straße werfen. Aber ich bin ein großmütiger Mann, mein Herr Santurrias. Ich will einem Witwer mit vier Kindern das Brot nicht nehmen. Komm mir aber noch mal mit solchen infamen Reden über meinen Landsmann und wiederhole solche Schmähungen wie ›Hoch Fernando, *Kyrie eleyson!* Tod Godoy, *Christi eleyson!*‹, mit denen du mich jeden Morgen weckst!«

Dann wurde er sich bewußt, daß ich vor ihm stand. Er schlang seine Arme um meinen Hals und sprach: »Endlich sind die Zweifel beseitigt! Alles war eine Erfindung von Santurrias. Was sagt denn die Menge dazu? Das Volk muß doch nun sehr zufrieden sein, nicht wahr? Wenn jetzt der Friedensfürst zum Spaziergang ausgeht, müßten sie ihn doch mit Jubelrufen begrüßen … Ach, wie besorgt ich war, Söhnchen! Ich fürchtete wirklich, es würde ein Aufstand ausbrechen. Ein Aufstand! Weißt du, was das ist? In meinem Leben habe ich noch keinen erlebt und hoffe, daß ich keinen erleben werde, bevor der Herr mich zu sich ruft. Ein Aufstand bedeutet nicht mehr und nicht weniger, als daß alle auf die Straße laufen, hoch diesem und Tod jenem schreien, Fensterscheiben einschlagen und sogar Unglückliche schlagen. Welch eine Scheußlichkeit! Dank Gott wird das nun nicht passieren – und zweifellos wird die Klugheit und Umsicht Seiner Hoheit … Weißt du, daß ich in seinem Palast war, um ihn zu warnen, und daß er mich nicht empfing?«

»Das glaube ich gern, daß Seine Hoheit jetzt keine Lust zu Audienzen hat, denn es ist nun nicht die Zeit zum Süßholzraspeln, wie einer mir vorhin sagte.«

»Vielleicht ist ihm schon von den Umtrieben des Santurrias und der anderen, mit denen er sich in der Spelunke des Tío Malayerba, des Onkel Unkraut, trifft, berichtet worden. Aber wo ist denn nur dieser besessene Küster? Der kommt wohl nicht her, weil er weiß, daß ich ihn nun so beschämen würde, daß sein Gesicht wie roter Pfeffer anläuft.«

Er hatte seine Worte noch nicht richtig beendet, als sich die Tür wieder halb öffnete und die großen Zähne im grinsenden Mund des Küsters im Blickfeld auftauchten. »Komme er nur her«, rief Don Celestino voller Schadenfreude, »der äußerst weise Herr Santurrias, heimlicher Kardinalanwärter. Komme er her, um uns mit seinem Wissen zu erleuchten und mit seiner Klugheit zu beraten. Kann er uns jetzt sagen, wann die Reise des Königspaares stattfinden wird? Die Bekanntmachung Seiner Majestät ist doch ein Schwindel, nicht wahr? Wie kann man denn dem König der spanischen Lande, der westindischen Inseln, von Jerusalem, Rhodos und so weiter Glauben schenken, wenn der erlauchte Herr Gregorio von Santurrias, seines Zeichens ehemaliger Küster der Mönche und heute meiner Gemeinde, anders darüber denkt! Kann der weise Herr uns von unseren Zweifeln befreien?«

»Morgen, morgen, morgen werden wir's besorgen, ehrwürdiger Priester«, antwortete der Küster. »Wird Euer Hochwürden die Fläschlein aus dem Schranke zaubern?«

Und ohne vor der Ironie seines Vorgesetzten die Fassung zu verlieren, sondern im Gegenteil mit Spott über die ernsten Gesten, mit denen er ermahnt werden sollte, begann er die merkwürdigen Gesänge seines Repertoires anzustimmen, wobei er tausend groteske Fratzen schnitt und einmal mit den Händen tat, als ob er die Glocken läute, ein andermal, als ob er eine Orgel spiele, und dann, als ob er eine Gitarre zupfe. Das hörte sich dann etwa so an:

»Domine, ne in furore tuo arguas me ...*

Der Königshof ist die Zier
der beiden Länder Kastiliens,
und die Zier des Königshofes
sind die wunderbaren Schätzchen.

*　O Herr, rüge mich nicht in Deinem Zorne ... (Anm. des Übersetzers)

Lauf, mein Schwarzer!
Es gibt keine Haare auf der Welt
wie die deinen.

De profundis clamari ad te, Domine, Domine …*
Dum dideldum, dum, dum.«

8

Auch am Tag darauf fand ich niemanden, der mich nach
Madrid bringen konnte. Da ich aber unbedingt von Inés'
eigenen Lippen hören wollte, ob ihr wirklich von den
Requejos das Glück eines Wohllebens beschert worden
war, entschloß ich mich, zu Fuß nach Madrid zu gehen,
was zwar nicht sehr bequem, dafür aber billiger war. Don
Celestino und ich sprachen gerade darüber, als Lopito
erschien, um mich abzuholen.

»Heute nacht«, sagte er mir, als wir die Treppe hinun-
tergingen, »wird es ein Fest geben. Das darfst du aber keiner Menschenseele erzählen, Gabrielito. Weißt du, das
Papierchen, das der König gestern herausgab, ist ein
Schwindel. Das liebe König Karlchen mit seinem Gesicht-
chen, das kein Wässerchen trüben kann, beschwindelt
uns.«

»Also wird es doch zu der Reise nach Andalusien kommen?«

»So gewiß, wie wir jetzt Tageslicht haben. Aber da wir
nicht wollen, daß das Königspaar geht, weil das von
Napoleon und Godoy so ausgeknobelt worden ist, die sich
danach Spanien untereinander aufteilen wollen, soll die
Reise heute nacht heimlich stattfinden. Wenn der König
wirklich nicht an eine Abreise denkt – warum sind die
Truppen denn nicht abgezogen worden? Warum kommen

* Aus tiefstem Herzen rufe ich Dich, o Herr … (Anm. des Übersetzers)

im Gegenteil immer mehr Truppen? Siehst du, jetzt zieht ein Bataillon auf der Königsstraße hierher?«

Ich muß gestehen, daß es mir herzlich gleichgültig war, ob ein Bataillon einzog oder hundert abmarschierten, ob der König nach Andalusien ging oder sonstwohin. Das äußerte ich auch meinem Freund gegenüber. Dessen Seele aber war angefüllt von großmütiger Begeisterung *für das Wohlergehen des Königreiches*, und er gab mir zu verstehen, daß meine Gleichgültigkeit tadelnswert und sogar verbrecherisch sei. So verbrachten wir mehrere Stunden mit ausschweifenden Diskussionen über die Zukunft unseres Volkes. Er hatte sich in den Kopf gesetzt, mich in die Taverne mitzunehmen, was ihm dann auch gelang. Sie war so voll wie immer, aber die Gäste waren andere. Unter ihnen befand sich Santurrias, der nicht gerade der leiseste war. Es befand sich dort auch – sehr abgezehrt und gedankenverloren, die Ellbogen mit durchlöcherten Ärmeln auf den Tisch gestützt – der Poet aus Calahorra, der zwei Jahre zuvor die Menge der Pfeifenden angeführt hatte bei der Uraufführung von ›Das Jawort der Mädchen‹[21], und mit ihm nippte aus dem gleichen Glase vom Nektar des Esquivias ein anderer der niedrigeren Komödiengötter, der bekannte Viertel und Halbes[22], Kesselflicker und Poet. Arme Söhne des Apoll!

Der Exküchenjunge erzählte mir, daß alle diese Persönlichkeiten von den Anführern der Verschwörung aus Madrid geholt worden waren, und fügte hinzu: »Dies, damit man sieht, daß auch solche, die sich zu den Leuten von Kultur zählen, daran teilnehmen.«

Ich konnte nicht umhin zu erwähnen, daß mich all diese Leute anwiderten, und hinsichtlich ihrer Absichten und Ziele erschien mir alles absurd, ohne daß ich den Grund benennen konnte.

»Ihr Dummköpfe«, dachte ich so bei mir, »denkt ihr denn, daß durch solchen Klamauk Könige abgesetzt und eingesetzt werden können?«

Aber in dieser Nacht konnte ich den ganzen Abgrund von Ignoranz und Fanatismus dieser Handvoll von Revolutionären ermessen. Da ich keine andere Ablenkung von meinem Verdruß finden konnte, als Lopito in der Taverne Gesellschaft zu leisten, begab ich mich bei Einbruch der Dunkelheit dorthin, nachdem ich versucht hatte, Don Celestino zu beruhigen. Lopito, der mich schon ungeduldig erwartete, sagte mir, als er mich sah: »Gut, daß du gekommen bist. Ich hatte schon gefürchtet, du würdest das Beste versäumen. Hier sind jetzt alle versammelt, und dann ... und dann werden wir sehen.«

Die Taverne des Tío Malayerba war brechend voll, auch im Innenhof, der normalerweise eine Schmiede und eine Wagenbauerwerkstatt beherbergte, waren Gäste. Ich kann Euch, liebe Leser, gar nicht die Vielfalt der Kleidung dieser Trinklustigen beschreiben. Viele schienen schon vor dem Durchschneiden des Fadens der Geschichte die guten Sitten der Bekleidung zerschnitten zu haben. Viele Männer waren in Decken eingehüllt mit Mancha-Hüten und Bauernschuhen, andere hatten Lumpen um ihre runden schwarzhaarigen Köpfe gewunden als neueste Abart des orientalischen Turbans. Wieder andere hatten Hanfschuhe an den Füßen, die Fußbekleidung des leisetretenden Gauners. Etliche hatten Westen mit Münzknöpfen an und waren mit violetten Schärpen gegurtet, was das allerneueste Erkennungszeichen der Aufstandsbegeisterten zu sein schien. Von dieser Mischung aus schmutzigbraunen Jacken, schwarzen Hüten und gelben Decken stachen nicht wenige scharlachrote Umhänge ab, die Persönlichkeiten aus Vistillas umhüllten, aus Avemaria, Carnero, La Paloma, Aguila, Humilladero, Arganzuela, Mira el Río, Los Cojos, Oso Tribulete, Ministriles, Tres Peces und anderen Vorstädten unter der Sonne Kastiliens, in denen schon immer die Blüte der Schurken gediehen ist.

Über die Eigenheiten der verschiedenen Stimmen ist nichts zu sagen, denn alle sprachen gleichzeitig. Aber am Ende dieser Versammlung erhob sich, wie immer bei solchen Gelegenheiten, eine Stimme über die anderen. Die Menge kann manchmal auch schweigen, um zuzuhören, wahrscheinlich weil ihr von ihrem eigenen Geschrei übel geworden ist.

Einige fingen an zu rufen: »Pujitos* soll sprechen!«

Und sofort gab Pujitos den wiederholten Aufforderungen seiner *politischen Freunde* (verzeihen Sie mir diesen Anachronismus) nach, begab sich in den Innenhof, weil die Taverne für eine so große Zuhörerschaft keinen Platz hatte, und stieg auf die Tribüne, das heißt, eine Tonne.

Pujitos war das, was in den Lustspielen von Don Ramón de la Cruz[23] unter der Bezeichnung *dezenter Stutzer* aus dem Volk bekannt war, das heißt ein Stutzer mehr aus Neigung als aus Veranlagung, eine Persönlichkeit, geadelt durch einen angesehenen Beruf, zum Beispiel dem des Silberschmieds oder Zimmermanns, und der kein altes Eisen auf dem Trödelmarkt zu verhökern, Wasser von außerstädtischen Quellen heranzukarren, Fleisch auf den Plätzen zu schneiden, Kühe im Schlachthof abzustechen, Branntwein in Las Américas zu verkaufen, Kakao in Santa Cruz zu zerstampfen, Geröstetes auf dem Fest des San Antonio feilzubieten, Gedärme an der Pforte Gil Imóns zu waschen, Spritzkuchen an der Ecke des V.O.T.-Krankenhauses zu backen und noch nicht einmal als Drohne von den Verdiensten einer Kaldaunen- oder Kastanienverkäuferin oder einer jener vielen Seifenschaumvenusse der Waschstellen am Manzanares zu leben brauchte. Pujitos war mit einem Fuß in der Mittelklasse – ein angesehener Handwerker, ein geschickter Meister eines wahren Berufes, aber dennoch unterschied er sich seit seiner bewegten Kindheit nicht von solchen berühmten Persönlichkeiten wie *Tres Pelos, El Roquito, Majoma* und anderen, die häufig solche Orte wie Ceuta, Melilla usw. heimsuchten.

Pujitos hatte als Spanier eine bunte Vorstellungswelt, aber eines der Salzkörner, die die göttliche Hand großzügig verteilt hat, mußte wohl auch in sein Gehirn gefallen sein. Er konnte nicht lesen, hatte aber die Gabe, die auch für den Spanier kennzeichnend ist, sich leicht anzueignen,

---

* Der Gesichtsverzerrer (Anm. des Übersetzers)

was er hörte. Allerdings verdrehte und übertrieb er dann das Gehörte bei der Weitergabe in solcher Weise, daß der, von dem es ursprünglich ausgegangen war, es nicht mehr wiedererkannt hätte. Außerdem gehörte Pujitos zu jenen aufrührerischen Geistern, die in allen Epochen der Geschichte glauben, daß öffentliches Geschrei etwas ausrichten kann. Er hielt gern Ansprachen, wenn ihm mehr als vier Leute zuhörten, und besaß alle hervorstechenden Instinkte des Vereinsmeiers. Da es aber zu jener Zeit weder Vereine noch Nationalmilizen gab, mußten vierzehn Jahre vergehen, bis Pujitos sich durch seine außergewöhnlichen Fähigkeiten einen Namen machen konnte. Siebzig Jahre später wäre Pujitos wohl ein Schuhmachermeister mit Abonnements für zwei oder drei Zeitungen, Leutnant der Bürgerwehr, Vizepräsident irgendeines politischen Zirkels, aktiver Wähler, Sprecher eines Ausschusses für den Waffenkauf und Erfinder irgendeines Uniformzubehörs gewesen, hätte wohl vom Recht auf Arbeit und Kollektivismus gesprochen und eine Rede mit »Bürger, im Zeichen des Revolutionsgedankens ...« statt mit »Loite: Weil dat spansche Folk ...« begonnen.

Aber damals wurde nicht von den Menschenrechten geredet, und das bißchen, was von nationaler Selbstbestimmung zum Ausdruck kam, gelangte nicht bis an die verstopften Ohren jener Persönlichkeit. Auch gab es damals weder Gewerkschaften noch ein Recht auf Arbeit, noch Milizbataillone, noch rote Mützen, geschweige denn aufrührerische Zeitungen oder entsprechende Vorträge der Akademie, so daß Pujitos nichts anderes als ... eben Pujitos war.

So stand denn dieser Mann, klein von Wuchs, aber groß von der Seele, den Hut auf die rechte Augenbraue gedrückt, dunkelhaarig und -häutig, mit Augen, die durch die von seinem Magen aufsteigenden Dämpfe glänzten, auf einer Tonne und hub in folgender Weise zu sprechen an: »Loite: Weil dat spansche Folk jetz jenuch hat von diesem Obaminista det Teufels, der dat Keenichreich an Nappolleon verkauft, ham wir beschlossn, zum Keenichspalast zu jehen un sagn det wir de Neese voll ham von seine Rejierung un valangn, det der Prinz von Asturias einjesetzt wird damit wir ausrufen können: ›Jerechtichkeit in unsam Land – es lebe der Prinz Ferdinand!‹ (*Laute Beifallschreie und Klatschen.*) Et muß endlich uffhörn, det der große Gauner dat Jeld für sich behält un die Spania hungern. Madrid will den Obaminista nich. Raus mit ihm! Deswejen sin wir alle hia vesammelt damit Schluß damit jemacht wird. (*Zeichen der Zustimmung.*) Diesa Obaminista hat uns beklaut, hat uns in die Bredullje jebracht un jetzt mussa sich dafür verantwortn. Den Keenich müssn wir sagn, er soll den Prinz Ferdinand, unsern Fernando, einsetzn. Ick küsse hier det Kreutz un schwöre, det wir ien jejen alle verteidijen werdn – un wenn ooch noch so viele Armejen kommen. Loite: Wir habn et satt! Jetz darf nich mer jeredet werdn, sondern zu de Waffn jegriffn un den Godoy zur Reschenschaft jezogen unter dem Motto:

> Jerechtichkeit in unsam Land,
> Es lebe der Prinz Ferdinand!«

Ein Geheul, ein kolossales Blöken erhob sich im Innenhof, und der Redner stieg von seiner improvisierten Tribüne. Während er sich den Schweiß von der mit dem unsichtbaren Lorbeer des Redners bekränzten Stirne wischte, reichte ihm ein weibliches Wesen Wein. War das Hebe, die hehre Mundschenkin der Götter, die dem Jüngling mit den goldenen Haaren den Nektar Zyperns kredenzt, als er vom Rennen zurückkehrt? Nein, es war Mariminguilla, die Nymphe der Familie Perales vom Tajuña, von dessen blühenden Ufern sie der Señor Malayerba, der Onkel Unkraut, geholt hatte, um sie zur Oberkellnerin seines Etablissements zu machen, welche Funktion sie unter Kniffen und anzüglichen Worten wahrnahm.

Lopito, der mit ihr angebandelt hatte, rief sie, kniff sie auch und sagte ihr tausend Eseleien. Inzwischen aber erhob sich der Pöbel in der Taverne auf Geheiß eines Mannes, der plötzlich aufgetaucht war. Alle strömten nach draußen, und ich, der ich von dem unterhaltsamen Treiben nichts versäumen wollte, folgte ihnen.

»Ruhe mal alle!« rief eine Stimme, die offenbar einer Persönlichkeit gehörte, die gewohnt war, sich Gehorsam zu verschaffen, und die Menge setzte sich in einer gewissen Ordnung in Marsch. Die Nacht war sehr dunkel, aber trocken und windstill.

»Wo gehen wir denn hin, Lopito?« fragte ich meinen Begleiter.

»Das werden wir schon sehen«, antwortete er mit gedämpfter Stimme. »Weißt du nicht, wer das ist, der uns da befiehlt?«

»Wer? Jener grobe Kerl dort mit der Jagdmütze, dem Stock, der braunen Jacke und den Gamaschen, der immer wieder stehenbleibt, um die Straßenecken schaut und sich zu uns umwendet, um uns Ruhe zu gebieten?«

»Ja – das ist der Graf von Montijo. Man könnte hier wirklich den Refrain singen: ›Wenn die Heiligen sprechen, so hat ihnen Gott die Erlaubnis dazu erteilt.‹«

9

Der Menschenschwarm lief einige Straßen entlang und vereinigte sich nach einer Viertelstunde mit einem noch größeren. Lopito wies auf eine Mauer am Ende einer breiten Straße und sagte: »Da sind der Garten und die Remisen des ›Friedensfürsten‹.«

Wir zogen in etlicher Entfernung vorbei und sahen von weitem die beiden Kuppeln des Palastes. In der Nähe vom Markt stießen noch mehr Gruppen zu uns, die gemäß Lopito Kutscher, Stallknechte, Küchenjungen und Lakaien des Prinzen Antonio und des Prinzen von Asturias waren.

»Aber was machen wir denn hier?« fragte ich meinen Freund. »Wollen wir verhindern, daß das Königspaar den Ort verläßt, oder schnappen wir hier einfach frische Luft?«

»Das werden wir bald sehen«, antwortete er mir. »Ich selber weiß es nämlich auch nicht, denn Salvador, der Kutscher, hat mir nur gesagt, daß ich dahin gehen solle, wohin auch die anderen gingen, und das schreien solle, was auch die anderen schreien. Sieh, hier vorn haben wir jetzt den Palast. Es ist alles still darin und kein Licht in den Fenstern.«

Man hörte nur das Quaken der Frösche vom Flußufer.

Die Stimme, die uns anführte, sagte »Halt!«, und wir gingen keinen Schritt mehr weiter.

»Es ist doch seltsam«, sagte ich zu Lopito mit leiser Stimme, »daß wir keine Wachen angetroffen haben, die uns aufhalten – nicht einmal eine Streife der Truppe, die uns fragt, was wir denn hier zu so später Stunde machen.«

»Dummkopf«, antwortete er mir. »Die Truppe weiß doch, was gespielt wird. Die bleiben schön ruhig in ihren Kasernen und warten darauf, daß ihnen jemand sagt: ›Es ist alles vorbei!‹«

Das leuchtete mir ein, so daß ich schwieg. Während einer ganzen Zeit hörte man nur das dumpfe Murmeln von Gesprächen mit leiser Stimme, unterdrücktes Husten und von weitem den Gesang der geschwätzigen Frösche. Einige leichte Luftstöße bewegten die Zweige der Ulmen, die sich mit dem ersten Grün geschmückt hatten. Die Nacht war still, traurig, erfüllt von jenem seltsamen Duft, den das erste Frühlingswachstum ausströmt. Der Himmel war mit Sternen besprenkelt, in deren schwachem Licht sich die dicken schwarzen Bäume, die wuchtige Silhouette des Königspalastes und weiter weg die Marmorfinger des von Herkules gehobenen Anteus in der Statuengruppe des Brunnens am Ende der Anlagen abhoben. Ort und Zeit waren eher zur Meditation als zur Zusammenrottung geeignet.

Plötzlich wurden die tiefe Stille und die Dunkelheit vom Mündungsblitz und Knall eines Gewehrs unterbrochen. Ich konnte nicht ausmachen, woher das kam. Die Menge, in der ich mich befand, stieß tausend Schreie aus und ergoß sich in alle Richtungen. Es war, als ob eine Mine explodiert sei. Anders kann man den Ausbruch von so viel aufgestautem Zorn nicht umschreiben. Alle rannten, und ich auch. Fackeln und Laternen flammten auf. Knotige Knüppel wurden in den Himmel gereckt, viele Flinten abgeschossen. Militärische Signalhörner erschallten. Eine Vielzahl von Steinen wurde von geschickten Händen geschleudert und verursachte einen schrecklichen Lärm von zersplitternden Fensterscheiben eines großen Hauses. Es war die Wohnstatt des Friedensfürsten.

Die Geschichtsschreibung besagt, daß der Tumult begann, weil die Menge eine verhüllte Dame stellen wollte, die mit zwei Ehrenwachen in einer Kutsche das Haus des Generalissimus verließ. Einige behaupten, daß sie ein Aufleuchten in einem der Fenster gesehen hätten und daß dies das Signal für den Beginn des Handstreichs gewesen sei.

Über das Schießen und den Ton von Signalhörnern besteht kein Zweifel, denn ich habe diese selbst eindeutig gehört. Das Licht habe ich nicht gesehen. Ich glaube aber, Lopito sagen gehört zu haben, daß er es gesehen hätte, obwohl ich dessen nicht mehr sicher bin. Es ist aber auch nicht so wichtig, denn der Kern der Verschwörung war im Palast, und die Hauptverschwörer waren, wie alle Welt jetzt weiß, der Prinz Ferdinand von Asturias, sein Onkel, sein Bruder und seine Freunde, dazu noch viele andere Adlige, hohe Repräsentanten des Königshauses und einige Minister.

Die Aufgewiegelten wurden immer mehr. Neue Wellen verstärkten die Hauptmasse, ohne daß sich ein Soldat der Menge entgegenstellte. Das Tor von Godoys Palast krachte nach etlichen Schlägen zu Boden. Der wütende Pöbel rief den Namen des Friedensfürsten mit schrecklichen Flüchen und Drohungen.

Gegenüber wehrlosen Idolen, deren Stunde des Niedergangs geschlagen hat, sind Volksmassen immer sehr mutig. Solche vom Glück verlassenen ehemals Mächtigen sehen sich dann noch unvermutet von lauwarmen Freunden, bezahlten Helfern und sogar von denen verlassen, die dem vom Glück verlassenen Fallenden alles zu verdanken haben. So gesellen sich zu den Händen des berechtigten oder unberechtigten Hasses diejenigen der Undankbarkeit, der gemeinsten aller Untugenden, um dem Opfer den Rest zu geben.

Da er sich von der Undankbarkeit auch noch unterstützt fühlt, schöpft der Plebs noch mehr Mut, glaubt sich unbesiegbar, von einem göttlichen Auftrag inspiriert und schreibt sich dann stolz den Sieg zu. In Wahrheit aber werden solche abrupten Stürze wie auch Aufstiege von geschickteren Händen als denen der Volksmassen manövriert.

Nachdem die Eingangstür des Hauses gefallen war, ergoß sich die Menge in das Innere, brüllend vor Kraft. Ihr wildes Schnauben und Heulen riefen Angst und Entrüstung in mir hervor, besonders wenn ich daran dachte, daß sich ihr Rachedurst gegen einen wehrlosen Mann richtete. Das war das erste Mal, daß ich das Volk ›Selbstjustiz‹ ausüben sah, und seitdem verabscheue ich es wie ein Richter.

In Schreie wie »Tod Godoy!« mischten sich Fragen haßerfüllter Ungeduld: »Ist er schon erwischt worden?« »Haben sie ihn schon getötet?« Alle wollten in das Haus, was aber nicht möglich war. Von außen sah man durch die offenen Fenster das Blitzen von Axtschneiden, hörte Schreie, das Krachen von Möbeln und das Zerbersten von Vasen, die in die Krallen der Bestien gerieten. Auch außerhalb des Hauses schwoll der Lärm an. Auf der Straße vor dem Fürstenpalast wurde ein großes Feuer angezündet. Die Glocken aller Kirchen und Klöster des Ortes läuteten ohne Unterlaß. Man wußte nicht, ob das ein Sturmläuten oder der Klang des Triumphes war.

Lopito, der wie ein Teufelslehrling am Feuer tanzte, sprang auf mich zu und rief: »Gabriel, macht dir das nicht Spaß? Du blickst so teilnahmslos drein. Komm, drängen wir uns in den Palast. Jetzt ist der endlich mal für uns da! Es ist doch gesagt worden, daß das alles mit dem Geld bezahlt wurde, das Godoy dem Volk stahl.«

Von meinem jungen Freund fast schon mit Gewalt gezogen, betrat ich den Palast und stieg in die oberen Zimmer hinauf. Ich durchquerte alle Säle, durch die ich zwei Tage vorher an der Seite des Priesters geschritten war. So gelangte ich auch in das Arbeitszimmer des Fürsten und sah den Tisch, wo ich ihm meinen Namen auf einem Papier aufgeschrieben hatte. Die Besessenen, von denen ich umgeben war, öffneten Wandschränke, rissen Wandteppiche herunter, stürzten Sofas um und zerbrachen Stühle, als ob sie hinter einem dieser Gegenstände das Objekt ihres Hasses finden könnten. Die Türen wurden mit Axthieben zerschmettert, die Wandschirme zertreten. Die Eindringlinge ließen ihre Wut an unschuldigen chinesischen Vasen aus, schleiften luxuriöse Uniformen über den Boden, zerrissen Wäsche, entdeckten zu ihrer Überraschung ihr Abbild in kostbaren Spiegeln, die sie anschließend in Stücke schlugen, stopften sich die Reste eines Abendessens, das noch warm auf dem Eßtisch stand, in den Rachen, zerbrachen mit Wonne die eleganten Möbel, bespuckten die Gemälde Goyas[24], hieben überall herum aus dem einfachen Drang, ihre Fäuste zu gebrauchen. Sie waren von der Wollust der Zerstörung ergriffen, gehorchten wie Kinder ausschließlich ihrem Instinkt, zerrissen mit Wonne gedruckte und handgeschriebene Kunstwerke der Literatur, wie der Gassenjunge die Fibel zerreißt, die er nicht versteht. Für dieses Zerstörungswerk wandte die schreckliche Bestie alle Mittel an, die ihr zur Verfügung standen: Hände, Füße, Krallen, Nägel, Zähne – teilte Schläge, Fußtritte, Bisse und sogar Kopfstöße aus.

Die Raserei des Monsters nahm noch zu, als solche Sätze von Mund zu Mund gingen: »Der Hund ist nicht hier!« »Der Schurke hat sich verflüchtigt!« In der Tat war der Fürst nirgendwo zu entdecken, was mich freute.

Wenn der Pöbel seine Zerstörungswut nicht am menschlichen Objekt auslassen kann, rächt er sich dafür an den Möbeln, die diesem gehören. So war es in allen Aufständen unseres Geschichtsrepertoires bisher geschehen, und so geschah es nun auch hier. In dem Wissen, daß sie von dem Friedensfürsten nicht einmal mehr ein Härchen zu fassen bekommen würden, verfielen die hehren Rächer auf den heldenhaften Gedanken, alle Kostbarkeiten des soeben verwüsteten Hauses zu verbrennen. Mit unvergleichlichem Vergnügen, mit der Trunkenheit des Triumphes und im Bewußtsein der unwiderstehlichen Stärke begannen die neuen Gäste des Palastes Stühle, Sofas, Wandteppiche, Vasen, Bilder, Kandelaber, Spiegel, Kleidung, Papiere, Bestecke und tausend andere infame Komplizen der schändlichen Politik des Manuel de Godoy von den Balkonen zu schleudern. Die Bestie führte diese Handlung mit einer gewissen Ordnung aus, ohne jedoch einen Augenblick aufzuhören, »Tod dem verfluchten Schurken!« und »Hoch der König, hoch der Prinz von Asturien!« zu schreien.

Als die vorausgeeilten Kundschafter sich überzeugt hatten, daß der Fürst geflohen war, erschien die Gattin des Friedensfürsten, die bis dahin verborgen geblieben war, vor dem Plebs, bat um Hilfe und flehte die Menge um Mitleid an. Die unglückliche Dame zitterte vor Angst und desgleichen ihre kleine Tochter, die mit beiden Fäustchen vor den Augen untröstlich schluchzte. Ich weiß nicht, ob diese Bitten von Mutter und Tochter die Wut der Aufständischen besänftigten oder ob die Männer, die das Zerstörungsfest leiteten, ohnehin entschlossen waren, Rücksicht auf die unglückselige Fürstin zu nehmen – jedenfalls wurden die beiden nicht im mindesten mit Taten oder auch nur Worten malträtiert. Vielmehr wurden sie aus dem Haus geleitet, in eine Kutsche gesetzt und zum Königspalast gefahren, wie Pujitos sagte, der diese Aufgabe übernahm, ohne daß sie ihm jemand befohlen hatte.

Man kann sich vorstellen, daß Pujitos entzückt war, sich vor so vielen Menschen produzieren zu können. Überall wo sich ein Zug zusammenstellte, um zu einer bestimmten Stelle zu marschieren, postierte er sich an dessen Spitze und gefiel sich darin, im martialischen Ton eines Hauptmannes der Walonengarde Kommandos wie »Achtuuung! Linksschwenkt Marrrsch!« zuzurufen. Pujitos trug in seinem Hirn zwischen einer Beule und einem Höcker einen

Auswuchs ... wie soll ich es ausdrücken ... den Auswuchs der Führungsmission des kleinen Mannes. Wie Napoleon das Kriegsgenie, so besaß er den Instinkt der Nationalmiliz, und das Schicksal sollte ihm später in den Jahren des Zanks von 1820 bis 1823[25] – und auch noch danach – die Gunst erweisen, einige Kompanien kommandieren zu dürfen.

Als die unermüdlichen Arbeiter der Revolte begannen, die Möbel des Palastes aus den Fenstern und von den Balkonen zu werfen, trat Lopito, der damit beschäftigt war, ein wunderbares Porzellanwerk aus den Werkstätten von Moncloa in kleine Stücke zu schlagen, auf mich zu und sprach:

»Gabrielito, nimm ja nichts an dich! Der Gevatter Pedro da, der alles beobachtet, was wir machen, hat eine Pistole in der Hand und sagt, daß er jedem den Deckel vom Gehirn blasen wird, der sich unterstehe, auch nur ein Teilchen mitgehen zu lassen. Und der ist nicht der einzige große Herr, der sich jetzt unter uns befindet. Siehst du den wie einen Stutzer gekleideten Mann, der gerade ein lebensgroßes Portrait mit Fußtritten behandelt? Das ist ein Edelmann der Fürstlichen Wache. Schau mal, wie er mit dem Fuß auf der anderen Seite der Leinwand herauskommt. Welch ein Loch er darin getreten hat! Ins Feuer, ins Feuer mit dem Schund!«

Der Scheiterhaufen unten wurde so genährt, daß er zu einer enormen Höhe anstieg. Die flackernden Flammen tauchten die ganze Straße und auch das Innere des Palastes in ein schauderhaftes Licht. Wir waren wie Zyklopen einer riesigen Schmiede. Ich sage ›wir‹, denn auch ich lieh meine Hand dazu in der Furcht, mir wegen meines Mangels an Begeisterung einen Stoß oder Schlag einzuhandeln. So ergriff ich eine Mailänder Rüstung, auf deren Helm und Brustharnisch winzige Schlachtenbilder mit großer Kunstfertigkeit ziseliert waren, und warf sie ins Feuer. Nicht einen Augenblick hörten die Schreie »Tod Godoy!« auf. Offenbar wollten die Aufständischen ihn mit Worten töten, weil es ihnen anders unmöglich war. Hier muß ich bemerken, daß es unter uns üblich ist, die schwierigsten

Fragen dadurch zu regeln, daß wir irgend jemanden, der sich gerade dafür anbietet, mit Worten hochleben oder sterben lassen. Wir haben schon oft geglaubt, mit Schreien etwas zu erreichen.

Ich weiß nicht, ob die Verwüster des Palastes in der Vision befangen waren, mehr zu verbrennen als kostbare Möbel und wunderbare Kunstgegenstände. Was ich aus dem Munde einiger dieser Helden hörte, erweckt in mir den Eindruck, daß sie davon überzeugt waren, eine große politische Aufgabe auszuführen: Mit den Flammen des Weißdorns und Knüttelholzes, die ständig durch geschnitzte Ebenholzmöbel und bestickte Stoffe genährt wurden, glaubten sie, die häßlichsten Geschwüre des kranken Spaniens auszubrennen. Ach ja, ich habe solche Szenen seitdem alle paar Jahre erlebt, aus diesem oder jenem hehren Grunde, und habe mir dabei gesagt: »In bestimmten Situationen kann ich das Schwert in der Hand eines genialen Mannes akzeptieren – aber nie das Feuer in den Händen des Plebs!«

Nach der Rüstung ergriff ich eine Bronzeuhr und fühlte dabei das Herz der Mechanik schlagen. Das arme Ding erschien mir wie ein lebendes Wesen – ein Werk aus der Hand der Menschen, das nun wie ein Werk Gottes aussah, von der Wissenschaft erdacht und den Künsten geschmückt für eine der nützlichsten Anwendungen des Lebens, wurde nun von Menschenhand wieder vernichtet, ohne ein größeres Verbrechen begangen zu haben, als den Ablauf der Zeit anzuzeigen … Aber wozu sind solche Überlegungen gut vor dem Scheiterhaufen der Wut? Obwohl mir die Bronzeuhr sozusagen leid tat und ich ihren Herzschlag, der nun so bald einhalten würde, an meiner Brust spürte, schleuderte ich sie schließlich doch zu Boden, und die tausend Teile ihres genial konstruierten Innenlebens verbreiteten sich auf dem Boden. Es folgten weitere Kleinigkeiten, die mir in die Hände fielen, darunter parfümierte Handschuhe, ein Elfenbeinetui, kleine Alabasterstatuen, einige luxuriös eingebundene Atlanten Asiens (die sich dummerweise wohl völlig frei von jeder

Schuld wähnten und so dieser Inquisition zu entkommen hofften), Pantoffeln, vier Uniformröcke mit silbernen und goldenen Rangabzeichen und das Pult, auf dem einige Tage vorher meine Empfehlung gelegen hatte. Glück, du ekelhafte Hure – warum rufen dich nur die Menschen an? Warum widmen sie ihr Leben der Suche nach dir, mühen sich entweder durch harte Arbeit oder durch Ränke und Intrigen ab, dich zu erhaschen, in allen Ecken der Welt, in hohen und niederen Sphären? Und der, der dich endlich findet, warum liefert er sich dir blind aus, unwissend deines unweigerlichen Verrates? Es ist besser, sich ständig unter denen zu befinden, die du mißachtest, als unter deinen Erwählten. Die größte Wohltat für den Menschen wäre es, dich noch nicht einmal dem Namen nach zu kennen, und die größte Heldentat, dir die Tür vor der Nase zuzuschlagen, wenn du versuchst, ins Haus zu kommen.

10

Als ich vom Scheiterhaufen wieder ins Haus gelangte, wurden in einem der Schränke mehrere Ehrenkreuze und andere Auszeichnungen gefunden. Einige der Anwesenden ließen mich diese aber noch nicht einmal berühren, sondern legten sie alle auf ein Silbertablett, um sie, wie sie sagten, dem König zu übergeben. Das Seltsamste an der Entschlossenheit dieser mit dem Ruß der Demagogie geschwärzten Gesellen bestand darin, daß sie sich darum stritten, wer das Tablett überbringen durfte. Niemand wollte diese Ehre dem anderen überlassen. Einer von ihnen siegte schließlich. Ich kann mich täuschen, aber es schien mir der Señor de Mañara zu sein.

Mit dem Aufflammen des Scheiterhaufens schien sich der Eifer der Aufrührer auch neu zu entfachen, wenn man es nicht dem Umstand zuschreiben wollte, daß einige Weinsäcke die Runde machten und die trockenen Kehlen der bewundernswerten Gestalten anfeuchteten, die diese ebenso harte wie patriotische Arbeit begonnen hatten. Ich glaubte die Stimme von Pujitos wieder zu hören, den seine *politischen Freunde* von neuem gebeten hatten, das Wort zu ergreifen; aber nein, es war Santurrias der Küster, der – in der einen Hand eine lederne Weinflasche, in der anderen ein brennendes Stück Holz – gefühlvolle Phrasen zum Lob des Volkes und des Königs erschallen ließ. Er fügte hinzu, daß der ›verdammichte‹ Friedensfürst nun gestraft sei, weil alle Möbel, die er dem Reich gestohlen habe, nun schon zu Asche verwandelt seien, und daß es ›vonhinfort‹ keine schurkischen und diebischen ›Ministerer‹ mehr geben würde.

Die Flammen erloschen, als es nichts mehr gab, um sie zu füttern, aber der Pöbel brannte weiter und sprühte Funken, solange noch der Tío Malayerba Wein und Pujitos sowie Santurrias Worte hatten. Einige wollten den Schauplatz ihrer genialen Heldentaten vor das Tor des Königspalastes verlegen, denn die beiden Redner hatten nach einer Ausweitung der Sphären ihres Triumphes verlangt, wogegen aber der Tío Pedro und seine gamaschenbekleideten Begleiter opponierten, als sie sich sicher waren, daß der Aufstand in den Straßen nur noch eine Filiale des großen Aufruhrs war, der zur gleichen Zeit im Palast und in der Kammer des Königs Karl IV. ausgebrochen war.

Es war schon Morgen, und ich wollte mich zurückziehen. Daran konnte mich auch Lopito nicht hindern, der ausrief: »Jetzt kommt ja noch das Beste. Meinst du nicht auch, daß wir schon eine Menge geleistet haben? Nun müssen wir aber noch mehr tun. Dem König haben wir erst einmal gezeigt, daß wir auch etwas ausrichten können. Der soll noch mal schlechte ›Ministerer‹ ernennen – dann wird er sehen, daß sie in kürzerer Zeit, als ein Hahn zum Krähen braucht, wieder von uns abgesetzt werden. Mit Lopito muß man rechnen. Er hat bewiesen, daß mit ihm nicht gut Kirschen essen ist. Hätte ich Godoy irgendwo im Hause angetroffen, ich schwöre, daß er nicht lebend aus meinen Händen gekommen wäre!«

Bei diesen Worten holte der heldenhafte Küchenjunge ein Käsemesser hervor, mit dem er in der Luft herumfuchtelte.

»Und wenn wir zum Königspalast ziehen«, fuhr er fort und reckte das Mordinstrument zum Himmel, »werde ich in Person vor den König und seine Königin treten und ihnen sagen, daß wir den Prinzen Ferdinand auf den Thron setzen werden, wenn sie es nicht selbst tun. Was den König angeht, so werde ich ihm kein Haar krümmen – aber der Königin werde ich nicht verzeihen, auch wenn sie sich vor mich hinkniet!«

Sprach's und steckte die Waffe wieder ein. Da rückte eine Kompanie Wachsoldaten heran, um das Haus zu bewachen, nachdem es verwüstet worden war. Schon daran konnte man erkennen, daß das einfache Volk das brutale Instrument von geschickten Fädenziehern war. Die Menge hätte nicht einen Schritt über eine gewisse Grenze machen können, ohne die starke Hand der Autorität zu spüren.

Es erübrigt sich fast zu erwähnen, daß, als die Wache aufzog, der zum Kommandieren prädestinierte Pujitos auch dazugehören wollte. Obwohl er kein Soldat war, verstand er es dank seines Organisationstalentes, eine Rotte von zehn Mann zusammenzustellen, mit der er die unmittelbare Umgebung des verwüsteten Hauses patrouillierte, wobei er die Männer im Gleichschritt marschieren ließ und seine Stimme die fehlende Trommel ersetzte.

Schließlich löste ich mich doch von der Masse – nicht so sehr, weil ich müde war, sondern weil das, was ich gesehen und gehört hatte, mich unsagbar anwiderte. Im Hause des Priesters traf ich diesen in einem schwer beschreiblichen Zustand der Aufregung und des Fiebers an. Mit einem Tuch um den Kopf gewickelt, in der alten Soutane und einem abgetragenen Mantel aus grobem Stoff darüber, an den Füßen seine breiten Pantoffeln, lief Don Celestino durch die Korridore seines Hauses hin und her. Er wirkte auf mich wie ein Mann, der fürchterliche Zahnschmerzen hat. Immer wieder hielt er sich die Hände an die Ohren, als ob er sie vor dem Lärm der Glocken aus der benachbarten Kirche schützen wolle. Von Zeit zu Zeit stampfte er vor Ärger kräftig auf den Boden, drehte sich um und hetzte wieder sinnlos hin und her. Er sprach ununterbrochen. Ich fragte mich, mit wem. Mit den Wänden, dem Mond, der Weinrebe, die ihre dürren Arme an den Pfeilern des offenen Ganges emporstreckte, um wer weiß was zu ergreifen? Als er mich sah, sagte er schon von weitem: »Ich bin fast wahnsinnig vor Sorge, mein kleiner Gabriel. Was geht denn eigentlich vor sich? Hörst du die Glocken meiner Kirche? Bei den Märtyrern von Alcalá schwöre ich … ach nein, Schwören ist ja eine Sünde … verspreche ich, daß Santurrias mir das büßen wird. Nicht er läutet nämlich die Glocken, sonst hätte ich schon … Weißt du, ich war gerade im ersten Schlaf, als ich durch das Läuten aufgeweckt wurde. Mein Gott, wie drang mir das gleich ins Ohr – Bim, Bam, Bim, Bam, als ob der Himmel herunterkäme. Voller Entrüstung stieg ich den Kirchturm hinauf, aber Santurrias war nicht da. An seiner Stelle läuteten seine vier Söhne die Glocken. Mein Zorn war so groß, daß ich beschloß, größte Strenge zu zeigen, und sprach: ›Schlingel, Gassenjungen, verschwindet sofort!‹ Aber sie lachten mich aus und läuteten weiter – Bim, Bam, Bim, Bam. Du hättest mal sehen sollen, mit welchem Vergnügen, mit welchem Ungestüm die ruchlosen Knaben die Seile zogen. Verflucht seien sie! Der eine, der älteste – er ist geschickt und sehr hübsch – hilft sonst eifrig bei der Messe. Ich befahl ihnen nochmals, den Turm zu verlassen – aber denkst du, der sonst so Beflissene hätte gehorcht? Und die anderen auch nicht. Der älteste sagte: ›Unser Vater Gorio is jejangen, Godoy um die Ecke zu bringn, und hat uns jesacht, wir solln läuten – kräftig, immerzu.‹ Von elf Uhr bis jetzt haben sie nicht einmal aufgehört. Aber sag doch mal, was geht denn im Städtchen vor? Ich habe den Schein eines Loderfeuers gesehen und Schreie gehört. Die gute Gila, die ich ausgeschickt hatte, sich zu erkundigen, kam entsetzt zurück und erzählte, daß sie den ganzen Königspalast von einem Ende zum anderen verbrennen. Erzähl

doch mal, Söhnchen, damit ich vielleicht meine Gemütsruhe wiedererlange.«

Ich erzählte ihm, was sich im Hause des Fürsten Godoy,
seines Freundes, zugetragen hatte.

»Aber die Truppen hätten doch ausrücken müssen, um
diesen elenden Pöbel zu bestrafen!« meinte er.

»Ha, es waren ja sogar viele Soldaten unter dem Pöbel.
Die Truppe muß bestochen worden sein.«

»Aber der Fürst müßte doch seine Maßnahmen getroffen haben, der ist doch nicht auf den Kopf gefallen, und
wenn er etwas gemerkt hätte ... Wie bedauere ich es, daß
ich ihn gestern nicht vor dem, was sich zusammenbraute,
warnen konnte! Dadurch hätte dieses schreckliche Ereignis vermieden werden können. Was bin ich doch für eine
klägliche Figur! ... Ich ... ich bin verantwortlich für das,
was sich da zuträgt. Wenn mir Gott nicht solch beschränkten Geist gegeben hätte ...«

»Der Fürst ist geflohen und muß jetzt schon weit weg
von Aranjuez sein.«

»Er ist geflohen? Das kann nicht sein – nein, das kann
nicht sein!« beharrte er schon fast irre vor Erregung.
»Gabriel, warum lügst du denn? Oh, gehörst du etwa auch
zu jenen, die das Gerede und die Einfältigkeiten von Santurrias glauben?«

Plötzlich hörten wir eine heisere Stimme am Tor.

»Ah«, sagte der Priester, »das scheint mir Santurrias zu
sein. Jetzt bekommt er von mir was zu hören. Versuche
nicht, dich für ihn ins Zeug zu legen ... ich bin entschlossen ... jetzt muß hart durchgegriffen werden!«

Die Stimme kam näher. Es war wirklich der Küster, der
in etwa folgendes sang, als er die Treppe hochstieg:

> »Ein Seguidilla-Vers
> aus der Mancha
> ist fünfundzwanzig Paar
> der Boleras wert.
>
> *Solvet soeclum in Javilla, teste David cum Sibylla.*«

82

»Verschwinden Sie, Herr Santurrias!« rief Don Celestino. »Ich will Sie nicht mehr sehen und Ihre dummen Sprüche nicht mehr hören!«

Der Küster, der uns bis dahin nicht gesehen hatte, blieb vor uns stehen, ließ ein lautes Lachen erschallen und sang mit schwerer Zunge:

»Kyrie eleyson singt man im ganzen Land.
Es lebe der Prinz Ferdinand!«

Er stampfte mit einem angekohlten Stock mehrmals auf den Boden und marschierte in militärischer Haltung durch den Korridor, wobei er das Wirbeln der Trommel mit dem Mund imitierte.

»Der ist ja betrunken«, meinte der Geistliche. »Elender Kerl, merkst du denn nicht, daß dir der Wein schon aus den Augen kommt?«

Santurrias, der sich auf den Stock stützte, um nicht umzufallen, reckte den Hals, schaute uns aus seinen vor Alkohol funkelnden Augen an, legte sein Gesicht noch mehr in Falten als sonst und kreischte: »Euer Hohe Würden! Der Prinsch hat gesiekt ... Hoch der Keenich! Tod dem Schurrrken, diesem räuberischen Dieb! Wenn man mich jelassen hätte, hättich ... hättich ihn mit diesem Schtock in Sch ... Sch ... Schtücke jeschlagn ... Marsch! Trumm, trumm, trumm. Linkschschwenk Marrrsch! Hoch der Kommandant Pujitos!«

»Welch beklagenswerter Anblick!« beschwerte sich Don Celestino. »Der ist doch sternhagelvoll. Ich kann seine Anwesenheit nicht länger ertragen! Noch am Morgen werde ich ihn auf die Straße setzen. Ich werde dem Herrn Bischof sagen ... Aber nein, er ist ja ein Witwer mit vier Söhnen.«

Währenddessen dröhnten die Glocken weiter mit nicht nachlassender Wucht. Die Begeisterung der vier Küstersöhne hatte offenbar nicht nachgelassen.

Santurrias hielt sich am Geländer des Treppenabsatzes fest, um nicht umzufallen. Nachdem er tausend Lästereien von sich gegeben hatte, die meinem Priester die Haare zu Berge stehen ließen, sagte er, daß er uns nun vorsingen wolle, was er geleistet habe.

»Schweige endlich, Schande der Heiligen Kirche, Trunkenbold, Ketzer, Lästerer«, schrie Don Celestino und versetzte ihm einen Stoß. »Ich versichere dir, daß, wenn du nicht ein Witwer mit vier Kindern wärst ...«

»Wasch, wasch«, stammelte Santurrias, »wir gemacht habn isch eine ... eine Reffolusch ... lusch ... luschjon! Wenn wir zum Palasch gehn, werd isch die App ... App ... tankung fordern!«

»Was?« rief der Priester erschrocken. »Hat König Karl IV. etwa abgedankt?«

»Noch nisch – noch nisch.

Quantus tremor est futurus
*Quando judex est venturus.**

Hoch dem, der das findet!
Er verdient das schönste Mädchen Spaniens.

Tod Godoy! ... Marrrsch, marrrsch! Euer Hohe Würden, der Minisch ... Minischterer is schon keiner mehr, weil der Kee ... Keenich ...«

»Ich glaube«, warf ich ein, um den armen Alten aus seiner Bestürzung zu reißen, »daß der König schon die Absetzung des Friedensfürsten unterschrieben hat. Wie man unten erzählt, baten ihn die Minister darum, die sich im Palast versammelt hatten.«

»Ja ... ja ... am Palasch ...«, fuhr Santurrias fort, der sich nicht mehr auf den Beinen halten konnte und nun auf dem Boden saß, »kam ein ... einer der Macker un holte 'n Papierschen raus, wo schtand, schtand, ... worausch er laß: ›Isch habe dasch Kommando über Heer un Mariine über ... übernommen un setsche ... setsche hier ... hier ...‹«

---

* Wie groß wird das Zittern sein, wenn der Richter kommt. (Anm. des Übersetzers)

»Er will wohl sagen, daß jemand abgesetzt wird«, meinte Don Celestino und richtete den Blick zum Himmel.

Santurrias murmelte ein Gemisch von Latein und Spanisch und schwieg dann endlich. Kurz darauf zeigte ein starkes Schnarchen an, daß dieser erhabene Geist, verwirrt vom Wein der Verschwörung, in Morpheus' Arme gefallen war.

Ich bemerkte, wie sich der gute Priester mit einem Zipfel des Tuches, das er sich um den Kopf gewickelt hatte, eine Träne abwischte. Der Morgen dämmerte, und ein Vogelschwarm, der von den nahen Bäumen kam, flog über den Innenhof und sang eine Hymne des Friedens. Das erste Morgenlicht drang in das Haus.

Der Priester schlurfte in sein Zimmer und sagte: »Ich werde bald die Messe abhalten und mich dann aufmachen, meinen Freund, den Friedensfürsten, zu retten ... Ach, wenn ich ihn nur rechtzeitig hätte warnen können! Diese Glocken machen mich noch verrückt!«

Und tatsächlich, die vier Knaben läuteten immer noch.

11

Ich schlief den ganzen Tag. Am Abend verließ ich das Haus, um zu sehen, wie die Dinge sich entwickelten. In der Taverne traf ich auf Lopito, der mit seinem Messer in der Luft herumfuchtelte, um Mariminguilla zu beeindrucken. Mit der Waffe in der Hand sagte er mir: »Bei der Kleinen habe ich einen Stein im Brett, und wenn der Onkel Unkraut sie nicht von hier gehen lassen will, wird er erfahren, was es heißt, mit Lopito zu tun zu haben. Ich fühle mich so richtig wohl, Gabriel. Alle waren zufrieden mit mir, und wenn wir unseren Prinzen auf dem Thron haben, werde ich einen Posten mit Jahresgehalt von achttausend Real im Rechnungsamt der Finanzverwaltung bekommen – das hat man mir versprochen!«

»Na prima, wenn du gut schreiben kannst …«

»Weder gut noch schlecht – ich kann überhaupt nicht schreiben. Aber darauf kommt es doch nicht an. Juan der Kutscher hat mir erzählt, daß man jetzt alle, die einen Posten vom ›Friedensfürsten‹ erhalten hatten, aus den Ämtern jagen wird, und da das hunderttausend sind, werden bald viele Posten frei sein. Die müssen uns doch auch alle unterbringen. Weißt du, ich habe auch keine Lust mehr, als Jagddiener weiterzumachen. Unsere Mütter haben uns doch für was anderes zur Welt gebracht, als Hunde zu hüten und abgeschossene Rebhühner aufzusammeln.«

»Kommt der Prinz von Asturien nun an die Macht oder nicht?«

»Natürlich … und wenn nicht, wozu kommen denn die Truppen Napoleons her? Wozu war es dann gut, was wir letzte Nacht getan haben? Man sagt, der König hat wie Espenlaub gezittert und wollte uns beschwichtigen, aber zwei Ministerchen haben ihn nicht gelassen. Die Königin soll gesagt haben, wir müßten alle hingerichtet werden, damit es hier nicht so kommt wie vor einiger Zeit in Frankreich, wo man dem Königspaar mit einem Instrument, das man die *Tante Guillotina* nennt, die Köpfe abgeschlagen hat. Das hat mir heute morgen Pujitos erzählt, der eine Menge Sachen weiß und es irgendwo aufgeschnappt hat. Wir lieben doch den König, weil er der König ist, und heute morgen, als er auf den Balkon trat, haben wir alle sehr geschrien und ihn hochleben lassen. Er hat sich die Tränen aus den Augen gewischt, aber die verflixte Königin stand stocksteif da und hat uns keinen Gruß gegönnt. Pujitos, der alles weiß, sagte, daß sie betrübt ist über das, was wir im Haus des *Wurstmachers* angerichtet haben, und er ist sich sicher, daß sie den Kerl in ihrer Ankleidekammer verborgen hat.«

»Das kann schon sein.«

»Dann hab' ich's aber noch einem gezeigt!« fuhr Lopito fort und hob die Stimme, damit ihn Mariminguilla verstehen konnte. »Heute morgen, als sie Diego Godoy, den Bruder des Ministerer gefangennahmen, brüllten wir ihn alle an, und ich nahm einen Stein, der ihn mitten ins Gesicht traf, so daß er zu Boden gefallen ist.«

»Was hat dir denn der Mann getan?«

»Na, ist es nicht genug, Bruder dieses Schurken zu sein? Er war Oberst der Wachen. Aber seine eigenen Soldaten haben ihm die Rangabzeichen abgerissen, und jetzt bringen sie ihn auf eine Festung.«

In jener Nacht hörte ich einen weiteren Vortrag von Pujitos, den ich den Lesern jedoch ersparen möchte. Der Poet aus Calahorra, den ich schon erwähnt habe und der Anführer der literarischen Konspiration gegen das Theaterstück *Das Jawort der Mädchen* gewesen war, hatte sich auf unsere Seite geschlagen in Begleitung des Originals *Viertel und Halbes,* und diese drei warfen uns ein halbes Dutzend Sonette und andere ihren Hirnen entstammende Machwerke wie Projektile an den Kopf. Kurz darauf geriet Lopito in einen Streit mit dem Poeten, weil dieser die Frechheit besaß, mit seiner Mariminguilla Süßholz zu raspeln und sie mit Nymphe und sonstwelchen Namen aus poetischen Teichen anzureden. Das Messer von Lopito begann wieder, den Lichterschein zu reflektieren, und wenn der Poet nicht der Feigste der Reiter des Pegasus gewesen wäre, hätte man wohl das Blut eines künftigen Angestellten der Finanzverwaltung und das eines späten Rivalen des alten Homers fließen sehen können. In dieser Nacht geschah nichts mehr, was es wert gewesen wäre, der Nachwelt überliefert zu werden, aber am nächsten Morgen verbreitete sich im Ort wie ein Blitz die Nachricht, daß man den Friedensfürsten in seinem eigenen Haus gefunden habe. In zwei Minuten war die Taverne des Tío Malayerba leer, weil die Menge sehen wollte, wie sie ihn aus dem Hause holten.

Es stimmte: Godoy hatte sich in eine Dachkammer geflüchtet, wo ihn einer seiner Diener eingeschlossen hatte. Diesen hatte man aber festgenommen, so daß er seinen Herren nicht aus der Dachkammer befreien konnte. Nachdem er sechsunddreißig Stunden eingeschlossen gewesen war, brach der Fürst aus seinem Versteck aus – weil er offenbar den Tod durch die Aufständischen dem langsamen Verhungern und Verdursten vorzog – und stellte sich den in seinem Haus postierten Wachen. Diese, weit davon entfernt, jenem zu helfen, der noch einen Tag vorher ihr Dienstherr gewesen war, verkündeten die Entdeckung lauthals, und der Pöbel eilte wie in der Nacht des 17. März mit heldenmütiger Begeisterung herbei, um sich seiner zu bemächtigen.

»Da ist er ja endlich, jetzt haben wir ihn!« brüllten ganze Chöre.

Wir waren bald alle dort versammelt, und vor dem Tor des Fürstenpalastes bildete sich eine Menschenmauer. Die wilden Schreie, das Heulen der Wut bildeten ein schreckliches und mißtönendes Konzert. Ich war überrascht, auch Frauen zu hören, die mit kreischenden Schreien nach Rache ihrem Geschlecht Schande machten. Lopito konnte sich vor Vergnügen gar nicht halten und fuchtelte mit seinem Messer über unseren Köpfen herum, als wollte er das Firmament in Stücke zerschneiden.

Wir drängelten alle, schoben einer den anderen, um näher heranzukommen, und so gelang es Lopito und mir, mit Ellbogenstößen und Drücken ziemlich nahe ans Tor vorzudringen. Der Poet und *Viertel und Halbes* befanden sich in der ersten Reihe. Letzterer drehte sich zu mir um und rief mit Entzücken in der Stimme: »Der wird wohl nicht lebend aus den Händen des Volkes kommen!«

»Was hat Ihnen denn dieser Mann getan?« fragte ich.

»Na, dieser Kerl ist doch ein Verbrecher«, erwiderte er, »ein Schurke, der auf Kosten des Königreiches reich geworden ist. Ich verabscheue, hasse ihn regelrecht. Ich bin eines seiner Opfer. Sie müssen wissen, daß die Kesselflickerwerkstatt, die ich habe, von ihm ist, weil ich der Sohn seiner Wäscherin war. Nach einem Jahr war ich pleite, und er gab mir etwas Geld, damit ich weitermachen konnte. Als ich ihn aber um einen Posten bat, auf dem ich ohne Arbeit mein Leben genießen könnte, besaß er jedoch die Unverschämtheit, mir zu antworten, daß ich kein

Angestellter, sondern Kesselflicker und ein Dummkopf sei. Mir zu sagen, ich sei ein Dummkopf!«

Ich wollte ihm nicht weiter zuhören und wandte mich von ihm ab. Die Menge kreischte weiter. Noch heute höre ich diese Schreie, wobei mir immer im Geiste die Fratzen der gemeinsten Kreaturen der Schöpfung auftauchen. Diese tausendstimmige Bestie fuhr die Krallen aus in der Hoffnung, aufgrund der physischen Überlegenheit seiner Mordlust ungestraft frönen zu können – wie die Katze in Gegenwart einer Maus.

Die Truppe drängte jedoch den Mob zurück, der gierig eindringen wollte, und einige Reiter der Wache postierten sich rechts und links vom Tor. Nicht weit davon befahl Pujitos, der – wie ich schon erwähnt habe – das Genie besaß, das Chaos zu regeln, den Umstehenden, sich zu formieren. Er hob den Stock und brüllte: »Leute, in Zweierreihen antreten bis in Bataillonstärke! Nicht drängeln!«

Plötzlich schwoll der Lärm zu einer ungeheuren Kakophonie an, aus der ich noch mehr gemeine Flüche, grobe Schimpfworte und geifernde Racheworte heraushörte. Im Tor war ein Mann aufgetaucht, er war von mittelgroßer Gestalt, hatte wirre Haare, ein marmorblasses Gesicht, tiefliegende, dunkelblau umränderte Augen und schlaff herunterhängende Arme, über die ein Umhang geworfen war. Es war der frühere Minister, der Oberbefehlshaber der Streitkräfte zu Land und zur See, die Spitze der Regierung, der reiche Fürst und Magnat, der Herr über riesige Güter, der intime Freund des Königspaares, der Gunsterweiser, der Gebieter über Spanien und die Spanier, über die er verfügt hatte wie über seinen eigenen Besitz, der Koloß des Glücks, der aus dem Nichts alles erlangt hatte, der Wachsoldat, der aus den Kadern seines Regiments bis zum Thron des Königspaares emporgestiegen war, der Graf von Eboramonte, Herzog von Sueca, Herzog von Alcuida, Fürst des Friedens, es war Manuel de Godoy, der an einem Tag, in einem Augenblick vom Gipfel der Macht in den Sumpf des Elends und der Nichtigkeit gefallen war.

Als er auftauchte, reckten sich ihm tausend Füße entgegen. Die Pferde der Wachen mußten zurückweichen und die Reiter von ihren Säbeln Gebrauch machen, damit der Fürst nicht wie eine Granne von dem großen Feuer des menschlichen Hasses verschlungen wurde. Der Günstling der Könige richtete einen Blick auf das Volk, der um Erbarmen flehte, aber das Volk, das in solchen Momenten immer eine Bestie ist, wurde bei seinem Anblick noch rasender. Zweifellos war die größte Freude dieses Raubtiers, das sich Volksmenge nennt, zu sehen, wie einer zu seinen Niederungen absteigen muß, der lange Zeit auf viel höheren Ebenen gelebt hatte.

Die berittenen Wachen versuchten, den Fürsten in die Kaserne zu bringen. Dazu mußten sie ihn zwischen zwei Pferden gehen lassen, die Arme auf den Sattelbögen aufgelegt, wobei er sich dem Schritt der Tiere anpassen mußte, der zuerst langsam war, aber dann viel schneller wurde, damit dieser Weg der Kreuzigung so schnell wie möglich zurückgelegt werden konnte. Der Pöbel versuchte, die Pferde von dem Gefangenen wegzudrücken. Man sah hier eine Faust, hier ein Bein nach dem Gefangenen ausholen. Stöcke wurden unter den Pferdebäuchen hindurchgestoßen, und schon flogen auch die ersten Steine. Die Pferde wurden unruhig, so daß die Reiter anfingen, Hiebe auszuteilen.

Lopito, trunken vor Entzücken, sagte mir: »Ich bin geschickter als alle gewesen – bin unter den Bauch eines Gaules getaucht und habe ihn mit meinem Messer gestochen. Siehst du hier das Blut an der Klinge?«

Viertel und Halbes, der begnadete Poet und Kesselflicker, schrie: »Es ist eine Schande, was sie hier mit uns machen. Diese Wachen müßten erschossen werden. Warum lassen sie uns nicht herankommen?«

Pujitos, dem es trotz seiner Unverschämtheit nicht an einem gewissen Großmut mangelte, war der einzige, in dessen Gesicht ich Anzeichen von Mitleid entdecken konnte.

Es gab gefährliche Momente, in denen sich die Menge so drängte, daß sie den Gefangenen und die ihn schützenden Reiter zu verschlingen drohte. Letztere aber wußten sich einen Weg zu bahnen, und wenn die Gruppe sich ein wenig Abstand geschaffen hatte, konnte man auch wieder das Gesicht des Märtyrers erkennen, die Augen geschlossen, die Stirn blutig, die Hände an die Sattelbögen gekrampft, die Beine zitternd und schwach. Halb wurde er getragen und halb mitgeschleift, mit keuchendem Atem, Schaum vor dem Mund, in zerrissener Kleidung. Es schien mir unmöglich zu sein, daß dies der gleiche Mann sein sollte, der mich zwei Tage zuvor in seinem Palast empfangen hatte, von dem Bittsteller eine Audienz ersehnten, der zwar besorgt und gedankenverloren war, aber noch seiner Macht gewiß und weit davon entfernt, solch plötzlichen Verrat des Schicksals zu ahnen ... Jetzt krochen die Gassenjungen zwischen die Beine der Gäule, um ihn zu schlagen, und die Frauen bewarfen ihn mit Straßendreck, der immerhin noch weniger ekelhaft als die Ausrufe der Männer war. Die mit Flinten Bewaffneten wagten nicht zu schießen, aus Furcht, die Soldaten zu treffen. Ich glaube nicht, daß es jemals solch einen erniedrigenden Fall gegeben hatte. Offenbar stand im Schicksalsbuch geschrieben, daß Godoys Sturz so schändlich wie der Aufstieg sein sollte.

Die ehemaligen Günstlinge, die man öffentlich köpfte, wurden zweifellos weniger gedemütigt als Don Manuel de Godoy, der in einer beschämenden Prozession zwischen wildem Lachen und geifernden Flüchen dahingeschleppt wurde, ohne zu sterben – denn Kratzwunden und Knüffe töten nicht.

12

Endlich zogen der Gefangene und seine Wächter in die Kaserne ein, und der Pöbel, der ständig durch die Palastlakaien gereizt wurde, litt unter dem Eindruck, daß sein Heldenmut nicht den verdienten Erfolg gehabt hatte. Einige unter den Eifrigsten dieser tapferen Krieger waren schwer verwundet durch die auf den Minister geworfenen Steine, die ihr Ziel nicht erreicht hatten. Ich erwähne dies, weil Santurrias in dem Moment, als er auf die Schultern zweier stämmiger Kerle stieg, um dem unglücklichen Märtyrer einen sicheren Schlag versetzen zu können, von einem Stein mit solcher Wucht an die rechte Braue getroffen wurde, daß der tapfere Revolutionär und Küster besinnungslos zu Boden fiel. Da Lopito und ich in seiner Nähe waren, liefen wir hin, um ihm zu helfen, und trugen ihn mit der Unterstützung zweier weiterer Männer in sein Haus, das gleich neben dem des Priesters lag. Als Don Celestino seinen ungebärdigen Küster in solch schlechtem Zustand zurückkehren sah, faltete er die Hände und sprach: »Das ist die Strafe Gottes für die vielen Lästerungen und die schändliche Kumpanei mit den Feinden des Staates! Doch das soll nicht Anlaß zur Schadenfreude, sondern zur Mildtätigkeit geben. Ich werde ihn pflegen und unterstützen, denn obwohl er ein großer Halunke ist, so ist er doch ein Nächster. Legt ihn hier auf eine Matte. Ich werde Pflaster und Salbe holen, mit denen wir ihn wieder wie neu machen werden. Na, Freund Santurrias, immer noch im Reich der Träume? Möchtest du, daß ich eine von den Flaschen heraushole, die du so sehr begehrst? Tante Gila«, fügte er hinzu und gab seiner Wirtschafterin einen Schlüssel, »öffnen Sie den Wandschrank und holen Sie eine der Flaschen heraus, auf der ›La Nava, trocken‹ steht. Wollen wir doch mal sehen, ob dieser Mensch sich bei der Aussicht auf solch ein Vergnügen nicht etwas wiederbelebt. Und ihr Knaben«, wandte er sich an die vier Söhne des Santurrias, die den kraftlosen Körper ihres Vaters schluchzend umstanden, »weint nicht, denn das ist nur ein Kratzer, den euer Vater in einem Streit davongetragen hat. Er wird innerhalb einer Stunde wieder gesund sein … Falls er doch sterben sollte, verspreche ich euch, daß ich mich wie ein Vater um euch kümmern werde. Geht, Jungs, hier stört ihr jetzt nur. Spielt doch ein bißchen … Na, damit ihr wieder auf andere Gedanken kommt, dürft ihr wieder ein wenig die Glocken läuten, ihr Schelme. Geht auf den Turm, aber läutet nicht so stark. Läutet zur Predigt oder Komplete[26].«

Wie eine vom Habicht aufgescheuchte Vogelschar stoben die vier Knaben aus dem Zimmer, und einen Augenblick später kamen alle alten Frauen des Ortes an die Türen und auf die Balkone und sagten eine zur anderen: »Doña Blasa, heute nachmittag haben wir Predigt und Komplete. Es wird auch Zeit, daß diese Ketzereien endlich aufhören.«

Santurrias, der viel Blut verloren hatte, erlangte nach längerer Zeit den vollständigen Gebrauch seiner eminenten Fähigkeiten wieder. Als er seine Augen dem Tageslicht öffnete, blieb er erst einmal minutenlang stumm, bis seine Zunge schließlich wieder in Beredsamkeit verfiel.

»Aufhängen sollense ihn! Wennse ihn uns ausliefern würden, wäre er bald hin. Wir müssen dat Recht in unsere Hände nehmen. Zuerst weg mit den Reitern und dann auf ihn! Haut ihn, wo's weh tut! Jeht doch von unten an ihn ran. Mit diesem Knüppel werd' ich ihm die Neese polieren! Heiliger Bimbam, wer schmeißt denn da mit Steinen auf mich? Jetzt bin ich tot!«

»Nein, du Unkraut. Du lebst«, sagte Don Celestino und bandagierte seine Stirn. »Sieh mal, was hier steht. Das ist eine von den Flaschen, auf die du immer so gierig warst, du Trunkenbold. Sie wird dir gehören, wenn du wieder gesund bist und versprichst, keinen Unsinn mehr zu reden.«

Don Celestino fragte uns, wie sein Küster so zugerichtet worden war, und Lopito und ich – jeder nach seiner besonderen Art – erzählten ihm, was sich zugetragen hatte: die Gefangennahme des Fürsten und sein Martergang durch die Straßen des Ortes.

»Ich werde sofort dorthin eilen«, sprach der Priester außer sich. »Er ist doch mein Wohltäter, mein Freund, mein Landsmann und wohl auch mein Verwandter. Da kann ich ihn doch im Unglück nicht allein lassen!«

Wir versuchten ihm dieses gefährliche Unterfangen auszureden, aber er wollte nichts von irgendwelchen Hindernissen und Gefahren hören. Es galt, sein Mitleid für den Unglücklichen öffentlich kundzugeben. Nichts konnte ihn von seinem Entschluß abbringen, und nachdem Santurrias gut verbunden und auch schon ziemlich wiederhergestellt war, nahm Don Celestino seinen Umhang, zog sich die Schuhe an und eilte zur Kaserne.

Ich begleitete ihn und warnte ihn noch unterwegs, daß er sich ja nicht zu sehr exponieren solle. »Sehen Sie, das sind doch Barbaren, und wenn Sie sich vor denen als Freund des Fürsten zu erkennen geben, werden die weder Ihre weißen Haare noch Ihre Priesterkleidung respektieren.«

»Dann sollen sie mich eben umbringen!« entgegnete er. »Ich will den Fürsten sehen. Wenn ich daran denke, wie freundlich mich dieser gute Herr behandelt hat. Ach, Gabrielito, was wir hier erleben, ist schrecklich und schreit zum Himmel. Ich kann ja verstehen, daß einige unzufrieden mit der Regierung sind und daß andere Godoy für einen schlechten Minister halten, obwohl ich glaube, daß er der beste war, den wir seit langem hatten. Man kann noch verzeihen, daß seine Feinde ihn stürzen wollen und ihn beschimpfen, daß diese Feinde in einem Moment der Raserei sich auf ihn stürzen. Aber daß gerade diejenigen sich dafür hergeben, denen er soviel Gutes erwiesen hat, die er aus dem Elend holte, die er von Quartiermachern zu Hauptleuten, von Schulmeistern zu Ministern machte, die von seinen Gaben gelebt und von seinen Tischtüchern gegessen haben, die ihn in Vers und Prosa angehimmelt haben – ach, das ist vor Gott unverzeihlich, und noch mehr, wenn es sich um die Lakaien, Köche und anderen Diener des Prinzen handelt … Mein Sohn, es kommt mir vor, als wäre die Krone Spaniens unter die Säue geworfen worden.«

Wir erreichten die Kaserne, deren Tor vom Pöbel belagert war. Mit großer Mühe bahnte sich Don Celestino einen Weg. Einige fragten ihn argwöhnisch: »Wo will das Priesterchen denn hin?« Und er, der nach links und rechts Ellbogenstöße austeilte, sagte immer wieder: »Ich will zu diesem Unglücklichen, meinem Freund und Wohltäter!«

Diese Worte wurden mit Zorn aufgenommen – aber schließlich siegte der Respekt des spanischen Volkes vor den Kleidern des Geistlichen doch noch über die Wut auf den Feind.

»Meine Söhne«, sprach er zu ihnen, »seid doch barmherzig. Seid nicht grausam – auch zu euren Feinden nicht!«

Der Pöbel wurde dadurch ein wenig besänftigt, so daß sich Don Celestino einen Weg zwischen zwei Reihen von Knütteln, Messern, Flinten, Säbeln und Fäusten bahnen konnte. Ich hatte große Angst um ihn, als ich ihn so zwischen diesen aufgeregten Barbaren sah, und beruhigte mich erst ein wenig, als ich ihn sicher in der Kaserne wähnen konnte.

Inzwischen hatten die vier Söhne des Santurrias zur Predigt und Komplete geläutet, und die Kirche füllte sich mit Betschwestern, die beim Nehmen des Weihwassers einander zuraunten: »Ich glaube, es ist noch nicht alles vorbei. Heute nachmittag werden wir wohl noch weiteren Tumult erleben.« Und der zweite Meßdiener, der überzeugt war, daß der Gottesdienst stattfinden würde, zündete die Altarkerzen an, legte die Meßgewänder aus und öffnete die heiligen Bücher. Es wurde drei Uhr, halb vier, vier, halb fünf, und der Priester kam immer noch nicht. Die frommen Alten wurden ungeduldig. Der Meßdiener wußte nicht mehr, was er machen sollte, und die Söhne des Santurrias läuteten weiter.

Ich war auch in der Kirche, saß auf einer Bank und dachte lange über die Unsicherheit menschlichen Ruhmes nach, bis ich schließlich bemerkte, daß die Ungeduld der Betschwestern einen Höhepunkt erreichte und sie anfingen, sich mit ausschweifenden Gesprächen die Langeweile zu vertreiben. Da machte ich mich auf, meinen geistlichen Freund zu suchen. Ich erreichte die Kaserne gerade, als er herauskam. Sein Gesicht war leichenblaß, und seine Stimme zitterte.

»Ach, Gabriel«, sprach er, »ich bin fast tot vor Schmerz. Dort, auf stinkendem Stroh, von Blut überströmt liegt der, der gestern noch zwei Welten regierte, und bittet flehentlich um den Tod. Nicht eine einzige mitleidige Seele spendet ihm etwas Trost. Gestern gehorchten ihm hunderttausend Soldaten, und heute lachen sogar die Quartiermacher über sein Elend. Ich hätte niemals geglaubt, daß alles so schnell zusammenbrechen würde. Ach, mein Sohn, so ist der Mensch: Es gefällt ihm, andere stürzen zu sehen, und der Tag, an dem ein Mächtiger dieser Erde fällt, ist immer ein glücklicher Tag für ihn.«

»Beruhigen Sie sich doch«, erwiderte ich. »Erinnern Sie sich denn nicht daran, daß Sie zur Predigt und Komplete läuten ließen? Die Kirche ist schon längst voller Menschen. Sie müssen unbedingt auf die Kanzel.«

»Ich habe mit ihm gesprochen«, sagte Don Celestino, ohne auf meinen Einwurf zu achten. »Es zerreißt mir jetzt noch das Herz, wenn ich daran denke. Bis heute morgen war er in einer Dachkammer in einem Mattensack versteckt und schon halb tot vor Hunger und Durst. Die Hitze hatte ihm so zugesetzt, daß er einen schnellen Tod vorzog. Deshalb kam der Unglückliche heraus. Mein armer Freund! Ich habe ihm gesagt: ›Mein lieber Herr, wenn jeder derjenigen, dem Eure Hoheit eine Wohltat erwiesen hat, Euch einen Tropfen Wasser in den Mund gegeben hätte, wäre Euer Durst gelöscht gewesen.‹ Er sah mich dankbar an und sagte nichts mehr. Mir aber liefen die Tränen über das Gesicht. Das alles ist das Werk des Prinzen von Asturien und seiner Freunde. Das sehe ich jetzt ganz klar. Als der Prinz auf Geheiß seines Vaters herauskam, um die Menschenmenge zu beruhigen, damit sie den unglücklichen Gefangenen nicht in Stücke reißt, jubelten ihm die Aufständischen zu und gehorchten ihm. Und das wird auch noch nicht alles sein. Die Verschwörer wollen die Abdankung des Königs, und da sie erkennen, daß dies nicht so einfach zu erreichen ist, versuchen sie das Volk immer mehr aufzuhetzen, damit König Karl Angst bekommt und die Krone aufgibt. Vorhin stellten sie eine Staatskutsche vor die Kaserne, damit der Pöbel glaubt, daß der Gefangene auf Befehl des Königs damit gerettet werden soll. Wie leicht lassen sich doch diese Wüteriche täuschen! … Diese List hatte Erfolg, denn der Mob zerstörte die Kutsche und ist danach zum Königspalast gezogen, wo er Ferdinand hochleben ließ.«

»Das können Sie mir alles noch später eingehend schildern«, warf ich ein. »Jetzt müssen Sie in die Kirche gehen, wo schon eine Menge von ehrenwerten Frauen auf Sie wartet.«

»Was sagst du? Ich möchte doch jetzt gar nicht predigen …«

»Sie haben doch den vier Jungen aufgetragen, daß sie dazu läuten sollen.«

»Ja, das stimmt! Welche Unachtsamkeit!« sagte er bestürzt. »Und sie sind alle da, diese guten Frauen: Doña Robustiana, Doña Gumersinda, Doña Nicolasa, die Frau des Schreibers? Oh, was wird die Nicolasa sagen, wenn ich nicht predige?«

»Deshalb müssen Sie sich jetzt zusammennehmen.«

»Aber ich habe doch keine Idee, weiß doch nicht, was ich sagen soll! Ich kann meinen Geist nicht von dem schrecklichen Anblick lösen, der sich mir in der Kaserne bot. Ach, wie gern er mich hat! Du hättest sehen sollen, wie fest Godoy mir die Hand gedrückt hat. Ich heulte dabei wie ein Schloßhund. Ja, ihm verdanke ich alles! … Er war mein Schutz. Er hat mir nach vierzehn Jahren der Bittschriften diesen großen Dienst erwiesen. Im Vergleich zu anderen ist das schnell gewesen. Und alles, ohne daß ich es verdient hätte! … Nein, nein, ich kann jetzt nicht predigen … Aber ich bin ja verrückt. Diese verflixten Knaben hören immer noch nicht auf, zum Gottesdienst zu läuten … Oh, ich muß mich zusammennehmen.«

Don Celestino verstand, daß er seine Gläubigen nicht kränken durfte, betrat die Pfarrei, betete ein wenig, um seinen Geist zu sammeln, stieg dann auf die Kanzel und hielt eine Predigt über die Undankbarkeit.

Alle alten Frauen weinten.

13

Es war schon Abend, als man mir mitteilte, daß um zehn
eine Kutsche nach Madrid fahren würde. Ich beschloß,
diese Gelegenheit zu ergreifen, aber um mir die Wartezeit
zu verkürzen, ging ich in die Taverne. Wie an den vorherigen Tagen war sie gedrängt voll. Ich sah wieder malerische
und höchst verschiedenartige Kleider, ausdrucksvolle
Gesten, hörte die erregten Stimmen (die vor lauter Patriotismus nun schon heiser waren) und das Trampeln der
Füße. Mariminguilla wurde noch anzüglicher gekniffen,
und der Wein war noch verwässerter als am vorherigen
Tag, denn schließlich hatte Aranjuez ja den Vorteil, an zwei
wasserreichen Flüssen zu liegen.

Lopito und *Viertel und Halbes* luden mich erfreut zum
Trinken ein, und der erstere dieser beiden wackeren
Patrioten sagte mir: »Heute haben wir aber großen Erfolg
gehabt, Gabrielito. Der Herr *Viertel und Halbes* hier hat mir
soeben erzählt, daß der Prinz von Asturien heute abend
zum König ernannt wird, so daß wir vor den Balkon treten
und ihn hochleben lassen müssen.«

Pujitos kam herbei und erzählte mir, daß er im Sinn
habe, eine Kompanie von guten Spaniern zusammenzustellen, die vor dem Palast vorbeimarschieren würden wie
die Truppe, damit das Königspaar sehen könnte, daß das
Volk ebensogut exerzieren kann wie die Armee. Welch
genialer Gedanke! Welch große Zukunft für einen dazu
Vorbestimmten! Ich entschuldigte mich bei Pujitos, daß ich
an dieser hochpatriotischen Tat nicht teilnehmen könne,
weil ich den Ort noch am gleichen Abend verlassen müsse.

Inzwischen war es dunkel geworden. Mariminguilla
zündete den Kandelaber mit vier Dochten an, der als einzige Lichtquelle die Szene ziemlich schwach beleuchtete.
Es traten einige Männer ein und brachten die heißersehnte
Nachricht, aber man glaubte ihnen noch nicht so recht.
Andere gingen hinaus, erkundigten sich und kamen nach
kurzer Zeit wieder herein, um den großen Erfolg zu bestä-

tigen. Schließlich verkündete die aufrührerischste, lärmendste der Gruppen, die als Bauern aus der Mancha verkleideten Köche und Küchenjungen, mit lautstarkem Blöken, Aufstampfen der Füße und Faustschlägen auf die Tische, daß die Krone Spaniens von den Schläfen des Vaters auf die des Sohnes übergegangen sei. Sie schienen auch allen Grund für die Begeisterung zu haben, denn aus ihrem Gebrüll konnte man entnehmen, daß das alles ihnen zu verdanken sei.

Bald waren alle Zweifel über die Wahrheit der Kavalkade von Neuigkeiten zerstreut. Selbst der Ungläubigste mußte sich dem Beweis beugen, den tausend zerschlagene Gläser als Ausdruck der Begeisterung darstellten. Auch Mariminguilla wies an ihren Armen Zeichen des fernandistischen Entzückens auf, denn die Anzahl der Kniffe verdoppelte sich. Die Menge, angefeuert von Pujitos, lief zum Königspalast, um den neuen König zu bitten, herauszukommen, damit sie ihn hochleben lassen könnten. Binnen weniger Minuten war die Taverne daher leer. Zivilisten und Soldaten, Frauen und Kinder, alle schlossen sich der munteren Schwadron an. Es war eine Mischung von Marsch, Tanz und Rennen, und das Freudengeschrei hätte mich entsetzt, wenn ich der Prinz gewesen wäre, zu dessen Ehre diese mißtönende Hymne aus Kehlen, die von den gepanschten Weinen des Tío Malayerba befeuchtet waren, angestimmt wurde.

Ich wollte nichts mehr davon sehen und hören und machte mich auf den Weg, mich von dem unvergleichlichen Don Celestino zu verabschieden, den ich in der Behausung von Santurrias fand, wo er ihm noch einmal ein Pflaster auflegte. Danach mußte er sich um die vier übermütigen Glöckner kümmern, die von den Anstrengungen des Tages völlig erschöpft und schon halb schlafend auf dem Boden lagen. Sie mußten wie Tote entkleidet, aber gleichzeitig auch mit Knoblauchsuppe gefüttert werden, die die Tante Gila in einer großen Kasserolle gebracht hatte.

Der Herr Priester hatte den jüngsten auf dem Schoß und versuchte, einen Löffel zwischen die zusammengebissenen Zähne des Kleinen zu schieben. Dann versuchte er sich frei zu machen und sprach: »Jetzt werden wir alle das Vaterunser beten. Wenn du gesehen hättest, Gabrielito«, fügte er an mich gerichtet hinzu, »was für Streiche mir diese vier kleinen Feinde spielten! Der eine klebte mir Papierfetzen an die Soutane, ein anderer spannte eine Schnur vom Bett zum Tisch, damit ich stolperte, wieder ein anderer machte den Schlüssel des Wandschranks so heiß, daß ich mir die Finger verbrannte. Aus meinem Hut machten sie eine Puppe, die den Friedensfürsten darstellen sollte, den sie dann in den Küchenherd werfen wollten. Glücklicherweise kam die Tante Gila noch rechtzeitig. Wenn die Kinder schon keinen Respekt mehr vor den Erwachsenen haben, wie soll das Volk dann den Vorgesetzten gehorchen können? Es scheint mir, als ob jetzt sehr unruhige Zeiten kommen. Jedesmal, wenn es jemandem einfällt, einen Minister zu Fall zu bringen, die Kutscher des Prinzen mit einigen Dutzenden von dafür bezahlten Landarbeitern und Garnisonssoldaten auf den Straßen gröhlen, müssen wir ständig um unsere Ordnung fürchten. Gabriel, unter uns beiden, meinst du nicht auch, daß es unanständig, beschämend und unwürdig ist, daß ein Prinz von Asturien die Krone von den Schläfen seines Vaters reißt, indem er ihn durch das Brüllen von dummen Lakaien, rasenden Barbaren und einer stupiden und bestochenen Soldateska einschüchtert? Ach, wenn ich doch nicht so unaufmerksam gewesen wäre und dem Friedensfürsten berichtet hätte, was sich da zusammenbraute … Ja, er hätte auf meinen Rat hin drei oder vier von solchen Spitzbuben wie Santurrias in den Kerker werfen lassen … Denn, glaube mir, Söhnchen, dieser Säufer war es, der das halbe Städtchen verleitet hat, an diesem Aufruhr teilzunehmen … Natürlich ist dabei viel Geld geflossen. Ich würde diesen widerlichen Menschen, diesen perfiden Küster gern strafen, aber ich kann doch einem Witwer mit vier Kindern nicht das Brot wegnehmen! Es würde mir das Herz zerreißen, wenn diese Knaben auf der Straße um Almosen betteln müßten … Was ich dir schon gesagt habe, ist wirklich wahr. Die Menge, diese Masse, die schreit ›Hoch dieser und jener!‹, ohne auch nur jemals eine Fibel angesehen zu haben, ist ein Unglück der Nationen, und wenn ich König wäre, würde ich immer das Gegenteil von dem machen, was der Plebs fordert. Auch das Allerbeste, das der Plebs bewirkt, verläuft am Ende schlecht. Deshalb wiederhole ich immer mit dem großen Lateiner: *Odi profanum vulgus et arceo.**«

Nach dieser Kampfrede, einer wahren Philippika, umarmte er mich, wünschte mir von Herzen alles Gute und ließ mich schwören, daß ich ihm sofort berichte, wie es Inés gehe. Endlich verließ ich sein Haus und das Städtchen Aranjuez, und als die Kutsche, in der ich saß, über den Platz des San Antonio fuhr, sah ich die Volksmassen vor dem Königspalast zusammengerottet. Ihre Schreie waren derart laut, daß die Frösche in den Teichen und die Grillen der Nacht vor Schreck verstummt waren, denn die einen wie die anderen hatten eine solche akustische Ungeheuerlichkeit noch nicht vernommen.

Das Volk jubelte dem neuen König zu. Der in den Vorzimmern des Palastes ausgeheckte Plan war mit vollem Erfolg in Szene gesetzt worden. Alles war erreicht worden, und die Höflinge, die von den Balkonen mit Verachtung auf die Begeisterung der Bestie schauten, die sowohl im Zorn als auch in der Freude sich so brutal aufführte, platzten fast vor Befriedigung in der Überzeugung, eine große Tat vollbracht zu haben.

In ihrer Unwissenheit und Dummheit kam es ihnen nicht in den Sinn, daß sie den Thron in den Schmutz gezogen hatten, so daß Napoleon glauben mußte, daß eine Nation, in der Prinzen und Könige auf dem zerrissenen Umhang des Plebs um die Krone würfelten, über keine große Widerstandsfähigkeit verfügen könne.

Bis weit in die Breite Straße hinein hörten wir noch das Gebrüll. Das war der erste Aufruhr, den ich in meinem

---

* Ich verabscheue das gemeine Volk und möchte nichts mit ihm zu tun haben. (Anm. des Übersetzers)

Leben miterlebt hatte, und trotz meiner Jugend konnte ich schon damals keine Sympathie dafür aufbringen. Seitdem habe ich viele gesehen, fast alle ähnlich angezettelt und ausgeführt wie diese erste berühmte Seite des Buches unserer bis in die heutige Zeit reichenden Schwierigkeiten und Irrungen. Immerhin muß gesagt werden, daß ohne diese periodisch wiederkehrenden Ablenkungen, die so viel Blut und nicht weniger Geld gekostet haben, die moderne Geschichte des heldenhaften Spaniens reichlich langweilig verlaufen wäre.

Jahre um Jahre vergehen, und die Revolutionen folgen aufeinander, angezettelt von ›großen‹ Herren und ausgeführt vom Plebs, ohne daß all die anderen, die zwischen diesen beiden Extremen existieren, sich die Mühe machen zu zeigen, daß sie auch da sind. So spreche ich heute mit zweiundachtzig Jahren zu mehreren Freunden, mit denen ich mich regelmäßig im Café de Pombo treffe, und kann mit großer Befriedigung feststellen, daß auch sie so denken wie ich. Don Antero, eingefleischter Liberaler, erzählt von dem Streich des O'Donnell[27] im Jahre 1856. Don Buenaventura Luchana, Urprogressiver, führt alle Schwierigkeiten Spaniens auf den Sturz von Espartero[28] im Jahre 1843 zurück. Don Aniceto Burguillos, der Angehöriger der Königlichen Garde zu Zeiten von María Cristina war, klagt über die Änderung der Staatsfassung. Es gesellen sich zu uns an den Tisch einige Studenten, auch Hauptleute und Leutnants der Infantrie sowie nicht wenige Parasiten, wie sie in den Cafés anzutreffen sind, Leute, die sich um Ämter bewerben oder aus solchen entlassen sind. Alle bitten uns, ihnen etwas von den guten alten Zeiten zu erzählen, damit sie die Gegenwart besser ertragen könnten, und ohne sich noch lange bitten zu lassen, erzählt Don Antero von den Ereignissen des Jahres 1856, Don Buenaventura wird ein wenig gerührt und berichtet vom Jahre 1843, Don Aniceto schlägt zweimal mit der Faust auf den Tisch und gibt eine Übersicht der Vorfälle von 1836, und ich, der ich ein angefeuchtetes Zuckerstück lutsche, erzähle ihnen mit diesem leicht spöttischen Ton, den ich nicht ablegen kann: »Sie haben viele gute Dinge gesehen, sie haben die Taten der großen Militärs, der großen Zivilisten und der Feldwebel erlebt, aber nie die der Lakaien und Kutscher, die die ersten der Reihe waren – und zweifellos die wildesten von allen.«

14

Ich fühle mich müde, aber dennoch muß ich weitererzählen, denn Sie werden doch schon ungeduldig sein zu erfahren, wie es Inés ergangen ist.

Also – ich kam sehr früh in Madrid an, und nachdem ich mein Gepäck in dem Haus abgestellt hatte, dem die Ehre zuteil geworden war, mich zu beherbergen (San-José-Straße Nr. 12, vor dem Monteleón-Park), machte ich mich ein wenig frisch und ging wieder auf die Straße, entschlossen, Inés im Haus ihrer Verwandten aufzusuchen. Auf dem Wege dorthin fiel mir aber ein, daß ich doch nicht in das Haus dieser Leute eintreten sollte, ohne mich vorher über ihre wirkliche Lage und ihren Charakter erkundigt zu haben. Zufällig kannte ich einen Sattlermeister in der Calle de la Zapateria de Viejo, der Straße der Schuhmacher, ganz in der Nähe der Salzstraße. Den wollte ich um Auskünfte über Don Mauro bitten.

Als ich die Poststraße betrat, befiel mich eine starke Erregung, und als ich das Haus sah, in dem Inés nun weilte, versagten mir fast die Beine den Dienst, denn unser bisheriges Leben zog mir auf einmal ins Herz. Das Geschäft der Requejos befand sich in der Salzstraße, Ecke Poststraße mit je einer Tür zu jeder Straße. Auf dem grünen Ladenschild war in gelben Lettern zu lesen: ›Mauro Requejo‹. Auf beiden Seiten des Eingangs hingen Tuche, Wollschärpen, -binden und -strümpfe sowie Halstücher verschiedenster Größen und Farben. Innen sah ich einige Frauen, denen ein dürrer und gelbhäutiger Mann, der offenbar der Ladengehilfe war, Stoffe zeigte. Hinten stand eine Statue des Heiligen Antonius, der sicherlich der Schutzheilige dieses Berufs war, mit zwei abgebrannten Kerzen, und rechts vom Ladentisch verlief eine gitterähnliche Balustrade, hinter der ein Mann in Hemdsärmeln Berechnungen in eine Kladde zu schreiben schien. Das war Requejo, der hinter den Holzstäben wie ein Bär in einem Käfig aussah.

Ich trat wieder von der Tür zurück, hob den Blick und sah im Fenster des Zwischenstocks ein weiteres Schild mit der Inschrift: ›Darlehen gegen Wertgegenstände‹. Hinter diesem Fenster mit solch tröstlicher Bekanntmachung waren statt Blumen oder Vogelkäfigen eine Vielzahl von Umhängen zu sehen, die durch ihre Flicken und Mottenfraß in den Genuß einer gewissen Durchlüftung kamen. Das Ganze wurde von einem schmutzigen Vorhang umrahmt. Eine Hand schob den Vorhang zur Seite, dann kam ein Arm und darauf ein Gesicht – mein Gott, es war Inés! Auch sie sah mich. Ich konnte nicht sagen, ob ihre Augen Freude oder Angst ausdrückten. Dieser Lichtstrahl dauerte nur eine Sekunde, dann fiel das Vorhängchen wieder, und ich sah sie nicht mehr.

Am liebsten wär' ich sofort ins Haus eingetreten. Ich überlegte mir: Wie konnten sich in diesem Laden die Annehmlichkeiten, der Luxus und die Reichtümer befinden, die die Requejos bei ihrem unvergeßlichen Besuch so gerühmt hatten? Um dies zu klären, bog ich um die Ecke und löcherte den Sattlermeister mit Fragen.

»Dieser Requejo«, sagte er mir, »gehört zum schlimmsten Ungeziefer dieser Welt. Reich ist er schon. In einem Haus, wo man nichts ißt, läßt es sich ja wohl sparen. Im Viertel hier erzählt man sich, er ernähre sich vom Fleisch seiner Schwester und die vom Fleisch des Ladengehilfen, der deshalb auch so dürr ist. Aber Geld machen sie schon, diese Ratten … Das Leihhaus ist ihre beste Einnahmequelle. Für Kleidungsstücke, die als Pfand gebracht werden, geben sie nur ein Viertel ihres Wertes zu zwei Peseten Zinsen in bar pro Monat. Wenn sie feine Bettwäsche und

Bestecke nehmen, geben sie eine Unze zu einem Zinssatz von vier Duros* pro Monat. Im Tuchgeschäft geben sie den Reisenden, die die Dörfer besuchen, die Ware auf Kommission. Sie ziehen ihnen aber viereinhalb Peseten für jeden Duro ab, den diese an Erlös haben. Es heißt, daß Doña Restituta in der Kirche die Kerzenstümpfe mitgehen läßt, um sie zu Hause zu verwenden, und wenn sie jeden dritten Tag auf den Marktplatz geht, kauft sie einen Kopf und Talg vom Hammel. Davon und von Gemüse leben sie. Einmal im Jahr gehen sie ins Café und bestellen zwei Tassen Kaffee. Sie nippen ein bißchen, und den Rest kippen sie heimlich in eine versteckt mitgebrachte Kanne. Zu Hause strecken sie den dann mit Wasser, so daß er ihnen für acht Tage reicht. Genauso verfahren sie mit Schokolade. Don Mauro ist eitel und würde mehr ausgeben, aber seine Schwester hat ihn fest in der Hand. Sie hat die Schlüssel für alles und geht fast nie aus dem Haus, aus Furcht, daß man sie berauben könnte. Tatsächlich reizt das Haus die Einbrecher wirklich, denn man sagt, die Requejos haben ihre Geldkassette im Keller versteckt.«

Diese Auskünfte bestärkten mich in der Meinung, die ich mir über Inés' Verwandten gebildet hatte. Die erste Sorge, die ich bei dieser malerischen Beschreibung der beiden Typen empfand, bestand darin, daß es für mich sehr schwierig sein würde, in ihre Wohnung hineinzukommen, und noch mehr, ihr Vertrauen zu gewinnen. Bei solch traurigen Gedanken fiel mir die Annonce ein, die ich mehrmals im *Diario* gesetzt hatte: »Junger Bursche von siebzehn bis achtzehn Jahren gesucht, der etwas von Buchhaltung, Herrenfrisuren und – für gelegentliche Anwendung – auch Kochen versteht. Bewerber, die diese Kenntnisse besitzen und außerdem noch gute Zeugnisse aufzuweisen haben, wollen sich bitte an die Woll- und Tuchhandlung von Don Mauro Requejo, Salzstraße Ecke Poststraße, wenden hinsichtlich Lohn und Unterbringung.«

Ich lief zur Druckerei des *Diario*, um zu sehen, ob diese

* Spanische Währung: 1 Duro = etwa 5 Peseten (Anm. des Übersetzers)

Annonce weiterhin eingesetzt wurde, und konnte zu meiner Freude feststellen, daß die Requejos noch keinen solchen dienstbaren Geist gefunden hatten. Ich gab meine Schriftsetzerstelle auf, und – ohne jemanden um Rat zu fragen, denn niemand hätte mich ja verstanden – stellte mich in der Salzstraße vor als Besitzer der in der Annonce geforderten Kenntnisse.

Meine einzige Befürchtung bestand darin, daß die Requejos sich erinnern würden, mich in Aranjuez gesehen zu haben, weil sie dann wohl zögern würden, mich in ihre Dienste zu nehmen. Aber Gott, der offenbar mein gutes Werk unterstützte, bewirkte, daß weder der eine noch die andere sich an mich erinnerte, und wenn Doña Restituta mich auch etwas argwöhnisch anschaute, als ob sie sagen wollte: »Dieses Gesicht habe ich doch schon mal gesehen«, war das zweifellos nur ein flüchtiger Gedanke, der sie nicht dazu veranlaßte, sich meiner Einstellung zu widersetzen.

Als ich den Laden betrat, traf ich zuerst auf Don Mauro, der eine abgegriffene Kladde, in die er krumme Zahlen geschrieben hatte, hinlegte, sich die Ellbogen kratzte und sprach: »Wir werden sehen, ob du der Richtige bist. In diesem Monat haben sich schon fünfzig Burschen hier vorgestellt, aber alle verlangen zu viel Geld. Heutzutage will jeder gleich Herr sein.« Von ihrem Bruder herbeigerufen, erschien Doña Restituta, und das war der Augenblick, als sie mich mit dem etwas argwöhnischen Blick ansah.

»Weißt du«, fragte die sogenannte Tante von Inés, »was wir einem Hausdiener hier geben? Kost und Logis und zwölf Real im Monat. Woanders geben sie viel weniger. Zum Beispiel im Haus der Cobos zahlen sie nur acht Real und lassen den Burschen hungern. Also, Junge, bleibst du?«

Ich tat so, als ob mir das zu wenig sei, und versuchte auch noch zu handeln, damit man mich nicht durchschaute. Schließlich willigte ich ein, weil ich – wie ich angab – ohne Unterkunft sei. Was die geforderten Zeugnisse betraf, so konnte ich mir eine Empfehlung vom Geschäftsführer des *Diario* beschaffen.

»Zwölf Real im Monat neben Kost und Logis«, wiederholte Doña Restituta, die angesichts meiner Einwilligung offenbar Zweifel hatte, ob sie nicht hätte weniger bieten sollen. »Kost und Logis sind ja die Hauptsache dabei.«

Ach, der Leser kennt ja noch nicht den ganzen Sarkasmus, den der Ausdruck *Kost und Logis* im Haus der Requejos beinhaltet.

»Natürlich«, erklärte Don Requejo, »wird hier fleißig gearbeitet. Na, wollen wir mal sehen, ob du all den Aufgaben, die sich dir hier stellen, gewachsen bist. Und es muß alles flink gehen – wenn nicht … Schau mich an – ich war auch ein Bursche für alles, wie du jetzt hier … aber mit meiner Ehrlichkeit …«

»Sparsamkeit ist das Wichtigste«, fügte Doña Restituta hinzu. »Gabriel, nimm doch gleich den Besen und fege den inneren Lagerraum. Dann bringst du diese Bündel in das Gasthaus in der Fleischerstraße, und danach schreibst du die Rechnungen ab. Später mußt du die Fliesen der Küche wischen, bevor du die Kartoffeln schälst. Es bleibt dir noch Zeit, um die Umhänge auszuklopfen, das Feuer anzumachen und am Brennen zu halten, das Nähgarn aufzuwickeln, die Nummern auf die Papierstücke dort zu schreiben, die Lampe zu reinigen, Staub zu wischen, die Schuhe meines Bruders zu putzen und alle anderen Arbeiten, die sich ergeben werden, auszuführen.«

15

Mit großem Eifer begann ich mit der Ausführung dieser Aufgaben und bemühte mich, meine großzügigen Arbeitgeber zufriedenzustellen. Nun muß ich erst einmal das Haus beschreiben, in das ich geraten war. Der Laden, der bestimmt keine großen Ausmaße hatte, war noch der geräumigste Teil dieser tristen Behausung, eines dieser unzähligen Verstecke, in denen sich der Handel des alten

Madrid abwickelte. Der Laden war gleichzeitig Lager und Eßzimmer, und die Stoff- und Wollbündel dienten als Anrichte. Alle Artikel dieses Geschäftes waren dort in einer gewissen Ordnung angehäuft. Die Requejos verkauften Woll- und Baumwollstoffe, das heißt Halstücher aus der Bearne, eine damals sehr verbreitete Ware, englischen Kattun, der an der portugiesischen Grenze dem Zoll der Kontinentalsperre getrotzt hatte, Wollartikel aus den Fabriken von Béjar und Segovia, einige Seidenstoffe aus Talavera und Toledo und schließlich auch Parfümeriewaren, denn da seine Geschäfte immer gut einschlugen, hatte sich Don Mauro auch auf die Gewässer der Duftstoffe begeben, die äußerst lukrativ waren. So kam es, daß neben den angeführten Artikeln im Laden noch eine Vielzahl von Kisten standen, die feine Pudersorten, Pomaden und Duftwässerchen in unendlicher Vielfalt enthielten, u als da sind: Limone, Thymian, Bergamotte, Macuba, Nelke, Moschus, Lavendel, Rose, Veilchen und viele andere. Da der Raum, in dem diese Artikel gelagert wurden, auch als Eßzimmer diente, können Sie sich wohl das scheußliche Gemisch von so verschiedenartigen Düften wie das eines mit Rubia gefärbten Wollstoffs, einer geöffneten Essigflasche und einer Pfanne mit gerösteten Brotstückchen vorstellen. Die Requejos waren völlig unempfindlich gegen solche Angriffe auf die Geruchsnerven.

Vom Laden erreichte man den Zwischenstock über eine Treppe, von der ich überzeugt war, daß sie für einen Meister der Leibesübungen konstruiert worden war, denn man kann gar nicht beschreiben, wie man sich winden, bücken und schlängeln mußte, um auf ihr hinaufsteigen zu können. Das schwache Gestell unseres menschlichen Körpers wurde dabei tausend Foltern ausgesetzt. Nur die aalglatte Dame Restituta umschiffte diese luftigen Klippen ohne den geringsten blauen Fleck. Sie stieg mit einer ungewöhnlichen Gewandtheit hinauf und hinunter, die man schon eine Gabe nennen mußte, welche nur ihr zuteil geworden war. Das war eher den Krümmungen und Gleitbewegungen einer Schlange ähnlich als menschlicher Gangart.

Wenn man diese Stufen überwunden hatte, mußte man eine schnelle Berechnung anstellen, um zu erfahren, welche Richtung man einzuschlagen hatte, denn man befand sich in der Mitte eines Ganges, der so dunkel war, daß sich auch im hellsten Tageslicht nie der kleinste Sonnenstrahl hierher verirrte. Wenn man sich tastend weiterbewegte, gelangte man zur Tür des Salons, dessen Fenster auf die Poststraße hinausgingen. Dort sah man nicht die gepriesenen grünen Vorhänge mit gelben Verzierungen, sondern eine verblichene Tapete, die in Fetzen herunterhing. Eine schwarze Theke, die den Tischen sehr ähnlich war, an denen die Brüder des Friedens und der Mildtätigkeit um milde Gaben für die Angehörigen von Hingerichteten baten, zeigte an, daß hier der Tempel des Geizes und der Altar der Wucherei war. Und wirklich, ein Tintenfaß und eine Gänsefeder, die vor acht Monaten das letzte Mal geschnitten worden war, lagen bereit, die Papiere auszufüllen, die schon auf das nächste Opfer warteten. Eine Kommode und mehrere Truhen, mit Stangen und Schlössern gesichert, dienten als Kerker für Schmuck und feine Wäsche. Die Umhänge, Bettbezüge und Kleider befanden sich in einem anschließenden Zimmer, das außerdem die Ehre hatte, den tugendhaften Schlaf des Herrn des Hauses zu beschützen.

Außer diesem ›Salon‹ gab es noch einen anderen, dessen Fenster auf die Salzstraße hinausging. Dieser stand dem ersten an Eleganz nicht nach. Die dort befindlichen Korbstühle waren mit Schnüren ausgebessert und zusammengehalten, so daß man fürchtete, sie würden jeden Augenblick von selbst zusammenfallen. Sie hätten mit Sicherheit keine Käufer auf dem Flohmarkt gefunden. In diesem Raum befand sich auch die Werkstatt. Was für eine Werkstatt, werden Sie fragen. Die Requejos hatten drei Geschäftszweige: den Verkauf, die Darlehensvergabe und die Anfertigung von Hemden, die in der Zeit, auf die ich mich beziehe, von Doña Restituta zugeschnitten und von Inés von fünf Uhr morgens bis elf Uhr nachts in unaufhörlicher Plackerei zum Nutzen ihrer gütigen Verwandten zusammengenäht wurden. Auf ausdrückliche Anordnung der Restituta durfte sie das Zimmer außer zur Essenszeit, zu der sie in den Laden kam, nicht verlassen. Desgleichen war es ihr verboten, ans Fenster zu gehen, zu singen oder ein Buch zu lesen. Nichts durfte Inés von ihrer Arbeit ablenken, weshalb sie auch nicht ihren geistlichen Onkel erwähnen, sich an ihre Mutter erinnern oder von sonst einer Angelegenheit sprechen durfte, die sich nicht auf die Ehrbarkeit der Requejos und ihren Großmut bezog. Aber setzen wir doch die Beschreibung des Hauses fort. Ein Zimmer, besser gesagt eine Höhle, diente als Schlafzimmer für ›Tante‹ und ›Nichte‹, und am Ende des Ganges, neben der Küche, lag mein Zimmer, das drei Ellen in der Länge und zwei in der Breite maß und ein großzügiges Fenster, das doch tatsächlich etwas größer als meine Handfläche war, aufweisen konnte. Durch diese Lukenöffnung drangen eine Viertelstunde lang pro Tag einige Sonnenstrahlen aus dem Hof, nachdem sie die gegenüberliegende Hauswand entlanggewandert waren. Mein Mobiliar bestand aus einem feuchten Strohsack und einem leeren Kasten, der mir als Pult, Tisch, Stuhl, Kommode und Sofa diente. Diese Ausstattung war aber für mich ausreichend. Die wie eine ständige Wolke auf dem Haus liegende Dunkelheit erschien mir für mein Vorhaben bestens geeignet.

Der Zwischenstock war mit der Haupttreppe des Hauses verbunden, die sich majestätisch von der Haustür nach oben schwang. Sie war von solcher Breite, daß es mathematisch unmöglich war, daß jemand hinaufstieg, während sich ein anderer mühsam der Tortur des Abstiegs unterzog. Durch diesen aufwärts gerichteten Tunnel mußte jeder hindurch, der irgendein Vorhaben hatte. Diese architektonische Besonderheit war in gewisser Weise symbolisch für die Ängste der armen Seele, die hier eingetreten war. Man hätte sie in Anlehnung an Venedig die Seufzertreppe nennen können.

Ich darf aber nicht verschweigen, daß in dem Hause der Requejos eine gewisse Reinlichkeit herrschte. Allerdings handelte es sich um die Sauberkeit jener Orte, wo nichts vorhanden ist, was Schmutz machen kann, so zum Beispiel die Sauberkeit des Tisches, auf dem nicht gegessen wird, der Küche, in der nicht gekocht wird, des Gangs, durch den niemand geht, des Salons, den keine Gäste betreten, die Durchsichtigkeit des Glases, in das keine andere Substanz als klares Wasser gefüllt wird.

Hier gab es keine Hunde, Katzen oder andere Haustiere, wenn man von den Mäusen absieht, für deren Verfolgung Don Mauro eine Eisenkatze einsetzte, soll heißen: eine Mausefalle. Die unglücklichen Nager, die sich dort fingen, waren so mager, daß man annehmen mußte, sie hätten sich von Parfüm ernährt. Ein Hund hätte zu viel gefressen, ein Distelfink mehr Einkommen verschlungen als ein Bischof, eine Singdrossel die Finanzen des Hauses ruiniert, Blumen hätten Aufmerksamkeit und Wasser gekostet ... Aus diesen Gründen waren Flora und Fauna aus diesem ehrenwerten Hause verbannt, und um die Werke des Herrn zu bewundern, beschränkten die Requejos sich auf sich selbst.

Nun muß ich aber noch das andere Wesen beschreiben, das die Behausung am Tage bevölkerte – den Ladengehilfen.

Dieser Mann sah so aus, als ob er an einem gewissen Punkt seiner Existenz stehengeblieben wäre und keine Veränderungen des Körpers und der Seele mehr zugelassen hätte. Juan de Dios machte den Eindruck eines Dreißigjährigen, obwohl er schon die Vierzig schrammte. Seine Gesichtsfarbe ähnelte sehr der von Doña Restituta, aber man konnte bei ihm nie das wechselnde Mienenspiel und die häufigen Gefühlsaufwallungen dieser Dame erblicken. In seinen Bewegungen war etwas Gemessenes, von festen Grenzen Beschränktes, wie bei einer Maschine, und wenn die Regungen des menschlichen Organismus auf perfekte Weise einer Methodik unterworfen werden könnten, Juan de Dios hätte dieses Wunder vollbracht. Am frühen Morgen erscheinen, den Laden öffnen und ausfegen, Schreibfedern anspitzen, die Ausstellungsstücke an die Tür hängen, Käufer empfangen, ihnen die Preise mitteilen, immer mit den gleichen Worten mit ihnen handeln, messen und abschneiden, Bezahlung für die Ware fordern und annehmen, abends das Geld zählen und nach Gold, Silber und Kupfer aufteilen – dieses waren seine Funktionen über einen Zeitraum von zwanzig Jahren gewesen.

Juan de Dios aß im Hause der Requejos, die ihn wie einen Bruder behandelten. Er diente ihnen mit unvergleichlicher Treue, und wenn sie überhaupt Vertrauen zu einem Lebewesen hatten, dann war es zu ihrem Ladengehilfen. Fünf Jahre vor meinem Einritt in diese Welt des Handels faßte das Organisationsgenie von Don Mauro einen gigantischen Gedanken – von der Art, wie sie von einem Jahrhundert zum anderen das menschliche Geschlecht auf dem Wege des Fortschritts voranbringen. Da hatte Requejo, nachdem er die Tagesabrechnung gemacht hatte, sich die Ellbogen gekratzt, die hehre Stirn mit der Hand angetippt, einfältig gelächelt, seine Schwester zu sich gerufen und ihr gesagt: »Weißt du, was ich eben gedacht habe? Du und Juan de Dios müßtet heiraten!«

Nach der Überlieferung zog die Dame Restituta darauf die Brauen hoch, legte einen Finger ans Kinn, richtete den leuchtenden Blick auf den Boden und überlegte.

»Denk doch mal«, fuhr Don Mauro fort, »Juan de Dios ist arbeitsam, sparsam, versteht unseren Handel – und was die Ehrenhaftigkeit betrifft, so würde es auf der Welt nicht seinesgleichen geben, wenn wir nicht wären. Ich denke nicht daran, mich zu verheiraten, und wer sollte uns eigentlich beerben, wenn wir keine Nachkommen haben?«

Der Ladengehilfe wurde über das Projekt informiert, und von dem Zeitpunkt ab entwickelte sich zwischen den beiden Verlobten eine Art von amourös angehauchter Beziehung, von der ich aber nicht reden will, denn ich kann mir nicht vorstellen, worin diese bestanden haben mag. Sie werden diese Angelegenheit bestimmt so behandelt haben, als hätte die Ehe nichts mit der Vereinigung zweier Körper zu tun. Restituta dachte wohl daran, zu heiraten, und Juan de Dios ebenfalls – beide ohne Qual, aber auch ohne sonderliche Freude –, so daß sie nach Ablauf von fünf Jahren die Angelegenheit gleichgültig und als gegeben betrachteten. Man konnte annehmen, daß sie der schnelle Ablauf der Jahre nicht störte, denn diese Wesen, deren Welt der Laden war, maßen das Leben offenbar nach Ellen und bedachten nicht, daß sie eines Tages am Ende der Lebensrolle angelangt sein würden. Beide Verlobten gehörten zu denen, die beschließen zu heiraten und dies eines Tages auch tun, ohne daß die Menschen, Gott oder der Teufel jemals herausbekommen, warum.

16

Nach dem Abendessen beteten wir den Rosenkranz, den der Herr des Hauses mit blökender Stimme zitierte. Nach Anrufung des Schutzheiligen blieben sie noch in trautem Gespräch sitzen, das eineinhalb Stunden dauerte und zu dem sich gewöhnlich noch ein alter Freund oder Nachbar gesellte. Auch am Abend meiner Einführung wurde von dieser geheiligten Sitte nicht abgewichen. Don Mauro, seine Schwester, Juan de Dios, Inés und ich sprachen gerade das letzte *ora pro nobis**, als die Glocke des Zwischenstocks schellte und man mir auftrug zu öffnen.

»Es wird der Nachbar Lobo**** sein«, meinte meine neue Herrin.

Die Leser können sich vielleicht meine Bestürzung vorstellen, als ich nach Öffnen der Tür mich unvermittelt dem Stubengelehrten mit der grünen Brille gegenübersah, der mir vor fünf Monaten auf die Pelle hatte rücken wollen. Ich hatte aber Glück, denn der illustre Gevatter schien sich nicht für meine Person zu interessieren. Ich weiß nicht, ob ich schon erwähnt habe, daß sich mein Körper damals ver-

* Bete für uns (Anm. des Übersetzers)
** Lobo = Wolf (Anm. des Übersetzers)

ändert hatte. So wie er im allgemeinen war auch mein Gesicht voller geworden und wies einen Milchbart auf. Diesem Umstand schreibe ich es zu, daß der Lizenziat Lobo[29] mich glücklicherweise nicht wiedererkannte.

»Meine lieben Anwesenden«, sprach Lobo und setzte sich auf einen Karton mit Strümpfen, »heute ist ein Glückstag für alle. Wir haben jetzt einen neuen König auf dem Thron. Madrid glänzt vor Freude wie ein Schmuckstück. Waren Sie noch nicht draußen? Wie viele Fahnen, wie viele begeisterte Menschen auf den Straßen!«

»Wir gehen nicht auf die Straße, um Maulaffen feilzuhalten«, erwiderte Don Requejo, »denn wir haben genug im Haus zu tun. Ach ja, Herr Lobo, wieviel Arbeit wir haben! Hier verdient man jeden Tag sein Brot, wie Gott es befohlen hat.«

»Gott sei gelobt!« fügte der Kanzleigelehrte hinzu. »Es leben die wohlhabenden Leute wie Don Mauro Requejo, die aufgrund ihrer Intelligenz …«

»Die Ehrbarkeit, nichts als die Ehrbarkeit«, sagte der Ladenbesitzer und kratzte sich die Ellbogen.

»Hoch der Kommerz!« rief Lobo aus. »Die Feder ist eben was anderes als das Schusterwerkzeug. Hier arbeite ich nun zweiundzwanzig Jahre auf meinem Pöstchen beim Rat der Kammer von Kastilien, und Gott weiß, daß ich bis heute auf keinen grünen Zweig gekommen bin. Aber jetzt hoffe ich, daß man mir eine der Kanzleien der Kammer gibt, damit ich endlich höher steige.«

»Aber Sie haben doch dem Günstling gedient?«

»So würde ich das nicht sagen. Ich habe der alten Regierung in Treu und Glauben meine Dienste geleistet. Da aber das Leben so teuer ist, muß man doch sehen, wo man bleibt. Da der Generalissimus ganz in den Händen der sogenannten Gemeinschaft für Frieden und Mildtätigkeit war, richtete ich eine Bittschrift an den Prinzen von Asturien und acht Briefe an Don Juan Escólquiz wegen des Postens eines Kanzleivorstehers. Ich hatte zwar früher bei dem Aufschwung von Godoy Stellung gegen sie genommen, aber sie erinnern sich bestimmt nicht mehr daran –

und wenn, habe ich schon einen förmlichen Widerruf aufgesetzt, indem ich anführe, daß ich dazu gezwungen wurde.«

»So einen Gewitzten wie den Señor Lobo trifft man selten.«

»Wie begeistert das spanische Volk über seinen neuen König ist!« fuhr der Aktenwälzer fort. »Es treten einem richtig die Tränen in die Augen, wenn man das sieht, Doña Restituta. Heute ging ich mit meiner Angustias und den Mädchen zur Novene des San José, und nachdem wir den Rosenkranz in der Kirche des San Felipe gebetet hatten, machten wir einen Spaziergang durch die Straßen. Welch ein Tumult! Es sieht so aus, als ob sie das Haus von Godoy, das seiner Mutter und seines Bruders Diego niederbrennen, aber das haben die auch verdient, denn die drei haben uns so viel geraubt, daß man keine Pesete mehr in den Staatstruhen finden kann. Danach sind wir in diese Straße gekommen. Die andern sind bei Corchuelo im Haus Nummer dreizehn geblieben, und ich kam hierher, um ein bißchen mit Ihnen zu schwatzen. Aber ich habe ja ganz vergessen – Inesita, Sie sind ja auch hier, wie geht es Ihnen – und Ihnen, Don Juan de Dios?«

Inés antwortete nur kurz auf diese Frage.

»Sie ist ein bißchen faul«, meinte die Restituta und sah die Waise verächtlich an, »denn sie hat heute nur eineinhalb Hemden genäht, was sehr wenig ist.«

»Mir erscheint das genug.«

»Aber Señor Lobo, sagen Sie doch so etwas nicht! Meine Großmutter nähte die Kleinigkeit von zwei an einem Tag, wie mir meine Mutter erzählte. Dieses Mädchen ist aber an das Faulenzen gewöhnt. Ihre Mutter hat nichts anderes getan, als die Röcke durch die Straßen zu schleifen, und nahm die Kleine überall mit.«

»Man muß aber doch arbeiten«, warf Requejo ein, »denn – sieh mal, Kleine – die Erbsen und der Speck fallen nicht vom Himmel, und auch nicht das Brot und die Kartoffeln. Wer in dieses Haus kommt, um sich satt essen zu wollen, kann nicht mit gefalteten Händen dasitzen. Ich mußte mir die Münzen schwer verdienen, als ich ein junger Bursche war; Ballen am Morgen schleppen, am Mittag und auch noch am Abend, immerzu, und trotzdem munter und zufrieden.«

»Sie ist ja nicht ungeschickt und kann nähen«, meinte die Dame Restituta, »aber es fehlt ihr an Willen. Sie ist doch kein kleines Mädchen mehr. Schließlich hat sie die fünfzehn vollendet und kann die Dinge doch verstehen. In ihrem Alter führte ich die Häuser meiner Eltern. Es gab wenige wie mich, und man nannte mich den Schatz von Santiagomillas.«

»Mir kommt es aber so vor, als ob Inesita ein Mädchen ist, an dem es nichts auszusetzen gibt«, erklärte der Herr Lobo gütig. »Und so still und bescheiden, daß man sie einfach mögen muß.«

»Als sie herkam«, fuhr Doña Restituta fort, »sagte ich ihr, daß die Zeiten sehr schlecht sind, daß man wenig verkauft und von oben immer wieder Schicksalsschläge kommen. Sie muß doch verstehen, daß wir eine schwere Last auf uns genommen haben, indem wir sie aufnahmen. Wenn Sie gesehen hätten, Herr Lobo, in welcher Misere meine Nichte im Hause des Priesters von Aranjuez leben mußte! Es hätte einem das Herz zerreißen können!«

»Deshalb muß sie jetzt hier auch Hand anlegen«, meinte Don Mauro. »Meine Nichte ist ja kein schlechtes Mädchen, und ich habe Ihnen doch schon erzählt, wie sehr ich sie mag. Schließlich wird sie einmal alles hier bekommen.«

»Ich sagte ihr«, fuhr die Restituta unbeirrt fort, »daß sie morgen die ganze Wäsche für das Haus waschen muß, wo sie schon mal hier ist. Warum sollen wir denn das viele Geld für die Wäscherei ausgeben? Natürlich darf sie deshalb das Hemdennähen nicht vernachlässigen. Als Anerkennung werde ich ihr ein paar Tropfen von dem Bergamottenparfüm aus den beschädigten Flaschen auf das Halstuch tun. Was mir an ihr gefällt, Herr Lobo, ist, daß sie keine widerspenstigen Antworten gibt. Sie hat eben noch nicht den Einblick und versteht nicht, was sie uns schuldig ist, denn in uns hat sie wahrhafte Schutzengel gefunden.

Sie können sich das Elend nicht vorstellen, das im Hause des Priesters von Aranjuez herrschte!«

»Ich kenne ihn«, warf Lobo ein und zeigte seine Zähne in einem hämischen Grinsen. »Das ist ein armer Wicht, der lateinische Verse auf den Friedensfürsten schmiedete. Das erzählt man sich schon überall. Es ist bewiesen worden, daß dieser Don Celestino mit seinem freundlichen Gesicht der Vertraute des Günstlings Godoy war und ihm die vertraulichen Botschaften von Napoleon brachte.«

»Jesus, was für eine Teufelei! Ich habe ja schon immer gesagt, daß mir das Gesicht dieses Mannes nicht gefällt.«

»Aber wir werden es ihm schon heimzahlen«, fuhr Don Lobo fort. »Ein Vetter von mir würde die Pfarrgemeinde von Aranjuez gern haben, so daß seine Tage dort wohl gezählt sind. Ein Kollege und ich haben die Absicht, einige versiegelte Dokumente zu verfassen, um zu beweisen, daß der Herr Priester ein Landesverräter ist.«

Derweil saß ich da und hatte Mühe, meine Entrüstung zu verbergen. Inés, die von dem Wortschwall ihrer Verwandten wie betäubt war, wagte auch nicht, die Stimme zu erheben. Juan de Dios schwieg ebenfalls, aber aus seinen sonst so eingefrorenen Gesichtszügen konnte man erstaunlicherweise entnehmen, daß dem Gehilfen diese Gespräche nicht gleichgültig waren.

»Wir werden ja sehen«, fuhr Lobo fort und rieb sich die Hände dabei, »aber warum ist der Herr Juan de Dios denn so schweigsam? Restituta, was für einen wortkargen Ehemann werden Sie doch bekommen! Das wird Ihrem Glück aber wohl keinen Abbruch tun. Wann wird denn die Hochzeit sein? Nehmen Sie sich doch ein Herz – und auch Sie, lieber Don Mauro, denn die Kleine ist es wert. Wie wär's denn im kommenden Monat? Restituta mit unserem Don Juan und Sie, Don Mauro, mit Ihrem lieben Nichtlein Inés, die – wenn ich mich nicht täusche – dafür schon so manches Vaterunser gebetet hat.«

Alle Blicke richteten sich auf Inés. Don Mauro verschränkte die Arme. Dann ballte er die Fäuste und streckte sie nach oben, als wolle er ans Dach stoßen. Darauf öffnete er die Kinnlade, ließ beide Hände schwer auf den Tisch fallen und sprach: »Ich habe es ihr schon gesagt, aber sie hat mir noch nicht geantwortet.«

»Aber was bedeutet denn Schweigen in einem solchen Fall? Sie können doch von einem wohlerzogenen Mädchen nicht erwarten, daß es sagt: ›Ich möchte heiraten. Ja, mein Herr. Ich umarme Sie als künftigen Ehemann.‹ Im Gegenteil – es ist doch ein ungeschriebenes Gesetz, daß sie sich bis zuletzt zieren und so tun, als würden sie sich schämen.«

»Bruder, ich habe dir doch gesagt«, meinte die Restituta, »daß man ihr das eigentlich noch nicht so klar sagen sollte. Wenn das auch ihre Bestimmung ist, wenn sie sich gut beträgt und fleißig arbeitet. Wenn sich das erst mal in ihrem Kopf festsetzt, das mit dem Heiraten, wird Inés übermütig. Du darfst ihr noch nicht so bald deinen Großmut zeigen, sonst denkt sie den ganzen Tag nur noch an Liebeskram, an Süßholzraspeln und Geschenkchen. Sie wird schon wissen, was sie an dir hat, die Schelmin. So einen Mann wie dich bekommt ein Madrider Mädchen nicht jeden Tag.«

»Ach, ich sehe eigentlich kein Hindernis, das hier und heute schon zu erwähnen«, entgegnete Don Mauro lachend, das heißt, er hatte die Lachtaste in seinem brutalen Organismus gedrückt. »Meine Nichte gefällt mir, und obwohl wir ja eine ganze Anzahl von Damen kennen, die sich alle Finger nach mir abschlecken würden, meine ich: Es ist besser, wenn man in seinem eigenen Umkreis bleibt. Warum soll ich es nicht einmal ganz deutlich sagen, daß ich sie heiraten will? Ich weiß, daß sie vor Freude acht Nächte nicht schlafen und am Tage kaum eine richtige Naht schaffen wird. Wenn es nach ihr ginge, könnte es wohl schon morgen sein. Aber eins nach dem anderen. Wenn sie erst mal die Halskette und die Goldohrringe sieht, die ich beim Goldschmied vom Manguiters-Bogen zurücklegen ließ …!«

»Nun mal langsam«, unterbrach ihn seine Schwester. »Warum willst du denn dem Kind jetzt schon den Mund wäßrig machen? Nichts gibt's, wenn sie nicht die Wäsche wäscht und die Hemden näht, wie man es ihr aufträgt! Verstanden, Prinzessin!«

»Ach was, ich liebe und achte sie«, entgegnete Don Mauro. »Warum sollen wir ihr denn solche Vorfreude nicht gönnen? Natürlich, meine liebe Schwester, gefällt mir Faulenzen auch nicht, denn als ich vierzehn war … Ich meine nur, wenn wir erst mal verheiratet sind, kann sie arbeiten, wenn sie will, aber braucht es auch nicht zu tun, wenn sie nicht will.«

Don Mauro begann wieder zu lachen, streckte die Hand aus und streichelte Inés das Kinn.

Das Mädchen erschrak, wie bei der Berührung durch ein ekelhaftes Tier, und wehrte die liebkosende Hand ihres unverschämten Onkels jäh ab.

»Na, was sind denn das für Manieren?« fragte Don Mauro äußerst überrascht und runzelte die Brauen. »Und das, wo ich dir doch soeben eröffnet habe, daß ich dich heiraten werde!«

»Mich heiraten!« rief die Waise aus, ohne ihr Entsetzen verbergen zu können.

»Ja, dich.«

»Ach, laß sie doch, Mauro. Du weißt doch, daß sie etwas schlecht erzogen ist. Hör mal, Kleine, so reagiert man nicht auf solch eine Mitteilung!«

»Da hat das Dämchen vielleicht einen kleinen stolzen Dickkopf?« meinte Requejo.

»Ich werde Sie nicht heiraten. Ich will gar nicht heiraten«, erwiderte Inés resolut, die ihre Selbstsicherheit zurückgewonnen hatte.

»Was?« kreischte die Restituta vor Wut. »Du Närrin, du unreife Rotznase, du hättest doch noch nicht einmal davon träumen können, einen Mann wie meinen Bruder, einen Don Mauro Requejo, zu bekommen! Und das, nachdem wir dich aus dem Elend geholt haben!«

»Sie haben mich aus dem Wohlbefinden und dem Glück geholt, um mich dieser Misere hier, diesen Demütigungen auszusetzen«, erwiderte die Waise weinend, »aber mein

Onkel wird mich hier herausholen, und dann werde ich nie mehr zurückkehren. Einen solchen Mann zu heiraten! Lieber will ich doch sterben!«

Als ich sie so reden hörte, hätte ich sie vor Glück anbeißen können. Sie war einfach phantastisch. Ich weinte vor Rührung.

Als die Requejos aus dem Munde ihres Opfers diesen entschiedenen Einspruch vernahmen, entzündete sich explosionsartig der Zorn ihrer ruchlosen Seelen. Restituta wurde leichenblaß und erhob sich. Don Mauro stammelte einige niederträchtige Worte.

»Na, das ist ja die Höhe! Hierher kommen und mein Brot essen, sich den Dreck des Elends abwaschen, nachdem sie auf den Straßen um Almosen gebettelt hat ... und sich dann so betragen! Bist du eigentlich eine Requejo oder von welcher verteufelten Rasse? ... Vorsicht mit dem stolzen Gehabe, du Rühr-mich-nicht-an! Weißt du denn überhaupt, wer ich bin? Weißt du nicht, daß ich Mauro Requejo heiße und daß sich kein Lausmädel über mich ungestraft lustig machen darf? Ich lass' mich doch nicht von Flöhen deiner Scham stechen! Aber nun mal ganz ruhig: Laß dir ein für allemal sagen, daß du zu tun hast, was ich bestimme!«

Mit seiner Eisenkralle ergriff er den Arm des Mädchens und schüttelte ihn heftig. Und er ging in seinen Einschüchterungsversuchen noch einen Schritt weiter, stieß Inés an die Wand und baute sich wütend vor ihr auf. Als ich das sah, verschleierten sich meine Augen, und mein ganzes Blut stieg mir aus dem Herzen in den Kopf. Ich stand auf. In meiner Reichweite lag ein spitzes Messer. Der Leser wird meine schreckliche Lage verstehen und mein Benehmen nicht verurteilen, wenn man solche Anwandlungen, die Ausgeburten der blinden Wut und Unbeherrschtheit sind, überhaupt Benehmen bezeichnen kann. Welcher unter den Männern – und sei er der feigste und niederträchtigste – hätte so etwas ruhig mit ansehen können? Während dieser nur etwa eine Sekunde dauernden Szene streckte ich die Hand nach dem Messer aus, konnte seinen

Griff schon berühren und blickte auf Don Mauro. Glücklicherweise für mich – und übrigens auch alle anderen – wurde dieser von der Schutzlosigkeit seines zarten Opfers beeindruckt, so daß er nicht wagte, sie anzurühren. Durch eine unbedeutende Bewegung, einen Schritt zur Seite, einen Blick, einen Gedanken, der auftaucht und gleich wieder vergeht, verändert sich oft das Schicksal von unbescholtenen Personen, und ein Sandkorn kann uns ins Straucheln bringen, so daß wir in den Abgrund stürzen. Dieses Mal jedenfalls hatte Gott meinen Lebensweg um den Galgen oder das Zuchthaus herumgeführt.

Lobo und der Ladengehilfe bemühten sich, den aufgebrachten Hochmut ihres Freundes zu besänftigen. Im Gesicht des letzteren bemerkte ich eine auffällige Veränderung, und seine gelbe Haut färbte sich mit ungewohnter Röte, von der ich nicht wußte, ob sie der Entrüstung oder Scham zuzuschreiben war.

Doña Restituta wollte dieser Szene, die keine guten Folgen haben konnte, mit folgenden Worten ein Ende setzen: »Reg dich nicht auf, Bruder. Sie wird schon noch zur Vernunft kommen. Sie ist eben nicht gut erzogen worden. Gehen wir nach oben, Mädchen, und überprüfen wir Rechnungen.«

Das war der Befehl für den Rückzug. Juan de Dios verließ den Laden, um zu seiner Wohnung zurückzukehren, die Restituta und Inés gingen nach oben, gefolgt von mir, denn mir hatte man den Befehl erteilt, mich schlafen zu legen. Die beiden Frauen gingen in ihr Zimmer und ich in meins. Aber ich war immer noch sehr aufgewühlt und fürchtete, daß die gewalttätige Szene von soeben sich zwischen Tante und Nichte fortsetzen würde. Nachdem ich eine Zeitlang sehr still gewesen war, schlich ich mich leise auf den Korridor und hielt den Atem an, damit man mich ja nicht hören konnte. Durch die Tür des Frauenschlafzimmers hörte ich die Stimme der Restituta: »Weine nicht, schlafe! Mein Bruder ist ein sehr liebenswerter Mensch ... nur wenn er so gereizt wird ... Er liebt dich nämlich wirklich, Kind.« Diese Freundlichkeit der Schlange überraschte mich, aber ich sagte mir, daß dies nur Verstellung sein könne.

Undeutlich hörte ich auch von unten die Stimmen von Don Mauro und Don Lobo, die im Laden geblieben waren. Ich ging ein wenig weiter, bis zur Treppe, legte mich auf den Boden und spitzte die Ohren.

»Wenn ich Ihnen mein Wort darauf gebe«, sagte der Jünger des Amtschimmels. »Die Inés wurde ausgesetzt und von Doña Juana aufgenommen. Ihre Mutter, die eine der höchsten Damen des Hofes ist, möchte sie sehen und beschützen. Ich habe die Papiere, aus denen die Herkunft des Mädchens hervorgeht. Wenn Sie sich also mit ihr verheiraten … Freundchen, die Frau Gräfin besitzt die besten Olivenhaine von Jaén, die besten Stutenherden von Córdoba, die besten Weiden von Jarama und mehr als dreißigtausend Fanegas* Weizenland im Gebiet von Olmedo und Don Benito. Diese reiche Hofschranze hat keine direkten Erben außer Inés. Sie hat übrigens ihre hochmütige Schnute vor kurzem hierhergebracht.«

»Aber Sie haben es doch eben selbst mit angesehen«, bemerkte Don Mauro. »Diese Kleine ist ein Stachelschwein. Ich will sie streicheln, und sie schlägt meine Hand zurück; ich sage ihr, daß ich sie gern habe, und sie spuckt mir ins Gesicht!«

»Mein lieber Freund Don Mauro«, erwiderte der Lizenziat, »das Leben, das Sie hier führen, ist nicht sehr dazu angetan, die Sympathie der Kleinen zu erwecken. Sie müßten sie auf Händen tragen, und statt dessen behandeln Sie Inés wie eine Sklavin, lassen sie arbeiten, bis sie umfällt. Wie kann es einem denn einfallen, ein solches Prinzeßchen das Geschirr und die Wäsche waschen zu lassen! Dadurch schrecken Sie die Kleine so ab, als wären Sie der Teufel in Person.«

»Ja«, entgegnete mein Arbeitgeber und schlug sich vor die majestätische Stirn, »der Herr Lizenziat hat nur zu

---

* Kastilisches Flächenmaß; 1 Fanega = 64,396 Ar (Anm. des Übersetzers)

recht. Ähnliches habe ich auch schon meiner Schwester gesagt, aber weil sie so geldgierig ist, daß sie sich für einen Pfifferling dem Abdecker verkaufen würde, schindet sie das Letzte aus dem Kind heraus. Sind wir denn nicht reich? Warum sollen wir dann eine Kupfermünze dreimal umdrehen, bis wir sie ausgeben? Aber mit meiner Schwester kann man in der Beziehung nicht reden. Ich würde mir gern was Schmackhaftes zwischen die Zähne schieben, und hier nage ich am Hungertuch, wie mir letztens vorgeworfen wurde. Immerhin bin ich doch der Herr im Hause, und es wird von jetzt ab das gemacht, was *ich* sage. Meine Schwester soll Juan de Dios heiraten und ihren Teil bekommen – und nicht mehr. Inesita wird nicht arbeiten, denn wenn sie uns wegstirbt …«

»Außerdem müssen Sie sich bemühen«, fügte Don Lobo hinzu, »nett zu ihr zu sein. Legen Sie doch mehr Wert auf Ihr Äußeres und laufen Sie nicht immer herum wie ein Dienstmann, denn die Mädchen sind eben so – bei ihnen kommt die Liebe durch die Tür des guten Aussehens.«

»Das ist sehr gut gesprochen. Ich sagte ja eben, daß, wenn es nach mir ginge … Gute Kleider habe ich schon immer gemocht, aber diese Heuschrecke Restituta besteht darauf, daß ich meinen schönen Anzug nur zu Fronleichnam anziehe. Aber von heute an nicht mehr – schließlich bin ich der Herr im Hause! Ich werde gut aussehen, denn … Gott sei Dank gehöre ich nicht zu jenen, die Wässerchen und Pomaden brauchen, um akzeptabel zu sein, und was ich auch anziehe, sitzt wie angegossen. Ich werde Inesita behandeln, wie sie es verdient. Noch bevor ein Monat vergeht, werde ich mit ihr das Aufgebot bestellen.«

»Das sind mal endlich vernünftige Worte, Don Mauro. Mit Drohungen, Einschließen, Entbehrungen und Plackerei werden Sie nur erreichen, daß das Mädchen Sie verabscheut und sich in den erstbesten Stutzer verliebt, der ihr auf der Straße begegnet.«

So sprachen der Händler und der Federfuchser. Sie verabschiedeten sich voneinander, und der Lizenziat ging durch den Laden auf die Straße. Ich zog mich schnell zurück, aber obwohl ich kein Geräusch machte, mußte die Restituta mit ihrem scharfen Gehör einen Atemzug oder ein schwaches Knarren einer Diele unter meinen Füßen vernommen haben. Das alarmierte ihren wachsamen, argwöhnischen Geist, so daß sie ihrem heraufsteigenden Bruder mit den Worten entgegenging: »Mir kam es eben vor, als ob ich ein Geräusch gehört hätte. Da werden doch wohl nicht Einbrecher sein? In der letzten Nacht haben sie in der Kaiserstraße eingebrochen – über das Dach sind sie eingedrungen. Meinst du, daß wir hier sicher sind?«

Sie durchsuchten das ganze Haus, während ich unter meiner Bettdecke tat, als ob ich wie ein Murmeltier schliefe. Nachdem sie sich überzeugt hatten, daß keine Einbrecher im Hause waren, legten sie sich ins Bett.

Viel später merkte ich, daß Doña Restituta das Haus noch einmal absuchte. Danach war alles wieder still. Gegen Morgen wurde ich von dem Klimpern von Münzen wach. Die Restituta zählte ihr Geld. Ich hörte sie aus ihrem Zimmer in den Laden und von dort in den Keller gehen, wo sie länger als eine Stunde blieb.

17

Am Tag nach dem Streit sprang Don Mauro förmlich über seinen eigenen Schatten, um sich seiner Nichte gegenüber gefällig zu zeigen. Aber in seiner Unbeholfenheit wurde jede seiner Aufmerksamkeiten zu einer Tölpelhaftigkeit.

»Restituta«, sagte er, »ich möchte nicht, daß das Mädchen arbeitet. Hast du gehört, Schwester? Inés ist meine Nichte, und ihr wird eines Tages mal alles gehören. Wenn etwas genäht werden muß, ist ja mein Geld da, um eine Näherin zu bezahlen. Hol mir meinen neuen Anzug heraus. Ich möchte ihn jetzt täglich tragen – auch im Laden, und in den Topf kommt mir kein Hammelkopf mehr, denn von jetzt ab gibt es Rindfleisch für mich und mein Engelchen von Nichte. Die Halskette, die ich beim Juwelier zurücklegen ließ, werde ich heute noch kaufen ... und außerdem wird ab jetzt alles so gemacht, wie ich es anordne ... Ich werde ein ›Fortepiano‹ kommen lassen, damit Inés darauf spielen lernt, und ich werde sie mit einer Kutsche in den Florida-Sehenswürdigkeitspark führen. Da müssen wir alle mal hingehen. Ich mit meinem neuen Anzug und mit meinem Nichtlein am Arm, nicht wahr, Goldstück?«

Restituta wollte gegen solche Verschwendungen protestieren, aber ihr Bruder war so entschlossen, daß ihr nichts übrigblieb, als ihm, wenn auch nur sehr widerwillig, zu gehorchen. Dank dieser energischen Entscheidung des Hausherrn sah sich die Küche mit bislang niemals dort gesehenen Gerichten geehrt, obwohl die Restituta, die von ihren Gewohnheiten nicht abweichen wollte, keinen Bissen davon zu sich nahm.

»Schwester«, sagte ihr Don Mauro, »ich habe die Kargheit hier satt. Inés, du brauchst nicht mehr zu arbeiten. Siehst du das Hühnchen hier? Das sollst du ganz allein essen – und daß mir nichts mehr davon übrig bleibt, denn ich habe teuer dafür bezahlt! Hier ist ein langer Rock aus grünem Atlasstoff mit gelben Samtverzierungen. Den wirst du morgen anziehen, wenn wir zum Einzug des neuen Königs in die Stadt gehen werden ... Und außerdem bekommst du blaue Schuhe und rote Strümpfchen mit schwarzen Streifen. Ferner habe ich meinen Blick auf ein Oberteil geworfen, das aus mindestens vierzehn Ellen Stoffen verschiedenster Farbtönungen besteht. Du sollst dich fein machen, weil ich es so will!«

»Schöne Sachen bringst du ihr ja da bei«, erklärte Doña Restituta und warf einen abschätzigen Blick auf die Kleidungsstücke, die soeben aus einem Bekleidungshaus gebracht worden waren.

Wirklich, meine lieben Leser: Die Großzügigkeit des Don Mauro war so aufdringlich wie vorher seine Knauserigkeit und Grobheit. Für Inés war es die reine Qual, solch geschmacklose und lächerliche Kleidung anzulegen.

»Heute nachmittag«, fuhr der gute ›Onkel‹ fort, »werde

ich dir noch die Schühchen bringen, und dann kannst du tanzen, soviel du willst, meine kleine Inés. Ich möchte, daß du mindestens drei Stunden hintereinander tanzt ... weil ich es so will! Oben habe ich noch viertelellenlange Ohrringe, die nicht eingelöst wurden. Die hängst du an deine hübschen Öhrchen.«

»Na, das sind aber Goldfiligran-Ohrringe«, warf die Restituta mit saurer Miene ein, »groß wie Glockenschlegel. Die gehörten einer Kammerfrau der Königin Isabel de Farnesio[30]! Bruder, laß doch mal die Kirche im Dorf!«

»Hier habe nur *ich* etwas zu sagen«, erklärte Don Mauro und ließ die Kiste, die als Tisch diente, durch einen Faustschlag erzittern.

Wie zu erwarten, zog Inés diese von Don Mauro gekaufte Lustspielkleidung nicht an, was den guten Kaufmann in sehr schlechte Laune versetzte, die ihn den ganzen Tag nicht mehr verließ. Er zog sich mehrmals seinen neuen Anzug an und aus und schwor dabei, daß in seinem Haus kein anderer befehlen würde als er.

Den Leser wird gewiß ein Umstand in Erstaunen versetzen – nämlich, daß ich in den drei Tagen, die ich mich schon in dieser düsteren Behausung befand, kein einziges Mal allein mit Inés sprechen konnte. Das Mißtrauen der Hausherrin und ihre Vorsicht waren so groß, daß sie jedesmal, wenn sie vom Zwischenstock zum Laden hinunterstieg, Inés einschloß und den Schlüssel in ihrer tiefen Tasche aufbewahrte. Ich war völlig verzweifelt, hatte kaum noch Hoffnung, die arme Waise retten zu können, bis ich eines Tages bemerkte, daß die Restituta einige Unglückliche im Büro der Darlehen fledderte. Ich ging vor die Tür der Eingeschlossenen und rief zärtlich ihren Namen. Ich hörte das Rascheln ihres Kleides und ihre Stimme, die fragte: »Gabriel, bist du es?«

»Ja, Inesilla meines Herzens. Wir müssen miteinander reden. Sprich aber nicht lauter. Ich werde viel Lärm mit dem Besen machen, damit sie uns nicht hören.«

»Wie bist du denn hierhergekommen? Sag, Gabrielito, wirst du mich hier herausholen?«

»Meine kleine Königin, und wenn hier hunderttausend Don Mauros und achthunderttausend Restitutas wären, würde ich dich rausholen! Weine nicht und hab keine Angst. Aber sag mal, meine kleine Schelmin, liebst du mich jetzt weniger als vorher?«

»Nein, Gabriel«, antwortete sie, »ich liebe dich mehr, noch viel mehr als vorher!«

Ich machte wieder Lärm mit dem Besen und küßte die Tür viele Male. »Tippe mit den Fingern an die Tür, damit ich das höre.«

Inés klopfte einige Male leicht an das Holz und fragte mich dann: »Wird es noch lange dauern, bis du mich herausholst? Schreibe an meinen Onkel, damit er kommt, um mich abzuholen.«

»Das würden die Requejos nicht zulassen. Hab Vertrauen zu mir und warte. Liebe Kleine, tu mir den Gefallen und küsse die Tür.«

Und Inés küßte die Tür.

»Ich werde dich hier herausholen, mein Goldschatz, so wahr ich Gabriel heiße«, beteuerte ich. »Ärgere sie nicht. Wenn sie dich zu einem Spaziergang ausführen wollen, lehne es nicht ab. Hast du gehört? Alles andere laß mich machen. Adiós, hier kommt gleich die Schlange!«

»Auf Wiedersehen, Gabriel. Ich bin ja so beruhigt!«

Wir küßten beide die Schranke, die uns trennte. Dann endete unser Dialog, denn im Darlehensbüro war der finanzielle Mord besiegelt worden, und die Opfer traten heraus, gefolgt von Doña Restituta, die übers ganze Gesicht strahlte, weil ihre Gier befriedigt worden war: Sie hatte wieder einmal ein gutes Geschäft gemacht.

18

An jenem Abend erhielten die Geschwister nicht nur von Señor Lobo Besuch, sondern auch von Doña de los Linos, der Inhaberin eines Ladens in der Prinzenstraße. Ihr verstorbener Ehemann war ein Arbeitskollege von Don Mauro gewesen in der Zeit, als sie Bündel und Kisten schleppen mußten, und seitdem bestand eine Freundschaft zwischen beiden Familien. Doña Ambrosia erkannte mich, sagte aber nichts, was mir bei meinen neuen Arbeitgebern hätte Nachteile bringen können.

Nachdem sie sich gesetzt hatte, was bei ihrem Volumen und der Enge der Stühle kein leichtes Unterfangen war, begann sie ohne Umschweife: »Was denn, Doña Restituta und Don Mauro, Sie haben sich den Einzug der Franzosen nicht angesehen? Meine Güte, wie schmuck die sind! ... Es tat wirklich gut, so viele gutaussehende Burschen zu erblicken! Es sind so viele, daß sie wohl nicht alle in Madrid bleiben werden. Sie hätten sie mal sehen sollen, Don Mauro, viele waren in Maurenart gekleidet, mit Hosen wie bei den Trachten von Maragateria, aber bis zu den Knöcheln, und mit Turbanen mit großen Federbüschen auf dem Kopf. Ach, wenn Sie gesehen hätten, Restituta, was für stattliche Knebelbärte, Säbel, Goldverzierungen und Abzeichen! Mir blieb der Mund offen vor Staunen. Die mit den turbanähnlichen Gebilden nennt man so ähnlich wie *Zamacucos*. Andere wieder nennen sich *Dragoner der Kaiserlichen Garde* und tragen Brustpanzer, die wie Spiegel glänzen. Hinter allen kam der Kommandierende General, von dem es heißt, daß er mit der Schwester Napoleons[31] verheiratet sei ... Den nennen sie den *Großherzog von Murraz*[32] oder so ähnlich. Das ist der hübscheste Kerl, den ich je gesehen habe! Und wie der Schelm lächelte, als er zu den Balkons der Fuencarral-Straße hinaufschaute! Ich war im Haus meiner Vettern und glaube, er hat mir zugelächelt. Was für Augen! Ich wurde ganz rot. Man sucht jetzt nach Quartieren für die Franzosen. Mein Haus wurde nicht dazu bestimmt, aber ich bedaure es, denn ich kann es nicht verschweigen, daß mir diese Herren gefallen!«

»Gott sei Dank haben wir jetzt einen richtigen König«, meinte Don Mauro. »Und Sie, Doña Ambrosia, haben Sie in diesen Tagen viel verkauft? Wir haben in der letzten Zeit keine Tuchfaser absetzen können.«

»Auch in meinem Laden keinen einzigen Knopf«, erwiderte die Ladeninhaberin. »Ach ja, jetzt wo wir diesen schlauen König haben, wird es hoffentlich besser. Was für Zeiten, Restituta, was für Zeiten! Aber wissen Sie schon das Beste, die ganz große Neuigkeit?«

»Was denn?«

»Morgen hält der neue König von Spanien – Ferdinand VII. – seinen triumphalen Einzug in Madrid ab!«

»Das weiß doch heute schon ganz Madrid!«

»Da müssen wir unbedingt hingehen«, sagte Don Mauro, »hörst du, Restituta, und du, Inés? Morgen wird nicht gearbeitet!«

»Ich kann es gar nicht erwarten, ihn und sein Gefolge zu sehen«, pflichtete die Dame Ambrosia bei. »Meine Vettern sind heute abend zur Straße nach Aranjuez gegangen, um ihn da zu erwarten. Ach, welche Freude, Don Mauro! Wenn bloß mein Mann das noch hätte sehen können! Er, der mir immer sagte: ›Solange wir dieses Ersatz-Königspaar haben, bekommen wir auch keine gescheite Regierung.‹ Morgen wird ein Tag des Jubels sein. Ich habe einen Balkon auf der Alcalá-Straße, und ich habe auch schon ein halbes Dutzend Blumensträuße beim Valencianer bestellt, damit ich sie Seiner Majestät zuwerfen kann, wenn er vorbeikommt.«

»Wenn *die da* nicht gehen will«, bekräftigte Don Mauro, »soll sie im Laden bleiben. Inés wird mir den Ärmel von meinem Wams nähen, der mir letztens geplatzt ist, als ich ihn auszog. Wollen mal sehen, wie gut mich Gabriel frisieren kann … Natürlich kannst du eine der Flaschen Veilchenwasser nehmen, die da rechts von dir stehen, Inesita. Es steht dir alles zur Verfügung!«

So ging das Gespräch weiter, das ich hier nicht mehr

wiedergeben will, denn ich nehme nicht an, daß der Leser besonders interessiert ist an der Krankheit, die der verstorbene Ehemann von Doña Ambrosia erlitten hatte, ein tragisches Ereignis, auf das sich die Dame bezog. Die stummen Teilnehmer an diesen Abendgesprächen waren neben meiner Wenigkeit Inés und der Señor Juan de Dios, der schon von Natur aus wortkarg war.

Es kam der 24. März, und der von mir frisierte Haarschopf des Don Mauro wurde auf die Straße getragen, um dort in Glanz und Schönheit mit der Sonne zu konkurrieren. Die Dame Restituta, die den Bitten ihres Bruders dann doch nicht widerstehen konnte, rieb sich mit einem Handtuch den pergamentartigen Überzug ihres Gesichtes, damit dieser ein wenig Glanz erhalte, und legte das gleiche klassische Kleid an, das sich meinen Blicken schon in Aranjuez dargeboten hatte. So sehr Don Mauro auch Herr des Hauses war, es gelang ihm nicht, daß Inés sich mit dem grünen Rock, den roten Strümpfen, den blauen Schuhen und dem aufgedonnerten Oberteil verkleidete, die ihr eitler Onkel erstanden hatte, um die junge Frau, die er als seine künftige Ehefrau ansah, angemessen zu schmücken. Das Mädchen weigerte sich, das Objekt einer öffentlichen Zurschaustellung zu sein. Damit sie überhaupt noch mitkam, erlaubten sie Inés schließlich, ihr Trauerkleid anzuziehen.

Als die drei fertig waren, übergaben sie Juan de Dios die Obhut des Geschäfts, und Don Mauro wandte sich in ernstem Ton an mich: »Gabriel, heute ist ein Festtag, deshalb darfst du mit uns kommen. Da kannst du mir dann auch den Zopf zurechtrücken, wenn er mir verrutscht, und mir helfen, die Handschuhe anzuziehen, wenn Seine Majestät kommt, denn vorher möchte ich meine Finger darin nicht einengen. Was meinst du, sehe ich präsentabel aus? Zieh mal hier, damit die Falte rausgeht. Dann fahr mir doch mal mit der Hand zwischen Wams und Weste bis zur Schulter hoch und kratze mir das rechte Schulterblatt, denn es kommt mir so vor, als habe sich dort ein Regiment von Flöhen festgesetzt. Ah ja, so ist's richtig ... jetzt ist es genug.«

Gesagt, getan, das heißt, nachdem ich sein Schulterblatt wundgekratzt hatte, nahm ich meine Mütze, und wir machten uns auf den Weg. Meine Güte, wie drängten sich die Schaulustigen an der Sonnenpforte, in der Hauptstraße und in der Alcalá-Straße. Meine Leser aus Madrid, wie alt sie auch sein mögen, werden den einen oder anderen dieser feierlichen Einzüge, mit denen uns die Zeitgeschichte gelegentlich beglückt, selbst erlebt haben und können sich ein Bild von dieser Menschenmasse, dieser Begeisterung und dem Jubel machen, so daß es wohl genügt, wenn ich hier anführe, daß der 24. März 1808 sich, was den Taumel und das Delirium der Schaulustigen betraf, nicht von ähnlichen Ereignissen späterer Jahre unterschied.

Von den Balkons der vornehmen Häuser hingen die kostbaren Damastfahnen mit prächtigen Wappen und glänzenden Fransen, Erinnerungsstücke an eine herrliche Vergangenheit, die in der letzten Zeit nur noch auf Fronleichnamsfesten oder dergleichen zum Einsatz gekommen waren. Die anderen Häuser waren mit allem geschmückt, was ihren Besitzern gerade so unter die Hände gekommen war. Die Anzahl von Musselinstücken, die ein überdrehtes Volk an diesem denkwürdigen Tage von den Balkons in die Luft warf, war bemerkenswert. Die Vielzahl von Fächern, mit denen Tausende von Damen auf den Balkons ihr Antlitz vor der Sonne schützten, bot einen ungewohnten Anblick. Wenn das Auge so über die Häuserfassaden schweifte, lösten die Wellen, die aus vielen einzelnen Fächerbewegungen bestanden, regelrechten Schwindel aus. Dieses spanische Symbol, das in solcher Vielzahl und Verschiedenartigkeit der Farben und Dekorationen – hier weiß, da blau, da rot und mit silbernen und goldenen Pailletten besetzt – dargeboten wurde, kam bunten Vogelschwärmen gleich, die sich zum Abflug anschickten. Es war einer jener Märztage, die eher in den Juni gepaßt hätten – offenbar ein Privileg des spanischen Hofes, der manchmal schon an seinen Festtagen im Februar die Sonne herunterbrennen läßt wie im Sommer. Die Natur lachte wie die Nation.

Die buntscheckige Menge, die die Straßen bevölkerte, setzte sich aus allen Gesellschaftsschichten zusammen, wobei natürlich das einfache Volk – Männer und Frauen, Alte und Junge – im Sonntagsstaat überwog. Invaliden und Gichtleidende hatten ihre Betten verlassen und standen, von ihren Enkeln gestützt, erwartungsvoll da. Auch eingefleischte Betschwestern, die schon lange keinen Weg mehr betreten hatten, der nicht von ihrem Hause zur Kirche führte, wollten den neuen König unbedingt umjubeln. Sie beglückwünschten sich gegenseitig und erschreckten die Umstehenden mit dem Anblick ihrer vor Begeisterung weit geöffneten zahnlosen Münder. Die Kinder waren nicht zur Schule gegangen und die Arbeiter nicht auf die Baustellen, die Mönche nicht zum Chor, die Federfuchser nicht in die Büros, die Bettler nicht an die Kirchentore, die Zigarrendreherinnen nicht in die Fabrik und die Professoren und Studenten nicht in die Universität. Es gab keine Gespräche in Läden und Cafés, keine Lustmähler auf der Corregidorwiese, kein Gefeilsche auf dem Trödelmarkt und keinen Fuhrmännerstreit in der Toledostraße.

In dem dichten Gedränge war niemand in der Lage, große Bewegungen auszuführen, und so quirlte, krümmte und wand sich der Menschenstrom, von oben gesehen, wie ein gefesseltes Monstrum. Die für die Prozession freigehaltene Furche drohte bald ebenfalls verstopft zu werden. Bisweilen nahm das Gedränge an einer Stelle zu und an einer anderen ab. Wer in einen Rückstau geriet, lief Gefahr, von tausend Füßen der Bestie zertreten zu werden. Das riesige Stimmengewirr benebelte den Geist. Immer wieder erhoben sich Jubelschreie über das Gemurmel, aber auch Laute des Schmerzes, das helle Gekicher der Schönen, die die jungen Gecken mit Apfelsinenschalen bewarfen, oder das Jammern von in Lumpen gehüllten Bettlern oder Krüppeln, die hier auf Mitleid hofften und ein von der Lepra befallenes Bein oder eine verkrüppelte Hand ausstreckten. Wir kamen nicht weiter als zur Puerta del Sol, der Sonnenpforte. Eine der Wellenbewegungen der Masse schwemmte uns bis zu der Kreuzung, an der heute die Espoz-, die Mina- und die Carretas-Straße aufeinandertreffen. Eine andere Woge trug uns zur Inclusa, die sich zwischen der Carmen- und der Preciadosstraße befand, und noch eine Bewegung an der Mariblanca vorbei bis zum Buen Suceso, an dessen Einfriedung sich Don Mauro mit mir festklammerte, um nicht von der Strömung weitergetrieben zu werden. Ich freute mich über dieses Hin und Her, weil sich dadurch eher eine Gelegenheit für Inés und mich ergeben würde, uns von den Requejos abzusetzen. Don Mauro aber gab acht, nicht von seiner teuren Nichte getrennt zu werden, und hätte sich eher den Arm brechen lassen, als sie loszulassen. So stark war der Griff, mit dem er sich an die Olivenhaine von Jaén und die Stutenherden von Córdoba klammerte.

An diesem letzten Haltepunkt, dem Buen Suceso, erwarteten wir die Erscheinung jener aufgehenden Sonne, jener Iris des Friedens, jenes Prinzen Ferdinand, der – wenn wir ein heidnisches Volk gewesen wären – längst in die oberen Ränge der Götterwelt aufgestiegen wäre.

Rings um uns kreischten sich einige alte Frauen an: »Ach, meine gute Doña Gumersinda, Gott und mein Schutzpatron, der Heilige Serapio, jener gesegnete Mönch, der vor Gelenkschmerzen schützt, haben gewollt, daß ich nicht vor diesem Tag ins Gras beißen mußte.«

»Ja, ja, meine gute Señora María Facunda«, antwortete eine andere, »seitdem König Karl III., von Neapel kommend, hier Einzug hielt, gab es nicht mehr solche Freude in Madrid. Aber Sie weinen ja!«

»Gepriesen sei der Herr, der uns erlaubt hat, diesen Tag zu erleben! Nun kann ich wenigstens in der Gewißheit sterben, daß Spanien unter diesem großen König, den Gott uns geschenkt hat, sein Glück finden wird. Nicht wenige Rosenkränze habe ich gebetet, damit dies Wirklichkeit wird. Endlich hat die Jungfrau uns doch erhört. Wenn wir nicht Tag und Nacht in der Kirche gebetet hätten, könnte das Volk noch lange auf sein Glück warten.«

»Haben Sie den jungen König schon gesehen, Señora María Facunda? Er ist der prächtigste, der stattlichste junge Mann Spaniens und seiner amerikanischen Besitzungen. Ich habe ihn am Tage des Treueeids gesehen und glaube ihn immer noch so da stehen zu sehen.«

»Nein, ich habe ihn noch nicht gesehen. Sie müssen wissen, Doña Gumersinda, daß ich keinem Mann mehr aufs Gesicht geschaut habe, seit ich mit dem Offizier der wallonischen Garde brach, der mich so geliebt hatte, als die Jesuiten verjagt wurden.«

»Hören Sie mal! Ich glaube, er kommt! Der Zug muß schon ganz in der Nähe sein!«

»Er kommt von der Cibeles her, ist schon in der Carmen Descalzo, bei den Baronesas – und nun auf den Cartujos!«

Eine bekannte Stimme ließ mich den Kopf umdrehen. Es war Pacorro Chinitas, der berühmte Formgießer[33], dessen Meinungsäußerungen die lieben Leser wohl nicht vergessen haben werden. Er argumentierte hinter mir hitzig mit einer üppigen, stattlichen Frau aus dem Volk mit lebhaften Augen, gewandter Zunge und gewandten Händen.

»Überall mußt du dich einmischen, du verflixtes Weib!« rief Chinitas. »Wirst du endlich mal deine Klappe halten, weil ich sonst aus der Haut fahren werde!«

»Das kommt ja gar nicht in Frage, daß ich schweige, wenn du es so willst«, entgegnete die Primorosa, die ›Liebreiche‹, und knüpfte sich die Enden des Halstuches, das sie über den Schultern trug, am Gürtel zusammen. »Wir sind doch hier nicht in der Messe. Dieses Herrchen da vor uns mit dem Toupet soll uns mal aus der Sicht gehen!«

Ein nach Jasmin riechender Stutzer wandte sein reuevolles Gesicht zur Kaiserin des Trödelmarktes und bat vielmals um Verzeihung.

»He, Meister Topfgucker«, fuhr die Primorosa fort und zog an den Rockschößen des Gecken, »hauen Sie ab von hier. Sie stören mich!«

»Frau, laß diesen Herrn doch in Ruhe. Du siehst doch, daß du ihn in Verlegenheit bringst.«

»Suppe ohne Salz«, schnaubte das Marktweib und hob ihre Hand, deren Finger mit Ringen mit falschen Steinen geschmückt war, »willst wohl Bekanntschaft mit diesen fünf Fingern machen? Wer der Primorosa auf die Füße tritt, wird das schwer bereuen! ... He, Herr Graf vom Stoffballen«, wandte sie sich an Don Mauro, »der Schwanz Ihrer Perücke hängt mir vor den Augen rum.«

»Verdammt noch mal, Frau«, beharrte Chinitas, »überall, wo wir hingehen, muß man sich doch für dich schämen!«

Der Stutzer drehte sich wieder zu uns um, ließ einen Schwall von Parfüm aus seiner Wäsche zu uns wallen und sagte: »So ist das eben, wenn man sich unter das gemeine Volk mischen muß.«

»Was soll denn das heißen mit dem ›gemeinen Volk‹, he?« keifte die Primorosa und versuchte, sich von den Nachbarn freizurempeln, um sich auf den gestärkten Jüngling stürzen zu können. »Na, gibt's denn so was – das ist doch das Herrchen Narciso Pluma. Hallo, Nicolasa, Bastiana, Polonia! Schaut doch mal hier den kleinen Pluma! Dem haben wir doch neulich zwei Real geliehen, damit er sich ausstaffieren konnte. Mein kleiner Marquis vom leeren Kochtopf, nicht so viel angeben und dafür ein bißchen mehr Achtung vor den Damen des Handels, ja? Die Wichtigtuer von Madrid haben bei mir nichts zu lachen!«

Der zunehmende Lärm zeigte an, daß der zum König aufgestiegene Prinz schon in der Nähe war. Die ›liebliche‹ Primorosa mit den ihr folgenden anderen Schönen der Marktszenen versuchte, sich mit Ellbogenstößen nach links und rechts vorzudrängen.

»Hallo, mal ein bißchen zur Seite, damit ich den neuen Stern besser sehen kann! Bastiana, Nicolasa, nehmt euch mal die Blumen aus dem Haar, damit ich sie ihm zuwerfen kann! Da kommen ja schon die Pferde durch die Zollstraße!«

Mittels ihrer rücksichtslosen Stöße gelang der Primorosa das schier unglaubliche Wunder, sich ein ganzes Stück vorwärts zu boxen. Aber sie wollte ganz nach vorn, möglichst in die Straßenmitte, um noch näher an den König heranzukommen. Da stieß sie aber auf ein gebieterisches Mannsbild mit dem Hut in die Stirn gedrückt, der alle zurückschob, die auf die Straßenmitte hinaus wollten. Es war Pujitos.

»Was denn«, schrie die Schöne vom Flohmarkt mit anschwellendem Zorn, »hier kommt man nicht durch? Wer sagt denn das? Du also, Pujitos! Mach dich mal nicht so wichtig!«

»Nein, hier geht's nicht weiter!« rief Pujitos mit Bestimmtheit und glühte vor Verlangen, die Menge in Kompanien, Bataillone und Brigaden zu ordnen. »Alle auf eure Plätze! Und bitte etwas mehr Ordnung, ja? Die Männer in Reih und Glied antreten. Primorosa, die Frauen nach Hause! Daß mir ja keine hier herumkreischt!«

»Pujitos, mein Herzchen«, äußerte die Primorosa mit beißender Ironie und stemmte die Arme in die Seiten. »Ich bin doch hergekommen, um dich in Aktion zu sehen! Und nun bitte ich dich auf Knien: Laß mich durch! Und wenn nicht, hier hab' ich ein kleines Mittel für deine zerknitterte Visage. Willst wissen was? Na, dann nimm!«

Kaum hatte sie dies ausgesprochen, als die Hand der Venus vom Trödelmarkt auch schon ausholte und mit der zerstörerischen Kraft eines römischen Mauerbrechers Pujitos ins Gesicht fuhr und dort beträchtliche Verheerung anrichtete. Ein allgemeines Lachen war die Hymne, die den Untergang der Autorität des selbsternannten Ordnungswächters begleitete, der erst taumelte, dann fiel und dabei mit den nach einem Halt suchenden Händen das Oberteil von Doña Maria Facunda zerriß und den Hut von Doña Gurmesinda zerknautschte. Eine Bewegung ging durch die Menge. Die Welle verlief von einer Seite zur anderen, und Pujitos verschwand vor unseren Augen wie ein ins Meer geworfener Stein.

Die Ursache dieser Welle der Masse war ein neuer Schub von Menschenkörpern in dieser Straßenschlucht, wo schon so viele zusammengedrängt waren. Eine Abordnung der Kaiserlichen Garde mit Murat an der Spitze erschien in der Arenalstraße. Stellen Sie sich ein Bein vor, das versucht, in einen Stiefel einzudringen, in dem schon ein anderes steckt. Der Großherzog de Berg[34], großspurig und eitel, wollte sich unbedingt vor der Königsprozession an der Spitze seiner Truppen präsentieren – was an und für sich ja nichts Verwerfliches gewesen wäre. Aber er tat das zu einem so ungünstigen Zeitpunkt, und seine Mamelucken und Dragoner stießen das Volk von Madrid so rücksichtslos zur Seite, daß einige Geschichtsschreiber dieses Vorkommnis als den Beginn der allgemeinen Abneigung gegen die Franzosen ansehen. Eine Menschenmenge ist ein Fluß, dessen Wasserstand nicht steigen kann, wenn ein anderer Fluß in ihn hineinströmt. Da kann sich nur Fleisch gegen Fleisch und Knochen gegen Knochen schieben. Dies geschah, als die Franzosen auf dem engen Platz erschienen, und die Folge davon war die erste Demonstration des spanischen Volkes gegen die Franzosen, mit Pfiffen, Schmähungen und Flüchen. Der Lärm nahm unerträgliche Ausmaße an, und die Erstickungsgefahr der Zusammengepreßten stieg an. Don Mauro brüllte wie ein Stier, und Doña Restituta fuhr ein Stöhnen der Angst aus der bedrängten Brust ... Doch die Masse vergaß ihre Qualen, als das weiße Pferd des Erwarteten, das kaum vorwärtsschreiten konnte, an der Mündung der Puerta del Sol, der Sonnenpforte, auftauchte. Schon wurden die Fächer geschwenkt, Blumensträuße fielen von oben, unter dem Brausen der Begeisterung flogen Tausende von Kopfbedeckungen durch die Luft wie aufgeschreckte Vögel, und über die so entblößten Köpfe reckten sich die dazugehörigen Arme. Die Halstücher reichten zum Schwenken schon nicht mehr aus, so daß Umhänge wie Triumphfahnen geschwungen wurden.

Die Menge um mich herum schob sich mit unwiderstehlicher Kraft vorwärts. Don Mauro und Restituta krallten die Nägel in die Ärmel von Inés' Kleid, die sich von ihnen, so gut es in der Enge ging, losriß, so daß dem Geschwisterpaar nur Stoffetzen in den Händen blieben und Inés mir in die Arme fiel. Ich sah den Zopf von Don Mauro und den Dutt der Restituta, die davongetragen wurden wie Wrackteile vom Schaum dieses bewegten Meeres. Wir waren sie los!

Inés und ich umarmten uns. Die Menge drückte meine Liebste an mich, als ob unsere Körper für immer zusammengehörten.

19

»Endlich ohne die Requejos, Inés«, jubelte ich in ihr Ohr, »jetzt können wir frei reden.«

Wir fühlten uns wirklich allein, mitten in der Menschenmenge. Ich sah weder König noch Volk, geschweige denn die Kaiserliche Garde. Auch die Balkons, die Sonnenschirme, Fächer oder fliegenden Kopfbedeckungen und Blumen nahm ich nicht wahr – ich sah nichts außer Inés, und Inés sah nichts außer mir. Eingezwängt unter vielen Leuten, fühlten wir uns wie in einer einsamen Wüste. Wir vergaßen, daß es da einen kürzlich gekrönten König gab, eine jubelnde Nation, eine glückliche Stadt und eine berauschte Volksmenge. Wir dachten nur noch an uns selbst. Wir hörten auch nichts mehr. Der ganze Rausch der gebrüllten Begeisterung hatte auf unsere Ohren nicht mehr Wirkung als das Summen eines unbedeutenden Insekts.

»Gott sei Dank, wir sind jetzt allein«, sprach mir Inés ins Ohr und drückte sich noch fester an mich.

»Inés, mein Herz!« rief ich aus. »Ich habe dir ja so viel zu sagen! Deine Verwandten werden nicht wiederkommen – und wenn, dann sind wir von hier weg. Endlich sind wir aus diesem verfluchten Haus raus. Meine kleine Inés, du wirst glücklich und reich sein, so wie es sich für dich gehört.«

»Ich habe doch aber nichts«, entgegnete sie.

»Du weißt ja nicht, was ich da gehört habe – eine Geschichte, die mich glücklich und gleichzeitig auch traurig macht.«

»Wovon redest du denn, mein Wirrkopf?«

»Du bist nicht die, wie es scheint. Ich werde dich zu deinen Eltern bringen, die sehr reich sind.«

»Eltern, ich habe Eltern?«

»Ja, du bist nicht die Tochter von Doña Juana. Aber das muß ich dir ein andermal erklären. Ach, meine kleine Freundin, ich bin glücklich und traurig. Ich möchte ja, daß du glücklich und reich und Dame und Herzogin und Prinzessin wirst, aber dann denke ich auch, daß, wenn du die Stellung einnimmst, die dir zukommt, du mich nicht mehr lieben darfst.«

»Ich verstehe kein Wort.«

»Wir werden ja sehen. Du wirst mich nicht mehr lieben. Wie kannst du denn einen armen Kerl ohne Vermögen und Bildung wie mich noch lieben! Du wirst dich meiner schämen, denn ich bin doch nur ein Dienstbote, ein Unglücklicher der Straßen … Aber sorg dich nicht – ich werde dich dahin bringen, wo du hingehörst. Ich möchte nichts für mich. Sag mal, würdest du mich als Diener nehmen, damit wir zusammenleben können wie jetzt bei deinen miesen Verwandten?«

»Also, du scheinst wirklich verrückt geworden zu sein, Gabriel! Das kommt mir so vor wie damals, als du sagtest, daß du für mich Minister, General oder Prinz werden würdest. Ich glaube nicht an solche Hirngespinste.«

»Diesmal ist es aber ganz anders, meine Kleine. Das war damals eine Kindertorheit von mir, aber jetzt spreche ich von der Wirklichkeit. Wir gehen nicht mehr in das Haus der Requejos zurück. Wir werden über die Alcalá-Straße aus der Stadt hinausgehen, wenn die Menschen sich etwas verlaufen haben werden. Dann suchen wir erst einmal in Aranjuez Schutz, von wo ich dich dahin bringe, wo du hingehörst. Obwohl ich weiß, daß ich die Einhaltung nicht erzwingen kann – schwöre mir, daß du mich immer lieben wirst.«

»Das brauch' ich doch nicht zu schwören. Versprich du mir lieber, daß du keine Dummheiten mehr sagen wirst«, erwiderte sie, während die berauschte Menschenmenge ihren Kopf an meine Brust drückte.

»Das sind keine Dummheiten. Du wirst dich bald davon überzeugen können. Aber wirst du mich immer lieben, wie du mich jetzt liebst? Du wirst dich meiner nicht schämen und mich verachten? Ich werde immer für dich das bedeuten wie jetzt, wo ich dein einziger Freund, deine Rettung, dein Schutz bin?«

»Immer, ja, immer!«

Als sie dieses Wort sprach, fühlte Inés, daß sie am Bein gepackt wurde.

Sie schaute, ich schaute, und wir erblickten magere Finger, eine ebensolche Hand und einen schwarzen Ärmel, der sich durch die Beine der Umstehenden streckte und zum Körper des Restituta gehörte. Den anderen Arm hatte sie nach hinten ausgestreckt bis zu einer der Extremitäten von Don Mauro Requejo, der – obwohl er anscheinend nur zwei Ellen von uns entfernt war – verzweifelt versuchte, sich einen Weg durch Männerbeine und Frauenröcke zu uns zu bahnen, wobei er sich hier einen Stoß und da einen Fußtritt einhandelte. In dem Wald von Menschenleibern hatte sie uns aus den Augen verloren und angestrengt nach uns gespäht. Durch Aufstellen auf die Zehenspitzen hatte Don Mauro meine Mütze ausmachen können.

Darauf hatten sie verzweifelt gerudert, um uns zu erreichen, aber Doña Restituta war zu Boden gerissen worden und hatte die Hand ausgestreckt, um Inés am Bein zu ergreifen, weil sie fürchtete, daß sie durch eine neue Welle wieder von ihr weggeschwemmt werden könnte. Dadurch wurde unser Fluchtplan vereitelt. Beide Requejos drängten sich schließlich mit großen Mühen zu uns durch und klammerten sich wieder an die Olivenhaine von Jaén, jeder an einen Arm, der Sicherheit wegen.

»Meine arme Kleine«, sprach Don Mauro, »wir hatten schon gedacht, wir hätten dich verloren. Wenn du nicht wärst, Gabriel, wäre das wohl auch geschehen.«

Durch ihren Kampf mit der Menge war das Geschwisterpaar in einen jämmerlichen Zustand versetzt worden. Die Jacke meines Brotgebers war ohne Einwirkung eines Schneiders in zwei Teile getrennt worden, und seine

Schwester schaute mit wütenden Augen auf die Fetzen ihres schwarzen Kleides, das auch von oben bis unten durchgerissen war.

»Da siehst du's«, sagte die Restituta zu ihrem Bruder, als wir wieder im Haus angekommen waren, »was man davon hat, wenn man dahin geht, wo man nicht eingeladen wurde. Du hast einen Handschuh verloren, der auf dem Trödelmarkt ein Heidengeld gekostet hat! Und erst deine Jacke! Da muß ich ja drei Tage dran nähen! Mein teures Seidenkleid ist auch hin! ... Und du, Mädchen, hast du auch Schaden erlitten? Wo ist denn das Halstuch, das ich dir gegeben habe? Auch weg, ja? Du meine Güte – wo ich dir doch drei Tropfen Bergamottenwasser darauf getan hatte!«

20

Drei Tage waren nach dem Einzug des hochgelobten Königs verstrichen, ohne daß ein Vorkommnis die Einförmigkeit des Lebens im Hause der Requejos durchbrochen hätte. Längere Zeit konnte ich nicht mehr mit Inés sprechen, obwohl wir so nahe beieinander lebten. Die Höhle, in der die Restituta meine Liebe einschloß, wurde immer unzugänglicher und die Wachsamkeit der Kerkerwärterin immer schärfer. Don Mauro war manchmal verärgert und manchmal wieder betrübt. Trotz seiner Gefühllosigkeit merkte er wohl, daß er nicht in der Lage war, Inés' Liebe zu erringen. Die Einsicht, daß er durch seine Grobheit alles schlimmer gemacht hatte, steigerte seinen Zorn noch. Wenn da nicht die grenzenlose Profitgier gewesen wäre, hätte Don Mauro wohl liebenswürdig und sogar zärtlich zu seiner sogenannten Nichte sein können. Aber ein Mangel an Bildung, Feingefühl, Umgangsformen und gesundem Menschenverstand gaben ihm von Anfang an nicht die geringste Chance dazu, so daß er in den Augen derjenigen, die er freundlich stimmen wollte, nicht nur abstoßend, sondern schlichtweg furchterregend wirkte.

Die Schwierigkeiten, Inés aus den Händen der Requejos zu befreien, nahmen von Tag zu Tag mit der argwöhnischen Bewachung durch die Restituta zu. Ich ließ mich aber nicht entmutigen, und ich versuchte zur Erreichung meines Zieles mit allen Mitteln, das Wohlwollen des Geschwisterpaares zu erringen, indem ich vorgab, die gleichen Neigungen und Ansichten wie sie zu hegen. Ich machte mich damit an ein Unterfangen, das schwieriger als die zwölf Aufgaben des Herkules war – nämlich die uneinnehmbare Festung ihres Vertrauens zu erringen, in die bisher niemand eindringen hatte können.

Zu diesem Zweck begann ich erst einmal, mich so kleinlich und geizig zu zeigen, als ob ich wie sie von der Gier in ihrem letzten und höchsten Stadium ergriffen worden sei. Eines Tages, nachdem ich die Korridore und Zimmer ausgefegt hatte, sammelte ich den Staub und Dreck in einer großen Tüte in einer Weise, daß es der Restituta auffallen mußte. Die fragte mich denn auch, was ich damit bezwecke, und ich antwortete ihr: »Aber Señora, soll diese wertvolle Substanz denn etwa weggeworfen werden?«

»Was, der Staub, der Dreck von den Fliesen, die Spinngewebe von den Decken und der Schmutz von den Schuhen sind eine wertvolle Substanz?«

»Das will ich wohl meinen! Es erstaunt mich wirklich, daß Sie nicht wissen, daß es in Madrid einen französischen Gärtner gibt, der das alles kauft, um geheimnisvolle Heilpflanzen zu züchten!«

»Was sagst du da, Gabriel? Davon habe ich ja gar nichts gewußt.«

»Als ich Bediensteter im Hause des Herzogs von Torregorda war, verkaufte die Frau Herzogin jede Woche ein Paket davon für vier Cuartos.«

Ich tat so, als ob ich die Tüte zu diesem mysteriösen Gärtner trug, warf sie draußen in eine Mistgrube und kehrte mit dem angeblichen Erlös von vier Cuartos zurück, die ich ihr gab. Sie war davon sehr angetan und lobte mich: »Du bist wirklich ein talentierter Bursche, Gabriel. So einen habe ich bis jetzt noch nicht kennengelernt.«

Als nächstes tat ich so, als ob ich auch Obstschalen, Papierstücke, Glasscherben, die Stiele von getrockneten Feigen sowie die Hirnschalen der Hammelköpfe, die man in diesem Haus so oft verspeiste, verkaufen könne. Ich erzählte, daß ein Apotheker daraus pharmazeutische Mittel herstelle. Als der 20. April kam und sie mir die zehn Real meines Lohnes gaben, sagte ich zu Doña Restituta: »Señora, ich brauche dieses Geld nicht. Hier fehlt es mir doch an nichts. Könnten Sie es deshalb nicht für mich aufheben und es mir alles zusammen geben, wenn ich eines Tages dieses gesegnete Haus verlasse, was hoffentlich nie der Fall sein wird? Bei Ihnen ist es gut aufgehoben, denn ich würde mir lieber die Ohren abschneiden lassen, als einen Maravedí davon auszugeben.«

»Aber Gabriel!« erwiderte sie mit offensichtlicher Befriedigung. »So etwas habe ich ja noch nie erlebt! Es ist wirklich wahr, daß man sich in diesem Hause, wo Ordnung und Sparsamkeit herrschen, geborgen fühlen kann. Du bist wahrlich ein findiger, vernünftiger Bursche. Wenn du so weiterarbeitest, wirst du nach zehn Jahren sechzig Duros haben, und wenn du dann weiter so vernünftig bist, wird das an deinem Lebensende … nehmen wir an, du wirst sechzig Jahre alt … ein Kapital von dreihundertsechzig Duros sein, das du eingraben kannst, damit es kein fauler Erbe verpraßt.«

Mit diesen und anderen Kunstgriffen verschaffte ich mir die Zuneigung meiner Dienstherren bis zu einem Punkt, an dem sie mir endlich vertrauten. Aber trotz allem erlangte ich nie den höchsten Vertrauensbeweis, der darin bestanden hätte, daß sie mir die Aufsicht über Inés übertrugen, während sie abwesend waren. Ach, immer wenn die Restituta sich mal vom häuslichen Herd entfernte, wurden die Schlüssel in die Hände des unzugänglichen, frostigen Ladengehilfen gelegt.

Von diesem habe ich bisher nur wenig gesprochen, aber

er verdient durchaus Aufmerksamkeit. Juan de Dios war ohne den geringsten Zweifel ein Exzentriker, wie es sie auch in jener Zeit gab. Er war ein Mensch, der kaum sprach, der alles Schöne ignorierte, der keinen Schritt mehr tat, als nötig war, um sich zu der Stelle zu begeben, wo sich das Stoffstück befand, das er verkaufen wollte, der Maßstock, den er brauchte, oder die Kasse, in die er das Geld legen mußte – ein Mann, der in allen Lebenslagen eine mit menschlicher Haut überzogene Maschine zu sein schien. Da er keine der den meisten Menschen vertrauten Leidenschaften besaß, mußte sich in seinem Inneren etwas Geheimnisvolles und Außergewöhnliches befinden. In der kurzen Zeit, die ich in der Gegenwart von Juan de Dios verbrachte, erfolgte jedoch eine gewisse Veränderung im mysteriösen Räderwerk dieses lebenden Möbelstücks.

Es gelang mir aufzuschnappen, wie Don Mauro und Doña Restituta sich erstaunt über die andauernde Zerstreutheit von Juan de Dios äußerten. Dieser Jünger der Stoffballen, der sich in zwanzig Jahren nicht ein einziges Mal beim Messen oder Rechnen geirrt hatte, führte nun die Messungen und Abrechnungen so unaufmerksam wie ein neu aus der Alcarria-Gegend gekommener Ladenschwengel aus. Und da war etwas noch Alarmierenderes. Juan de Dios schritt durch den Laden, ohne etwas zu tun, was so außergewöhnlich war wie der Zusammenstoß eines Planeten mit einem anderen. Er fragte die Kunden in einer von seiner Zerstreutheit geprägten Sprache, ob sie ›Poopelinn‹, ›Mustelinn‹, ›Oragandiss‹ oder sonst eine Stoffart haben wollten – deren Bezeichnung aus seinem Munde plötzlich schwer verständlich war. Statt das Gewünschte zu bringen, drehte er sich um, kratzte sich den Kopf, blickte gedankenverloren durch den Laden, machte ein paar Schritte und fragte abermals, weil er die Antwort inzwischen vergessen hatte. Überdies wurde der Ladenhüter noch gelber und noch dürrer, als er ohnehin schon gewesen war, und seine Gestalt wirkte immer schlaffer und trauriger.

Eines Tages gingen die beiden Besitzer wieder aus dem Haus und beauftragten den Verkäufer wie gewöhnlich mit der Obhut des Hauses. Inés, eingeschlossen in ihrem Zimmer, sprach mit mir wie Thisbe[35] durch die Mauer. In meiner Verzweiflung, sie nicht sehen und nicht befreien zu können, kam es mir in den Sinn, das Herz des Gehilfen auszuforschen, ob es nicht möglich wäre, dieses zu erweichen, um unsere Flucht zu bewerkstelligen. Ich stieg also in den Laden hinunter, und nachdem wir ein wenig über unverfängliche Dinge geredet hatten, fragte ich Juan de Dios: »Ist es nicht ein Jammer, Señor Don Juan, wie dieses junge Mädchen vor Traurigkeit in dieser öden Kammer dahinsiecht? Warum lassen Sie sie sich nicht frei im Haus bewegen? Ist sie denn ein wildes Tier?«

Ich entdeckte in den Gesichtszügen des Gehilfen etwas wie Schauder und tiefe Besorgnis. Dann erschien es mir, als ob das wenige Blut in seinem Körper in die Stirn stieg, an die er sich jetzt klopfte, während er antwortete: »Gabriel, du hast wirklich recht. Warum schließen sie dieses Mädchen ein, das so gut und so bescheiden ist? Aber sie wird frei sein«, murmelte der Ladengeist, als ob er zu sich selbst spräche.

Diese Worte erregten natürlich meine Neugier ungemein, und ich beschloß, ihn weiter auszuhorchen, ohne dabei übermäßiges Interesse für die Waise zu zeigen.

»Na ja«, schwächte ich dann meine Empörung ab, »wenn sie so schlecht erzogen ist …«

»Schlecht erzogen!« rief der Gehilfe empört aus. »Schlecht erzogen bist du höchstens – und ein Grobian. Wenn ich sie da so sehe, so sanft, so bescheiden, so hübsch, tut es mir in der Seele leid, daß … Hier wird sie ja behandelt, daß es einem das Herz zerreißt, wenn man das mit ansehen muß.«

»Aber die Herrschaften sind doch sehr gut zu ihr. Sie haben ihr ein Kleid gekauft, und Don Mauro möchte sie sogar heiraten!«

Als Juan de Dios das hörte, geriet er so aus der Fassung, daß ich regelrecht Angst bekam.

»Sie heiraten!« rief er wütend aus. »Nein, nein, das darf nicht sein!«

»Na ja, wenn das Mädchen nicht will … Warum wollen sie Inés denn dazu zwingen?«

»Ja, sie will nicht – und sie dürfen sie nicht dazu zwingen!«

Ich verstand, daß ich meine Taktik ändern mußte, indem ich mehr Mitgefühl für die Gefangene zeigte.

»Wenn sie aber nicht will, dann wäre es doch ein Werk der Nächstenliebe, sie hier herauszuholen!«

»Dann bist du also auch der Ansicht?« erkundigte er sich mit aufrichtigem Interesse.

»Ja, die Arme tut mir so leid. Wenn ich die Möglichkeit hätte, würde ich ihr die Türen öffnen, damit sie wie ein Vögelchen davonfliegen kann.«

»Gabriel«, erklärte Juan de Dios mit feierlichem Ton und legte seine Hand auf meinen Arm, »wenn du ein vorsichtiger und verschwiegener Bursche wärst, würde ich dir mal meinen Plan erzählen …«

»Aber das bin ich doch! Mir können Sie alles anvertrauen – besonders, was mit der Kleinen zusammenhängt, weil sie mir so schrecklich leid tut. Wenn mein Herr sie weiter so schlecht behandelt, werde ich das wohl nicht lange aushalten können, und eines Tages …«

»Die Requejos sind sehr grausam«, erklärte er mit dem Ernst eines Menschen, der ein wichtiges Geheimnis preisgibt.

»Was sagen Sie, grausam? Barbaren und Geizhälse sind sie, für zwei Kupfermünzen würden sie auch Christus verkaufen.«

Das Antlitz von Juan de Dios drückte tiefe Zustimmung aus. Nachdem er einen Moment zwischen feierlichem Ernst und einem Lächeln geschwankt hatte, nahm er sein Herz in beide Hände und sprach zu mir: »Gabriel, ich bin verliebt – bin vollkommen verrückt!«

»Ja? In wen denn?«

»Frage mich nicht, aber du kannst es wohl ahnen. Das sage ich aber nur dir, denn ich möchte, daß du mir hilfst. Ich sehe, daß du ein mitfühlendes Herz hast und die Kerkerwächter der Inés verabscheust. Du hast das Mädchen aber noch nicht so richtig erkannt. Hast du nicht gesehen, wie sehr sie resigniert hat? Ist ihre Bescheidenheit nicht bewundernswert? Und vor allem – Gabriel, hast du jemals eine schönere Frau gesehen? Sag mal, hat sie dich überhaupt schon mal angesehen, und du bist nicht aus dem Häuschen geraten?« Das schien nicht mehr Juan de Dios zu sein, der diese Worte an mich richtete.

»Inés ist wirklich eine bemerkenswerte Persönlichkeit. Es ist gut, daß Sie sie lieben, und noch besser, wenn Sie sie hier rausholen. Aber sagt man nicht, daß Sie Doña Restituta heiraten werden?«

»Ich? – Bist du verrückt? … Bisher bin ich so dumm gewesen, daß ich mich für eine solche Untat fähig hielt. Aber jetzt … Hast du eigentlich schon mal ein abstoßenderes Weib gesehen als *die da*?«

»Nein, es gibt wohl nicht ihresgleichen auf der Welt. Aber sprechen wir doch weiter von Inés, denn für sie interessieren Sie sich doch.«

»Ja, sprechen wir weiter von ihr. Ach, du kannst dir gar nicht vorstellen, wie erleichtert ich bin, dir dieses Geheimnis anvertrauen zu können. Ich mußte es einfach jemandem erzählen, um nicht ganz zu verzweifeln. Seit Inés das Haus betreten hat, habe ich ein Gefühl, wie ich es noch nie erlebte. Ich hatte oft gesagt: ›Ich höre immer so viel von Liebe, aber ich weiß gar nicht, was das ist.‹ Aber jetzt weiß ich es! … Ach! Ich habe mein ganzes Leben wie ein Lasttier gearbeitet. Vor zwanzig Jahren hatte ich mal etwas mit einer Frau, die bei mir im Haus wohnte – aber das dauerte nicht länger als drei Tage … Ich kam in Frankreich zur Welt, aber meine Eltern waren Spanier. Aufgezogen wurde ich in einem Kloster, und als ich das im Alter von zwanzig Jahren verließ, war ich überzeugt, daß alle Frauen des Teufels seien, denn so hatten es mir die Mönche von Guetaria beigebracht. So kam es, daß, wenn eine in meine Nähe kam, ich immer die Augen senkte, um sie nicht ansehen zu müssen, und … ich weiß heute eigentlich nicht mehr, warum ich Frauen nicht mochte … Ich gehe nie zu Tänzen oder Gesprächsabenden. Mein Leben war so gleichförmig,

147

so trübselig, daß ich mich selbst langweilig finde. An Sonntagen machte ich meistens einen Spaziergang bei den *Melancólicos* – ein Jahr nach dem anderen, bis jetzt plötzlich ... Ich werde dir alles genau erzählen. Als Inés hierherkam, hatte ich gleich den Eindruck, daß sie nicht wie die Frauen ist, die ich bis zu dem Zeitpunkt gesehen hatte. Ich war überrascht, als ich sie beobachtete, und ich hatte das Gefühl, sie schon einmal gesehen zu haben. Aber wo? Wahrscheinlich in meiner Seele. Diesen ganzen ersten Tag mußte ich nur an sie denken, und am folgenden Tag, der ein Sonntag war, ging ich nach der Messe wieder bei den *Melancólicos* spazieren. Es gingen mir wirre Gedanken durch den Kopf, und stellte mir vor, ich spräche mit ihr. So viele Dinge sagte ich ihr dabei, die bestimmt nicht alle hier in die große Kladde hineinpassen. Es verging einige Zeit. Inés hatte mich noch nie angesehen, bis eines Abends ... Wir saßen bei der Abendmahlzeit, und ich ging einen Teller holen. Meine Hand zitterte, ich ließ ihn fallen, und er zerbrach. Restituta brach in Geschrei aus, und Don Mauro sagte mir irgend etwas Grobes. Da hob Inés den Blick und sah mich an.«

Während Juan de Dios das erzählte, nahm sein Gesicht den unverkennbaren Ausdruck der Zufriedenheit des Liebenden an, dem seine Dame eine äußerst schmeichelhafte Gunst erwiesen hat.

»Deshalb nur Mut!« bestärkte ich ihn. »Die junge Dame ist hübsch und von gutem Wesen. Holen Sie sie hier heraus!«

»Natürlich werde ich sie hier herausholen! Das ist doch selbstverständlich«, rief er mit Bestimmtheit aus. »Ich bin fest entschlossen dazu. Aber ich muß mit ihr sprechen, Gabriel, und ihr sagen, was ich für sie empfinde. Wird sie mich erhören? Glaubst du, daß sie mich erhört?«

»Aber es ist doch nichts leichter für Sie, als in ihr Zimmer zu gehen, wenn Sie mit ihr sprechen wollen! Lassen Ihnen die Herrschaften denn nicht die Schlüssel hier?«

»Ich habe schon mehrmals versucht, mit ihr zu sprechen, bin die Treppe hochgegangen bis vor ihre Tür, aber dann wieder umgekehrt, weil ich nicht den Mut hatte, ihr zu sagen: ›Inés, darf ich Ihnen etwas erzählen?‹«

»Auf diese Weise werden Sie nie etwas erreichen«, erwiderte ich. »Da kommt mir eine Idee. Wie wäre es, wenn ich mich darum kümmere? Sie geben mir den Schlüssel, ich gehe hinein und sage ihr, daß Sie sie lieben und planen, sie hier herauszubringen. Was meinen Sie dazu?«

»Du irrst dich, wenn du glaubst, daß ich den Schlüssel zu ihrem Zimmer habe. Sie lassen mir alle Schlüssel hier, aber *den* nicht.«

»Na, dann ist wirklich alles verloren!«

»Nein, denn ich habe vor, mir von einem Schlosser ein Duplikat des Schlüssels nach einem Wachsabdruck machen zu lassen. Und ich habe noch eine Idee. Heute morgen habe ich einen Veilchenstrauß gekauft. Da du mir freundlicherweise helfen willst, bitte ich dich, diesen durch die Luke über ihrer Tür zu werfen und ihr zu sagen: ›Dies schickt Ihnen eine Person, die Sie liebt.‹ Verrate aber meinen Namen nicht. Wenn dann unsere Arbeitgeber wieder mal weg sind, wirfst du ihr auf dem gleichen Wege einen Brief hinein. Ich habe schon acht Seiten vollgeschrieben mit einer Handschrift, die wie gedruckt aussieht. Wirst du das tun?«

»Alles, was Sie mir auftragen werden!«

»Ach, Gabriel, seitdem sie in diesem Hause ist, kenne ich mich selbst nicht mehr und mache alles falsch. Meinst du wirklich, daß Inés mich lieben kann? Ja? Aus tiefstem Herzen sage ich dir hier, daß ich morgen gern sterben würde, wenn sie mich heute den ganzen Tag liebte. Wenn ich genau wüßte, daß sie mich nicht lieben kann, würde ich sterben – das schwöre ich dir! Wenn sie mich aber liebt, werde ich so glücklich sein, daß … ich weiß gar nicht, was ich dann vor Freude anstellen werde. Sie *muß* mich einfach lieben – es darf gar nicht anders sein! Ich werde sie in einen Teil der Welt bringen, wo keine Leute sind – nur wir beide. Nicht wahr, sie muß mich doch einfach lieben? Ich bin schon dabei, mich zu erkundigen, wie man zu jenen einsamen Inseln kommt, die doch irgendwo sind … Jedenfalls hole ich sie hier heraus. Dann werden wir beide wegfahren – und selbst wenn sie nicht mit mir gehen will, befreie ich sie trotzdem. Ich fühle mich zu allem fähig – den umzubringen, der sich mir in den Weg stellen will, alle Schwierigkeiten zu überwinden, mir die ganze Erde zu unterwerfen, alle Meere auszutrinken, wenn es für mein Ziel notwendig sein wird … Gabriel, wirst du Inés den Veilchenstrauß bringen? Ich muß gestehen, ich habe Angst, das selbst zu tun. Wenn ich erst einmal mit ihr gesprochen habe, wird mich die Verwirrung wohl verlassen, nicht wahr? Glaubst du wirklich, daß sie mich lieben wird?«

Die Leidenschaft von Juan de Dios hatte schon etwas Besessenes. Neben einer naiven Schüchternheit brannte im Herzen dieses Mannes eine solche Energie, daß man glauben konnte, er würde den schwierigsten Plan ausführen. Das mir anvertraute Geheimnis überraschte mich so sehr, wie es mir auch angst machte, denn sosehr die Liebe des Ladengehilfen für die Flucht von Inés eine Hilfe sein konnte, sosehr konnte sie auch zu einem Hindernis werden.

Mit diesen Gedanken trennte ich mich von ihm, um den Veilchenstrauß hochzubringen, den er aus einem Karton, in dem die Federn aufbewahrt wurden, genommen hatte. Vor ihrer Tür angekommen, sprach ich meine unglückliche Freundin an: »Inés«, sagte ich ihr und warf den kleinen Strauß durch die Lichtluke, »hier sind ein paar Blumen, die ich dir gekauft habe.«

»Oh, danke schön!« antwortete sie mir.

»Liebe Kleine«, fuhr ich fort, »lege sie an deine Brust unter dem Kleid, damit die Hexe Restituta sie nicht sehen kann. Hast du das schon getan?«

»Ich bin dabei«, erwiderte die sanfte Stimme. »Jetzt kann sie sie nicht mehr sehen.«

»Hör, kleine Inés, leg die Hand auf dein Herz und schwöre mir, daß du immer nur mich lieben wirst – nicht Don Mauro, nicht Juan de … ich will sagen, niemanden, hörst du?«

»Was redest du denn da?«

»Schwöre es mir! Du wirst bald frei sein, mein Täubchen. Wenn du dann eine große Dame bist, reich und Gräfin, mit Palästen, Lakaien und Landgütern – wirst du mich dann vergessen, deinen armen Gabriel verachten? Schwöre mir, daß du mich nicht verachten wirst!«

Die Gefangene lachte in ihrem Kerker.

»Nun muß ich mich aber verabschieden, meine Kleine. Stell dich doch mal vor das Schlüsselloch, damit ich dich sehen kann. Wie hübsch du bist! Also bis bald, mein Schatz. Ich glaube, jetzt kommen deine lieben Verwandten zurück. Ja, ich höre schon die Geierstimme von Don Mauro. Adiós!«

21

An jenem Abend beehrten uns Doña Ambrosia de los Linos und der Lizenziat Lobo wieder mit ihrem Besuch. Erstere klagte, daß sie auch nicht eine einzige Elle Schleifenband in der ganzen Woche verkauft habe.

»Die Leute sind so verwirrt von den jüngsten Ereignissen«, meinte sie, »daß keiner etwas kauft. Alle halten ihr Geld zurück aus Furcht, sie könnten von heute auf morgen im Hemd dastehen.«

»Ja, hier hat sich auch nichts getan«, erwiderte der Requejo. »Und wenn ich nicht hier, in meinem Kopf, einen Plan für die Belieferung der französischen Truppen hätte, müßten wir wohl bald um Almosen betteln.«

»Sie wollen wirklich mit diesen Leuten Geschäfte machen?« fragte Doña Ambrosia entrüstet. »Warum geben Sie ihnen nicht Gift ins Essen, damit sie alle krepieren?«

»Aber«, erkundigte sich Don Lobo erstaunt, »waren Sie es nicht gewesen, die so von den Franzosen geschwärmt hat und glücklich war, daß Murat sie vielleicht angeblickt hat? … Na, Señora Doña Ambrosia, hat sich etwas mit diesem Herrn ereignet?«

»Ha! Ich schwöre Ihnen auf meine Seligkeit, daß ich diesen Señor nicht wiedersehen möchte. Diese französischen Teufel! Da sorgen sie doch dafür, daß dieser Karl IV. am Ruder und Ferdinand nichts als Prinz bleibt! Und alles, weil es dem Kaiserchen so gefällt!«

»Aber«, wollte Don Lobo wissen, »warum ist unser König dann nach Burgos gegangen, wenn nicht, um sich von Napoleon als König anerkennen zu lassen?«

»Er ist nicht nach Burgos, sondern nach Vitoria gegangen, und es kann sehr gut sein, daß er zu dieser Stunde schon in Frankreich in Ketten liegt. Ja, der Franzose will ihm die Krone wieder nehmen. Wir sind schön angeführt worden, denn wir dachten doch, daß dieser Herr Bonaparte alles in Ordnung bringen wird, aber er macht alles schlechter. Man muß sich das mal vorstellen: Wir hatten so sehr gewünscht, daß die Franzosen kommen, und jetzt tanzen sie uns auf der Nase herum!«

»Wenn es nach mir ginge, könnten die Franzosen tausend Jahre hier bleiben«, erklärte Don Mauro, »wenn ich nur den Vertrag bekomme. Ach, Señora Ambrosia, es könnte sein, daß ich nun wirklich mal groß rauskomme!«

»Wozu brauchen wir denn hier Franzosen, *Zamucacos*, *Dragoner* und diese ganzen Kanaillen, die nur herkommen, um sich auf unsere Kosten die Bäuche vollzuschlagen? Na, was denken Sie denn? Die krepieren doch vor Hunger in ihrem Land und wollen uns hier ausnehmen. Ich habe das doch schon immer gesagt. Was heißt hier, Napoleon hat diese oder jene Absicht – er hat Hunger, großen Hunger.«

»Ich glaube, daß wir die Franzosen lange hier haben werden«, bekräftigte der Lizenziat, »denn jetzt … Sobald unser König bestätigt sein wird, werden sie alle herkommen, um gegen Portugal zu marschieren.«

»Was für ein Theater!« rief die Señora de los Linos aus. »Die machen uns ganz schön was vor. Heute morgen kam der Pujitos und ließ Maß nehmen für ein Paar Schuhe. Er sagte mir, daß auf dem Flohmarkt und den Vistillas alle sehr besorgt sind. Wenn ein Franzose kommt, pfeifen die Leute und werfen mit Apfelsinenschalen nach ihm. Er sagte mir, daß er auch wütend sei. So wie er bei den ersten war, die den Godoy stürzten, so wird er jetzt auch einer der ersten sein, die den Franzosen den Marsch blasen. Was der Pujitos sagt, ist nicht von Pappe – der macht auch, was er sagt.«

»Wenn ich den Vertrag habe, werde ich beten, daß kein Aufstand gegen die Franzosen kommt«, meinte der Requejo.

»Wenn es einen Aufstand gibt«, warf die Restituta ein, »und einige hundert Dutzend sterben, so sind das um so viele Münder weniger, aber den Vertrag wird das nicht schmälern.«

»Du denkst wie ein Arzt«, bemerkte Don Mauro. »Aber wenn sie alle wieder abziehen?«

»Die werden erst gehen, wenn sie uns die Hucke voll-gehauen haben«, fügte Doña Ambrosia hinzu. »Die treten nicht bescheiden auf, diese Herren. Auf den Straßen stap-fen sie mit ihren Stiefeln herum, daß die Sporen klirren und die Säbel und andere Eisenwaren rasseln … Und wie sie die Leute anschauen! … Man hat den Eindruck, daß sie die Mädchen roh vernaschen wollen … Es kommt bestimmt noch der Tag, an dem der Spanier sagt: ›Da juckt es mich, und da werde ich kratzen!‹«

»Ach, das ist doch nur Theaterdonner«, warf Lobo ein. »Lassen Sie erst mal den König und den Kaiser nach Paris kommen, und Sie werden sehen, wie sich alles regeln wird. Don Juan de Escólquiz, ein Freund von mir und erster Diplomat Europas, sagte mir, daß sich all die irren, die meinen, Napoleon wolle den König absetzen. Wenn Schwierigkeiten auftreten, wird der schon alles regeln, denn Gott hat ihm ein Talent gegeben, daß es einem gru-seln könnte.«

»Napoleon kommt doch hier nur mit dem Schwert in der Hand her«, fuhr Doña Ambrosia fort. »Der Padre Sau-non vom Orden der Gnade, der heute bei mir war und ein halbes Dutzend Eier so groß wie Fäuste mitnahm, sagte mir, daß es Krieg mit den Franzosen geben wird. Napoleon legt uns wie ein Bauernfänger rein. Sehen Sie mal, vor vierzehn Tagen sagte er doch schon, daß er kommen würde, und man zeigte im Palast die Stiefel und den Hut, die er schon vorausgeschickt hatte. Don Lino Paniagua, der diese Kleidungsstücke gesehen und sogar in den Händen gehalten hatte, sagte mir, daß die Stiefel unheimlich hoch sind. Und was den Hut betrifft, so soll der so fettig sein, daß ihn bei uns kein Droschkenkutscher aufsetzen würde. Dieser Kaiser muß ein ganz schöner Schmierfink sein, mit Verlaub gesagt.«

»Zwanzigtausend Franzosen haben wir hier«, sagte Don Mauro mit nachdenklichem Gesicht. »Das bedeutet viel Brot, viel Speck, viele Kartoffeln, viele Gewürze, viel Salz und viel Kohl für so viele Münder! Und Sie sagen doch, daß die Hunger mitbringen!«

»Natürlich, Bruder«, meinte die Restituta, »zuerst müssen wir mal an den Verdienst denken!«

Don Mauro nahm ein Stück Papier und rechnete angestrengt.

»Und was dann noch im Lager übrigbleibt, davon können wir uns doch auch ernähren, nicht wahr?« wollte die würdige Schwester wissen. »Das sind nämlich so schlechte Zeiten … Ach, Doña Ambrosia, wir verdienen mit unseren Waren gar nichts mehr!«

»Aber, aber«, meinte die Ambrosia, »wenig Schaden, aber gut geklagt! Sie haben doch mehr Moneten als der Staatsschatz. Übrigens, Restituta – wann heiraten Sie denn nun?«

»Jesus, wer denkt jetzt schon an so etwas! Das hat doch nun wirklich Zeit.«

»Don Juan de Dios wird wohl anders darüber denken. Und Sie, kleine Inés, wann entscheiden Sie sich denn?«

»Sie hat sich schon entschieden«, behauptete die Restituta lebhaft. »Die Schelmin kann doch ihre Freude kaum verbergen. *Der da* verhätschelt sie doch unheimlich.«

»Das ist sehr gut. Ein wohlerzogenes Mädchen muß sich vor der Ehe zieren, bis der richtige Moment kommt. Aber ich habe mich jetzt schon viel zu lange aufgehalten. Es ist ja schon zehn … Also dann, adiós.«

Die Ambrosia machte sich davon und bald darauf auch Don Lobo. Als dann auch noch Restituta und Inés nach oben gegangen waren, blieb nur noch Don Mauro mit dem Gehilfen im Laden.

Ich legte mich auf mein karges Lager und schlief tief. So gegen Mitternacht, als sich der Chef auch hingelegt hatte, wurde die tiefe Stille durch einige spitze Schreie unterbrochen, als deren Auslöser ich die Stimmbänder der Restituta erkannte.

»Da sind bestimmt Einbrecher im Haus«, sagte ich mir und stand auf.

Die Restituta schrie ängstlich nach ihrem Bruder, der mit einer Stange in der Hand herbeieilte und rief: »Wo sind denn diese Schurken?«

»Es sind keine Einbrecher«, jammerte die Restituta, »es ist etwas Schlimmeres.«

»Na, was denn, potztausend?«

»Es handelt sich um Inés«, fuhr die Schwester fort und richtete den Blick auf ihren Bruder und mich, der auch mit einem Knüppel herbeigeeilt war. »Ich hab' doch schon immer gesagt, daß die uns noch zu schaffen machen wird. Das ist eine Verrückte, eine Dirne, eine Intrigantin, eine Verlorene der Gassen!«

»Na, nun sag doch mal endlich, was mit ihr los ist!«

»Ich war noch wach und hörte, wie sie im Schlaf sprach. Erwürgen hätte ich sie können! Erst murmelte sie einige Worte, die ich nicht verstehen konnte, und dann sagte sie: ›Ich schwöre, daß ich dich immer lieben werde, auch wenn ich Gräfin oder Prinzessin und sehr reich bin. Ohne dich will ich nichts von dem sein.‹ Dann war eine Zeitlang nichts, und schließlich ging's weiter: ›Wie sollte ich dich auch nicht lieben? Du wirst mich aus den Krallen dieser beiden Bestien befreien ... ach, auf Wiedersehen – ich höre die Geierstimme meines Onkels. Auf Wiedersehen!‹ Als ob diese Beleidigungen nicht genug gewesen wären, hob dieses verruchte Ding die Hand an den Mund und küßte sie vielmals. Was hältst du davon, Bruder? Ich beugte mich über sie und wollte schon die Hände an sie legen, da wachte sie auf, und beim Hochrichten fiel dieser Veilchenstrauß von ihrer Brust.«

Mit zitternder Hand zeigte die Restituta den schrecklichen Beweis des Delikts. Don Mauro war bestürzt und sagte eine Zeitlang nichts. Dann nahm er das Sträußchen, biß vor Wut hinein, warf es auf den Boden und trampelte mit beiden Füßen darauf herum, was die Schwester nachahmte.

»Ich bin also ein Geier!« schrie er. »Ein Geier!!! Einen Herrn wie mich einen Geier zu nennen! Das nenne ich Dankbarkeit für das Brot, das ich ihr gebe! Das werde ich ihr heimzahlen! Aber dieser Strauß – wer hat ihr denn den gegeben?«

»Aber Mauro …«

»Aber Restituta …«

Je mehr sie in Wut gerieten, um so größer wurde auch ihre Verwirrung, bis Don Requejo seine überragenden geistigen Fakultäten zusammenraffen konnte und sprach: »Die hat eine Liebschaft mit irgendeinem Gassenjungen, der wohl hier schon eingedrungen ist! Das ist ja zum Verrücktwerden! Gabriel, Gabriel, komm doch mal her!«

Mir war klar, daß ich in Gefahr schwebte, bei meinen fürchterlichen Dienstherren in Verdacht der Buhlerei zu geraten, worauf sie mich aus dem Hause werfen und die Ausführung meines Befreiungsplanes unmöglich machen würden. Ich sann auf eine Erklärung, die mich über jeden Verdacht erhaben erscheinen ließ. »Mein Herr«, wandte ich mich an Don Mauro, »ich wollte abwarten, bis Sie mich darauf ansprechen würden, um Ihnen etwas zu erzählen, was zur Aufklärung dieser Schurkerei beitragen könnte. Heute abend, als ich Trockenfeigen holen wollte, schien es mir, als ob ein junger Mann auf der Straße zum Balkon des Hauses emporschaute. Er sah mich nicht und warf etwas hinauf …«

»Das war es … der Strauß!« rief der Requejo.

»Ich dachte mir noch so«, fuhr ich fort, »daß ich es Ihnen sofort sagen sollte. Da aber Ihre Bekannte hier war, und Sie und Juan dann noch abrechneten …«

»Und ist sie auf den Balkon gegangen?« wollte die Restituta wissen.

»Das kann ich nicht sagen, weil es schon dunkel war. Wenn Sie mir aber den Auftrag erteilen, werde ich wie ein Schießhund auf die Inés aufpassen! Falls Sie mal das Haus verlassen müssen, werde ich mich um sie kümmern, so daß sie sich nicht mehr über uns lustig machen kann.«

»Das kann nicht so weitergehen«, rief Don Mauro zornerfüllt. »Geht alle wieder schlafen – morgen werde ich diesem Dämchen die Leviten lesen!«

Ich trottete in meine Kammer zurück und hörte von dort Don Mauro aufgeregt mit seiner Schwester sprechen.

»Nein, jetzt ist Eile geboten. Noch in dieser Woche werde ich mich mit ihr verheiraten! Wenn sie nicht will, werde ich sie zwingen! Ich bin fest entschlossen. Morgen wird sie erfahren, was es heißt, mit Don Mauro zu tun zu haben. Wir werden sie im Keller einschließen und ihr nichts zu essen geben. Sie verdient ja schließlich das Brot nicht, das sie hier ißt. Wir werden ihr sagen, daß sie keinen Bissen und keinen Tropfen zum Trinken bekommt, bevor sie nicht einwilligt, meine Frau zu werden! Und wenn sie trotzdem nicht will – Schläge und immer wieder Schläge. Ich habe da eine schöne Handschrift! Mich Geier zu nennen, na, warte mal! Die werde ich mir vornehmen! Sie wird mich heiraten – und wenn nicht, kommt sie hier nicht lebend raus! Das wäre ja noch schöner, wenn ich die nicht dazu bringen kann. Wenn nicht im Guten, dann im Bösen. Ich werde sie an einen Pfosten anbinden und auspeitschen – mit dem Messer zum Öffnen der Pomadebüchsen bearbeiten!«

In diesem Augenblick wirkte der Requejo wie ein aus der Hölle entflohener Teufel, und der erste Schimmer der Morgendämmerung sah ihn noch wach und fluchend wie einen Verrückten.

22

Gesagt, getan – vom Morgen des folgenden Tages ab schien Don Mauro zur Ausführung seines grausamen Planes entschlossen zu sein, Inés zu ihrem Glück zu zwingen. Die Taktik der Liebenswürdigkeit und der listigen Güte, die der Lizenziat Lobo empfohlen hatte, ersetzte er jetzt durch ein System des Terrors, das auch die Fähigkeiten der Restituta voll zur Entwicklung brachte. Bevor Don Mauro zum Stadtrat ging, wo er und zwei andere Geschäftsleute zur Angebotsabgabe für die Belieferungsverträge erscheinen mußten, machte er sich mit Freuden daran, das neue System selbst einzuleiten. Er befahl, daß Inés auch nicht mehr zum Essen das Zimmer verlassen durfte, daß die Fenster zur Salzstraße mit starken Nägeln gesichert wurden. Außerdem sollte Inés jetzt auch im Zimmer immer bewacht werden, wozu sich natürlich die Restituta am besten eignete.

Es war mir also nicht mehr möglich, Inés zu sehen, sie zu sprechen und sie zu warnen, denn alles wies darauf hin, daß die hartnäckige Bewachung nicht aufgehoben würde, bevor Requejo seinen glühenden Wunsch, das Mädchen zu heiraten, erfüllt sah. Sie erklärten Inés offen, daß sie das Sonnenlicht erst wieder sehen würde, wenn sie mit Mauro zum Vikar zur Abgabe des Eheversprechens ging. Ich war fest entschlossen, möglichst bald einen Versuch zur Befreiung meiner Liebsten zu unternehmen. Damit der aber Aussicht auf Erfolg haben könnte, mußte ich doch noch einen Tag abwarten, an dem beide Bestien – die männliche wie die weibliche – das Haus verlassen würden. Denn an eine Flucht bei der Anwesenheit der Kerkerwächter im Haus zu denken wäre reiner Wahnsinn gewesen. Don Mauro, der sehr mit dem Zustandekommen seines Belieferungsvertrages beschäftigt war, verließ häufig das Haus. Aber die Restituta, unerschütterlich wie eine pharaonische Sphinx, rührte sich nicht vom Fleck, verließ nie das Zimmer der Gefangenen. Ich mußte mir also eine List ausdenken, um sie von ihrem Wachtposten wegzulocken.

Meine verführerische Arbeitgeberin hatte die einträgliche Angewohnheit, allen im *Diario* annoncierten Versteigerungen und gerichtlichen Verkäufen mit der ehrenwerten Absicht beizuwohnen, Möbel, Decken, Kleidung, Wohnzimmerdekorationen und anderes billig zu ergattern und dann in zwei, drei Gebrauchtwarenläden in der Tudescosstraße weiterzuverkaufen, die ihr, was kaum einer wußte, auch gehörten. Am 15. April las sie eine Anzeige über den Verkauf eines vollständigen Hausrats mit wertvollen Möbeln in einem Haus am Afligidosplatz. Die Restituta begab sich dorthin, aber obwohl das Angebot ihre Gier erregte, kaufte sie nichts, weil die Eigentümerin, die Witwe eines Staatsrats der westindischen Kolonie, sich nicht entschließen konnte, ihre einzigen Wertgegenstände praktisch umsonst abzugeben. Sie handelten, und die Restituta bot eine höhere Summe, die aber immer noch unverschämt niedrig war, so daß die Fledderin nach Hause ging, ohne ihren Beutel geöffnet zu haben. Sie konnte sich gar nicht trösten, daß ihr ein Geschäft entgangen war. Auf diese Enttäuschung der Restituta gründete ich das Gebäude meines Planes, der mir die liebe Doña für einige Zeit vom Halse schaffen sollte.

Es war an einem 1. Mai, einem Sonntag. Morgens suchte ich das Haus auf, in dem ich früher gewohnt hatte, und bat eine Bekannte, Doña Restituta eine Nachricht zu überbringen, was auch pünktlich geschah. Meine liebliche Herrin saß um vier Uhr nachmittags im Zimmer der armen Nähsklavin, als die von mir Beauftragte erschien und mitteilte, daß die Señora des Afligidosplatzes nun doch die Möbel zu dem angebotenen Preis an die Dame aus der Salzstraße verkaufen wolle.

Die Restituta sprang in Erwartung des fetten Profits wie von einer Tarantel gestochen von ihrem Stuhl. Mit der ihr eigenen schlangengleichen Behendigkeit kleidete sie sich an, ließ sich zu dem ungewöhnlichen Gunstbeweis herab, mir den Schlüssel zur Haupttreppe auszuhändigen, schärfte Juan de Dios größte Wachsamkeit ein und entschwand.

Als ich sie weggehen sah, atmete ich mit unbeschreiblicher Erleichterung auf. Es erschien mir, als würde sie für immer dahinschwinden, von Racheengeln entführt.

Ich durfte keinen Augenblick verlieren und sagte meiner Freundin deshalb von außen:

»Inesilla, mach dich fertig, nimm all deine Sachen und warte einen Augenblick!«

Die einzige Schwierigkeit, die noch auftauchen konnte, bestand darin, daß Juan de Dios meine Intrige durchschauen und sich unserer Flucht widersetzen würde. Aber ich hatte berechtigte Hoffnungen, jemanden, der schon die Binde der Verliebtheit vor den Augen trug, ganz blind zu machen. Ich ging also zum Laden hinunter und mußte zu meinem Entsetzen feststellen, daß mir das Schicksal nicht geneigt war: Juan de Dios befand sich in einem Gespräch mit zwei französischen Soldaten. Der Augenblick war also alles andere als günstig, ihn um den nachgefeilten Schlüssel zu bitten, den ich jetzt brauchte.

Hier muß ich kurz beschreiben, warum die beiden Franzosen gekommen waren und so eingehend mit dem Verkäufer sprachen. Ein Offizier der Militärverwaltung wollte sich mit meinem Dienstherrn über Einzelheiten des Belieferungsvertrages unterhalten. Es begleitete ihn ein anderer, der Leutnant der Kaiserlichen Garde zu sein schien. In gebrochenem Spanisch sprach er mit Juan de Dios, teilte ihm mit, daß er aus dem französischen Baskenland sei. Er stammte also aus dem gleichen Land wie unser Verkäufer, so daß sich beide erfreut die Hände schüttelten. Der Fremde war ein großer, blonder Bursche mit höflichem Benehmen und sympathischen Gesichtszügen.

»Kennen Sie die Familie Sajous in Bayonne?« fragte er den Ladengehilfen.

»Wie könnte ich die nicht kennen? Mein Vater, Don Blas Arróiz, war Schreiber in der Firma des Monsieur Hipólito Sajous in Bayonne und arbeitete später in der Firma eines anderen Sajous in Saint-Sever«, antwortete Juan de Dios.

»Der Sajous von Saint-Sever ist mein Vater«, erklärte der Franzose, »aber ich wurde in Puyoo geboren, wo er eine

Weberei hat. Ich kann mich entsinnen, daß ich in meiner Kindheit von einem Schreiber aus Guipuzcoa hörte, der in unserem Haus starb.«

In dieser Weise sprachen sie eine weitere Viertelstunde miteinander, bis sich der Franzose nach gegenseitigen Freundschaftsbekundungen und dem Versprechen, daß er bald wiederkommen würde, verabschiedete. Ich war so ungeduldig, daß ich krampfhaft versuchen mußte, dies nicht auf meinem Gesicht zu zeigen. Ohne weitere Zeit zu verlieren, denn dadurch wäre auch ich verloren gewesen, sprach ich zu Juan de Dios:

»Schnell, mein Freund, der Zeitpunkt ist gekommen, der Kleinen Ihren Liebesbrief auszuhändigen.«

»Ja, mein Junge. Hier ist er«, erwiderte er und zeigte mir die Epistel, die ein kalligraphisches Denkmal war. »Was hältst du von dieser Arbeit? Hast du schon jemals einen Brief wie diesen gesehen? Schau dieses große M und das H an. Sind die nicht wunderbar geschwungen? Und die Buchstaben, mit denen ich ihren Namen geschrieben habe – wie gefallen die dir? Drei Tage habe ich dazu gebraucht, um diesen göttlichen Namen gebührend darzustellen.

> Er versüßt Seele und Stimme
> Mehr als Honig und Zucker
> mit nur fünf Buchstaben!

Zwar ist es in diesem Falle nicht wie in diesem Gedicht, weil es nur vier Buchstaben sind, aber welche! Der ganze Brief ist in solcher Schrift abgefaßt. Es sind nicht mehr als elf Blätter, aber mir erscheint das genug. Da es der erste Brief an sie ist, möchte ich sie nicht zu Anfang gleich überschütten, nicht wahr?«

»Ich finde diesen Brief sehr schön. Aber jetzt ist es wichtig, ihn schnell zu ihr zu bringen, denn sie wartet schon ungeduldig darauf. Ich muß ihr dann auch noch schnell eine Erklärung dazu geben.«

»Was, sie erwartet ihn schon? Hast du etwa etwas verraten?«

»Nein … Sehen Sie … Sie wird es einfach erraten haben. Als ich ihr den Veilchenstrauß hineinwarf, sagte ich ihr, daß er von einer Person im Haus kommt, die sie sehr liebt und die Absicht hat, sie hier herauszubringen. Sie küßte den Strauß.«

»Küßte ihn!« rief der Stoffbändiger so gerührt aus, daß ihm die Tränen in die Augen traten. »Sie küßte ihn! Das heißt, sie führte ihn an ihre göttlichen Lippen. O Gabriel! Glaubst du, daß sie mich erhören wird?«

»Ich glaube es nicht, sondern bin davon überzeugt!« erwiderte ich energisch. »Aber nun her mit dem Brief! Wie erfreut wird sie sein! … Da fällt mir ein, daß Sie mir dazu ja den Schlüssel geben müssen, den sie vom Schlosser anfertigen ließen, damit ich zu ihr hinein kann, um ihr den Brief auszuhändigen, denn eine so wichtige Sache kann doch nicht einfach so hineingeworfen werden.«

»Nein, den Schlüssel gebe ich dir nicht«, entgegnete er, »denn du brauchst nicht hineinzugehen. Ich möchte, daß sie den Brief ganz allein in Ruhe genießen kann. Du hast doch gesagt, daß sie schon den Strauß erfreut angenommen hat?«

»Aber den Schlüssel, den Schlüssel … warum geben Sie mir den Schlüssel denn nicht wenigstens einmal?«

»Nein, den Schlüssel bekommst du nicht. Ich habe ihn eingeschlossen, damit man ihn nicht einfach nehmen kann. Ach, wenn ich doch den Mut aufbringen könnte, selbst hineinzugehen, und wenn ich mir beim Sprechen mit ihr ein Herz fassen könnte, ihr zu sagen ….. Aber nein. Im Brief bekenne ich ihr ja meine Liebe und meine Pläne. Darin lege ich ja dar, daß ich sie bald von hier herausbringen werde, aus dieser schrecklichen Sklaverei, und daß sie meine Frau sein wird, mein kleines Frauchen, denn wir werden an einem fernen Ort heiraten … Weißt du, wie man zu einer dieser verlassenen Inseln kommt, von denen man erzählt? … Dort werden wir hinfahren, denn du mußt wissen, Gabrielito, daß ich reich bin. Ich habe meinen Verdienst seit zwanzig Jahren gespart. Das Dumme ist, daß sich das ganze Geld in Händen der Requejos befindet …

Aber ich werde mir schon nehmen, was mir gehört. Bis morgen muß ich meinen Plan zur Ausführung bringen. Siehst du hier den Brief, den ich an Don Requejo geschrieben habe? Wenn er diesen Brief liest ... Aber das ist ein Geheimnis, das ich nicht verrate.«

»Sie geben mir also den Schlüssel nicht?«

»Nein. Warum denn auch? Ich möchte nicht, daß du sie siehst und mit ihr sprichst, wenn ich sie nicht sehe und mit ihr spreche. Wenn ich daran denke, daß du in ihr Zimmer gehst und sie dich dann anschaut, werde ich richtig eifersüchtig ... Ach, Gabriel, ich sterbe vor Sehnsucht! Ich schlafe, esse und trinke schon nicht mehr. Wenn ich nicht meine Arbeit hier hätte, würde ich Tag und Nacht bei den *Melancólicos* herumlaufen, denn ich kenne nur noch eine Freude: an sie zu denken, sie mir vorzustellen und im Geiste Gespräche mit ihr zu führen, die nie aufhören. In jedem Augenblick umarme und küsse ich sie, stecke eine Blume in ihr Haar, wiege sie in meinen Armen, wenn sie müde ist, singe ihr ein Schlaflied und bewache ihren Schlaf, um am Morgen die Freude zu haben, sie aufwachen zu sehen.«

»Dann sind Sie ja jetzt schon glücklich – aber wenn Sie mir den Schlüssel geben würden, könnte ich ihr das alles erzählen.«

»Nein – ich werde es ihr morgen selbst sagen, vielleicht schon heute abend«, sprach Juan de Dios verzückt. »Denkst du denn, daß ich imstande wäre, ihr noch einen Tag mehr des Martyriums zuzumuten? Gabriel, dir kann ich meine Pläne anvertrauen. Heute nacht, heute nacht wird Inés frei sein! Weißt du wirklich, wie man zu solch einer einsamen Insel kommt? ... Geh, bring ihr den Brief. Wirf ihn durch die Lichtluke, ja? Die Arme! Was wird sie sagen, wenn sie erst einmal schriftlich sieht, daß sich jemand für sie interessiert, sie anbetet und bereit ist, sein Leben, seine Zukunft und seine Ehre für sie zu opfern? Ich habe heute morgen schon alles dem Heiligen Geist und der Jungfrau Maria erzählt. Jeden Tag gehe ich zur Messe und bete zu Gott und den Heiligen für sie. Heute morgen, als der Priester den Kelch hob, schaute ich diesen an und sprach im Geiste: ›Gütiger Vater im Himmel, ich liebe Inés. Wenn Du nicht willst, daß ich sie mehr liebe als Dich, gib sie mir! Ich habe Dich noch nie um etwas gebeten. Mit ihr werde ich gut sein, ohne sie werde ich … was immer dem Teufel gefällt!‹«

In diesem Augenblick tauchte Don Mauro mit zwei Freunden auf. Juan de Dios gab ihm den an ihn gerichteten Brief, von dem er mir so geheimnisvoll erzählt hatte. Als Don Mauro ihn gelesen hatte, stieß er Wutschreie aus, die uns Umstehende erschraken. Sofort schickte er Juan de Dios zu einer eiligen Besorgung, und ich zog mich zurück. Obwohl der Liebesbesessene mir den Schlüssel nicht ausgehändigt hatte, begriff ich, daß ich mein Unterfangen weiterführen mußte. Zu allem entschlossen, machte ich mich daran, die Tür zu Inés' Gefängnis zu öffnen. Dies wurde durch den Umstand begünstigt, daß sich der Requejo in einer hitzigen Debatte mit seinen beiden Freunden befand und außerdem von der Abwesenheit seiner Schwester nichts wußte.

Ich bat im Geiste Gott um Hilfe und, nachdem ich Inés mitgeteilt hatte, sie möge sich bereithalten und mir so viel wie möglich von innen helfen, nahm ich eine kleine Eisenstange, die die Form eines Meißels hatte, und begann die schwierige Arbeit. Die Furcht, Lärm zu machen, zwang mich dazu, nur wenig Kraft anzuwenden, so daß das Schloß nicht nachgab. Ich sang mit lauter Stimme, um jedes Geräusch zu übertönen, und schließlich gelang es mir mit Hilfe von Inés, die von innen schob, eines der beiden Verschlußstücke zu lockern. Ich gab aber acht, daß es nicht auf den Boden fiel. Auf diese Weise gelang es mir, die Tür zu öffnen.

»Wir sind frei, Inés! Komm, laß uns schnell fliehen!« flüsterte ich ihr erregt zu. »Wenn wir noch einen Augenblick länger warten, sind wir verloren.«

Wir gingen zur Tür, die zur Haupttreppe des Hauses führte. Ich schloß sie mit Restitutas Schlüssel auf, und wir verließen die Wohnung. Die Dunkelheit war schon hereingebrochen. Ein Mann stieg von den oberen Stockwerken herunter und erreichte uns auf dem Treppenabsatz. Ich merkte, daß er uns überrascht ansah. Beim näheren Hinsehen konnte ich ein Erzittern nicht unterdrücken, denn es handelte sich um den Lizenziaten Lobo, der seine Arme ausstreckte, als ob er uns aufhalten wollte, und fragte: »Wo wollen Sie denn hin?«

»Was geht Sie denn das an?« entgegnete ich verärgert, daß sich uns schon wieder ein Hindernis in den Weg stellte.

Dann aber kam mir in den Sinn, daß bei einer solchen Gefahr List angebrachter war als Gewalt, und ich fügte hinzu: »Doña Restituta hat uns angewiesen, sie vom Haus einer Freundin abzuholen.«

»Du bist ein ausgemachter Gauner!« antwortete er mir. »Ich glaube nicht, daß du das Mädchen dazu mitnehmen sollst. Packzeug, ihr wollt aus diesem frommen Haus fliehen! Ich werd' es euch zeigen! Schnell wieder in die Wohnung, wenn ihr nicht wollt, daß ich euch ins Stadtgefängnis bringe!«

Meine Verzweiflung kannte keine Grenzen, und jetzt, in der Rückschau, beglückwünsche ich mich noch, keinen Dolch in der Hand gehalten zu haben, denn ich hätte ihn bestimmt diesem krakeelenden Aktenwälzer ins Herz gestoßen.

»Ah, du Schurke, ich habe dich erkannt – jetzt weiß ich, wer du bist!« fuhr er fort. »Ich hatte sowieso schon vor, heute abend mit dir ein Hühnchen zu rupfen! … Erst hatte ich dich nicht erkannt, du Schlingel, aber nun habe ich mich daran erinnert, was du für ein Vögelchen bist. Ich hätte gut Lust, dir das Fell zu gerben!«

Und wirklich hatte er mich so fest gepackt, daß er mir fast den Arm ausriß.

Inés weinte. Lobo ergriff sie mit der anderen Hand und stieß uns zurück mit den Worten: »Da bin ich aber noch rechtzeitig gekommen, ihr Bande!«

Ich unternahm eine verzweifelte Anstrengung, mich loszureißen, was mir auch gelang. Da schrie er laut: »Der Schurke entwischt mir! Hilfe, Hilfe!«

Don Mauro eilte herunter. An der Haustür hatten sich schon ein paar Leute versammelt, und gleich darauf tauchte auch die Restituta auf, so daß ich zwischen den beiden Requejos gefangen war wie Christus zwischen den beiden Dieben. Inés, die fast ohnmächtig war, wurde von dem Schreiberling gestützt.

23

»Ich kann es kaum glauben!« kreischte meine Herrin. »Das Mädchen wollte mit Gabriel fliehen? Schurke, Verbrecher – wie er uns mit seinem Unschuldsgesicht getäuscht hat! Komm her!« fügte sie hinzu und schlug auf mich ein. »Wo wolltest du denn mit Inesilla hin, du Monster? Was hat man dir gegeben, damit du sie entführst, du Schuft, du Menschenräuber? In den Kerker, ins Zuchthaus mit dir, wenn wir dich nicht schon vorher umbringen! Aber sag: Wolltest du Inés wirklich entführen?«

»Natürlich, alte Hexe!« antwortete ich, rasend vor Wut. »Ich wollte sie hier herausholen.«

»Nun wirst du aber vom Balkon auf die Straße fliegen!« fauchte Don Mauro und schlug seine kräftige Kralle in meinen Körper.

Liebe Leser, ich muß gestehen, daß ich glaubte, meine letzte Stunde sei gekommen unter diesen drei Barbaren, die sich – jeder in seinem eigenen Stil – an mir zu schaffen machten. Von den Schlägen und anderen Tätlichkeiten, die ich einstecken mußte, taten mir keine so weh wie die Knüffe der Restituta, deren Finger, in Nachahmung der Fänge eines Raubvogels, dort angriffen, wo sie am meisten Fleisch fanden.

»Du warst es doch auch, der diese verfluchte Frau beauftragte, mich aus dem Haus zu locken, denn in dem Haus am Afligidosplatz war keine Spur von einer Versteigerung. Dieser Gauner verdient den Galgen – ja, Herr Lobo, den Galgen!«

»Und dieses undankbare Wesen von Nichte wollte einfach so schnöde verschwinden!« tobte der Requejo und schloß Inés von neuem in das kleine Zimmer ein.

»Ja, wir haben uns eine Höllenbrut ins Haus geholt«, meinte die Restituta. »Der Galgen, ja, das wäre das Richtige, Señor Lobo. Sie müssen unbedingt dem Leiter des Ordnungsamtes davon berichten. Wie uns dieser kleine Drachen täuschen konnte! Man könnte vor Wut an die Decke gehen!«

Der Amtsschimmelreiter ergriff nun herrisch die Initiative, legte seine Hände auf meinen Kopf mit der Geste, mit der man die Verhaftung von Verbrechern anzeigt, und sprach: »Bitte zügeln Sie ihren gerechtfertigten Zorn ein wenig und hören Sie mir einen Augenblick zu! Ich habe den beiden schon gesagt, daß wir ein längst verdientes Strafgericht durchführen werden, wobei wir alle die unwürdigen Personen, die von dem sogenannten Friedensfürsten protegiert worden waren, entlarven werden. Dieses Monster von Godoy, dieser verruchte Politiker, dieser infame Günstling … Mit Gottes Hilfe ist er gestürzt worden, so daß wir ungestraft die Wahrheit über ihn sagen können. Damit die Nation endlich frei wird von den Kreaturen, die er begünstigte, werfen wir sie jetzt alle aus ihren Pöstchen raus – wenn sie nicht gar im Kerker oder in der Verbannung für ihre Verbrechen büßen müssen. Wenn Sie wüßten, wie sehr ich mich dabei schon hervorgetan habe und wie sehr mich die neuen Verantwortlichen dafür gelobt haben!«

»Aber was hat denn das alles mit uns hier zu tun?« fragte Don Mauro ungeduldig.

»Es hat eine Menge damit zu tun«, fuhr der Mann der Justiz fort, »denn ich muß Ihnen jetzt mal eine große Neuigkeit erzählen. Was sagen Sie, wenn ich Ihnen jetzt mitteile, daß dieser gemeine Schlingel hier vom Godoy begünstigt wurde, daß er der gleiche Gabrielito ist, den mein

Kollege und ich seit vierzehn Tagen wie eine Nadel im Heuhaufen suchen?«

Die beiden Requejos, männlich wie weiblich, sahen sich erstaunt an.

»Aber hören Sie weiter mit berechtigter Entrüstung«, fuhr der Aktengelehrte fort. »Am Tage vor seinem Sturz sandte Godoy eine Anweisung an das Staatssekretariat, diesem Burschen eine Stelle im Übersetzungsamt zu geben. Sie werden fragen: ›Warum denn gerade das?‹ Weil dieser Knabe angeblich die lateinische Sprache beherrscht und in ihr ein Gedicht verfaßt hat. Einige der Dummköpfe, die das gehört hatten, rannten wohl zum Godoy und erzählten ihm, daß das Bürschlein ein Ausbund von Gelehrsamkeit ist. Lügen über Lügen – da sieht man's wieder mal! Als man die Anweisung im Staatssekretariat erhielt, empörte man sich dort darüber, denn der sogenannte Friedensfürst war schon gefallen, und die eminenten Amtsaufseher, die schon Moratín[36] auf die Straße geworfen hatten, warteten, daß sich dieses Wunderkind vorstelle, wenn auch nicht, um ihm den Posten zu geben, so doch wenigstens, um ihn mal in Augenschein genommen zu haben. Ich aber bin daran interessiert, daß ein Vetter von mir dort einen Posten bekommt, weil er drei Sprachen spricht: Spanisch, Valenzianisch und Galizisch. Also haben wir eine Suchmeldung ausgeschickt, um dem guten Stück das Handwerk zu legen. Folgendes haben wir ermitteln können: Er wohnte in Aranjuez bei einem Priesterchen mit Namen Don Celestino. Beide besuchten den Godoy täglich. Der Bursche schrieb Briefe für ihn und brachte sie sonntags zum französischen Botschafter nach Paris. Ferner verkleidete er sich, um in einer gewissen Taverne zu hören, was man sagte. Dazu kommen noch andere Missetaten, die ich alle in dem Protokoll zusammengefaßt habe.«

»Jesus, Gott schütze uns! Dem Heiligen Schutzpatron unseres Ladens haben wir es zu verdanken, daß wir jetzt gerade noch rechtzeitig herausfinden, wen wir da bei uns beherbergt haben!« kreischte die Restituta.

»Natürlich war das mit dem Latein nur ein Vorwand!«

»Dann dürfen wir ihn aber hier nicht selbst bestrafen«, meinte mein Brotgeber, »sondern müssen ihn der Justiz überstellen.«

»Das werde ich übernehmen«, entgegnete Lobo. »Wir werden ja sehen, was er zu den Beschuldigungen, die in der Voruntersuchung gegen ihn als Komplizen des Priesters erhoben werden, zu sagen hat. Diesen Priester haben wir noch nicht erwischen können. Nach den Informationen, die ich heute erhalten habe, ist er aus Aranjuez verschwunden. Er ist sicher nach Madrid gekommen, und hier werden wir ihn fangen!«

»Was haben wir doch für eine Höllenbrut in unserem Haus aufgenommen!« tobte Don Mauro und schickte sich abermals an, meinem Leben ein Ende zu bereiten. »Señor Lobo, nehmen Sie ihn fort von hier. Wenn ich ihn noch länger sehen muß, kann ich mich nicht mehr beherrschen. Was für ein Tag, Heiliger Sankt Antonius! Was für ein Tag!«

»Ich werde das Bürschlein mit Beschlag belegen«, rief Lobo aus, »aber ich bitte Sie, ihn bis morgen noch einzusperren.«

»Bis morgen?«

»Dieser Räuber kann doch nicht bis morgen hier im Haus bleiben!« warf die Schwester ein.

»Haben Sie denn keinen sicheren Ort, wo Sie ihn einschließen können?«

»Wenn wir ihn im Keller einschließen, wird er sicher wie im Grabe sein«, meinte der männliche Requejo. »Da herauszukommen ist so schwierig, daß ich beruhigt gehen kann.«

»Du gehst weg, Bruder? An solch einem Abend? Wohin denn?«

»Verflixt noch mal, nach Navalcarnero natürlich! Hast du denn noch nicht erfahren, was geschehen ist?«

»Was meinst du denn, du hast uns doch nichts gesagt – natürlich, bei der Aufregung um diese schlechte Nichte ...«

»Na, ich habe gerade einen Brief erhalten«, antwortete Don Mauro Requejo, »worin man mir mitteilt, daß in mein Lagerhaus in Navalcarnero eingebrochen worden ist. Das ist doch zum Verrücktwerden, nicht wahr, Schwester? Don Roque schreibt mir von dem Diebstahl in diesem Brief und rät mir, gleich zu kommen, wenn ich nicht alles verlieren will!«

»Und du fährst dorthin?«

»Ich suche mir jetzt eine Droschke. Du siehst ja, ein Unglück nach dem anderen befällt uns. Siehst du, Schwester, ich habe dir doch gesagt, du sollst es nicht unterlassen, unserem Schutzheiligen eine Kerze anzuzünden! Nun haben wir die Strafe dafür.«

»Der Himmel mag auch keine Diebstähle. Du willst weggehen und diesen Schurken hier im Haus lassen?«

»Im Keller wird er sicher aufgehoben sein, bis der Herr Lobo über ihn verfügt. Weißt du denn nicht, daß er da eingesperrt sein wird wie in einer Gruft? Da könnte ihn nur Gott befreien.«

»Aber dann muß ich ja allein bleiben. Heiliger Himmel!«

»Juan de Dios kommt um zehn. Ich habe ihm schon Bescheid gesagt, daß er heute nacht hierbleiben soll.«

Hier endete das Gespräch, und ohne weitere Worte sperrten sie mich in den Keller ein, dessen dunkle Gewölbe durch eine große Falltür im Laden zugänglich waren. Ich war halb betäubt durch die Wut und die Verzweiflung, die diese schreckliche Wendung in mir auslöste. Ich fühlte, wie sie mich die Treppe hinunterstießen. Don Mauro schloß die Falltür und berauschte sich ganz offensichtlich an dem Bewußtsein seiner Grausamkeit. Ich befand mich in der tiefsten Dunkelheit. Der Requejo hatte damit recht gehabt, daß ich hier unten wie im Grab sein würde. Nur Gott konnte mich hier noch herausholen.

Um verstehen zu können, warum Don Mauro solches Vertrauen in die Sicherheit meines Kerkers hatte, genügt es wohl aufzuführen, daß die Geschwister einen Teil ihres Vermögens hier unten in einer eisernen Truhe verborgen hatten.

Dieser Keller war eines jener Ziegelgewölbe, die das Fundament fast aller alten und modernen Häuser Madrids bilden. Aus Mangel an Platz in der Horizontalen haben die Madrider schon immer die Ausdehnung zum Himmel oder in den Abgrund gesucht, so daß jedes Gebäude eigentlich ein Turm über einem Brunnenschacht ist. Meine Peiniger hatten einen Keller ohne Luken zur Straße, so daß die Dunkelheit absolut war – und auch die Stille, außer wenn draußen eine Kutsche vorbeirollte. Ich streckte meine Arme nach beiden Seiten aus und berührte rauhe Ziegel, die hundert Jahre gehärtet, aber nicht so feucht waren, wie es die Romanautoren gern beschreiben, wenn sie der rote Faden ihrer Erzählungen in einen Kerker führt, wo Wunder und nie gesehene Abenteuer geschehen.

Wie ich schon sagte, drang nicht ein einziger Lichtstrahl in diese Höhle, wo einen das Gefühl beschleichen konnte, daß man gar nicht mehr existierte. Ein ganzes Arsenal von Werkzeugen hätte nicht genügt, mir einen Fluchtweg zu verschaffen. Schon der bloße Gedanke an eine Flucht war absurd. So hatte ich keinen anderen Trost als die Resignation – und ich resignierte dann auch. Dort unten ganz allein, in der schwärzesten Finsternis, in tiefer Stille, fühlt man sich nach Schließen der Augen, als ob man in ein anderes Gewölbe, das seiner eigenen Gedanken, überwechselt. Von Ermüdung ergriffen, legte ich mich auf den Boden und meditierte. Mein Gefängnis erschien mir nichts anderes als eine Erweiterung meines Gehirns.

Ich wollte an bestimmte Dinge denken, aber es gelang mir nur, an Gott zu denken. In der Erkenntnis, daß ich keine Möglichkeit mehr hatte, das Mißgeschick zu bekämpfen, begriff ich, daß es eine Allmacht war, die mir so viel Ungemach aufgeladen hatte, so daß ich die Arme kreuzte, den Kopf neigte und darauf wartete, daß die gleiche Allmacht mich wieder befreien würde. Diese Erwartung flößte mir bald einen Glauben ein, wie ich ihn selten vorher gespürt hatte, so daß ich felsenfest davon überzeugt war, daß Gott mich aus diesem Kerker befreien würde. Dieser Glaube bewirkte in mir eine geistige und körperliche Ruhe, Vorläufer einer dem Traum ähnlichen Besinnungslosigkeit. Der Traum im Unglück unterscheidet sich beträchtlich von dem gewöhnlicher Tage. Die Probleme nehmen ungewöhnliche Formen und monströse Ausmaße an. Ich nahm undeutlich Figuren und Gebilde wahr, die weder zur sichtbaren Welt noch zur Menschheit, zur Flora oder Fauna, sondern zu einer gewissen geheimnisvollen Geologie gehörten, die den Gesetzen der Statik und Dynamik Hohn sprach. In meiner Vorstellung sah ich ständig geometrische Farben auftauchen, die dann wie Schlangen in meinen Körper eindrangen, und in dieser Transmutation des Physischen mit dem Psychischen geschah es, daß mir eine Farbe körperliche Schmerzen bereitete und ein Gegenstand wie ein Schwert oder ein Gebilde wie ein Krebs oder eine Hydra unverständliche Worte sprach. Wer ist nicht schon einmal von solchen absurden Träumen befallen worden? Gedanken mischen sich mit Visionen, diese mit jenen und umgekehrt. In diesem Labyrinth und dieser Verirrung bildeten meine Gedanken ständig einen blauen oder grünen Vernunftsschluß, einmal mit Spitzen, dann mit Kurven, später strahlenförmig, darauf konzentrisch, polygonal und golden und schließlich klein wie ein Punkt, um gleich wieder groß wie das Universum anzuwachsen. Der unaufhörliche Syllogismus lautete: »Die Gerechtigkeit triumphiert immer, die Requejos sind Schurken, Inés und ich sind ehrenwerte Personen, und am Ende werden wir triumphieren.«

So hatte ich schon viel Zeit in der Gewalt dieser Dämonen des Traumes verbracht, als ich eine Helligkeit wahrnahm, die nicht den Quellen meiner Einbildung entsprang. Ich wußte nicht, ob ich wach war oder schlief. Als ich mir die Frage danach stellte, mußte ich mir die Antwort geben, daß ich es nicht wußte. Die Helligkeit nahm zu, und ein metallisches Kreischen flößte mir eine gewisse Furcht ein. Ich richtete mich auf und konnte die Wände des Kellers erkennen, die Ziegelbögen des Gewölbes und eine Vielzahl von vollen und leeren Kisten. Zu meiner Linken befand sich eine Tür zu einem anderen unterirdischen Abschnitt und zu meiner Rechten eine Leiter, von der die

Helligkeit herkam, die mich aufmerksam gemacht hatte. Ich war also zweifelsfrei wach. Mein Blick blieb auf die Leiter gerichtet, auf der ich plötzlich zwei Füße sah, die sich vorsichtig von Sprosse zu Sprosse bewegten. Dann blendete mich das Licht einer Laterne. Im Brennpunkt dieser jähen Helligkeit konnte ich aber ein gelbes Gesicht erkennen – es war das von Juan de Dios.

Als er mich erblickte, war sein Schrecken so groß, daß ihm fast die Laterne aus der Hand fiel. Zitternd und stumm schaute er mich an, wie man eine teuflische Erscheinung oder ein durch Hexerei heraufbeschworenes Abbild betrachtet.

Stellen Sie sich die Überraschung von jemandem vor, der ein Grabgewölbe in dem nur zu verständlichen Glauben betritt, daß er keine lebende Seele antreffen wird, und der dann doch auf eine Gestalt stößt, die sich bewegt!

24

Juan de Dios bekreuzigte sich und schien sich schon zur Flucht anzuschicken, wie man vor geisterhaften Erscheinungen aus dem Grabe flieht, als ich endlich den Gebrauch meiner Stimme wiederfand, um ihn von seiner Angst zu erlösen.

»Juan de Dios, ich bin es doch. Wußten Sie denn nicht, daß ich hier unten bin?«

»Gabriel, ich sehe dich, aber kann es noch nicht richtig glauben. Jesus, Maria und Josef! Wie kommst du denn hierher?«

»Wissen Sie denn nicht, daß Don Mauro mich hier eingeschlossen hat, weil er mich erwischte, wie ich den Brief durch die Luke zu Señorita Inés warf? Sie waren gerade aus dem Hause gegangen.«

»Ich bin auch jetzt erst zurückgekehrt! Also, sie haben dich hier eingeschlossen. Welch ein Zufall! Ich bin ganz

bestürzt. Aber sag mir mal, was ist aus dem Brief geworden?«

»Den hat Inés. Darüber brauchen Sie sich keine Sorgen
zu machen. Nachdem ich ihn ihr hinübergeworfen hatte,
überkam mich die Versuchung, mit ihr zu sprechen. So
klopfte ich an die Tür. Ach, das war der kritische Moment,
in dem Doña Restituta auftauchte! Alles andere können Sie
sich ja vorstellen. Gott hat es gewollt, daß jetzt eine gütige
Seele kommt, mich von hier zu befreien. Gott hat Sie
geschickt!«

»Hör mal, Gabrielito«, sprach er, nun schon etwas
gefaßter, »ich erzählte dir doch, daß ich mein kleines Vermögen in den Händen der Requejos gelassen habe. Wenn
ich sie plötzlich darum gebeten hätte, würden sie es mir
bestimmt nicht gegeben haben. Deshalb nehme ich es mir
jetzt selbst. Schau mal, was hier ist.«

Er zeigte auf das Ende des Kellerabschnitts, und ich
erblickte dort eine Eisentruhe.

Juan de Dios fuhr fort: »Ich habe ein reines Gewissen,
denn ich werde mir nur das nehmen, was mir gehört – keinen Ochavo mehr. Dies weiß auch der Heilige Geist, der
mich sowieso schon gut kennt. In dieser Hinsicht bin ich
beruhigt. Dem Heiligen Geist habe ich erzählt, daß ich verrückt bin vor Liebe, und ihn um Verzeihung für die beiden
großen Sünden, die ich heute begangen habe, gebeten.«

»Welche Sünden sind denn das?«

»Es kostet mich Überwindung, sie zu gestehen, aber ich
werde nun gleich mit der Strafe dafür beginnen, indem ich
die Scham des Gestehens erleide. Die erste ist: Ich schrieb
Don Mauro einen falschen Brief, durch den ich ihn veranlaßte, nach Navalcarnero zu fahren. Die zweite bestand
darin, daß ich einen Wachsabdruck des Schlüssels für
diese Falltür hier und für die Eisentruhe gemacht habe.
Der Brief war eine Fälschung und die Schlüssel nicht weniger.«

»Das geht also nun alles ganz schnell, ja? Aber was wird
denn aus unserer armen Kleinen?«

»Heute nacht nehme ich sie mit. Ach – sie wird den Brief

schon gelesen haben und wissen, daß ich ihr die Freiheit bringe, so daß ihre Unruhe, ihre Agonie, ihr Kummer endlich ein Ende haben werden. In kurzer Zeit wird sie mein sein! Kann ich mit deiner Hilfe rechnen?«

»In jeder Hinsicht, denn ich habe ja allen Grund dazu«, erklärte ich und überlegte krampfhaft, wie ich am besten Doña Restituta wie auch ihren Verlobten ausspielen könnte.

»Ach, ich zittere schon richtig bei dem Gedanken, daß ich sie bald der Macht dieser Bestien entreißen werde!« sprach Juan de Dios. »Die Arme wird mich schon sehnlichst erwarten. Meinst du nicht auch? Übrigens habe ich mehrere Bekannte nach einer einsamen Insel gefragt, und keiner konnte mir Auskunft geben. Weißt du nicht, wo eine ist? Da müssen doch welche im großen Golf liegen – oder, wie man so sagt, zwischen China und den Mauren. Wie kommt man bloß dahin?«

»Davon weiß ich eigentlich auch nichts«, antwortete ich und versuchte, die Geographie aus dem Spiel zu lassen, »aber wir werden schon sehen. Wie wollten Sie eigentlich Doña Restituta täuschen?«

»Da mache ich mir gar keine Sorgen. Wir werden sie fesseln und knebeln, aber ohne ihr Schaden zuzufügen, denn sie hat auch ihre guten Seiten – allerdings gehört die Erziehung von Nichten nicht dazu … immerhin esse ich schon seit zwanzig Jahren das Brot dieses Hauses. Wenn mich nicht diese ungeheure Leidenschaft gepackt hätte … Gabriel, ich glaube, ich werde noch vollends verrückt – und weiß nicht, ob es vor Freude oder Schmerz ist.«

»Meinen Sie nicht«, warf ich ein, um seinem Unterfangen gegenüber bedacht und aufmerksam zu erscheinen, »daß es zweckmäßig wäre, wenn Sie sich jetzt nach oben schleichen und nachsehen, ob die Restituta schon schläft?«

»Du hast recht. Aber bleib du mal als Wache im Laden, und wenn du ein Geräusch im Zwischenstock hörst, teil es mir sofort mit. Ich werde hier unten schnell fertig sein.«

Ich wartete nicht ab, bis er das wiederholte, und stieg nach oben. Nein, ich stieg nicht, sondern flog, und mit plötzlichem Entschluß gleich bis zur Tür, hinter der Inés schlief und ihre grausame Aufpasserin wahrscheinlich wachte. Als diese meine Schritte hörte und mich erblickte, als ich die Tür aufriß, kannte ihr Schrecken keine Grenzen. Da sie nicht verstehen konnte, wie ich mich befreit hatte, und außerdem abergläubisch war, glaubte sie, ich sei der Teufel in Person oder wenigstens ein von allen Teufeln der Hölle Beschützter. Sie war stumm vor Angst, wollte sprechen, aber konnte nicht, wollte schreien, aber es kam nur ein halbersticktes Heulen heraus, als ob man sie würgte.

Ich wollte keinen Augenblick verlieren, warf mich zu ihren Füßen auf die Knie und rief aufgeregt: »Herrin, liebe Herrin, hören Sie mich an, Euer Gnaden. Ich bin unschuldig, bitte verzeihen Sie mir, ich wollte Ihnen ja schon alles erzählen, aber diese Männer ließen mich ja nicht. Ich wollte Inés nicht entführen, sondern sie nur von hier wegbringen, damit sie ihr Liebhaber nicht entführen kann! Wissen Sie nicht, wer das ist? Juan de Dios, Juan de Dios! Ach, Herrin – wie konnten Sie an meiner Treue zweifeln?«

Die Restituta verfiel von Furcht in Überraschung, in Erstaunen, in geistige Selbstaufgabe, in Verdummung.

»Juan de Dios!« rief sie aus. »Juan de Dios, mein … Nein, das kann nicht sein! Du bist doch ein Teufel. Jesus, Maria und Josef! Um das Zeichen des Heiligen Kreuzes …«

»Kreuz oder nicht – wollen Sie den Beweis haben? Hier ist der Brief, den dieses Herrchen mir für seine Angebetete gegeben hat«, sagte ich und reichte ihr die Epistel des Ladengehilfen.

Die Restituta ergriff ihn mit beiden Händen, die zitterten und so kalt wie Marmor waren. Sie überflog die elf Seiten, prüfte die Unterschrift und sprach dann: »Ja, träume ich denn? Du, Gabriel, bist gar nicht der Schuldige … Oh, ich werde noch verrückt. Dieser Schuft, dem wir so lange das Brot gegeben haben!«

»Zweifeln Sie etwa noch? In diesem Augenblick ist Juan de Dios nämlich im Keller und öffnet die Eisentruhe mit dem Geld!«

Den Sprung zu beschreiben, den die Restituta darauf vollführte, ist mir unmöglich. Ich glaube, daß sogar der Stuhl von der schrecklichen Erschütterung der Nerven dieser Dame mit hochgerissen wurde.

»Kommen Sie doch mit, und überzeugen Sie sich mit Ihren eigenen Augen«, sagte ich ihr und zog sie an der Hand aus dem Zimmer.

Restituta folgte mir, denn die Neugier, die Wut und auch die Angst trieben sie dazu. Sie stolperte sehr oft. Ihr ganzer Körper zitterte, und immer wieder fuhr sie sich mit den Händen an den Kopf, um sich die Haare zu raufen oder auszureißen. Noch nie hatte ich so verdrehte Augen gesehen, und obwohl ich sie für besiegt hielt, flößte sie mir Furcht ein.

Wir erreichten die geöffnete Falltür. Als wir uns hinunterbeugten und unsere Augen von der Lampe des Verkäufers geblendet wurden, hörten wir deutlich das Klingen von Münzen. Juan de Dios zählte seine Ersparnisse von zwanzig Jahren ab. Als diese Laute auf das Trommelfell der Restituta trafen, wurden Ihre Glieder von einem Schock ergriffen, wie er sonst im menschlichen Körper durch die Entladung starker elektrischer Batterien ausgelöst wird. Sie stürzte sich blindwütig die Leiter hinunter und schrie dabei: »Ruchloser Kerl! So dankst du uns für das Brot von zwanzig Jahren!«

Die schlangenartig gewandten unteren Extremitäten der Requejo-Schwester hatten noch nicht die fünfte Sprosse erreicht, als die Falltür, von meinen Händen geschleudert, zufiel. Ich hatte aber den Schlüssel nicht, weil Juan de Dios ihn abgezogen hatte. So stellte ich sofort eine Kiste mit Pomadebüchsen, dann zwei, dann vier darauf und schließlich noch eine fünfte darüber und legte zu guter Letzt noch einen schweren Stoffballen auf alles. In zehn Minuten hatte ich ein derartiges Gewicht auf den Eingang meines ehemaligen Kerkers gelegt, daß es vier starke Männer nicht hätten von unten heben können.

Anschließend stieg ich wieder nach oben. Die erschreckte und verwirrte Inés wußte nicht, welchen Heiligen sie anrufen sollte.

»Nun bist du endlich frei, Inés!« schrie ich in unbändiger Freude. »Zieh dich schnell an. Wir müssen hier verschwinden, ohne einen weiteren Moment zu verlieren! Der Requejo kann jeden Augenblick zurückkommen!«

Sie zog sich so schnell an, daß ich sie halb entblößt sah. Aber in der großen Eile wurde ihr gar nicht bewußt, daß sie mir da ihren schönen Körper zeigte, und ich war nur bestrebt, ihr so schnell wie möglich beim Ankleiden zu helfen, und reichte ihr Unterröcke, Strümpfe, Schuhe und Bänder. Endlich konnten wir das Haus verlassen und durch die Salzstraße fliehen, immer in der Angst, den Lizenziaten Lobo oder Don Mauro anzutreffen. Wir schöpften keinen Atem, bis wir die Puerta del Sol, die Sonnenpforte, erreicht hatten. Völlig erschöpft setzten wir uns auf eine Stufe bei der Mariblanca. Es herrschte tiefe Stille auf dem Platz. Madrid schlief fest. Mein Blick schweifte umher und sah nichts als zwei Hunde, die sich um einen Knochen balgten. Der Strahl des Springbrunnens beruhigte unsere Seelen mit seinem Plätschern.

»Nun bist du frei, meine kleine Gräfin« flüsterte ich ihr zu und lehnte mich an ihre Brust. »Gelobt sei Gott, der uns von aller Pein erlöst hat! Dich werde ich nie vergessen, du furchtbare Nacht – und auch dich nicht, du lächelnder Morgen eines glücklichen Tages! Heute haben wir Montag, den zweiten Mai.«

Eine ganze Zeit lang verharrte ich so an Inés gelehnt, denn ich war völlig ermüdet. Der Tag dämmerte herauf. Wir hörten die ersten fernen Geräusche der langsam erwachenden großen Stadt. Im Osten, zum Ende der Alcalá-Straße hin, zog die Morgendämmerung herauf, und bevor wir uns aufmachten, betrachteten wir den Himmel, der sich dort blutrot färbte.

25

Als wir mein altes Zimmer erreicht hatten, wo ich mich mit Inés ein wenig ausruhen wollte, trafen wir dort den guten Don Celestino an, der am vorhergehenden Abend dort eingetroffen war, weil er es für angebracht hielt, eher in meiner bescheidenen Behausung als anderswo in der großen Residenzstadt unterzukommen. Ich hatte ihn schon über die wirkliche Situation im Hause der Requejos aufgeklärt, weshalb er sich gehütet hatte, den für uns mit so vielen Aufregungen verbundenen Laden zu betreten. Wir freuten uns alle sehr, wieder zusammenzusein, und hatten kaum Zeit, uns unsere jeweiligen Abenteuer zu erzählen. Der Leser wird bereits verstanden haben, daß die des guten Geistlichen nicht geringer als die unsrigen waren.

»Aber, meine Kinder«, sagte er uns, »Gott muß uns doch beschützen! Wie könnte es denn angehen, daß die Bösen so leicht über die mit rechtschaffenen Herzen triumphieren? Ihr flieht vor der Gemeinheit dieses Geschwisterpaares, und ich bin auch auf der Flucht. Ich bin hierhergekommen und habe meinen ehrlichen Namen verschwiegen, denn ich werde wie ein Verbrecher verfolgt.«

Dem alten Mann liefen einige Tränen über die Wangen, und wir, die ihn trösten wollten, boten ihm den Anblick unserer Freude und erzählten ihm unter Lachen und Witzen die unmöglichen Gewohnheiten und Böswilligkeiten der Verwandten von Inés.

»Gott wird uns helfen«, fuhr der Priester fort. »Oh, was für eine gemeine Jagd auf mich! Man beschuldigt mich, Freund des Friedensfürsten gewesen zu sein. Natürlich war ich das! Nicht nur Freund, sondern ich glaube auch Verwandter. Ihr könnt euch nicht vorstellen, was man alles gegen mich vorbringt! Und sie beschuldigen auch dich! Wir sollen Briefe geschrieben haben, die du dann überbracht hast. Es stimmt, daß ich mehrmals im Palast Seiner Hoheit war, weil ich ihm Ratschläge für das Wohlergehen der Nation geben wollte, aber es kam nie dazu,

weil ich vor Aufregung nicht richtig reden konnte ...
Also, kurz gesagt, als ich erfuhr, daß man mich festnehmen wollte, verließ ich heimlich Aranjuez. Ich habe jetzt die Absicht, mich dem Bischof zu stellen, damit der über mich entscheiden kann. Aber ihr wißt ja noch nicht das Empörendste. Denkt mal, dieser Spitzbube von Santurrias ist es doch, der mich am meisten belastet. Er war es, der falsche Zeugenaussagen über meine Handlungen gemacht hat! Ja, ja – du erinnerst dich doch an das, was ich in einer meiner letzten Predigten sagte, nicht wahr, Gabriel? Ich sagte darin doch, daß die Undankbarkeit das häßlichste Monster auf der Erde ist, *eine abgrundtief grausame und scheußliche Hydra!* Wer hätte aber gedacht, daß sie mir so nahe gekommen war!«

»Lieber Don Celestino, jetzt müssen wir darüber nachdenken, wie wir aus diesem Labyrinth von Schwierigkeiten hinausfinden können. Wo werden wir hingehen? Was können wir unternehmen?«

»Mein Sohn, Gott wird uns nicht verlassen. Haben wir weiter Vertrauen zu Ihm, und inzwischen hör dir mal einen Plan an, der mir heute morgen eingefallen ist. Vor acht Jahren lebte eine Marquise in Aranjuez, eine diskrete Dame, gottesfürchtig und mit einem solchen guten Herzen, daß sie alle Nöte, von denen sie hörte, linderte. Sie besuchte mich mehrmals, wie ich sie auch, und – wie sie mir selbst sagte – sprach sie gern mit mir. Sie fragte oft nach Inés und zeigte großes Interesse, sie kennenzulernen. Als ich die Marquise das letzte Mal sah, bat sie mich inständig, daß ich sie ja besuchen solle, wenn ich nach Madrid kommen würde – möglichst in Begleitung meiner Nichte. Das wiederholte sie mehrmals, so daß mir ihr Eifer, Inés kennenzulernen, sehr auffiel.«

»Mir auch«, warf ich ein, »denn ich kenne sie auch, weil ich in ihrem Palast die Rolle eines Verräters spielte, an die ich mich nicht erinnern möchte. Das war im gleichen Haus, wo Sie wohnten.«

»Aber die Frau Marquise wohnt jetzt nicht mehr dort. Im Frühling zieht sie immer in den Palast ihres Bruders am

Vegahang, wo es liebliche Gärten und einen freien Blick zum Manzanares hin gibt. Dort würden wir auch heute diese hohe Frau, eine Zierde des spanischen Adels, finden. Warum sollen wir uns nicht an sie wenden? Sie hat mir doch so oft gesagt, daß sie etwas für mich und meine Nichte tun möchte und sehr gern ihre Macht und ihren Einfluß für uns anwenden würde.«

»Diese Dame schickt uns Gott, um uns von unseren Schwierigkeiten zu befreien!« bemerkte ich und fühlte mich schon viel besser. »Wir werden ihr erzählen, was uns geschehen ist. Sie wird die Ungerechtigkeit begreifen – und wenn sie Inés sieht … Ich könnte mir gut vorstellen, daß die Bemühungen der Marquise, Inés kennenzulernen, nicht einfache Neugier sind. Also werden wir sie heute noch aufsuchen, und Gott wird alles weitere richten.«

»Ich habe Angst, auf die Straße zu gehen!« bekannte der Priester.

»Ich auch, aber wir müssen es tun. Wir können ja schließlich nicht über die Dächer gehen. Wenn Sie wollen, gehe ich jetzt gleich zum Haus der Frau Marquise, die mich ja kennt, und sage ihr, daß ich in Ihrem Auftrag komme. Dann werde ich ihr die Situation, in der wir uns befinden, schildern und ihr auch von Inés erzählen, was sie bestimmt am meisten interessieren wird.«

»Ja, das erscheint mir richtig. Aber wenn man dich erkennt?«

»Ich werde wenig begangene Straßen nehmen, und wenn ich welchen begegne, die mich suchen, habe ich ja Beine, um wegzulaufen!«

Eine große Aufregung hatte mich ergriffen. Wenn ich erst einmal einen Entschluß gefaßt hatte, erschien mir jede Sekunde, die ich bis zu seiner Ausführung warten mußte, wie ein Jahrhundert. Ich konnte mich nicht ausruhen, bevor ich diesen Weg beschritten hatte, der uns zu einem sicheren Hafen in unserer Flucht und Abgeschiedenheit führen könnte. Auch Inés konnte sich nicht entspannen, denn ihr Geist war immer noch von der Angst und dem Kummer der letzten Nacht beherrscht. Sie schaute aus dem Fenster, das zur San-José-Straße hinausging, und da das Zimmer im obersten Stockwerk des Hauses lag, reichte der Blick bis zum Hof der Militäranlagen mit den Kanonen und den übrigen dort aufgereihten Kriegsgeräten.

»Das ist der Geschützpark, Mädchen«, erklärte ihr Don Celestino. »Siehst du, in den großen Gebäuden da sind die Artilleristen untergebracht. Jetzt fahren gerade welche mit einem Wagen heraus, um Lebensmittel zu holen.«

»Und diese gefälligen Haufen aus runden schwarzen Dingern, die alle gleich sind und so ordentlich aufgeschichtet, was ist das eigentlich?« fragte Inés, die ihre Bewunderung für diese Ordnung nicht verbergen konnte.

»Das sind Kanonenkugeln, meine Kleine«, erwiderte Don Celestino. »Die Menschen haben dieses Spielzeug erfunden, um sich gegenseitig umzubringen.«

»Diese Kugeln schiebt man in die Kanonen, die daneben stehen«, erklärte ich, um mein Wissen zu zeigen, »und dann kommen auch noch Pulver und eine Kartusche rein. Wenn das dann gezündet wird, knallt es, daß man taub werden könnte. Du hättest mal sehen sollen, was ich alles bei der Schlacht von Trafalgar mitgemacht habe! Da habe ich auch Kanonen abgefeuert und mindestens tausend Engländer getötet!«

»Ach, hören wir doch damit auf!« meinte der Priester ängstlich. »Wenn ich nur daran denke, daß diese Höllenmaschinen da feuern könnten, fange ich schon an zu zittern.«

Und sie zogen sich vom Fenster zurück. Ich riet Inés, sich hinzulegen, und nachdem Don Celestino mich gesegnet und einige Vaterunser für meine Sicherheit und den guten Ausgang meines Vorhabens gebetet hatte, trennte ich mich von meiner geliebten Inés und trat auf die Straße.

Ich hielt mich so weit wie möglich vom Stadtzentrum entfernt und erreichte den Platz des Palastes, wo ich auf ein fast unüberwindliches Hindernis stieß: eine große Menschenmenge, die aus den Straßen Viento, Rebeque, Factor, Noblejas und den kleinen Plätzen der Viertel San

Gil und Tufo strömte und die ganze Nuevastraße und einen Teil des Zeughausplatzes einnahm. Aus Angst, daß ich in einer solchen Menschenmasse auf den Lizenziaten Lobo stoßen könnte, versuchte ich mich wieder von der lästigen Umgebung zu lösen – aber das erwies sich als so gut wie unmöglich. Ich wurde von dieser Welle aus Menschenleibern mitgeschwemmt, gegen die man kaum ankämpfen konnte.

So sehr war ich im Geiste mit meinen eigenen Angelegenheiten beschäftigt, daß ich mich zuerst nicht um die Ursache dieser lärmenden Menschenansammlung kümmerte oder um die Forderungen dieser Leute, denn zweifellos waren sie hier, um etwas zu fordern. Nachdem ich so manchen Stoß erhalten hatte, sah ich mich an die Palastmauer gedrängt und fragte die Umstehenden:

»Was wollen diese Leute eigentlich?«

»Die gehen und nehmen sie mit«, antwortete mir ein Heißsporn, »und das können wir nicht zulassen!«

Der Leser wird verstehen, daß es mich nun wirklich nicht besonders kümmerte, ob sie gingen oder blieben oder sonstwas taten. Ich versuchte also, meinen Weg fortzusetzen. Kaum war ich wieder etwas in meiner Richtung vorwärts gekommen, als ich fühlte, wie mich jemand am Ärmel zog. Ich fuhr zusammen vor Angst, mich wieder in den Klauen des Lizenziaten zu befinden. Aber keine Angst, liebe Leser – es war Pacorro Chinitas.

»Meinst du, daß sie sie mitnehmen?« fragte er mich.

»Die Infanten? Man ist allgemein der Meinung, aber weißt du, Chinitas, mir ist das egal.«

»Aber *mir* nicht! Bis jetzt haben wir noch Geduld gehabt – bis hierher und nicht weiter! Du bist ja noch ein dummer Junge und denkst nur ans Spielen. Deshalb kümmert dich das auch nicht.«

»Ehrlich gesagt, Chinitas, ich habe mich genug um meine eigenen Angelegenheiten zu kümmern.«

»Du bist doch gar kein richtiger Spanier«, erklärte Chinitas ernst.

»Natürlich bin ich einer!«

»Nein, du bist kein richtiger Mann, hast kein Herz und für nichts Interesse.«

»Aber gewiß bin ich ein Mann und habe ein Herz für die Sachen, die mir wichtig sind.«

»Aber warum schleichst du denn hier umher wie ein Murmeltier? Hast du denn keine Waffen? Nimm doch einen Stein und zerschmettere damit den Schädel des ersten Franzosen, auf den du triffst!«

»Es sind wohl Dinge geschehen, von denen ich nichts weiß, denn ich konnte mehrere Tage nicht auf die Straße gehen.«

»Nein, es ist bis jetzt noch nichts passiert – aber es wird! Ach, Gabrielito! Was ich dir prophezeite, ist eingetroffen. Alle haben sich geirrt, außer mir, dem Formgießer! Alle sind gegangen und haben uns mit dem Franzosen allein gelassen. Nun haben wir keinen König mehr und auch keine Regierung außer den vier Schlottergreisen der Junta.«

Ich zuckte mit den Schultern, weil ich nicht verstand, warum wir ohne König und Regierung außer den vier Schlottergreisen der Junta waren.

»Gabriel«, sagte mir mein Freund nach einiger Zeit, »gefällt es dir denn, wenn die Franzosen dir Befehle geben – und auch noch in ihrer Sprache, die du nicht verstehst, wenn sie dir sagen, mach dies und das, in deine Wohnung kommen und dich zum Soldaten Napoleons machen, wenn Spanien nicht mehr Spanien ist, wenn wir nicht mehr das tun dürfen, was wir für Spanien für richtig halten, sondern was der französische Kaiser befiehlt?«

»Was soll ich dazu schon sagen? Das sind doch alles Einbildungen. Die Franzosen sagen uns, was wir machen sollen? Unsinn! Unser König, wer es auch immer sein mag, läßt das doch nicht zu!«

»Wir haben doch keinen König mehr.«

»Aber gibt es denn in der Familie keinen mehr, der sich die Krone aufsetzt?«

»Die nehmen doch alle Infanten mit!«

»Aber es gibt doch den Hochadel Spaniens, die vielen Würdenträger mit den vielen Ämtern, Generäle und Minister, die diesen Franzosen sagen können: ›Meine Herren, bis hierher und nicht weiter!‹«

»Die Würdenträger mit sonstwas für Ämtern haben sich doch alle abgesetzt und zanken sich, ob sie dem Vater oder dem Sohn gehorchen sollen.«

»Aber wir haben doch Truppen hier, die nicht zulassen würden ...«

»Der König hat befohlen, daß sie die Franzosen als Freunde ansehen und schalten und walten lassen sollen.«

»Aber das sind doch Spanier, und sie würden sich doch solchen Befehlen widersetzen. Na, sag mir doch mal: Wenn die Franzosen uns beherrschen wollen, ist es dann möglich, daß ein Spanier, der Uniform trägt, das geschehen läßt?«

»Der spanische Soldat kann den Franzosen nicht ausstehen. Aber er ist einer gegen zwanzig. Sie haben sich langsam hier eingeschlichen. Immer mehr und mehr kamen, und jetzt, Gabriel, gehört dieser Boden, auf dem wir stehen, dem Kaiser Napoleon.«

»Aber Chinitas! Das macht mich natürlich auch schrecklich wütend. Wenn die Dinge wirklich so liegen, wie du sagst, müßten wirklich du und alle anderen Spanier, die sich dadurch beschämt fühlen, eine Waffe ergreifen und ...«

»Wir haben aber keine Waffen.«

»Was sollen wir dann tun? Ich glaube, wenn alle, alle Spanier sagen: ›Wir stürzen uns auf sie!‹, müssen die Franzosen sich zurückziehen.«

»Napoleon hat alle Nationen besiegt.«

»Na, dann müssen wir eben weinen und uns in unsere Häuser zurückziehen!«

»Weinen?« rief der Formgießer aus und ballte die Fäuste. »Wenn alle so denken würden wie ich ... Man kann nicht voraussagen, was geschehen wird, aber ... Schau mal: Ich bin eigentlich ein friedlicher Mensch, wenn ich jedoch sehe, wie die Franzosen allmählich Spanien besetzen unter dem Vorwand, daß sie unsere Freunde sind, wenn ich sehe, wie sie den König täuschen, wenn ich sie

185

hier auf den Straßen großspurig herumtrampeln sehe in der Überzeugung, daß sie uns für immer in der Hand haben, dann habe ich Lust ... nicht zu weinen, sondern zu töten! Ich will sagen, wenn ein Franzose vorbeikommt und mir den Ellbogen in die Rippen stößt, dann hebe ich meine Hand ... besser gesagt, ich öffne meinen Mund und fresse ihn ungeröstet! Und wenn ein Franzose mir bei meiner Arbeit Vorschriften machen will, dann kann er was erleben! Ich mag die Franzosen – aber in ihrer Heimat.«

26

Während unseres Gesprächs merkte ich, daß die Menschenmenge noch zunahm, so daß das Gedränge immer größer wurde. Beide Geschlechter waren vertreten und alle Gesellschaftsschichten. Alle waren auf einen dieser geheimnisvollen Rufe gefolgt, die von keiner offiziellen Stelle ausgingen und unversehens an das Ohr eines ganzen Volkes drangen – die flüsternde Stimme der Eingebung. Die Glocke dieses Sturmes läutet nur, wenn viele Herzen zusammenkommen, die im gleichen erregten Rhythmus schlagen. Selten bietet die Geschichte Beispiele wie dieses, denn das patriotische Gefühl bewirkt nur Wunder, wenn es in kolossaler Weise zu einer mächtigen Einheit vieler Einzelwillen verdichtet wird, die eine Kraft erzeugt, welche Hindernisse wie materielle und zahlenmäßige Übermacht des Feindes sowie dessen militärisches Genie hinwegfegt. Die stärkste Antriebsfeder des Krieges ist das Nationalbewußtsein, und die sicherste Hüterin der Disziplin ist die Vaterlandsliebe.

Solche Gedanken kommen mir heute, da diese Ereignisse noch einmal vor meinem geistigen Auge ablaufen. In jener Zeit aber, an jenem denkwürdigen Morgen, war mein Geist für solche hehren Überlegungen nicht empfänglich – besonders nicht inmitten eines Volksaufstands, der von

Minute zu Minute größere Ausmaße annahm. Die Erregung stieg immer weiter an. In den Gesichtern konnte man neben Zorn tiefe Traurigkeit erkennen, die großen Entschlüssen vorausgeht, und während einige Frauen jammernde Schreie ausstießen, diskutierten viele Männer mit leiser Stimme phantastische Pläne.

Die erste feindliche Handlung, die das versammelte Volk ausführte, bestand darin, daß es einen französischen Offizier umringte, der zufällig den Zeughausplatz überqueren wollte. Bald gesellte sich ein spanischer Offizier dazu, der herbeigekommen war, als ob er dem Franzosen helfen wollte. Gegen beide richtete sich die Wut der Männer und Frauen. Besonders letztere taten sich durch Angriffslust hervor. Bald darauf machte jedoch eine kleine französische Einheit diesem Vorfall ein Ende. Ich wollte nicht noch mehr Zeit verlieren und versuchte, meinen Weg fortzusetzen. Aber ich war noch nicht am Bogen des Zeughauses vorbei, als ich einen Lärm hörte, der mir wie das schnelle Rollen von Geschützlafetten in den umliegenden Straßen erschien.

»Jetzt kommt die Artillerie!« riefen einige.

Die Menge beachtete aber diese Dislozierung der Artillerie kaum, und fast alle Leute strömten zur Neuen Straße, die heute Bailénstraße heißt. Die Neugier gewann in mir die Oberhand über den Wunsch, mein Ziel zu erreichen, so daß ich auch dorthin lief. Plötzlich ließ eine gewaltige Detonation das Blut in meinen Adern gefrieren, und ich sah nicht weit von mir, wie Menschen durch Granatsplitter verwundet wurden. Das war eine der schrecklichsten Überraschungen meines Lebens. Die Wut stieg derart im Volk hoch, daß sie mir soviel angst machte wie die feindliche Artillerie. Ein so unvorhergesehener und grausamer Angriff versetzte viele Menschen in Schrecken, sie flohen in Panik. Bei anderen dagegen erhöhte der Waffeneinsatz nur den Zorn, so daß es so aussah, als ob sie sich auf die Artilleristen stürzen wollten. Aber in jenem Durcheinander von Menschen, die vor Wut wie Bestien brüllten oder vor Schmerzen schrien oder tödlich verwundet unter die

Füße der Menge gerieten, herrschte schließlich das Auseinanderstreben der Menge vor. Sie rannte zur Calle Mayor, der Hauptstraße. Nun hörte man nur noch Stimmen, die »Waffen, Waffen!« riefen. Die, die ihre Stimmen nicht in den Straßen erschallen ließen, taten dies von den Balkons, und wenn noch einen Augenblick vorher die meisten Madrider einfach neugierig gewesen waren, so wurden sie nach diesem Schlag der Artillerie zu Handelnden. Jeder lief zu seinem Haus, ob nah oder fern, auf der Suche nach einer Waffe, und wenn er keine fand, ergriff er ein Werkzeug. Alles war recht, womit man töten konnte.

Das Ergebnis war erstaunlich. Ich weiß nicht, woher plötzlich so viel bewaffnete Leute kommen konnten. Man hätte an eine gut vorbereitete Verschwörung denken können. Aber die Waffenkammern dieses unvorhergesehenen Krieges waren die Küchen, Schenken, Keller, Vorratskammern, Werkstätten und nicht zuletzt die Fechthallen, Waffenläden und Eisenwarengeschäfte.

Die Hauptstraße und die umliegenden Straßen machten den Eindruck eines aufgescheuchten, vor Wut rasenden Ameisenhaufens. Wer so etwas noch nicht gesehen hat, braucht erst gar nicht versuchen, sich das vorzustellen. Später erzählte man mir, daß zwischen neun und elf Uhr vormittags alle Straßen von Madrid den gleichen Anblick boten. Der Aufstand hatte sich verbreitet wie ein vom Sturmwind angefachtes Feuer in einem trockenen Wald.

Auf dem Vorplatz des Ratsgebäudes, auf den Plätzen San Justo und Villa strömten Massen von bewaffneten Angehörigen des Volkes zusammen. Von meinem Aufenthaltsort aus sah ich auch immer mehr Männer und Frauen herbeiströmen, ja auch sogar Schwärme von Knaben und etliche Alte. Ich geriet auf die Plaza Mayor, den Hauptplatz, vor die Bringas-Portale. An der Ecke der Milanesesstraße, vor der Weinhandlung San Miguel, sah ich den ersten Zusammenstoß des Volkes mit den Eindringlingen, denn es waren dort etwa zwanzig Franzosen aufgetaucht, die zu ihren Regimentern strebten. Diese wurden von einer Gruppe von Spanierinnen angegriffen, die von einem halben Dutzend Männern unterstützt wurden. Dieser Kampf glich keinem normalen Waffengang, denn er entwickelte sich spontan, ungeachtet der eigenen Anzahl und der Stärke des Feindes.

Die Fremden verteidigten sich mit ihrem Geschick und ihren guten Waffen. Aber sie rechneten weder mit der Menge von Armen, die von vorn und hinten nach ihnen griffen wie die Tentakeln eines riesigen Polypen, noch mit den Hieben und Stichen einer Vielzahl von Werkzeugen, die wie ein Regen auf sie niederprasselten. Einige Male nahm die Überlegenheit der Madrider solche Ausmaße an, daß sie schon wieder einen gewissen Großmut auslöste, denn als die Anzahl der Feinde gegenüber der zahlenmäßigen Übermacht hoffnungslos gering erschien, öffnete sich für den einen oder anderen Franzosen eine Haus- oder Ladentür, und etliche von ihnen verdankten ihr Leben der Verbissenheit, mit der die Haus- oder Ladenbesitzer sie daran hinderten, wieder nach draußen zu gehen. Drei Reiter konnten sich nicht retten. Sie strebten in wildem Galopp zur Puerta del Sol, wobei Schüsse auf sie abgegeben wurden. Schließlich stießen sie auf eine Menschenmenge an der Ecke der Chambergagasse und sahen sich bald vom Volk umringt. Mit einem grausamen Säbelhieb öffnete der Kühnste der drei einer unglücklichen Frau den Schädel und schoß sein Gewehr auf ihren Gatten ab. Der Schrei der Frau brachte das Blut der Männer des Volkes zum Kochen, und es entspann sich ein Kampf mit blanker Waffe.

Inzwischen lief ich zur Puerta del Sol auf der Suche nach einem sichereren Ort, und an den Portalen der Pretineros stieß ich wieder auf Chinitas. Die Primorosa löste sich aus einer nahen Gruppe und schrie rasend:

»Sie haben die Bastiana getötet! Mehr als zwanzig Männer sind hier, und keiner einen Schuß Pulver wert! Kanaillen, warum habt ihr Hosen an, wenn ihr Seelen wie Heulsusen habt?«

»Frau«, sprach Chinitas und nahm seine Flinte, mit der er hier aufgetaucht war, von der Schulter, »geh hier weg. Die Frauen stören hier nur.«

»Feigling, Hasenfuß, Mäuseherz!« schrie die Primorosa und versuchte, ihrem Gatten die Waffe zu entreißen. »Mit der Luft, die ich mit meinen Armen bewege, töte ich ja mehr Franzosen als du mit einer Achter-Kanone!«

In diesem Augenblick galoppierte einer der französischen Reiter mit gezücktem Säbel auf uns zu. »Menegilda, hast du ein Messer?« schrie die Gattin des Chinitas verzweifelt.

»Ich habe drei: das zum Schneiden, das zum Stechen und das große.«

»Jetzt werden wir es euch zeigen, ihr Vogelscheuchen!« schrie die Marktschöne und nahm ein enormes Fleischermesser, dessen Anblick allein schon Schrecken auslöste, aus der Hand ihrer Freundin.

Der Kürassier gab seinem Gaul die Sporen und stürzte sich auf die Gruppe, ohne sich um die auf ihn abgegebenen Schüsse zu kümmern. Ich sah plötzlich die Hufe des stämmigen Pferdes auf den Schultern der Primorosa, aber diese stieß dem Pferd blitzschnell das Messer in die Brust. Durch den jähen Sturz war der Angriffselan des Reiters momentan gebrochen, aber während sein Reittier mit schrecklichen Zuckungen sein Leben aushauchte, setzte der Kürassier den Kampf fort, unterstützt von vier anderen, die inzwischen herbeigeeilt waren.

Chinitas, an der Stirn verwundet und ohne ein Ohr, hatte sich etwa zehn Ellen weit zurückgezogen und lud ein Gewehr, während die Primorosa sich ein Halstuch um den Kopf schlang und ihm zurief:

»Nun mach aber schon! Du scheinst ja an jedem Arm die Gewichte der Kirchenuhr von Buen Suceso zu haben.«

»Gabrielito, was machst du denn eigentlich mit dieser Flinte? Hältst du sie nur in der Hand, um dir damit in den Zähnen zu stochern?«

Tatsächlich – ich hielt eine Flinte in den Händen, ohne daß mir das bewußt war. Hatte man sie mir gegeben? Hatte ich sie irgendwo genommen? Am wahrscheinlichsten ist wohl, daß ich sie mechanisch aufgehoben hatte, als sie einem verwundeten Kämpfer aus der Hand gefallen war. Mein Schock angesichts der sich vor mir abspielenden Ereignisse war aber so groß, daß ich gar nicht daran dachte, was ich in den Händen hatte.

»Warum ist denn dieser Wurm hier?« wollte die Primorosa wissen und gab mir einen mächtigen Schlag auf die Schulter. »Unternimm endlich was mit der Flinte – meinst du denn, das ist eine Prozessionskerze, die du nur halten mußt?«

»Gehen wir, hier gibt es nichts mehr zu tun«, meinte Chinitas und machte sich mit seinen Begleitern auf den Weg zur Puerta del Sol.

Ich schulterte die Flinte und folgte ihnen. Die Primorosa kam hinterher und spottete über mein mangelndes Geschick im Umgang mit Feuerwaffen.

»Haben sie die Franzosen erledigt?« fragte eine andere Frau und blickte überall umher. »Sind sie geschlagen?«

»Wir haben ihnen allen ihr Fett gegeben«, antwortete die Primorosa. »Hoch Spanien, es lebe der König Ferdinand!«

Und tatsächlich: Nirgendwo in der Hauptstraße war noch ein Franzose zu sehen. Wir waren nicht mehr weit von den Stufen von San Felipe entfernt, als wir Trommelgeräusche, Signalhornstöße und schließlich das Klappern von Pferdehufen hörten. Kurz darauf drang der Lärm von schnell gezogenen Lafetten zu uns. Das Drama hatte noch gar nicht richtig angefangen. Wir hielten an, und die Leute des Volkes sahen sich stumm an, wurden sich der Nähe von starken Truppenkontingenten bewußt. Diese unglücklichen Madrider hatten einen schrecklichen Kampf mit Soldaten geführt, die sie zufällig auf dem Wege angetroffen hatten, aber an die starken Divisionen und Armeekorps, die in der Umgebung von Madrid kampierten, hatten sie in der Hitze der Scharmützel gar nicht gedacht. Sie hatten das Ausmaß und die Folgen ihrer Erhebung nicht ermessen, aber auch wenn sie diese hätten ermessen können, hätten sie in ihrer unbedachten und erhabenen Auflehnung, die sie dazu antrieb, solch übermächtigen Kräften die Stirn zu bieten, nicht innegehalten.

Nun war der Moment gekommen, in dem das Volk in der Calle Mayor, der Hauptstraße, die Anzahl der Waffen zählen konnte, die auf sie gerichtet waren, denn auf der Calle de la Montera rückte eine Truppeneinheit heran, auf der Carretas eine weitere und auf der Carrera de San Jerónimo die dritte und größte.

»Sind es viele?« erkundigte sich die Primorosa.

»Sehr viele, und sie kommen auch auf dieser Straße hier. Dort von den Silberschmieden hört man Trommelwirbel.«

Vor uns und auf einer Seite kamen die Infanteristen und die Reiter und dahinter die Artilleristen von Austerlitz auf uns zu. Als sie sie sah, lachte die Primorosa gellend – aber ich … ich muß gestehen, ich zitterte am ganzen Leib.

27

Die Ankunft der Truppeneinheiten an der Puerta del Sol und der Beginn des Angriffs erfolgten zur gleichen Zeit. Ich glaube, daß die Franzosen trotz ihrer zahlenmäßigen und materiellen Überlegenheit verblüffter als die Spanier waren. Deshalb wandten sie auch zu Beginn konzentriertes Feuer an, statt die Kavallerie einzusetzen.

Der Kampf, besser gesagt das Gemetzel, an der Puerta del Sol war schrecklich. Als das Feuer eingestellt worden war, stürmte die Kavallerie heran. Es waren Polen, die Nobelgarde genannt wurden, und die berüchtigten Mamelucken, die mit Säbelhieben über das Volk herfielen. Wir auf der Calle Mayor waren am schlimmsten dran, denn die grausamen Reiter attackierten uns von zwei Seiten. Die Gefahr hinderte mich nicht daran, zu schauen, wer um mich herum war, und ich erinnere mich daran, daß es neben der Primorosa ein ernster und gut gekleideter Herr, anscheinend ein Aristokrat, und zwei mir flüchtig bekannte ehrbare Geschäftsleute aus der gleichen Straße waren, die meinen sinkenden Mut wieder aufrichteten.

Zu unserer Linken mündete die Callejón de la Duda, die Gasse des Zweifels, ein, die uns als strategisch günstiger Punkt und Fluchtweg diente. Von dort gaben der adlige Herr und ich unsere Schüsse auf die ersten Mamelucken ab, die in unserem Blickfeld erschienen. Ich muß hier bemerken, daß die Schützen eine Art von Nachhut oder Reserve bildeten, weil die wirklichen und kriegerischeren Kämpfer mit der blanken Waffe gegen die Kavallerie vorgingen. Auch von den Balkons kamen viele Pistolenschüsse und eine große Zahl von Wurfgeschossen wie Ziegel, Blumentöpfe, Kochtöpfe, Uhrengewichte und so weiter.

»Komm her, Judas Ischariot!« schrie die Primorosa und reckte ihre Fäuste gegen einen Mamelucken, der an der Tür des Oñate-Hauses wütete. »Ist denn da keiner, der dem ein Pfund Pulver in den Bauch schießt? He, du Tölpel da, wozu dient dir denn dein Schießprügel? Und du, Piltrafilla, schieße doch endlich, oder ich kratze dir die Augen aus!«

Die Drohungen unserer ›Generalin‹ zwangen uns, Schuß auf Schuß abzugeben. Aber diese schlecht gezielten Schüsse hatten nicht viel Wirkung, denn den Mamelucken gelang es mit Säbelhieben, einen großen Teil der Straße freizukämpfen, und sie drangen von Minute zu Minute weiter vor.

»Auf sie, Jungs!« schrie die Marktschöne und wandte sich einem heranpreschenden Reiterpaar zu.

Während von den Balkons und der Straße her geschossen wurde, griffen die Gassenburschen den Feind mit dem Messer in der Hand an, und die Frauen krallten ihre Finger in den Kopf des Pferdes oder sprangen hoch und griffen nach den Armen des Reiters. Dieser erhielt sofort Unterstützung durch zwei, drei, zehn, zwanzig Franzosen, die auf die gleiche Weise angegriffen wurden. Es entstand ein Wirrwarr, ein grauenhaftes blutiges Gemenge, das man nicht beschreiben kann. Die Pferde siegten schließlich mit ihrer Masse und rückten im Galopp vor, und als die Menge dann von den Reitern hinter sich gelassen wurde, drängte sie zur Puerta del Sol, wo sie von Granateinschlägen empfangen wurde.

Ich verlor die Primorosa bei einem dieser schrecklichen Einschläge aus den Augen, aber bald darauf sah ich sie wieder auftauchen und klagen, daß sie ihr Messer verloren habe. Sie riß mir die Flinte mit solcher Wucht aus den Händen, daß ich das nicht verhindern konnte. So stand ich in dem Augenblick waffenlos da, als eine heftige Attacke der Franzosen uns zur Kreuzung von San Felipe und Real zurückwarf. Der alte edle Herr neben mir wurde verwundet. Ich wollte ihn stützen, aber er glitt mir aus den Händen zu Boden und rief: »Napoleon den Tod! Es lebe Spanien!«

Es war grauenhaft, wir wurden ohne Gnade niedergemäht. Mein guter Stern wollte aber, daß ich an eine Mauer gedrückt wurde und vor mir eine Wand von menschlichen Leibern hatte, die mich vor dem Blei und dem Stahl schützte. Allerdings wurde ich mit so heftigem Druck an die Mauer gepreßt, daß ich fürchtete, zerquetscht zu werden. Die Menge wich auf der Calle Mayor zurück, und diese jähe Flucht zwang uns, in ein Haus einzudringen, das heutzutage unter den Nummern 21 bis 25 liegt, denn wir wollten den Kampf von den Balkons aus fortsetzen. Die Leser werden sich wundern, daß ich *wir* sage, denn Inés war ja in meiner alten Wohnung, und ich hatte mich anfänglich nicht mit den Aufständischen solidarisiert. Inzwischen aber hatten die Erregung des Gefechts und der Haß gegen die Franzosen, der sich rasend schnell von Herz zu Herz übertrug, auch mich ergriffen, so daß ich mit meinen Landsleuten fühlte und mich für sie einsetzte. Vermutlich hätte ich mich in die gleiche Leidenschaft und Tollkühnheit der in meiner Nähe kämpfenden Spanier hineingesteigert, wenn nicht der Gedanke an Inés und das Bewußtsein der Gefahr meinen Mut ständig geschwächt hätten.

Wir stiegen im Haus die Treppen hoch. Aus allen Fenstern wurde geschossen oder geworfen, was einem gerade in die Hände kam. Im zweiten Stock sagte uns ein alter Herr, der seine vor Angst halb ohnmächtigen Töchter stützte: »Feuert und macht alles, was ihr wollt, gegen den Feind! Hier, nehmt die Pistolen und mein Jagdgewehr. Werft ihnen meine Möbel vom Balkon auf den Schädel, und sprengt mein Haus, wenn diese Kanaillen unter den Trümmern begraben werden! Hoch Ferdinand! Hoch Spanien! Tod Napoleon!«

Diese Worte ermutigten die beiden Töchter etwas, und die jüngste führte uns in ein Nebenzimmer, von dem aus wir ein besseres Schußfeld hatten. Aber das Pulver war knapp und ging uns schließlich aus. Eine Viertelstunde nach unserem Eindringen schlugen die Mamelucken heftig gegen die Haustür. »Steckt die Zimmertüren an und werft sie auf sie!« spornte uns der Alte an. »Nur Mut, meine Töchter! Weint nicht. In dieser Zeit ist das Jammern auch der Frauen unwürdig! Hoch Spanien! Wißt ihr denn, was Spanien bedeutet? Es ist unser Land, unsere Kinder, die Gräber unserer Eltern, unsere Häuser, unser Königspaar, unsere Armeen, unsere Güter, unsere Geschichte, unsere Größe, unsere Namen, unsere Religion! Alles das wollen sie uns nehmen. Tod dem Napoleon!«

Inzwischen schlugen die Franzosen immer stärker auf die Tür ein, und andere verübten Scheußlichkeiten im Oñate-Haus.

»Sie stürmen schon herein und werden uns fangen – wir sind verloren!« schrien wir vor Schreck und hörten, wie die Mamelucken die Verteidiger des unteren Stockwerks niedermetzelten.

»Steigt zu den Dachkammern hoch«, rief der Alte erregt, »und geht aufs Dach. Werft alle Ziegel, die ihr losmachen könnt, in den Treppenschacht. Werden denn die Pferde dieser Monster bis zum Dach hochsteigen?«

Halb tot vor Angst warfen sich die beiden Mädchen in die Arme des Vaters und baten ihn zu fliehen.

»Fliehen?« rief der alte Mann aus. »Nein, tausendmal nein. Wir werden diesen Räubern zeigen, wie man den heiligen Herd verteidigt! Holt mir Feuer, ja, Feuer, und sie werden unsere Asche bekommen, nicht unsere Leiber!«

Die Mamelucken drangen unaufhaltsam nach oben. Es

gab keine Rettung. Ich dachte an die arme Inés und fühlte mich so feige wie nie. Aber inzwischen hatten sich einige von uns im Haus umgesehen und versuchten, mit Brechstangen und anderen schweren Gegenständen, die Wand eines entlegenen Zimmers zum anderen Haus zu durchbrechen. Durch den Lärm wurde ich angelockt, in der Hoffnung, einen Fluchtweg zu finden. Und tatsächlich – ich erblickte zu meiner Freude, daß es ihnen gelungen war, ein Loch in diese Wand zu schlagen, durch das sich uns die Möglichkeit eines Fluchtwegs eröffnete. Aus dem anderen Haus bot man uns Hilfe an, und wir beeilten uns, durch das Loch zu kriechen. Vorher hörten wir aber die Mamelucken und französische Soldaten in den anderen Zimmern brüllen. Ein Schuß fiel, und eines der Mädchen stieß einen fürchterlichen Schrei aus, der mir wie ein Stich ins Herz drang. Was da geschah, spottete wohl aller Beschreibung. Als wir ins Nebenhaus überwechselten in der Absicht, sofort auf die Straße zu laufen, sahen wir uns in einem kleinen, ziemlich dunklen Zimmer, in dem uns zwei Männer furchtsam ansahen. Auch ich erschrak, als ich sie sah, denn der eine war der Lizenziat Lobo und der andere Juan de Dios.

Wir waren in das Haus der Poststraße eingedrungen, in dem ich bis zum vorhergehenden Tag bei den Requejos gewohnt hatte. So befanden wir uns im zweiten Stockwerk, der Wohnung des Aktenwälzers und Ränkeschmieds Lobo. Dessen Angst bei unserem Anblick kannte keine Grenzen, und er rief:

»Sind dort die Franzosen? Kommen sie schon? Laßt uns fliehen!«

Juan de Dios war ebenfalls leichenblaß und seine Gesichtszüge vor Erregung so verzerrt, daß man ihn kaum wiedererkennen konnte.

»Gabriel!« rief er aus, als er mich erkannte. »Oh, du Spitzbube! Was hast du mit Inés gemacht?«

»Die Franzosen, die Franzosen!« schrie Lobo und rannte hinaus zur Treppe, die er mit Sätzen von jeweils vier Stufen hinuntersprang. »Fliehen wir!«

Die Frau des Lizenziaten und seine drei Töchter liefen zitternd vor Angst hin und her und ergriffen einige Gegenstände, um damit auf die Straße zu eilen. Es war nicht der Zeitpunkt, mit Juan de Dios zu streiten oder gegenseitige Erklärungen über die Vorfälle der letzten Nacht abzugeben. Wir flohen Hals über Kopf in der Furcht, daß die Mamelucken uns folgen würden.

Der Ladengehilfe trennte sich nicht von mir, wogegen Lobo, der völlig mit seiner eigenen Sicherheit beschäftigt war, mich völlig ignorierte.

»Wohin laufen wir denn?« fragte ihn eines der Mädchen. »Zur Calle de San Pedo la Nueva, zum Haus des Cousinchens?«

»Seid ihr verrückt? Das liegt doch vor dem Geschützpark!«

»Dort ist ein schrecklicher Kampf ausgebrochen«, warf Juan de Dios ein, »denn die spanische Artillerie wollte nicht aus dem Geschützpark ausrücken.«

»Mein Gott! Ich muß dahin!« schrie ich, ohne mich zurückhalten zu können.

»Hund!« brüllte Juan de Dios und ergriff mich bei einem Arm. »Da hast du sie also versteckt?«

»Ja, da ist sie«, antwortete ich ohne Zögern. »Laufen wir schnell!«

Wie zwei Verrückte rannten Juan de Dios und ich in Richtung des Hauses, in dem mein früheres Zimmer lag.

28

In unserer Hast achteten wir nicht auf die tausend Gefahren, die bei jedem Schritt auf den Straßen und Plätzen Madrids lauerten. Wir liefen ohne anzuhalten auf den Straßen, die am meisten vom Zentrum entfernt waren, mit so vielen Umwegen und Haken, daß wir fast zwei Stunden brauchten, um zur Puerta de Fuencarral zu gelangen. Lange Zeit wechselten wir kein Wort, bis schließlich Juan de Dios mit von Atemnot geschwächter Stimme anfing:

»Hast du eigentlich Inés herausgeholt, um sie mir später zu übergeben ... oder bist du ein Spitzbube, der von den Franzosen erschossen werden müßte?«

»Herr Juan de Dios«, erwiderte ich und beschleunigte noch meine Schritte, »es ist jetzt nicht die Zeit zum Streiten. Lassen Sie uns schneller laufen, denn wenn die Franzosen in meine alte Wohnung eindringen ...«

»Welche Angst muß die Arme haben! Aber sag: Warum hast du sie herausgeholt und mich mit dieser verfluchten Frau in den Keller eingesperrt? ... Oh, ich kann gar nicht mehr sprechen, aber wir dürfen uns nicht aufhalten ... Erschrak Inés nicht, als sie sich in deiner Gewalt sah? Hat sie dich nicht gebeten, daß du sie zu mir führst? ... Was für ein Durcheinander! Was ist denn bloß geschehen? ... Wer bist du eigentlich? Bist du ein Gauner oder ein ehrenwerter Bursche? Du wirst mir Rechenschaft über alles ablegen! ... Ach, als ich mit der Restituta im Keller eingesperrt war ... Siehst du diesen Kratzer an meiner Hand? Ich war stumm vor Schreck, als ich sie da herunterkommen sah. Welch ein Unglück! Ich dachte, das sei die Strafe Gottes für die kleinen Sünden, von denen ich dir erzählte ... Sie beschimpfte mich, nannte mich einen Schuft und Dieb, so daß mir der kalte Schweiß ausbrach. ... Dann versuchten wir hinauszukommen ... Die Falltür war ja geschlossen. ... Sie war wie eine tollwütige Katze. Schau, diese Schmarre auf meinem Gesicht ... Halten wir doch einen Augenblick an, ich bekomme keine Luft mehr. Haben wir denn dein Haus noch immer nicht erreicht? ... Und meine Inés – ist sie dort? Spitzbube, lauf doch mal etwas langsamer und sag mir: Wartet Inés auf mich? Hat sie dich ausgeschickt, nach mir zu suchen? ... Weiß sie, daß sie mir ihre Freiheit verdankt? Gabriel, ich schwöre dir, mein Kopf ist wie ein Käfig voller Grillen, und ich weiß nicht, was ich denken soll ... Als ich die Restituta herunterkommen sah ... Du kannst mir glauben, daß ich diesen Anblick mein Leben lang nicht vergessen werde! Wie ich schon sagte ... meine zwei kleinen Sünden ... Aber wenn Inés erst an meiner Seite sein wird, werde ich beichten ... Der Heilige Geist weiß, daß ich alles in bester Absicht tat und daß die ungeheure, die verrückte Liebe, die mich beherrscht, der Grund für alles ist ... Aber du sagst ja gar nichts! Bist du denn stumm geworden? ... Erwartet mich Inés? Sag es mir doch ehrlich, und laß mich nicht in Ungewißheit! Ist sie zufrieden? Ist sie traurig? Sie ist doch nur mit dir mitgegangen, um draußen auf mich zu warten ... Verdammt, wann sind wir denn endlich bei deinem Haus? Sie wartet doch schon sehnlichst auf mich, nicht wahr? Nun werden wir uns zum ersten Mal von Angesicht zu Angesicht sprechen. Weißt du, daß ich ganz verlegen bin? ... Aber vielleicht sagt sie mir erst ein paar beruhigende Worte, damit ich dann wie ein Wasserfall reden kann ... Bist du dir auch sicher, daß sie meinen Brief gelesen hat? Denn wenn sie ihn gelesen hat, weiß sie ja von meiner glühenden Liebe und wird sich in meine Arme stürzen, sobald sie mich sieht. Sie wird in meinen Armen weinen und mir für ihre Rettung danken! Meinst du nicht auch? ... Aber warum schweigst du? Hast du die Zunge verschluckt? Was hast du ihr denn gesagt? ... Was hat sie dir gesagt? Hat sie nicht jene Passage des Briefes erwähnt, in dem ich ihr mitteilte, daß meine Liebe so rein ist wie die Engel des Himmels? ... Ich hätte ihr noch schreiben sollen, daß mein Herz der Altar ist, auf dem ich sie mit der gleichen Liebe wie Gott anbete, der für uns irgendwo eine verlassene Insel geschaffen hat voller Blumen und anmutiger Vögel, die Tag und Nacht singen ... Ach, Gabriel, weißt du, daß ich reich bin? Ich habe genommen, was mir gehört, obwohl das böse Weib mich mit ihren Nägeln bearbeitete, um es mir wieder zu entreißen. Wie kämpften wir miteinander! Furchtbare Nacht! Als es schon spät am Morgen war, erschien Don Mauro und öffnete schließlich die Luke, um dich herauszuholen ... Restituta und ich kletterten statt deiner heraus. Sie war halb tot. Als uns ihr Bruder sah ... O mein Gott, du hättest sehen sollen, wie wütend er wurde! Nachdem er uns beschimpft hatte, befahl er uns, noch am gleichen Tag zu heiraten ... Als er dann erfuhr, daß Inés mit dir geflohen war, brüllte er wie ein Löwe, riß sich die Haare aus, und nachdem er seine Schwester und mich mit dem Tode bedroht hatte, zündete er zwei Kerzen für seinen Schutzpatron an ... Ich rannte aus der Wohnung, ohne etwas zu erwidern, und als die Schießerei anfing, flüchtete ich mich in die Wohnung des Lizenziaten Lobo ... Alle waren dort wie starr vor Schrecken ... Die Franzosen! Die Franzosen! Bumm, bumm! An einer Trennwand zum anderen Haus hörten wir Schläge. Wir eilten herbei ... Ein Loch öffnet sich, und heraus steigst du ... Sind wir nicht endlich da? Die arme Kleine wird doch schon so ungeduldig sein! Wenn sie mich sieht, wird sie wohl so glücklich sein, daß sie als erste von uns beiden anfängt zu sprechen. Meinst du nicht auch? ... Ich bin sicher, ich werde wie eine Statue dastehen. Wenn ich doch nur diese Verlegenheit überwinden könnte!«

Ich antwortete auf keinen der von Atemnot unterbrochenen und wirr klingenden Sätze des Ladengehilfen, denn ich dachte eher an die Gefahren, die Inés und ihrem Onkel in meinem Zimmer drohten. Für uns wurde es auch schwierig. Manchmal mußten wir eine ganze Straße wieder zurücklaufen, um den Mamelucken nicht in die Hände zu fallen, und andere Male hielten uns Gruppen auf, die sich größtenteils aus Frauen und Alten zusammensetzten und jammernd eine Leiche umstanden – ein Opfer der Eindringlinge. Als wir weiter vorgedrungen waren, sahen wir plötzlich Züge von Grenadieren, die bewirkten, daß die Menge wieder zurückflutete. Dann wieder wurden wir unversehens Zeuge eines jener blutigen Kämpfe, die wir schon vorher erlebt hatten.

In der Fuencarralstraße war eine große Volksmenge, und alle liefen in Richtung des Geschützparks. Wir hörten schweres Geschützfeuer, was meinen Begleiter in furchtbaren Schrecken versetzte, und als wir beim Arandahaus in die Calle de la Palma einbogen, schallten die Schreie der Helden zu uns herüber.

Es war zwischen zwölf und ein Uhr. Nach einem großen Umweg bogen wir endlich in die Calle de San José, und schon von weitem erblickte ich trotz des Pulverdampfs die großen Fenster meiner alten Behausung.

»Wir können nicht hinauf«, sagte ich zum Ladengehilfen, »wenn wir nicht mitten ins Feuer hineinrennen wollen!«

»Mitten ins Feuer! Nein, nein, wir dürfen unser Leben nicht riskieren! Ich sehe, daß sie da auch von den Balkons schießen. Komm, suchen wir Deckung, Gabriel!«

»Nein, jetzt können wir weitergehen! Das Feuer scheint aufgehört zu haben.«

»Du hast recht. Man hört nur noch wenige Schüsse. Mir ist so, als ob ›Sieg, Sieg‹ gerufen wird.«

»Ja, die Menge zerstreut sich, und einige kommen in unsere Richtung. Ach – sind das nicht Franzosen, die da auf die Calle de la Palma zu laufen? Ja – sehen Sie nicht die Fellmützen?«

»Gehen wir dort hin. Welch ein Kriegsgeschrei! Alle scheinen erfreut zu sein. Schau doch mal, wie die da auf den Balkons die Mützen schwenken!«

»Inés, da ist Inés – da auf dem Balkon, da oben … Ja, das ist sie!« rief ich. »Sie schaut zum Geschützpark hin. Sie scheint Angst zu haben und geht hinein. Jetzt kommt Don Celestino heraus, der wohl sehen will, was los ist. Schnell, jetzt können wir leicht bis zum Haus kommen!« Nach einem heftigen Gefecht hatte der Kampf am Geschützpark mit der Niederlage und dem Rückzug der ersten angreifenden französischen Einheit geendet. Aber während die naiven Zivilisten sich dem Jubel hingaben in dem Glauben, daß dieser Sieg endgültig sei, wußten die spanischen Offiziere des Geschützparks, daß sie bald von stärkeren Feindkräften angegriffen werden würden und bereiteten sich auf den Kampf vor.

Pacorro Chinitas, der einer der ersten gewesen war, die diesen Ort erreichten, trat auf mich zu und berichtete mir von dem Sieg mit den vier Kanonen, die Daoíz[38] auf die Straße gefahren hatte. Aber sehr bald mußten er und die anderen sich überzeugen, daß sich die Franzosen nur zurückgezogen hatten, um mit mehr Artillerie anzugreifen. Als wir die Treppen meines Hauses hinaufstiegen, hörten wir schon den beunruhigenden Lärm der nahen französischen Truppen.

Der Ladengehilfe stolperte auf jeder Stufe. Alle würden diesen Umstand der Angst zugeschrieben haben, aber ich schrieb ihn seiner Erregung zu. Als wir oben ankamen, waren Inés und Don Celestino außer sich vor Freude, mich gesund wiederzusehen, und sie zeigte mir, daß sie zwei Kerzen vor einem Abbild der Heiligen Jungfrau angezündet hatte, was wohl nach ihrer Ansicht meine Rettung war. Juan de Dios blieb einige Zeit lang in der Tür stehen mit dem Hut in der Hand, das Gesicht leichenblaß und verzerrt, in verlegener Haltung, ohne ein Wort zu sprechen oder sich zurückzuziehen, während Inés, die völlig mit ihrer Freude über meine Rückkehr beschäftigt war, nicht die geringste Notiz von ihm nahm.

»Gabriel«, sagte Don Celestino zu mir, »wir haben hier Szenen großen Heldenmutes gesehen. Die Franzosen sind zurückgeschlagen worden. Offenbar hat sich ganz Madrid gegen sie erhoben.«

Während er dies noch sagte, erschütterte eine furchtbare Detonation das Haus.

»Die Franzosen kommen zurück! Dieser Kanonenschuß war von den Unseren, die entschlossen sind, sich nicht zu ergeben. Gott und seine Heilige Mutter und die vier Patriarchen und Heiligen Doktoren werden uns beistehen.«

Juan de Dios stand immer noch in der Tür, ohne daß meine beiden Freunde, die äußerst bestürzt über die bevorstehende Gefahr waren, ihn beachteten.

»Das wird wieder losgehen!« rief Inés aus und zog sich vom Fenster zurück, nachdem sie es geschlossen hatte. »Und ich hatte schon gedacht, es sei zu Ende. Was für Schüsse! Was für ein Geschrei! Und erst die Einschläge der Kanonenkugeln! Ich dachte, die Welt werde in Stücke geschossen. Die ganze Zeit habe ich auf den Knien gebetet. Wenn du das miterlebt hättest, Gabriel! … Erst hörten wir, daß einige Soldaten wild an die Tore des Geschützparks schlugen. Danach kamen viele Männer und einige Frauen und verlangten Waffen. Im Hof der Anlage diskutierte ein Spanier mit grüner Uniform einen Augenblick mit einem anderen in blauer Uniform, dann umarmten sie sich und öffneten gleich danach das Tor. Ach, was für Stimmen, was für Schreie! Mein Onkel brach in Tränen aus und rief auch dreimal ›Hoch Spanien!‹, obwohl ich ihn gebeten hatte, still zu sein, damit die Nachbarschaft nicht auf uns aufmerksam wird. Dann ertönten Gewehrschüsse und bald darauf auch Schüsse aus Kanonen, die von zwei oder drei Frauen herausgeschoben worden waren ... Der mit der blauen Uniform kommandierte das Feuer, und ein anderer in gleicher Uniform, der sich vom ersteren durch eine größere Statur unterschied, zeigte den Leuten, wie sie das Pulver und die Kugeln laden mußten ... Ich bekam furchtbare Angst vor den Kanonenschüssen, so daß ich mich manchmal im Bett verkroch und betete. Manchmal siegte die Neugier in mir, und ich trat ans Fenster, um alles mit anzusehen ... Was für ein Anblick! Dichter Rauch, viel Pulverdampf, hochgereckte Arme, einige Männer blutüberströmt auf dem Boden und von allen Seiten der Glanz dieser großen Messer, die sie an den Gewehren haben.«

Eine zweite Detonation, gefolgt von vielen Gewehrschüssen, lähmte uns förmlich. Inés blickte auf die Heilige Jungfrau, und der Priester kniete sich vor ihrem Abbild hin und betete: »Heilige Jungfrau, schütze deine lieben Spanier, deren Königin du warst und deren Heerführerin du jetzt bist. Flöße ihnen Mut ein gegen so viele wilde Feinde, und nimm alle, die in der Verteidigung ihres geliebten Vaterlandes sterben, in den Himmel auf!«

Er wollte das Fenster öffnen, aber Inés hielt ihn voller Angst davon ab. Juan de Dios, der endlich aus dem Türrahmen herausgetreten war, setzte sich schüchtern auf die Kante eines Stuhles neben der Tür, wo sie ihn schließlich erkannte, das heißt, Kenntnis von seiner Gegenwart nahm. Bevor sie noch etwas fragen konnte, sagte ich zu ihr:

»Señor Juan de Dios hat mich hierher begleitet.«

»Ich, ich …«, stammelte der Ladengehilfe, der durch das Geschrei, das von der Straße heraufdrang, kaum zu verstehen war. »Gabriel wird Ihnen mitgeteilt haben …«

»Die Angst lähmt Ihnen ja die Zunge«, meinte Inés. »Auch ich habe große Angst! Aber Sie zittern ja, Ihnen geht es doch nicht gut …«

Tatsächlich schien Juan de Dios kurz davor, in Ohnmacht zu fallen. Er streckte die Arme nach Inés aus, und diese wußte vor Verwirrung nicht, ob sie zu ihm hingehen und ihm Hilfe leisten oder vor dem lästigen Besucher fliehen sollte. Ich war so aufgeregt, daß ich resolut das Fenster aufriß, ohne mich darum zu kümmern, was um mich herum im Zimmer vorging, und ohne Rücksicht auf die Furcht meiner Freundin. Von dort konnte ich die Bewegungen der Kämpfenden deutlich beobachten, als ob ich vor einem Tisch mit Zinnsoldaten stehen würde. Vier Geschütze waren in Betrieb – später hörte ich etwas von fünf: zwei Achter und drei Vierer. Aber ich glaube, daß eines nicht feuerte – oder erst gegen Ende des Gefechts. Soviel ich sehen konnte, waren es nicht mehr als zwanzig Artilleristen. Auch die von Ruiz befehligten Infanteristen waren nicht sehr zahlreich. Aber die Anzahl der Zivilisten war nicht gering, und es fehlte auch nicht an einigen Heldenhaften Amazonen, die ich zuvor schon an der Puerta del Sol gesehen hatte. Ein Offizier mit blauer Uniform kommandierte die beiden vor der Calle de San Pedro la Nueva (heute Dos de Mayo) aufgestellten Geschütze. Einem anderen, mit gleicher Uniform und gleichen Rangabzeichen, unterstanden die in den Straßen San Miguel und San José. Ein Geschütz war auf die Calle San Bernardo gerichtet, denn von dort wurden neue französische Kräfte erwartet zur Unterstützung derjenigen, die die Palma Alta und Stellen unmittelbar bei der Maravillas-Kirche eingenommen hatten. Zu diesem Zeitpunkt konzentrierte sich der Kampf auf die Gasse San Pedro la Nueva, von wo die kaiserlichen Grenadiere in beträchtlicher Zahl angriffen. Um ihren Angriffsschwung zu brechen, feuerten meine Landsleute ihre Geschütze in so schneller Folge wie möglich ab. Diese Kanonenschüsse wurden vom ständigen, mörderischen Gewehrfeuer der hinter den Mauern des Geschützparks, am Tor und in der Straße stehenden Schützen unterstützt.

29

Als die Franzosen versuchten, die Geschütze mit aufgepflanztem Bajonett zu nehmen, wurden sie – ohne daß unser Gewehrfeuer nachließ – von den Leuten des Volkes mit gezückten Messern empfangen, was Panik und Mutlosigkeit unter den Helden der Pyramiden und von Jena auslöste. Die blanken Waffen dieser kriegserprobten Franzosen machten hingegen keinen großen Eindruck auf die spanischen Volksmassen, weil die schon seit alten Zeiten gewöhnt waren, damit zu spielen. Die Spanier, die damit verwundet wurden, gerieten eher in Raserei als in Ohnmacht.

Von meinem Fenster, das auf die Calle de San José hinausging, sah man die Einmündung der Calle San Pedro la Nueva nicht, obwohl das Haus auf der Ecke beider Straßen stand. Deshalb sah ich, der ich ständig die Spanier unter meinen Augen hatte, die Franzosen erst, als sie unter Mißachtung der Gewehrsalven versuchten, sich auf die Geschütze zu stürzen. Alles geschah so blitzschnell, daß es mir schien, als würden sich alle gegenseitig umbringen. Aber unsere tapferen Leute, von ihrem eigenen Schwung angefeuert und dem Mut, dem Geschick und der unwahrscheinlichen Gelassenheit der spanischen Artillerieoffiziere angesteckt, warfen die Bajonette der Feinde zurück, wobei ihre Messer furchtbare Wirkung zeigten und das Werk der Gewehre vollendeten. Es fielen einige, dann viele der Artilleristen und auch eine ganze Anzahl Zivilisten, aber diese Verluste entmutigten die Madrider nicht. Einer der Artillerieoffiziere hieb mit seinem Säbel, ohne mit der

Bedienung des Geschützes aufzuhören, dessen Lafette als Schild für die entschlossensten Zivilisten diente. Ein anderer Offizier stürzte sich mit einer Gruppe von Spaniern auf die angreifende französische Einheit und zerstreute sie, ohne daß die Franzosen Zeit hatten, sich wieder zu sammeln. Das waren jene beiden unbekannten Offiziere, die an einem Tag, in einer Stunde, sich zu Vorkämpfern des nationalen Bewußtseins machten und die mit ihrem Einsatz die Kriegserklärung durch die Räte vorausnahmen und die ersten Schläge gegen die Franzosen in dem Kampf führten, der später zum Sieg über die größte Macht jener Zeit führen sollte. So erlangten diese unbekannten Männer die Unsterblichkeit.

Der Lärm dieses Zusammenstoßes, die Schreie, der heldenhafte Rausch der Spanier und auch der Franzosen, denn diese beschworen unter sich ihre großen Siege, um sich anzufeuern, bildeten ein furchtbares Konzert, bei dem die Angst wich und auch der Zuschauer nicht unbeteiligt bleiben konnte. Das Schauspiel erzeugte Wut, aber auch Begeisterung, als man sah, wie die kräftemäßig weit Unterlegenen die Oberhand gewannen. Trotz unserer hohen Verluste schien ein zweiter Sieg bevorzustehen. Das dachten sich offenbar auch die Franzosen, die sich in den hinteren Teil der Calle de San Pedro la Nueva zurückgezogen hatten und erkannten, daß mehr Truppen erforderlich waren, um die zwanzig Artilleristen, die von Männern und Frauen des Volkes unterstützt wurden, zu überwältigen. Deshalb holten sie eine ganze Armee herbei, und die Division San Bernardino unter dem Kommando von Lefranc erschien mit mehreren Kanonen auf den Salesas Nuevas. Die Kaiserlichen maßen dem Geschützpark, der von kärglichen Mauern umgeben war, die Bedeutung einer Festung und dem buntscheckigen Haufen seiner Verteidiger die eines ganzen Volkes bei.

Für kurze Zeit war es recht ruhig. Ich hörte nur die Stimmen einiger Frauen, unter anderem die der Primorosa, die vom ständigen Schreien sehr heiser klang. Als ich mich in dieser kurzen Kampfpause vom Fenster zurückzog, sah ich, daß Juan de Dios in Ohnmacht gesunken war. An seiner Seite kniete Inés und versuchte, ihm ein Glas Wasser einzuflößen.

»Dieser gute Mann«, sagte die Waise, »hat den Verstand verloren. So groß ist seine Angst. Es ist ja auch schrecklich, ich bin selbst schon halbtot. Hat es endlich aufgehört, Gabriel? Sie schießen ja nicht mehr. Ist alles vorbei? Wer hat gesiegt?«

Ein neuer Kanonenschuß erschütterte das Haus. Inés fiel das Glas aus der Hand. Im gleichen Augenblick trat Don Celestino ein, der den Kampf von einem anderen Zimmer des Hauses aus beobachtet hatte.

»Das ist die französische Artillerie«, rief er. »Jetzt geht es erst richtig los. Sie haben mehr als zwölf Kanonen gebracht. Jesus, Maria und Josef, steht uns bei! Sie werden unsere tapferen Landsleute in Stücke schießen. Herr der Gerechtigkeit! Heilige Jungfrau, Heilige Schutzpatronin Spaniens!«

Juan de Dios öffnete die Augen mit einem erloschenen Blick wie der eines Kranken. Inés kniete vor dem Bild der Heiligen Jungfrau und vergoß Ströme von Tränen.

»Es sind unermeßlich viele Franzosen«, fuhr der Priester fort. »Das müssen Hunderttausende sein, die da kommen. Dagegen werden die Unsrigen immer weniger. Viele sind schon gefallen. Werden die übriggebliebenen den Kampf noch aufrechterhalten können? Oh, Gabriel und Sie, mein Herr – wer Sie auch immer sind, so nehme ich doch an, daß Sie unserem Volk angehören –, habt ihr ein ruhiges Gewissen, mit anzusehen, wie unsere Brüder da unten für das Vaterland und den König kämpfen? Mut meine Söhne, die Franzosen werden zum dritten Mal angreifen. Seht ihr nicht, wie sich die Unsrigen vorbereiten, um sie mit dem gleichen Heldenmut wie vorher zu empfangen? Hört ihr nicht die Rufe der Überlebenden des letzten Kampfes und die Stimmen der Jugend? Gabriel und Sie, mein Herr, wer immer Sie sind, habt ihr die Frauen gesehen? Beschämen diese heldenhaften Angehörigen des zarten Geschlechts nicht die Männer, die sich vor dem ehrenhaften Kampf drücken?«

Darauf stürzte der gute Geistliche in einer Erregung, in der ich ihn noch nie gesehen hatte, auf den Balkon, prallte aber gleich wieder zurück, richtete den Blick auf das Bild der Heiligen Jungfrau, dann auf uns und sprach darauf gleichermaßen zu sich selbst wie zu den Umstehenden:

»Wenn ich fünfzehn Jahre alt wäre, Gabriel, wenn ich in deinem Alter wäre – aber ich muß ehrlich zugeben, daß ich eine schreckliche Angst habe. In meinem Leben habe ich noch keine Schlacht gesehen oder auch nur den Lärm der Kanonenschüsse gehört … aber ich würde … Seht ihr nicht, daß schon Not an Mann ist? Seht ihr nicht, wie immer mehr durch die Splitter der Einschläge ausfallen? … Schaut doch mal, wie diese Frauen mit den blut-überströmten Armen eine unserer Kanonen in die Einmündung unserer Straße schieben! Schaut doch mal diesen Haufen von Leichen an, aus dem eine in schrecklicher letzter Geste gegen den Feind geballte Faust hervorragt! Es scheint, als ob die Toten den Feind noch haßerfüllt verfluchen … Oh, ich zittere, stützt mich – nein, laßt mich ein Gewehr nehmen, und du, Gabriel, und Sie, mein Herr, auch. Inés, wir gehen jetzt alle auf die Straße, hört ihr? Jetzt hört man die Flüche der Franzosen. Ihre Artillerie rückt heran. Ah, diese Hunde! Noch sind wir genug, aber nicht mehr viele. Liebt ihr Spanien? Liebt ihr diese Erde? Liebt ihr unsere Häuser, unsere Kirchen, unseren König, unsere Heiligen? Es ist dort, dort in jenen Kanonen, was ihr liebt. Geht dahin! Ah, die Männer, die von der Mauer feuerten, sind alle gefallen. Aber das ist nicht so wichtig. Jeder Tote bedeutet nicht mehr, als daß ein Gewehr in andere Hände übergeht, denn noch bevor sich die Finger derjenigen, die sie loslassen müssen, verfärben, werden sie von anderen ergriffen … Schaut: Der Offizier, der sie kommandiert, scheint verärgert zu sein, er blickt zum Geschützpark und hebt die Hand an den Kopf in einer Geste der Verzweiflung. Sie haben keine Kugel, keine Kartätschen mehr. Aber jetzt kommt der andere mit einem Korb Feuersteine. Die laden sie und schießen … Oh, sollen sie nur kommen! Die Elenden! Spanien hat noch Steine in seinen Straßen, um mit euch fertig zu werden … Aber … da … die Franzosen scheinen zu kommen. Es sterben viele von uns. Von den Balkons wird viel geschossen, aber das genügt nicht … Ja, wenn ich zwanzig Jahre wäre, würde ich den Mut aufbringen, der mir heute fehlt, und mich in den Kampf mischen. Mit Stockschlägen, ja, meine Herren, mit Stockschlägen würde ich gegen die Franzosen vorgehen! Jetzt, mit meinen sechzig Jahren … Gabriel, weißt du, was das heißt, die Pflicht? Weißt du, was die Ehre ist? Damit du es weißt, höre: Ich, der ich ein unnützer Alter bin, ich, der noch niemals einen Schuß abgegeben hat, ich, der sich in seinem Leben noch nie mit jemandem gestritten hat, ich, der kein Huhn umbringen kann, ich, der nie sehen konnte, wie man einen Wurm zertritt, ich, der immer Angst vor allem gehabt hat, ich, der jetzt zittert wie ein Hase und dem jeder Schuß so vorkommt, als töte er die Seele des Herrn, ich werde jetzt auf die Straße gehen, nicht mit Waffen, weil sich mir Waffen nicht geziemen, sondern weil ich diese Tapferen aufrichten und ihnen auf spanisch sagen will: *Dulce et decorum est pro patria mori!**«

Diese Worte, von dem Alten mit einer Begeisterung gesprochen, die ich von ihm nur wenige Male gehört hatte, und dann immer nur von der Kanzel, stachelten mich so an, daß ich mich schämte, feiger Betrachter dieses heroischen Kampfes zu sein, ohne zur Verteidigung der Meinen einen einzigen Schuß abzufeuern oder einen einzigen Stein zu werfen. Wenn mich die Gegenwart von Inés nicht davon abgehalten hätte, wäre ich keine Sekunde mehr in dem Zimmer geblieben. Als ich den guten Priester aus dem Haus eilen sah, verblaßten Angst und Liebe in mir vor einer großen, jähen Flamme der Begeisterung, die uns sehr selten, aber dann mit unwiderstehlicher Kraft zu großen Taten anfeuert.

Inés machte eine Bewegung, als ob sie mich zurückhalten wollte, aber zweifellos verstand sie mit ihrem bewun-

---

* Süß und ehrenhaft ist es, für das Vaterland zu sterben! (Anm. des Übersetzers)

dernswerten Einfühlungsvermögen, wie tief mein Selbst-
wertgefühl gesunken war, weil ich bis jetzt der Schwäche
nachgegeben hatte, und sie griff nicht ein, obwohl es sie
dazu drängte.

Juan de Dios war wieder aus der Ohnmacht erwacht,
verstand aber nicht die Lage, in der wir uns befanden. Er
schien nur Augen und Ohren für Bilder und Stimmen seiner eigenen Seele zu haben. In verlegener Haltung trat er
vor Inés und sprach zu ihr:

»Aber Gabriel hat Sie doch von allem unterrichtet. Habe
ich Sie in irgendeiner Weise beleidigt? Sie werden doch
verstanden haben …«

»Dieser Herr«, sagte Inés und wies auf den Ladengehilfen, »stirbt vor Angst und wird nicht von hier gehen. Wollen Sie sich in der Küche verstecken?«

»Angst? Ich soll Angst haben?« rief der Verkäufer in
großer Aufregung aus, so daß sein Gesicht knallrot wurde.
»Wohin gehst du denn, Gabriel?«

»Auf die Straße«, antwortete ich und sprang zur Treppe,
»um für Spanien zu kämpfen. Ich jedenfalls habe keine
Angst!«

»Ich auch nicht!« ließ Juan de Dios wütend seine
Stimme erschallen und lief mir nach.

30

Ich betrat die Straße zu einem sehr kritischen Zeitpunkt.
Die zwei Geschütze in der Calle San Pedro hatten einen
Teil ihrer Mannschaften verloren, und Leichenhaufen ver-
sperrten den Weg. Das nach Westen gerichtete Geschütz
hatte gegen die Franzosen nichts als den Heldenmut
von Don Pedro Velarde[37] und die Unterstützung durch Gewehrschüsse.

Nach den ersten Schritten fand ich ein Gewehr und ging
am Tor des Geschützparks in Stellung. Geschützt durch

die Strebemauer, konnte ich in Richtung der Ancha-Straße zielen. Dort entdeckte ich das bekannte, aber schrecklich entstellte Gesicht von Pacorro Chinitas. Er saß zwischen einem Erdhaufen und dem Körper eines Sterbenden und sagte mir mit stockender Stimme:

»Gabriel, mit mir geht es zu Ende. Ich bin zu nichts mehr nütze.«

»Mut, Chinitas«, munterte ich ihn auf und reichte ihm seine Flinte zurück, die aus seinen Händen geglitten war, »komm, steh wieder auf!«

»Aufstehen? Ich habe doch keine Füße mehr! Hast du Pulver? Gib mir welches, ich werde dir die Flinte laden … Ich bin hier umgefallen. Siehst du das Blut? Das ist alles von mir und dem Kameraden da, der jetzt von uns geht. Ach, er ist jetzt schon gestorben. Leb wohl, Juancho, du wirst wenigstens nicht erleben, wie die Franzosen in den Geschützpark eindringen.«

Ich schoß mehrmals – zuerst sehr ungeschickt, aber dann schon mit einer gewissen Gewandtheit, wobei ich versuchte, immer einen Franzosen zu treffen, der sich von den anderen klar abhob. Dazwischen, und ohne das Schießen und Laden zu unterbrechen, hörte ich die Stimme des Formgießers Chinitas, die immer schwächer wurde: »Adiós, Madrid, mit mir geht es zu Ende. Gabriel, ziele auf die Köpfe. Juancho, du hast es schon überstanden. Ich komme jetzt zu dir. Möge Gott bei mir sein und mir verzeihen. Sie nehmen uns den Geschützpark, aber für jeden Tropfen dieses Blutes wird ein anderer Mann mit seinem Gewehr aufstehen, heute, morgen und übermorgen. Gabriel, mach die Ladung nicht zu stark, damit sie dir den Lauf nicht sprengt. Wenn du kein Messer hast, such dir eins, denn sie werden mit Bajonetten kommen. Ach, hier ist ja meins – neben dem Bein, das ich verloren habe. Nimm es! … Ach, ich sehe nur noch dunklen Himmel! Was für ein schwarzer Rauch! Wo kommt der denn her? Gabriel, wenn das hier vorbei ist, gibst du mir dann ein bißchen Wasser? Was für ein schrecklicher Lärm! … Warum bringt man mir denn kein Wasser? Wasser, beim Allmächtigen! Ja, da sehe ich das Wasser. Hier ist es. Engel bringen es mir – ein Springbrunnen, eine Quelle, ein Fluß …«

Als ich mich abwendete, hatte Chinitas schon sein Leben ausgehaucht. Fast alle unserer Artilleristen waren gefallen, so daß zwei Frauen das Hauptgeschütz bedienten, das auf die Ancha-Straße gerichtet war. Eine der beiden war die Primorosa, die ich kräftig auf die Lunte, die am Erlöschen war, blasen sah.

»Mein Herr General«, sagte sie zu Daoíz, »solange Euer Gnaden und ich hier stehen, werden die spanischen Lande und die Kolonien nicht verlorengehen … Rein mit dieser Kugel. Wo bleibt die Pulverladung? Wie das Biest springt, wenn es abgefeuert wird!« Und als sie mich sah: »Ach, da bist du ja, Milchbube! Komm mal hier zur Kanone, da wirst du sehen, wo die Musik spielt!«

Der Kampf hatte den Gipfel der Verzweiflung erreicht. Die feindliche Artillerie rückte näher und näher. Von Daoíz angefeuert, konnten die heldenhaften Zivilisten die französische Infanterie zum letzten Male abwehren, die in kleinen Zügen von der Hauptmasse ihrer Truppen ausschwärmte.

»He!« schrie die Primorosa, als sie wieder zu feuern begannen. »Zurück, denn mit mir ist nicht gut Kirschen essen! Haben Sie gesehen, wie die zurückgewichen sind, Herr General? Wenn ich sie nur mit meinen wütenden Augen anblicke, rennen die doch schon. Die sind doch halbtot vor Angst. Hoch Spanien und Tod Napoleon! … Chinitas, ist Chinitas nicht hier? Komm doch mal her, du Feigling!«

Und als die Franzosen uns wieder mit Geschützfeuer belegten, nachdem sie ihre Infanterie zurückgezogen hatten, schrie sie beim Laden weiter:

»Kommt doch nur her, ihr Bande, kommt nur! Ihr wollt mich besiegen, ja? Hier stehe ich, die Kaiserin vom Trödelmarkt, und ich rauche mit dieser großen Bronzezigarre, denn unter dem mache ich's nicht! Wollt ihr einen Zug nehmen? Könnt ihr haben. Da, euch soll die Spucke wegbleiben!«

Die heroische Frau hielt plötzlich inne, denn eine andere Marktschöne neben ihr wurde durch einen Kugelsplitter am Kopf getroffen, so daß Teile ihres Gehirns umherflogen. Die Gattin des Chinitas, die auch verwundet war, schaute den verlöschenden Körper ihrer Freundin an und – was bei ihr außerordentlich war – wurde plötzlich blaß und ernst. Sie hatte Angst bekommen.

Es kam der schrecklichste und kritischste Augenblick. Da fühlte ich, wie eine Hand meinen Arm ergriff. Als ich den Blick dorthin richtete, sah ich einen blauen Ärmel und eine Schulter mit der Epaulette eines Hauptmanns. Sie gehörten zu Don Luis Daoíz, der wegen einer Beinverwundung den nächsten Halt ergriffen hatte, um nicht zu Boden zu fallen. Ich schlang meinen Arm um seinen Gürtel, und er hob die Fäuste krampfhaft zum Himmel, biß dann in seinen Säbelknauf und stieß einen so schrecklichen Fluch aus, daß er das Firmament zum Einstürzen gebracht hätte, wenn man da oben auf Stimmen von hier unten gehört hätte.

Darauf sprach man von Kapitulation, und das Feuer wurde eingestellt. Der Kommandeur der französischen Streitkräfte trat auf uns zu, und anstatt anständig über die Kapitulationsbedingungen zu verhandeln, redete er mit barscher Miene und in drohendem, grobem Ton mit Daoíz. Unser unsterblicher Artillerist sprach darauf folgende berühmte Worte: »Wenn Sie fähig wären, mit Ihrem Säbel zu sprechen, würden Sie mich nicht so behandeln!«

Ohne darauf zu achten, was der andere ihm sagte, rief der französische Kommandeur seine Leute herbei, und im gleichen Augenblick ... Hier ist eigentlich keine Erzählung mehr möglich, denn alles ging zu Ende. Die Franzosen stürzten sich mit ungeheurer Wucht auf uns. Der erste, der fiel, war Daoíz, dem die Brust von Bajonetten durchbohrt wurde. Alle von uns, die das noch konnten, zogen sich eiligst in das Innere des Geschützparks zurück, und da uns auch in diesem schrecklichen Moment noch Pedro Velarde zum Widerstand anfeuern wollte, wurde er von einem feindlichen Offizier von hinten mit einer Pistole erschossen. Viele wurden erbarmungslos mit dem Bajonett niedergemacht, aber einige andere und ich konnten durch Sprünge in die Trümmer bis zu den Mauern des hintersten Teils des Geschützparks fliehen, wo wir uns zerstreuten. Jeder versuchte, auf Schleichwegen zu seinem Heim zu kommen, während das Gebrüll der Franzosen der erschreckten Bevölkerung anzeigte, daß Monteleón in der Hand Bonapartes geblieben war.

Wir konnten unser Leben nur unter großen Mühen retten, und es waren nicht viele, die wir mit unseren ermüdeten Körpern den Garten der Salesas Nuevas oder den Quemadero erreichen konnten. Die Franzosen machten sich aber nicht die Mühe, uns weiter zu verfolgen – entweder weil sie glaubten, es würde genügen, diejenigen, derer sie gleich habhaft werden konnten, umzubringen, oder weil sie genauso erschöpft waren wie wir. Glücklicherweise war ich nur sehr leicht am Kopf verletzt und konnte mich in kürzester Zeit absetzen. Von da ab dachte ich nur noch daran, mein Haus zu erreichen, wo ich glaubte, daß Inés in Angst und Ungewißheit um mein Schicksal schweben würde. Auf meinem Wege dahin fand ich das Santo-Domingo-Tor versperrt und mußte einen beträchtlichen Umweg über die San-Joaquín-Pforte machen. Unterwegs erfuhr ich, daß die Franzosen sich aus dem Geschützpark zurückzogen, nachdem sie dort eine kleine Garnison eingesetzt hatten.

Etwas beruhigt durch diese Nachricht, begab ich mich zu meiner Wohnung. Als ich die Calle de San José erreichte, wimmelte diese Straße voller Spanier, besonders Frauen, die die Leichen identifizierten. Die Primorosa hatte den Körper von Chinitas gefunden, und ich sah, wie der noch lebende Daoíz auf den Schultern von vier Zivilisten weggetragen wurde, gefolgt von einem Menschenschwarm. Von Don Velarde wurde erzählt, daß ihn die Franzosen vollständig entblößt hätten, und jetzt kamen seine Verwandten und Freunde, um ihn in ein Leichentuch zu hüllen und in San Marcos beizusetzen. Die Franzosen waren damit beschäftigt, die Geschütze wieder funktionsunfähig zu machen und ihre Verwundeten still in den Geschützpark zu bringen. Auf der Calle de San Miguel sah ich eine kleine Einheit polnischer Kavallerie stationiert.

Ich war schon in der Nähe meines Hauses, als ein Mann mit solchen verrückten Gebärden die Straße überquerte, daß er mir auffiel. Es war Juan de Dios, der auf unsicheren Beinen nach hier und da wankte, wie ein Geisteskranker oder Betrunkener, ohne Hut, das zerzauste Haar in die Stirn hängend, die Kleidung zerrissen und die rechte Hand in ein blutgetränktes Tuch eingebunden.

»Sie haben sie mitgenommen!« rief er, als er mich sah, und schwenkte verzweifelt die Arme.

»Wen denn?« wollte ich wissen und ahnte schon mein neues Unglück.

»Inés!!! Die Franzosen haben sie entführt – auch den unglücklichen Priester.«

Die Überraschung und der Schrecken dieser ungeheuren Neuigkeit lähmten mich buchstäblich.

31

»Als sie den Geschützpark eingenommen hatten«, fuhr Juan de Dios fort, »kamen die Franzosen in dieses Haus an der Ecke und in das andere an der Calle de San Pedro, um alle mitzunehmen, die geschossen hatten. Sie holten etwa zwei Dutzend Unglückliche heraus. Ach, Gabriel, wie furchtbar! Ich ging in die Taverne, um mir etwas Wasser auf die Hand zu gießen, denn eine Kugel hatte mir zwei Finger weggerissen ... Also, ich betrat die Taverne und sah, wie die Franzosen Inés mitnahmen. Die Arme weinte fürchterlich und schaute nach allen Seiten, zweifellos, um mich mit den Augen zu suchen. Ich trat hinzu und bat den Sergeanten auf französisch, sie doch gehen zu lassen, aber er versetzte mir einen so starken Schlag, daß ich fast die Besinnung verlor. Wenn du gesehen hättest, wie der arme

Engel weinte und nach allen Seiten schaute, um mich zu suchen! ... Ich werde noch verrückt, Gabriel. Der gute Priester stieg gerade die Treppe herunter, als sie ihn verhafteten. Sie sagten, er habe ein Messer in der Hand gehabt. Alle im Haus wurden gefangengenommen. Die Franzosen erklärten nämlich, daß man von diesem Haus einen Topf mit kochendem Wasser heruntergeschüttet habe. Gabriel, wenn die Inés nicht wieder freilassen, werde ich sterben, ich werde mich umbringen, ich werde den Franzosen dann sagen, sie sollen mich töten!«

Als ich diesen Bericht hörte, jagte mir der stechende Seelenschmerz zuerst heiße Tränen in die Augen, dann aber entrüstete ich mich derart, daß ich in wilde Schreie ausbrach und wie ein Verrückter brüllend durch die Straße rannte. Ich konnte es noch nicht glauben und stieg zu meiner Wohnung hinauf, die ich leer vorfand. Aus dem Munde einiger Nachbarn wurde mir die Mitteilung des Juan de Dios bestätigt. Blind vor wahnsinniger Wut und die Seele voller schlimmer Vorahnungen, lief ich zur Stadtmitte, ohne ein bestimmtes Ziel und ohne einen klaren Gedanken fassen zu können. Wen könnte ich denn um Hilfe bitten, wo ich doch auch so ungerecht verfolgt wurde? Manchmal ermunterte mich noch die Hoffnung, daß die Franzosen meine beiden Freunde freilassen würden. Die Unschuld der einen und des anderen, besonders die ihre, waren für mich derart offensichtlich, daß ich nicht den geringsten Zweifel hatte, daß sie auch von den Eindringlingen erkannt werden müßten. Juan de Dios folgte mir und weinte wie eine Frau.

»Hier sagt man«, berichtete er mir, »daß die Gefangenen in das Posthaus gebracht worden seien. Gehen wir doch dorthin, Gabriel, und sehen wir, ob wir etwas tun können!«

In kurzer Zeit waren wir an der Puerta del Sol, und im ganzen Umkreis hörten wir nichts als Jammern und Klagen um den Bruder, den Vater, den Sohn, den Freund, die ohne Grund barbarisch weggeschleppt worden waren. Man sagte, daß im Posthaus ein Militärgericht eingerichtet worden sei, aber dann hieß es wieder, daß der Rat ein

Abkommen mit Murat getroffen habe: Demnach solle der ganze Kampf vergessen und die gegenseitigen Übergriffe vergeben werden. Diese Neuigkeit richtete alle Anwesenden etwas auf, obwohl es uns nicht sehr beruhigend erschien, daß an den Mündungen der wichtigsten Straßen jeweils eine Kanone mit brennender Lunte aufgestellt worden war. Es wurde vier Uhr nachmittags, und unsere Zweifel an der Richtigkeit der guten Nachricht wuchsen. Aus den Türen des fatalen Posthauses kam auch niemand als ein Ordonnanzoffizier, der hastig in Richtung Retiro oder Montaña ging. Ungeheure Angst umklammerte unsere Herzen, und alle zerstreuten sich, um endlich Nachrichten von glaubhaften Quellen zu suchen.

Da hörte ich jemanden rufen, daß auf den Straßen in der Nähe eine Proklamation ausgerufen werde. Wir rannten alle zur Arenalstraße, aber es war unmöglich zu verstehen, was da ausgerufen wurde. Wir fragten Leute in unserer Nähe, aber niemand konnte uns Auskunft geben. Wir gingen zurück und versuchten weiter vergeblich, Neues in Erfahrung zu bringen. Schließlich liefen wir wieder zum Posthaus, hinter dessen Mauern wir unsere Lieben vermuteten. Eine halbe Kompanie Grenadiere und einige Mamelucken verjagten die dort um ihre Angehörigen jammernden Menschen und bedrohten sie mit dem Tode. Wir streiften weiter durch die Straßen, jeder grübelnd, welche Einflüsse er geltend machen könnte, um die Seinen zu retten.

Juan de Dios und ich begaben uns zu den Caños de Peral und sahen, wie ein Zug von Franzosen zwei alte Männer und einen jungen Burschen, gefesselt wie Straßenräuber, abführten. Nach dieser traurigen Prozession sahen wir in der Calle de los Tintes eine andere nicht minder düstere, in der eine junge Frau, ein Priester, zwei Herren offenbar gehobenen Standes und ein Mann des Volkes mit der Kleidung eines Straßenverkäufers unter Bewachung dahinschritten. Die dritte trafen wir in der Calle de Quebrantapiernas, der ›Beinbrecherstraße‹. Sie bestand aus mehr als zwanzig Personen aus verschiedenen Gesellschaftsschichten und Volksständen. Diese Unglücklichen schritten stumm und resigniert dahin und hatten offenbar den Haß in ihre Herzen eingeschlossen. Man hörte auch keine patriotischen Schreie mehr in den Straßen der besiegten und geknechteten Stadt, denn die Invasoren beherrschten nun alles, Stein für Stein, und es gab keine Straßenecke, wo nicht eine Kanonenmündung drohte, keine Gasse, auf der nicht Schützengruppen dahinzogen, keinen Platz, auf dem nicht starke Wachen von Mamelucken, Dragonern oder polnischer Kavallerie aufgestellt waren.

Oft sahen wir, wie friedliche Personen angehalten und durchsucht wurden. Wenn man bei einem Spanier eine Waffe, und sei es auch nur ein Küchenmesser, fand, wurde er abgeführt. Ich trug das Messer von Chinitas in der Tasche, und es kam mir nicht in den Sinn, es wegzuwerfen – so stark war meine Verwirrung und Geistesabwesenheit. Wir hatten aber das Glück, nicht durchsucht zu werden.

Als die Dämmerung hereinbrach, befanden sich kaum noch Menschen auf den Straßen. Ich wollte zum Haus der Marquise gehen in der verzweifelten Hoffnung, von ihr Unterstützung in dieser Katastrophe zu erlangen. Juan de Dios erklärte mir, daß er seinerseits daran gedacht habe, einen Freund aufzusuchen, der wiederum Freund des Ratsmitglieds O'Farril war. Als wir uns das gegenseitig mitgeteilt hatten, trennten wir uns mit dem Versprechen, uns eine Stunde später wieder an der Puerta del Sol zu treffen.

Ich erreichte das Haus der Marquise, und ein Diener erklärte mir, daß Ihre Exzellenz vor zwei Tagen nach Andalusien abgereist sei. Dann fragte ich nach Amaranta[39], aber zu meinem Verdruß mußte ich auch wieder erfahren, daß die Frau Gräfin gleichfalls nach Andalusien gefahren sei. Verzweifelt kehrte ich zur Innenstadt zurück, hob meine Gedanken zu Gott empor, dem wirksamsten Beschützer der Unschuld, erreichte wieder das Postgebäude und versuchte, dort hineinzukommen, was mir aber nicht gelang. Bald darauf sah ich aber Juan de Dios zitternd herauskommen und ahnte neues Unglück.

»Sie ist nicht da?« fragte ich begierig. »Sie haben sie freigelassen?«

»Nein«, sagte Juan und wischte sich den Schweiß von
der Stirn, »alle Gefangenen sind von dort zum Buen
Suceso, zum Retiro und sonstwohin gebracht worden ...
Aber hast du nicht gehört, was in der Proklamation stand?
Alle, die mit der Waffe in der Hand angetroffen wurden,
werden exekutiert! ... Alle, die sich zu mehr als acht Personen zusammenrotten, *werden exekutiert!* ... Alle, die einem
Franzosen Schaden zufügen, *werden exekutiert!* ... Alle, die
sich verdächtig machen, Agenten Englands zu sein, *werden
exekutiert.*«

»Aber wo ist denn Inés?« rief ich erregt aus. »Wo ist sie
denn nur? Wenn diese Henker imstande sind, ein unschul-
diges Mädchen und einen armen Alten zu opfern, wird
sich die Erde auftun, um sie zu verschlingen, die Steine
werden sich ihnen von selbst entgegenschleudern, der
Himmel wird auf ihre Köpfe herabfallen, und das Wasser,
das sie trinken, wird sich in Gift verwandeln. Wenn dies
nicht geschieht, dann gibt es keinen Gott und wird es auch
keinen geben. Laß uns gehen, Freund! Tun wir dieses gute
Werk. Sie sagten, daß sie im Retiro seien?«

»Oh, da oder im Buen Suceso oder im Moncloa. Gabriel,
ich werde Inés vor dem Tode retten, oder ich stelle mich
vor die Musketen dieser Kanaillen, damit sie auch mich
erschießen. Ich möchte mit ihr zum Himmel aufsteigen.
Wenn ich wüßte, daß mich diese sanften Augen auf dieser
Erde nicht mehr anblicken werden, würde ich nicht mehr
weiterleben wollen. Gabriel, alles, was ich habe, ist dein,
wenn du mir hilfst, sie zu suchen, damit wir heiraten und
auf die einsame Insel fahren können. Was ist dagegen
Geld! Ich habe noch Hoffnung – und du?«

»Ich auch«, antwortete ich und dachte an Gott.

»Na, dann geh du doch zum Retiro, ich zum Hospital
vom Buen Suceso, wo ich einen der Pfleger kenne. Außerdem kenne ich ja auch zwei französische Offiziere! Ob die
wohl etwas für sie tun können? Gehen wir – es ist zehn
Uhr. Da ... hast du nicht auch einen Schuß gehört?«

»Ja, in dieser Richtung dort, zum Prado hin. Das Blut gefriert mir in den Adern. Ich werde dorthin laufen. Viel Glück! Wenn wir uns hier nicht wieder treffen, dann in meinem Haus.«

Wir trennten uns in Eile, und ich lief durch die Carrera de San Jerónimo. Die Nacht war finster, kalt und einsam. Auf meinem Weg begegneten mir nur wenige Leute, aber diese wenigen klagten und weinten für viele. Von weitem hörte ich die Schritte der französischen Patrouillen, und von Zeit zu Zeit sah ich einen fernen Lichtschein auflodern, worauf eine Detonation folgte.

32

Wie ich in meiner gepeinigten Seele dieses Schauspiel in der dunklen Nacht, diese furchterregenden Geräusche aufnahm, kann ich nicht mehr beschreiben. Für solchen Seelenschmerz gibt es keine Worte mehr. Ich war schon bei der Kirche Espíritu Santo angekommen, als ich von einer Gewehrsalve ganz in der Nähe aufgeschreckt wurde. Dort, an der Ecke des Palastes Medinaceli, sah ich im Licht des Mündungsfeuers eine Menschengruppe. Nach der Salve hörte ich Schmerzensschreie und Flüche, die schließlich in der Stille der Nacht versiegten. Danach waren einige Stimmen zu hören, die sich in einer fremden Sprache unterhielten, und die Schritte der Henker, deren Marsch zum hinteren Teil des Prado von einigen trüben Laternen erhellt wurde. Überall tauchten bewachte Gruppen von handgefesselten Leuten auf, und vom Retiro her war der Schein eines Biwaks zu erkennen.

Ich näherte mich dem Medinaceli-Palast vom Prado her und erblickte, wie Leute herbeieilten, um die soeben exekutierten Unglücklichen zu identifizieren. Ich konnte die niedergestreckten Körper auch erkennen und bemerkte, daß einige noch am Leben waren, obwohl schrecklich verwundet. Sie krochen auf dem Boden dahin und baten um Hilfe oder flehten mit herzzerreißender Stimme, daß man sie doch ganz töten solle.

Unter all diesen Opfern war nur eine Frau, und diese hatte keine Ähnlichkeit mit Inés. Ich sah darunter auch keinen Priester. Ohne auf die um Hilfe flehenden Stimmen oder auf die Gefahren zu achten, denen ich mich in dieser Gegend aussetzte, strebte ich auf den Retiro-Park zu.

Am ersten Tor hielten mich Wachen an, und ein Offizier trat näher.

»Mein Herr«, rief ich aus, legte die Hände aneinander und machte eine Geste des heftigen Schmerzes, der mich beherrschte, »ich suche zwei Personen meiner Familie, die durch einen Irrtum hierhergebracht worden sind. Sie sind unschuldig. Inés hat kein kochendes Wasser auf die Straße gegossen, und der arme Priester hat auch keinen Franzosen getötet. Ich schwöre Ihnen das, Herr Offizier. Wer etwas anderes behauptet, ist ein gemeiner Lügner.«

Der Offizier, der mich nicht verstand, machte eine Bewegung, um mich wegzuscheuchen, aber ich achtete auf nichts, kniete mich vor ihn hin und flehte ihn mit lauten Schreien wie folgt an:

»Herr Offizier! Würden Sie so unmenschlich sein, zwei harmlose Leute erschießen zu lassen: ein junges Mädchen von sechzehn Jahren und einen unglücklichen alten Priester von sechzig? Das kann doch nicht sein! Lassen Sie mich doch hinein – ich werde Ihnen sagen, wer sie sind, so daß Sie ihnen dann die Freiheit schenken können. Die Armen haben doch nichts getan. Erschießen Sie mich! Ich habe viele Schüsse auf Ihre Truppen bei dem Gefecht um den Geschützpark abgegeben. Aber lassen Sie das junge Mädchen und den Geistlichen frei. Ich komme hinein, und wir werden sie herausholen … Weil es jetzt Nacht ist, werde ich morgen beweisen, daß sie unschuldig sind. Wenn sich herausstellt, daß sie nicht so unschuldig wie die Engel des Himmels sind, können Sie mich hundertmal erschießen. Herr Offizier, Sie sind doch gut, Sie können doch kein Henker sein. Diese Orden, die Sie auf der Brust tragen, haben Sie sich doch ehrenhaft in den Schlachten unter Napoleon verdient, von denen man erzählt. Ein Mann wie Sie kann sich doch nicht entehren, indem er unschuldige Frauen ermorden läßt! Ich kann das nicht glauben, auch wenn Sie es mir sagen. Herr Offizier, wenn Sie sich rächen wollen für das, was heute morgen geschehen ist, töten Sie alle Männer von Madrid – auch mich, aber nicht Inés! Haben Sie nicht auch junge, hübsche Schwestern? Wenn sie diese an einen Pfahl angebunden sehen würden mit vier Soldaten davor, das Gewehr im Anschlag, würden Sie dann auch noch so ruhig dastehen wie jetzt? Lassen Sie mich doch hineingehen. Ich werde Ihnen zeigen, wen ich suche. Wir werden dann beide dieses gute Werk verrichten, das Gott Ihnen sehr anrechnen wird, wenn Sie einmal sterben. Mein Herz sagt mir, daß sie hier sind … Gehen wir hinein, um Gottes und der Heiligen Jungfrau willen. Sie befinden sich hier auf dem Boden eines fremden Landes und sind weit, sehr weit, von den Ihren. Wenn Sie Briefe von Ihrer Mutter oder Ihren Schwestern empfangen, blüht dann Ihr Herz nicht vor Freude auf, wollen Sie sie dann nicht sehen, nicht zu ihnen gehen? Wenn man Ihnen jetzt sagen würde, daß man sie mit einer Laterne beleuchtet, damit sie erschossen werden können …«

Der Knall einer weiteren Salve ließ mich verstummen. Die Stimme erstarb mir in der Kehle vor Luftmangel. Ich war nahe daran, besinnungslos umzufallen, aber mit einer übermenschlichen Anstrengung fuhr ich fort, den Offizier mit heiserer Stimme und verzweifelten Gebärden anzuflehen, mich einzulassen, damit ich nachsehen konnte, ob sich die, die ich suchte, unter den soeben Erschossenen befanden. Zweifellos rührten meine so flehentlich und mit solcher Inbrunst vorgetragenen Bitten – mehr durch die Sprache der Gebärden als durch den Sinn der für ihn fremdländischen Worte – den jungen Offizier so sehr, daß er zur Seite trat und mir andeutete einzutreten. Das tat ich eiligst, und ich rannte wie von Sinnen zum ersten Innenhof und dann zum zweiten. Im ersteren, der der Hof der

Pelota war, befanden sich nur Franzosen, aber im letzteren lagen die noch zuckenden Opfer auf dem Boden. Nicht weit von ihnen standen diejenigen, die auf den Tod warteten. Ich sah, wie sie an den Ellbogen zusammengebunden wurden und sich niederknien mußten, die einen mit dem Rücken, die anderen mit der Brust zu den Soldaten gewandt. Andere, deren Arme noch nicht gefesselt waren, reckten diese gen Himmel und riefen ihren Henkern Flüche und Drohungen zu. Einige verbargen vor Entsetzen das Gesicht an der Brust ihres Nachbarn, andere weinten, wieder andere baten um den Tod, und ich sah einen, der seine Fesseln mit Aufbietung aller seiner Kräfte sprengte und sich auf die französischen Grenadiere stürzte. Kein Anschein irgendeiner Gerichtsverhandlung oder auch nur seelischer Vorbereitung ging diesen Scheußlichkeiten voraus. Die Grenadiere feuerten ein- oder zweimal, und die Hingerichteten wälzten sich in furchtbarer Agonie in ihrem Blut.

Einige starben gleich, aber die meisten mußten ein langes Martyrium erleiden, bevor sie ihr Leben aushauchten. Es gab viele, die in den Extremitäten getroffen wurden, viel Blut verloren und für tot gehalten wurden, aber am nächsten Morgen noch lebten. Die Franzosen erkannten, daß sie miserabel gezielt hatten, und ließen sie in ein Krankenhaus bringen. Solche Fälle waren nicht selten. Ich weiß von zwei oder drei, die mit dem Leben davonkamen, nachdem sie durch das blutige Grauen einer Hinrichtung gegangen waren. Ein Schlossermeister gab in einer der Einfriedungen des Retiro am Rand der Grube, in der er verscharrt werden sollte, Lebenszeichen von sich. Das gleiche widerfuhr einem Ladenbesitzer der Calle de Carreteras, und bis vor kurzem lebte noch ein Mann, damals Angestellter der Druckerei in der Sanachstraße, der zweimal so stümperhaft exekutiert worden war, einmal in der Soledad und dann im Hof des Buen Suceso, von wo er sich dann zwischen Leichen und Strömen von Blut bis zum nahen Hospital schleppen konnte, wo man ihm Hilfe leistete. Obwohl die Franzosen nahe an ihren Opfern standen, schossen sie schlecht – einige auch, und das muß ebenfalls gesagt werden, nur widerwillig, denn sie erkannten offenbar, in welche Ehrlosigkeit die kaiserlichen Adler gefallen waren.

Ich musterte alle Gefangenen. Die vor jeder Gruppe aufgestellten Laternen tauchten die Szene in ein unheimliches Licht. Weder unter den Hingerichteten noch unter denen, die auf die Erschießung warteten, entdeckte ich Inés und Don Celestino.

Einige Franzosen riefen mich an und bedeuteten mir hinauszugehen, und aus den Worten konnte ich entnehmen, daß ich mich in Gefahr befand, auch in die Hinzurichtenden eingereiht zu werden. Aber zu diesem Zeitpunkt war mir mein eigenes Leben so unwichtig, daß ich auch dann weiter nach einem Punkt geschaut hätte, wo ich meine beiden Freunde zu erkennen glaubte, wenn man mich hundertmal exekutiert hätte. So lief ich zum anderen Ende des Hofes, woher ich Klagen hörte und einen Menschenschwarm erkannte, als ein alter Mann auf mich zutrat und mich am Arm packte.

»Wen suchen *Sie* denn?« fragte ich ihn.

»Meinen Sohn, meinen einzigen Sohn!« antwortete er. »Bist du nicht mein Sohn, mein Juan? Haben sie auch auf dich geschossen, und bist du aus diesem Haufen von Toten da herausgekommen?«

Aus seinen Worten und an seinem Blick verstand ich, daß dieser Mann wahnsinnig geworden war, und setzte meinen Weg fort. Ein anderer trat auf mich zu und fragte, wen ich denn suche. Ich erzählte ihm kurz die Geschichte, worauf er mir erzählte:

»Diejenigen, die im Stadtviertel Maravillas gefangengenommen wurden, sind weder hierher noch in das Postgebäude gebracht worden, sondern in die Moncloa. Zuerst brachte man sie zum San Bernardino, und jetzt ... Gehen wir dorthin! Ich habe einen Passierschein von einem französischen Offizier bekommen, so daß wir hinausgehen können.«

Wir gelangten in der Tat hinaus, und am Prado rannte

der Mann so schnell voraus, daß ich ihn aus den Augen verlor. Ich lief auch, so schnell ich noch konnte, aber meine Kräfte waren nun durch die ständigen Anstrengungen fast erschöpft. Ich kann nicht mehr sagen, durch welche Straßen ich irrte, denn ich nahm meine Umgebung nicht richtig wahr. Ich sah nur noch mit meiner Seele die große Tragödie. Ich erinnere mich, daß ich um so schwächer wurde, je länger ich lief, und daß ich schließlich auf einer Straße, deren Namen mir entfallen ist, anhalten und mich an die nächste Wand lehnen mußte. Ich sackte zu Boden. Ich konnte keinen Fuß mehr vor den anderen setzen und wischte mir den Schweiß von der Stirn. Mir war, als ob es keine Luft mehr gäbe, der Boden unter meinen Füßen wegglitt und die Häuser über meinem Kopf zusammenfielen. Ich erinnere mich, daß ich unbedingt meine Suche fortsetzen wollte, aber es war mir unmöglich aufzustehen, und während einer Zeit, deren Länge ich nicht einschätzen kann, war ich nur von roten Nebeln und absoluter Stille umgeben.

33

In meiner Verzweiflung kamen mir die Baumalleen von Aranjuez mit ihren Tausenden von zwitschernden Vögeln in den Sinn, jene goldenen Nachmittage, jene Spaziergänge an den Ufern des Jarama und das Schauspiel der Einmündung dieses Flusses in den Tajo. Ich sah im Geiste das Haus des Priesters, den Weinstock des Innenhofes und die Blumen des Gartens, hörte, wie die ›Tante‹ Gila mit den Hühnern schimpfte, weil sie sich ohne ihre Erlaubnis aus ihrem Pferch entfernt hatten. Das Dröhnen der von den vier Knaben oder ihrem undankbaren Vater gezogenen Glocken drang im Wachtraum an mein geistiges Ohr. Das Abbild von Inés vervollständigte alle diese Vorstellungen, und in meinem Delirium erschien es mir so, als ob das unglückliche junge Mädchen nicht vor oder neben mir war, sondern in mir selbst, einen Teil des Wesens bildete, das ich darstellte. Nichts störte unser Glück, und wir kümmerten uns auch nicht um das, was da kommen mochte, denn der seinem eigenen Antrieb überlassene Strom unserer Seelen hatte sich mit dem Jarama und dem Tajo vereinigt, so daß beide kristallklaren Ströme im Flußbett einer einigen und wohligen Existenz dahinzogen.

Ein Schlag auf den Körper riß mich aus diesem Traumzustand, und ich sah, daß Leute um mich herumstanden, von denen mich einer näher ansah und dann sprach: »Der ist betrunken!«

Ich glaubte, die Stimme des Lizenziaten Lobo zu erkennen, obwohl ich, ehrlich gesagt, auch heute noch nicht sicher bin, daß er es war, der diese Worte aussprach. Was ich sicher weiß, ist, daß einer der mich Betrachtenden Juan de Dios war.

»Bist du das, Gabriel?« fragte er. »Wie kommst du denn hier auf den Boden zu liegen? Das ist ja eine schöne Methode, nach dem Mädchen zu suchen! Sie ist weder im Retiro noch im Buen Suceso. Der Herr Lizenziat hier hilft mir bei meiner Suche. Wir sind sicher, sie noch finden und retten zu können.«

Ich hörte diese Worte wie durch einen Nebel. Dann ließ man mich wieder allein, das heißt, es kamen einige kleine Bengel, die mit mir spielten, indem sie mich herumschubsten. Mit der Wiedererlangung meiner Besinnung wurde ich mir auch wieder der schrecklichen Situation bewußt, der ich für einen Moment des physischen und psychischen Zusammenbruchs entrückt gewesen war. Von einer nahen Uhr hörte ich es zweimal schlagen, und ich erkannte, daß der Ort, an dem ich mich befand, kein anderer als der kleine Barranco-Platz unmittelbar neben den Peralteichen war. Eine Rückschau und Erwägung all dessen, was geschehen war, eine Abschätzung der Entfernung, die mich von der Montaña trennte, und der Entschluß, dorthin zu laufen, all dieses lief gleichzeitig in mir ab. Ich fühlte mich wieder behend. Die Verzweiflung spornte meine

Schritte so an, daß ich bald mein Ziel erreichte. Am Portal zum Garten des Prinzen Pío standen so viele Neugierige, daß es kaum möglich war durchzukommen, aber ich schaffte es doch, denn man hätte mich töten müssen, ehe ich zurückgewichen wäre. Die dort versammelten Frauen berichteten von den Unglücklichen, die unter ihren Augen dort hineingebracht worden waren, um nicht mehr herauszukommen. Natürlich wollte ich auch hinein und versuchte die Wachen mit Bitten, Klagen, Argumenten und schließlich sogar mit Drohungen zu bewegen, mich durchzulassen. Die Mühen waren aber vergebens – je heftiger ich Einlaß begehrte, um so energischer stießen sie mich zurück. Nach einiger Zeit legten mir Verzweiflung und Wut solche Worte an die Wache in den Mund: »Laßt mich hinein. Ich komme, damit man mich erschießt!«

Der Wachposten schaute mich mitleidig an und stieß mich mit seinem Gewehrkolben zurück.

»Du hast Mitleid mit mir«, fuhr ich fort, »aber nicht mit denen, die ich suche. Ich möchte eintreten und mit den anderen exekutiert werden!«

Von neuem stieß man mich zurück, aber ich wurde so sehr vom Wunsch beherrscht, hineinzukommen, und die schreckliche Ungewißheit lastete so schwer auf meinem Geist, daß mir mein Leben ein geringer Preis für das Passieren dieser unheilvollen Pforte erschien, hinter der meine beiden Freunde im Todeskampf lagen oder sich auf den Tod vorbereiteten.

Von innen hörte ich ein dumpfes Murmeln, ein düsteres Konzert schmerzvoller Gebete und heftiger Verwünschungen. Ich ging von der Pforte weg, um gleich wiederzukehren und von neuem um Einlaß zu flehen. Die Angst um meine Lieben gab mir immer wieder neue Argumente ein, die allen unwiderlegbar erscheinen mußten – nur nicht den Franzosen. Ich schlug mit dem Schädel gegen die Mauer, grub meine Nägel in meinen eigenen Körper, bis Blut kam, maß die Höhe der Mauer mit der Hoffnung, sie in einem unmöglichen Sprung überfliegen zu können, ging ständig hin und her, beschimpfte die unglücklichen

Umstehenden und schaute auf den dunklen Himmel, in dessen klumpigen Wolkenmassen ich einen Wirbel von spöttischen Dämonen zu erkennen glaubte.

Ich flehte die Wachen noch einmal an:

»Warum erschießt ihr mich nicht? Warum laßt ihr mich nicht hinein, damit ich mit meinen Freunden exekutiert werden kann? Mörder von Madrid! Wißt ihr, was ich mit eurem Kaiser machen möchte? Dies ...«

Und ich spuckte, rasend vor Wut, vor die Füße der Soldaten, die mich offenbar für verrückt hielten. Dann kam ich auf eine mir als Rettung erscheinende Idee und durchsuchte meine Taschen, als ob ich dort einen Schatz verborgen hätte. Schließlich holte ich das Messer von Chinitas heraus, das ich immer noch bei mir trug, und rief mit fieberhafter Freude:

»Ha, seht ihr nicht, was ich hier habe? Ein Messer, an dem noch Blut klebt! Damit habe ich schon viele Franzosen getötet und würde auch Napoleon erstechen. Nehmt ihr nicht alle fest, die Waffen bei sich tragen? Hier ist doch eine! Ihr Dummköpfe, ihr habt so viele Unschuldige mitgenommen und laßt mich frei herumlaufen ... Habt ihr mich nicht gesucht? Na, hier bin ich doch! Seht, seht das Messer – es ist noch Blut dran!«

Diese schlüssigen Beweise führten meine Verhaftung herbei, so daß ich endlich in den Garten gelangte. Kaum war ich ein paar Schritte in Richtung der Personen gegangen, die ich undeutlich vor mir sah, da durchfuhr mich eine ungeheure Freude. Inés und Don Celestino waren dort – aber wie sahen sie aus! Sie waren gefesselt – und sie standen in jener menschlichen Kette, die zur Exekution geführt werden sollte. Ich warf mich in die Arme meiner Freunde, und einen Augenblick lang waren wir drei, in unendlicher Liebe eng umschlungen, nur noch ein einziges Wesen. Inés begann bitterlich zu weinen, aber der Geistliche bewahrte seine Fassung.

»Seit du ihn gesehen hast, Inés, hast du die Gemütsruhe verloren«, sprach der Priester. »Wir sind doch schon nicht mehr von dieser Welt. Gott wartet auf seine lieben Märtyrer, und die Palme, die wir verdienen, verpflichtet uns, jedes Gefühl dieser Welt zu unterdrücken.«

»Inés!!!« rief ich mit einem Schmerz aus, wie ich ihn in meinem ganzen Leben nicht empfunden habe. »Inés!!! Nachdem ich dich nun in dieser Situation gesehen habe, was bleibt mir noch anderes übrig, als selbst zu sterben?«

Und dann, an die Franzosen gewandt, betäubt vor Zorn und einem ungeheuren, übermenschlichen Mut schrie ich: »Kanaillen, Feiglinge, gemeine Schergen, denkt ihr denn, ich habe noch Angst vor dem Tod? Nun schießt doch schon, damit es endlich vorüber ist!«

Meine Wut erzürnte die Franzosen nicht, die mit entsetzlicher Kälte die Vorbereitungen für die Hinrichtung trafen. Man schleppte mich zu einem Chargierten[40], der einige Worte zu mir sagte und mich dann zu einem anderen schickte, der über mein Schicksal entschied. Kurze Zeit darauf sah ich mich in einer Reihe neben Don Celestino, der meine Hand fest in der seinen drückte.

»Wann haben sie dich denn gefangen? Haben sie irgendeine Waffe bei dir gefunden, du Unglücklicher?« sprach er zu mir. »Jetzt ist aber nicht mehr die Zeit für Haß, sondern für Fügung in das Schicksal. Wir gehen in ein neues und herrlicheres Leben. Gott hat gewollt, daß unsere Existenz heute endet, und hat uns den Lorbeerkranz der Märtyrer für das Vaterland geschenkt, den nicht alle das Glück haben zu empfangen. Gabriel, hebe deinen Geist zu Gott empor! Du bist frei von jeder Sünde, und ich erteile dir Absolution. Mein lieber Sohn, diese Situation hier ist schrecklich, aber danach kommt das ewige Glück. Folge dem Beispiel von Inés. Und du, meine liebe Tochter, du Unschuldigstes aller Opfer, die heute ihr Leben lassen müssen, bitte für uns, wenn – wovon ich überzeugt bin – du als erste das ewige Licht sehen wirst.«

Ohne auf meinen väterlichen Freund achtzugeben, bemühte ich mich, mit Inés zu sprechen, sie ihrer frommen Entrücktheit zu entreißen, damit sie ihre Worte an mich und nicht an Gott richten und ihre Augen zu mir erheben würde, denn ich fühlte mich nicht imstande zur inneren Buße.

Ein französischer Offizier unterzog jeden einzelnen von uns einer Art Musterung.

»Warum verlängert ihr unser Martyrium«, rief ich, ohne mich zurückhalten zu können, als ich den unverschämten Blick des Franzosen auf mir ruhen sah. »Wir sind hier alle Spanier, haben alle gegen euch gekämpft. Für jedes Leben, das ihr in Blut erstickt, stehen tausend andere auf, die euch am Ende den Garaus machen werden, so daß keiner von euch jemals sein Geburtshaus wiedersehen wird.«

»Gabriel, mäßige dich«, ermahnte mich der Priester, »und vergebe ihnen, wie ich ihnen vergebe. Was bedeuten dir denn diese Leute noch? Warum hältst du ihnen jetzt ihre Taten vor, wenn sie sie bald so oft in ihrem Gewissen durchleben müssen? Was bedeutet es schon, jetzt sterben zu müssen? Mein Sohn, sie zerstören nur unsere Körper, aber nicht unsere unsterbliche Seele, die Gott jetzt zu sich nehmen wird. Vergib ihnen, mach es wie ich, der Gott für sie um Gnade bitten wird, für sie und die Feinde des Friedensfürsten, meines Freundes und wohl sogar Verwandten, für Santurrias, für den Lizenziaten Lobo, für die Verwandten von Inesilla – und erst recht für diese Franzosen hier, die uns das Leben nehmen wollen. Mein Gewissen ist reiner als dieser Himmel, den wir hier über unseren Häuptern sehen und an dessen Horizont schon die Dämmerung des neuen Tages erscheint. Das gleiche geschieht mit unseren Seelen, Gabriel. Sie werden schon von den ersten Strahlen des Tages ohne Ende berührt.«

»Der Morgen zieht schon herauf«, sagte ich und schaute nach Osten. »Um Gottes willen, Inés, schlage deine Augen nicht nieder und sieh mich an! Schmiege dich ganz eng an uns!«

»Versuche deinen Geist zu beruhigen, mein Sohn«, fuhr der Priester fort. »Der meine ist jetzt ganz abgeklärt. Nein, ich habe meine Hände nicht mit Blut befleckt, denn ich bin doch ein Priester. Man hat ein Messer bei mir gefunden, aber es war nicht meines. Ich tat meine Pflicht, die darin bestand, diesen tapferen Menschen weiterhin Mut zuzusprechen, und wenn sie mich jetzt auch freiließen, würde ich wieder von Volk zu Volk die Worte des großen Lateiners ausrufen: *Dulce et decorum est ...* * Ich bereue nur sehr, daß ich den Friedensfürsten nicht rechtzeitig warnte. Ach, er hätte all die Verlorenen in den Kerker gesteckt! Vielleicht wäre er dann nicht gestürzt und Prinz Ferdinand nicht König geworden. Vielleicht wären die Franzosen dann nicht gekommen ... vielleicht ... Aber Gott hat es so gewollt ... Hätte ich doch nur meine Unentschlossenheit und Zaghaftigkeit überwunden, ... wenn ich Seine Hoheit, der mich so mochte, doch nur benachrichtigt hätte ... Aber beschäftigen wir uns jetzt nur noch damit, zu sterben und zu vergeben. Ach, Gabriel, mach es so wie ich, und du wirst sehen, mit welcher Ruhe du den Tod annehmen wirst. Sieh doch mal Inés an. Gleicht ihr Gesicht nicht schon einem himmlischen Engel? Siehst du nicht, wie abgeklärt und würdig sie in ihrer Hingabe zum Himmel ist, ohne jede Auflehnung? Siehst du, wie sie die Franzosen ohne Haß ansieht, sanft seufzt und uns mit ihrem Blick ermutigt?«

»Inés«, rief ich, der ich nie die Abgeklärtheit würde erreichen können, die mir Don Celestino empfahl, »du darfst nicht sterben, und du wirst es auch nicht! Herr Offizier, lassen Sie uns alle, lassen Sie die ganze Welt erschießen, aber geben Sie dieses unglückliche junge Mädchen frei, das nichts verbrochen hat! Wie ich schon gesagt habe, es jetzt wiederhole und schwöre, daß ich mehr als fünfzig Franzosen tötete, sage und wiederhole und schwöre ich, daß Inés kein kochendes Wasser auf die Straße goß, wie behauptet wird.«

Der Franzose blickte Inés an, und da sie so gefaßt, so schön, so sanft traurig und so empfänglich für die Boten des Todes aussah, konnte er nicht umhin, sich etwas mitfühlend zu zeigen.

Don Celestino, der diese Chance erkannte, brach in Tränen aus und sagte: »Wir alle hier haben gesündigt, aber Inés ist unschuldig.«

---

* Süß und ehrenhaft ist es ... (für das Vaterland zu sterben). (Anm. des Übersetzers)

Die Tränen des alten Mannes erzeugten in mir so große Bestürzung, daß sich meine Wut unvermittelt löste – eine Erweichung, wenn man das so nennen kann, meines verhärteten Schmerzes.

»Inés ist unschuldig«, rief ich von neuem aus. »Sehen Sie nicht ihr engelsgleiches Gesicht, meine Herren Offiziere? Ach, Sie sind doch sehr gesittete Ehrenmänner und können doch nicht die Ungeheuerlichkeit begehen, dieses Mädchen zu ermorden!«

»Wir sind nichts wert«, sprach der Priester mit stockender Stimme. »Töten Sie uns zu gegebener Zeit, weil wir Männer sind, der eine mehr, der andere weniger ... Aber Sie da ... meine Herren Soldaten ... Es scheint mir, daß Sie feinfühlige Menschen sind ... dann müßten Sie doch ... Ach, Inés ist doch unschuldig! Haben Sie denn kein Gewissen? Sagt Ihnen denn Ihr Herz nicht, daß dieses junge Mädchen vollkommen unschuldig ist?«

Der Offizier, der am meisten zum Mitleid neigte, schien jetzt sogar gerührt zu sein. Er kam näher und blickte Inés wieder mit Interesse an.

Aber die arme Waise umarmte uns in dem Augenblick, da die Grenadiere die schreckliche Schützenreihe bildeten. Ich betrachtete das alles mit abwesenden Augen und fühlte mich wieder wie von der Schlafsucht befallen mit einem Gefühl des Deliriums.

Ich bemerkte, wie sich ein anderer Offizier mit einer Laterne näherte, der von zwei weiteren Männern gefolgt wurde. Einer von ihnen studierte aufmerksam unsere Gesichter, und als er bei Inés angekommen war, hielt er an und sprach:

»Diese hier!«

Es war Juan de Dios in Begleitung des Lizenziaten Lobo und jenes französischen Offiziers, der ihn mehrere Male in unserem Laden besucht hatte.

An das, was jetzt geschah, konnte ich mich immer nur in vagen Zügen erinnern, wie an etwas, was im Fieber einer schweren Krankheit an unseren Augen vorbeizieht.

34

Der zuletzt gekommene Offizier und der, der uns vorher bewacht hatte, sprachen eine Weile lebhaft miteinander. Der zweite ging dann auf Inés zu, nahm ihr die Fesseln ab und wollte sie Juan de Dios übergeben. Unerklärlicher Moment! Inés wollte sich nicht von uns trennen, umarmte uns und klammerte sich buchstäblich mit ihren jetzt freien Händen an den Tod. Ein heftiger, ein unwiderstehlicher Egoismus, der seine mächtigen Wurzeln bis in mein tiefstes Inneres schlug, überfiel mich. Ich weiß nicht, welche sich jäh entwickelnde geheimnisvolle Kraft es mir ermöglichte, die Fesseln eines Armes zu sprengen, so daß ich Inés heftig an mich ziehen konnte, während ich mit ängstlicher Ungeduld auf das Exekutionskommando schaute.

Schrecklicher Augenblick, dessen Erinnerung mir immer noch das Blut gefrieren und das Herz in einer Art Simulation des Todes stillstehen läßt! Obwohl die Unglückliche unser Schicksal teilen wollte, verließ sie nun das späte Mitleid unserer Henker nicht. Während des kurzen Kampfes sagte sie etwas, was ich nicht mehr behalten habe. Auch ich stieß Worte aus, von denen ich hinterher nichts mehr wußte – aber ich habe das Gefühl nicht vergessen, das mich ergriff, als ich die Wärme ihrer Hände und ihres Gesichts nicht mehr spürte. Ich war wie wahnsinnig, aber sah deutlich, wie sie sie wegzogen, wie sie hinter der Grenadierreihe verschwand, gestützt und gezogen von Juan de Dios.

Bei diesem Anblick erfolgte so etwas wie eine Explosion in meinem Kopf, dann war da ein Dröhnen, und mein ganzer Körper begann zu kribbeln. Eine Hitzewelle überfiel mich und dann wieder schneidende Kälte. Darauf hatte ich ein unbeschreibliches Gefühl – als ob etwas jede Stelle meiner Haut berührte. Eine Art Nebel stieg von meiner Brust in den Kopf auf, eine ungeheure Schwäche, die mir den Eindruck vermittelte, daß ich keine Beine mehr habe, darauf rasendes Herzschlagen, das ebenso plötzlich in fast völligen Stillstand dieses Organs überging. Dann verlor ich jedes Gefühl in meinem Rumpf, im Hals, im Mund. Es war, als ob ich keinen Kopf mehr hätte – die absolute Konzentration meines gesamten Ichs in meine Gedanken. Ich spürte konzentrische Wellenbewegungen in meinem Gehirn, wie sie ein Steinwurf in einem Gewässer auslöst. Ein ungeheures Feuerwerk projizierte über Himmel und Erde das Abbild von Inés in zweihunderttausend Millionen von Lichtern ... Dann kam tiefe Dunkelheit begleitet von heftigem Schmerz in den Schläfen ... eine Erschlaffung, ein Erlöschen, ein allumfassendes Vergessen – und schließlich nichts, das absolute Nichts.

Madrid, im Juli 1873

BAILÉN

1

»Sie bringen mich zum Lachen mit Ihrer naiven Unwissenheit hinsichtlich des größten und mächtigsten Mannes, der je auf der Erde gelebt hat. Ich weiß, daß es Napoleon ist! Ich, der ihn gesehen hat, der mit ihm gesprochen hat, der ihm gedient hat, der hier am rechten Arm die Narbe von der Verwundung trägt, die die Hufe seines Pferdes ihm beigebracht hatten, als … Das war in der Schlacht von Austerlitz, als er eilig den Abhang von Pratzen hinaufritt, nachdem er befohlen hatte, das Eis der Sümpfe mit Kanonenschüssen zu zertrümmern, so daß tausend russische Soldaten dort ertranken. Ich war im siebzehnten Linienregiment der Division Vandamme und lag, schwer am Kopf verwundet, auf der Erde. Damals dachte ich, meine letzte Stunde sei gekommen. Denn, wie ich eben angedeutet habe, als er mit seinem ganzen Generalstab und der Gardeinfanterie an mir vorbeizog, trampelten die Hufe seines Pferdes derart auf meinen Arm, daß er mir heute noch schmerzt. Trotzdem befanden wir uns an diesem berühmten Tage in einer solchen Hochstimmung, daß ich mich, so gut ich konnte, aufrichtete und schrie: ›Hoch der Kaiser!‹«

So sprach ein mir unbekannter, nicht unansehnlicher Mann von etwa vierzig Jahren, dessen Gesicht Spuren einer gewissen ehemaligen Schönheit aufwies, die nicht durch Leidenschaften und Untugenden zerstört worden war. Er war von großem Wuchs, hatte einen lebhaften Blick und ein Lächeln, das einmal melancholisch und dann wieder spitzbübisch war, wie das eines Menschen, der schon vieles auf der Welt gesehen hat, besonders von jenen Kämpfen eines Lebens zwischen Faulenzertum und Fleiß, zu dem ein Übermaß an Phantasie und ein Mangel an weltlichen Gütern führen. Seine Manieren waren zwanglos und seine Redeweise gewandt, im Spaße wie auch im Ernst. Dieser Eindruck wurde unterstrichen durch die fast elegante Nachlässigkeit seiner Kleidung, die eher als alt und ziemlich abgerissen anzusehen war, was aber nicht so auffiel, da Löcher und Risse an Wams und Strümpfen geschickt durch Nadelarbeit kaschiert waren.

Letztere waren, wenn ich mich richtig entsinne, schwarz, und die Hose hatte die Farbe vertrockneter Gewürznelken. Die Haare trug er kurz, mit zwei Locken über den Schläfen. Sein dunkler Rock war von einem bei uns ungewöhnlichen Schnitt, und seine Weste, die sich wie eine Nabelbinde spannte, entsprach auch nicht gerade unseren Bekleidungssitten. Dies zusammen mit einer unförmig gebundenen Krawatte verlieh ihm ein ausländisches Aussehen, obwohl er Spanier war. Was ihn aber am bemerkenswertesten machte, war nicht so sehr die Kleidung, sondern die Person selbst, besonders ein Punkt, der hier nicht übergangen werden darf. Dieser Mann trug einen Schnurrbart, der meine Aufmerksamkeit besonders erregte, als ich ihn über den Tisch gebeugt sah beim Essen einer Suppe, eines Breis oder irgendeiner Nahrung dieser Art, die er Löffel für Löffel zwischen seinen Erzählungen über die Heldentaten Napoleons I. hineinschaufelte. Seine Zuhörerschaft bestand aus zwei Personen, beide vorgerückten Alters und verschiedenen Geschlechts. Der Mann, der mir wie ein Soldat im Ruhestand erschien, hörte mit gerunzelten Brauen stumm den Lobreden auf den Besetzer Spaniens zu. Die alte Dame aber, die lebhafter und gesprächiger als ihr Begleiter war, antwortete dem Welterfahrenen mit einer ebenso scherzhaften als auch dreisten Ungeniertheit.

»Mein Gott, Señor de Santorcaz«, sprach die alte Dame, »sagen Sie das bloß nicht so laut! Mein Mann und ich kennen ja Ihre Vorliebe, aber die Leute hier sind sehr neugierig und beschäftigen sich mit weiter nichts als Klatschereien und Intrigen. Erst gestern gingen die Mädchen der Feinstickerin von Nummer acht vor unserer Tür hin und her, als sie uns mit ungezügelten Schreien von Ihren Erlebnissen in Österreich bei der Schlacht von Pirrinclum[1] oder wie das heißt – diese Namen sind mir zu zungenbrecherisch – berichteten … Heute morgen, als Sie auf die Straße gingen, sprachen die Gevatterin von Nummer drei und die

Frau des Holzhändlers miteinander wie folgt: ›Da geht dieser spitzbübische Angeber aus dem Hause des Großkapitäns. Ich wette, daß er ein Spion der Kanaille ist, um aufzupassen, was in diesem Hause vor sich geht, und es dann seinen Auftraggebern brühwarm vorzutragen.‹ Eines Tages könnten wir es zu spüren bekommen, wenn Sie sich mit solchen Sachen brüsten und außerdem Gerichte verabscheuen, die Safran enthalten … Die sind hier noch so wütend wie am zweiten Mai!«

»Der Zorn dieser guten Leute wird sich auch noch legen«, meinte Santorcaz und schob Schüssel und Löffel von sich. »Wenn sich die Armeekorps erst einmal gut organisiert haben und der Kaiser persönlich den Krieg leiten wird, kann Spanien nichts anderes tun, als sich zu unterwerfen – das ist die pure Wahrheit. Das sage ich hier nur unter uns dreien.«

»Spanien unterwirft sich nicht, nein, mein Herr«, rief der männliche Zuhörer unversehens aus, womit er seinen Vorsatz, nichts zu erwidern, brach und aufstand, um seinen patriotischen Gefühlen mit Worten und Gesten Ausdruck zu verleihen. »Spanien unterwirft sich nicht, Señor Luis de Santorcaz, denn wir sind nicht wie diese feigen Preußen oder Österreicher, von denen Sie uns erzählen. Spanien wird die Franzosen hinauswerfen, auch wenn diese alle Kaiser der Welt holen, denn wenn Frankreich einen Napoleon hat, so hat Spanien den Santiago, der nicht nur ein General, sondern ein Heiliger des Himmels ist. Glauben Sie denn, daß ich nichts von Schlachten verstehe? Aber ja, ich bin doch ein alter Krieger und habe schon Schwielen an den Ohren von den vielen Trommelwirbeln und Kanonenschüssen.«

»Reg dich nicht auf, Santiago«, sagte die alte Dame besänftigend. »Ich bin zwar auch der Meinung, daß Spanien nicht das Haupt beugen wird, aber man kann sich doch nicht verrückt machen lassen von dem, was dieser Wirrkopf Santorcaz da erzählt.«

»Ich sage es hier und werde es immer wiederholen«, fügte der alte Soldat hinzu, »daß man mir nichts erzählen kann von Armeekorps, Kavalleriebrigaden und Kadern!«

»An welchen Schlachten nahmen Sie denn teil?« fragte Santorcaz mit spöttischem Lächeln.

»Was? An welchen Schlachten ich teilgenommen habe?« rief Don Santiago Fernández aus, stellte sich vor dem Fragenden auf und musterte ihn mit der Verachtung der großen Genies, wenn man ihre Überlegenheit anzweifelt. »Na, alle Welt weiß doch, daß ich Bursche des Marquis de Sarria im Jahre siebzehnhundertzweiundsechzig während des Feldzugs von Portugal[2] war, dem schrecklichsten und strategisch bemerkenswertesten, den es je gegeben hat! Seit dem Alexander von Makedonien hat es keinen Feldherrn gegeben, der dem Marquis de Sarria das Wasser reichen kann! ... Da fragt doch dieser Mensch hier wirklich, an welchen Schlachten ich teilgenommen habe! Das war damals ein großer Feldzug, ja, mein Herr. Wir marschierten in Portugal ein, aber mußten uns bald vor den Engländern zurückziehen. Denen haben wir ein paar Schlachten geliefert – oh, was für Schlachten, bei Gott! ... Ich war, wie gesagt, Bursche des Herrn Marquis, und jeden Morgen drehte ich ihm die Locken und puderte ihm die Perücke, daß es eine Freude war, unseren General anzusehen. Er sagte mir: ›Santiago, gib acht, daß die Locken alle gleich sind, daß keine um ein Härchen von der anderen abweicht, denn nichts beeindruckt den Feind so sehr wie die Einhaltung der guten Sitten und die Pflege des Aussehens!‹ Und wie er von seinen Soldaten geliebt wurde! In diesem Krieg starben kaum drei oder vier, so gut kümmerte er sich um ihr Wohlergehen.«

Santorcaz bog sich darüber vor Lachen und zog sich mit diesen Demonstrationen der Respektlosigkeit noch mehr Zorn seitens Don Santiago Fernández' zu, der auf den Tisch hieb und rief:

»Was sind alle Generäle und Kaiser von heute gegen den Marquis de Sarria? Er war ein Anhänger der preußischen Taktik, die darin bestand, sich ruhig zu verhalten und den Gegner ungestüm angreifen zu lassen, so daß er sich totläuft und niedergemacht werden kann. In der ersten Schlacht, die wir gegen die portugiesischen Bauern führten, rannten diese schon, als sie uns erblickten, und der General befahl, eine Schafherde zu erobern, was ohne Blutvergießen vor sich ging.«

»O nein, es kann doch solche Schlachten gar nicht gegeben haben, mein lieber Don Santiago«, entgegnete Santorcaz und dämpfte sein Lachen etwas. »Dagegen sind doch die, die ich erlebte, Kinderspiele gewesen. Aber Sie sind ja überzeugt davon. Seit jener Zeit tragen Sie ja noch die Feldkleidung, und weil Sie so viel über den Krieg berichten, nennt man Sie ja auch in der Nachbarschaft den *Oberhauptmann*.«

»Das ist ein Spitzname, und ich mag keine Spitznamen«, sagte Doña Gregoria, denn so hieß die Frau des tapferen Teilnehmers des Portugalfeldzuges. »Als wir hierherzogen und die Nachbarn dich *Oberhauptmann* zu nennen begannen, riet ich dir doch, daß du dem ersten, der dich damit anreden würde, eine Ohrfeige versetzt, aber du, mit deiner heiligen Gemütsruhe, statt dagegen aufzubegehren, freutest dich wohl noch, als dich die Gassenjungen mit dieser Bezeichnung grüßten – und jetzt bleibst du der *Oberhauptmann* für alle Zeiten.«

»Ich halte mich nicht mit Kleinigkeiten auf«, entgegnete Santiago Fernández, »und obwohl ich einen ehrenhaften Beinamen toleriere, gestatte ich nicht, daß sich jemand über mich lustig macht. Wirklich, wenn man in den Milizen des Königs zwanzig Jahre lang diente, wenn man am Feldzug von Portugal teilnahm, wenn man auch die Ehre hatte, im Jahre 1774 an der Expedition von Algerien teilzunehmen, die Don Alejandro O'Reilly befehligte, wenn man dann nach so vielen glorreichen Tagen sich eine Hinterbacke in der Artillerie-Verwaltung abgesessen und dort miterlebt hat, wie die Herren Offiziere kommen und gehen und mit Vergünstigungen bedacht werden, dann kann man sich schon ein Wort über militärische Angelegenheiten erlauben.«

»Das streite ich auch nicht ab«, pflichtete Doña Gregoria bei. »Alle wissen ja, daß du kein eitler Angeber bist und zu deiner Zeit Ellbogenberührung mit Korpsoffizieren und Generalen hattest, die so tapfer waren, daß der Feind schon lief, wenn sie ihn nur scharf ansahen.«

»Und meine Berichte«, fuhr der *Oberhauptmann* fort, »sind keine Märchen, wie sie der Herr Santorcaz hier von sich gibt. Den Töchtern des Holzhändlers und der Feinstickerin Mechora kann er wohl den Kopf vollreden von diesen fabelhaften Schlachten gegen die Preußen und Russen, mit seinem Kaiser hin und Napoleon her. Männer wie ich schlucken das nicht. Dafür habe ich nicht zwanzig Jahre lang die Kartusche gebissen und dem Señor Marquis die Locken gedreht, damit ich von solchen Aufschneidereien noch beeindruckt werde. Wie war das eigentlich noch«, fügte er in spöttischem Ton hinzu und setzte sich neben Santorcaz, »mit den viertausend Franzosen, die zehntausend Russen mit dem Bajonett angriffen und diese in einen Teich trieben, wo die Hälfte ertrank? Und wie war das mit dem Eis, das durch Kanonenschüsse zertrümmert wurde, damit die Feinde, die darauf waren, untergingen? … Eine schöne Art, Krieg zu führen. Sie führen uns ja damit aufs Glatteis! Lassen Sie doch Ihren Kaiser darauf rutschen und auf die Hinterbacken fallen. Was sage ich – Kaiser? Das sind doch drei, denn einer allein kann ja an gar nicht so vielen Stellen gewesen sein und so viele Heldentaten vollbracht haben. Weißt du, Gregoria, da muß ein Nest von solchen bei den Franzosen sein.«

Der *Oberhauptmann* brachte seine würdige Gattin damit zum Lachen und beide zwinkerten sich zu.

»Wenn das Aufschneidereien sein sollen, was ich hier erzählt habe«, meinte Santorcaz, »dann wird sich das ja bald herausstellen, denn da sind doch hunderttausend solcher Kämpfer in Spanien, die nur darauf warten, daß ihr Herr und Meister ihnen direkt die Befehle gibt!«

»Die Mörder von Madrid!« rief der *Oberhauptmann* voll patriotischer Empörung aus. »Glauben Sie denn, daß wir vor denen Angst haben? Heilige Mutter Gottes! Sie befestigen schon den Retiropark und dulden nicht, daß auch nur eine Fliege in die Nähe ihrer Anführer kommt. Aber wir sprechen uns noch! Noch sind wir ohne wirklich schlagkräftige Truppen. Aber wissen Sie auch, daß in Andalusien eine Armee gebildet wird – und in Valencia eine andere, und in Galizien und in Kastilien? Wissen Sie denn, wie viele Spanier es in Spanien gibt, Señor de Santorcaz? Wenn erst mal so viele unserer Soldaten auf dem Feld erscheinen, wie wir hier Zivilisten hatten, dann werden wir ja sehen. Wissen Sie, was mir heute der Portier des Kriegsministeriums gesagt hat? Mein Heimatort hat Napoleon den Krieg erklärt! Was sagen Sie dazu?«

»Was ist denn Ihr Heimatort?«

»Valdesogo de Abajo. Und das ist keine obskure Gegend, denn wir haben dort hundert Männer wie Festungen – nicht wie die Zinnsoldatenrussen, von denen Sie erzählen. Die sind so wild, daß sie mit einem Regiment Franzosen im Handumdrehen fertig werden!«

»Eine Frau aus den Bergen«, warf Doña Gregoria ein, »hat mir heute erzählt, daß auch mein Heimatort diesem Wegelagerer den Krieg erklären wird. Ja, Herr Santorcaz, mein Heimatort: Navalagamella. Und auch dort faßt man seine Gegner nicht mit Samthandschuhen an. Wenn diese Völker, die Sie da erwähnen, die Österreicher und die Preußken wie die Leute von Navalagamella gewesen wären, hätte die Kanaille sie nicht besiegt. Es ist ja wohl bekannt, daß die Österreicher und Preußken viel angeben, aber nichts dahintersteckt.«

»Es heißt nicht ›Preußken‹, sondern ›Preußen‹«, verbesserte der *Oberhauptmann* seine bessere Hälfte.

»Na gut, Mann – die Russen und die Preußen, das ist doch gleich. Was ich sagen will, ist, daß wenn Vadesogo de Abajo und Navalagamella, die im Vergleich zu ganz Spanien wie Erbsen auf einer Landkarte sind, sich so mutig zeigen, werden es die anderen Städte und Dörfer auch bald tun – und dann geht's rund, mein lieber Herr Santorcaz. Es wird kein Franzose übrig bleiben, um davon zu erzählen, und die, die hier zu Anfang des Monats wüteten, werden zuerst bezahlen. Hat man solche Scheußlichkeiten schon mal gesehen? Hilflose Leute von Exekutionskommandos erschießen zu lassen und noch nicht mal Alte, Priester, unschuldige Mädchen und unglückliche Knaben, wie den hier im Bett, zu verschonen! Ach, Sie haben das nicht gesehen, Herr Santorcaz, denn Sie sind erst drei Tage später nach Madrid gekommen. Aber wenn Sie hier gewesen wären ... Durch diese Barquillostraße hier sind diese Bestien gekommen, und da einige Leute Backsteine von der Baustelle an der Ecke auf sie warfen, erschossen sie eine arme Frau, die da mit ihrem Kind im Arm entlangging! Als wir das sahen, begannen wir, die auf den Balkons standen, alles auf die Franzosen zu werfen, was uns in die Hände fiel. Eine goß kochendes Wasser hinunter, eine andere die Bratpfanne mit siedendem Öl. Ich ergriff den Kochtopf vom Herd, und ohne richtig nachzudenken, rief ich: ›Wohl bekomm's!‹ Obwohl wir an diesem Tage nichts zum Essen hatten, machte mir das nichts aus, nein, mein Herr! Dann haben Juanita, die Holzhändlerin, die Mädchen von nebenan und ich eine Kommode genommen und auf die Straße geworfen, unter der zwei Franzosen zerdrückt wurden. Die Eindringlinge wollten heraufkommen, um uns zu töten – aber ha! Alles nur Angabe! Mehr als vierzig Frauen stellten sich vor der Treppe auf, die einen mit Gabeln, die anderen mit Scheren, einige mit Bratenmessern und wieder andere mit einem Schlegel zum Wolleklopfen. Wenn die Franzosen sich heraufgewagt hätten, so wären sie von uns in Stücke gehackt worden. Mein Mann nahm die alte Reiterlanze aus seinen berühmten Feldzügen, stellte sich vor uns auf, sprach uns Mut zu und teilte uns strategisch ein. Ah, wenn die Hunde gekommen wären! Ich war die älteste Frau, aber die mutigste von allen, obwohl man das eigentlich nicht von sich selbst sagen sollte. Mein Mann wollte an der Spitze von uns allen auf die Straße, aber wir kamen überein, daß das Wahnsinn gewesen wäre. Trotz seiner siebzig Jahre auf dem Buckel hätte er noch alle Mamelucken, die sich ihm in den Weg gestellt haben würden, aufgespießt. Ach, welch ein Tag! Als wir uns in unsere Wohnungen zurückzogen, hörte man im ganzen Hause nur noch ›Es lebe der *Oberhauptmann!*‹«

»Ja, was für ein Tag!« rief Fernández melancholisch aus und unterdrückte den legitimen Stolz über seine Taten. »Um acht Uhr morgens sah ich den Hauptmann Luis Daoíz aus dem Militärbüro kommen. Am Tag zuvor hatte er mich wegen einem Paar Stiefel zur Schuhmacherei in der Calle del Lobo geschickt, und von dort brachte ich sie zu seinem Haus in der Calle de la Ternera. Als er sah, mit welcher Pünktlichkeit ich meinen Auftrag ausgeführt hatte, gab er mir zwei Real, die ich hier in meinem Taschentuch als Erinnerung an diesen tapferen Mann aufbewahre.«

Er holte ein verknotetes Taschentuch heraus, öffnete einen der Knoten umständlich und holte eine Silbermünze heraus, als handele es sich um die heiligste Reliquie. Er hielt sie Santorcaz vor die Augen, ohne sie von ihm anrühren zu lassen.

»Das hat er mir gegeben«, erklärte er und wischte sich mit dem Taschentuch die Tränen ab, die plötzlich aus seinen Augen rannen. »Das hat er mir mit seinen eigenen Händen gegeben, der Mann, der in der Erinnerung der Spanier so lange weiterleben wird, wie es Spanier auf der Welt gibt. Ich fegte das Militärbüro aus, als Don Pedro Velarde auf ihn zutrat und ihm sagte: ›Herr Hauptmann, vor einiger Zeit bin ich mit Jacinto Ruiz ausgerückt.‹ Dann sprach Don Pedro mit dem Oberst, und eine Viertelstunde später ging er wieder an mir vorbei nach draußen. Wenn man bedenkt, was dann geschah ...«

Der *Oberhauptmann* konnte nicht weitersprechen vor Rührung. Doña Gregoria führte auch eine Ecke ihrer Schürze an die Augen, und Santorcaz, der nun ernster als vorher war, respektierte den Schmerz seiner Freunde.

»Man hat mir versichert«, sagte er nach einer Pause, »daß dieser Pedro Velarde jeden Tag zum Essen in das Haus von Murat gegangen war. Hat der etwa mit den Franzosen sympathisiert?«

»Aber nein! Wer das sagt, der lügt!« rief Don Santiago

aus und ließ den Teller, den er gerade in seinen schweren Händen hielt, auf den Tisch fallen. »Don Pedro Velarde war als sehr geschickter Offizier bekannt. Der König hatte ihn deshalb nach Somosierra geschickt, um den Oberhäuptling der Franzosen zu empfangen. Dieser kannte seine Vorzüge und versuchte, ihn zu einem seiner Anhänger zu machen. Pedro Velarde tat so, als würde er darauf eingehen. Sie luden ihn zum Essen ein und machten ihm viele Avancen – es wußten aber alle, daß, wenn unser Hauptmann auf den Teppichen des von Murat besetzten Palastes schritt, dies nur geschah, um ›die Kanaille besser aus der Nähe beobachten zu können‹, wie er selbst sagte.«

»Er und seine Kameraden vom Monteleón«, warf Santorcaz ein, »bewiesen einen Mut, der um so bewundernswerter war, als er vollkommen nutzlos war. Hier sind alle blind und verrückt und glauben, es sei möglich, gegen die kampferfahrensten Truppen der Welt mit wenigen und dazu noch schlecht ausgebildeten Truppen bestehen zu können, indem man sich mit Zivilisten verstärkt, die sie in allen Ortschaften bewaffnen wollen. Die lächerliche Starrköpfigkeit dieser Leute macht die Opfer doch noch schmerzlicher und die Zahl der Toten größer, ohne daß sie sich rühmen können, mit ihrem Blut die Unabhängigkeit des Vaterlands erkauft zu haben. Spanien wird unterliegen, wie auch Österreich und Preußen unterlegen sind. Und das waren mächtige Nationen mit guten Armeen und sehr tapferen Königen!«

»Diese Länder haben doch kein Ehrgefühl!« schrie Don Santiago Fernández wütend und stand wieder auf. »Die können in Österreich und Preußen gehabt haben, was sie wollen, aber sie haben kein Valdesogo de Abajo und kein Navalagamella.«

Lieber Leser, bitte lächle nicht über diese anmaßende Behauptung des *Oberhauptmanns*, denn dieser scheinbar naiven Bemerkung unterliegt eine historische Wahrheit.

Santorcaz ließ wieder sein Lachen erschallen, als er merkte, wie er den Fernández wieder in Wut gebracht hatte, aber Doña Gregoria bekräftigte von neuem die patriotischen Ansichten ihres Gatten: »Wir haben hier eine ganz andere Meinung, mein lieber Señor de Santorcaz. Sie haben zu lange außerhalb Spaniens gelebt und können deshalb die Spanier nicht mehr verstehen!«

»Eben weil ich viele Jahre in der Welt herumgekommen bin, weiß ich, was ich sage. Ich habe einige Jahre im französischen Heer gedient und weiß um die Kriegskunst des Napoleon und um die Fähigkeiten seiner Generäle und Soldaten. Hunderttausend von ihnen sind nach Spanien gekommen unter dem Kommando der vom Kaiser am meisten geschätzten Führer. Wissen Sie denn, wer Lefebvre[3] ist? Das ist der Sieger von Danzig! Wissen Sie, wer Pierre Dupont de l'Estang[4] ist? Das ist der Held von Friedland! Kennen Sie den Herzog von Istrien?[5] Das ist derjenige, der am meisten Anteil am Sieg von Rivoli?[5a] hatte. Und was können Sie mir von Joachim Murat[6] erzählen? Na, das ist doch der große Soldat der Pyramiden und der, der die Kavallerie bei Harengo kommandierte …«

»Nein, sprechen Sie diesen Namen hier nicht aus«, rief Doña Gregoria, »denn wenn alle wie dieser sind, dann hat Napoleon ja eine schöne Bande von Schurken nach Spanien geschickt!«

»Herr von Santorcaz«, fügte der *Oberhauptmann* mit theatralischem Ernst hinzu, »Sie wissen doch, daß man einem Mann wie mir, der Zeuge von hundert Kämpfen war, kein X für ein U vormachen kann. All die Heldentaten von Marschall Dieser und General Jener werden erst einmal bewiesen werden müssen. Ich habe den Verdacht, daß Sie zurückgekommen sind, um sich auf deren Seite zu schlagen, denn wenn jemand sie so lobt und bewundert, dann ist es doch natürlich, daß er sie auch unterstützt.«

»Nein«, erwiderte Santorcaz, »ich bin wegen einer ganz bestimmten Angelegenheit nach Spanien zurückgekommen, und in ein paar Tagen fahre ich weiter nach Andalusien. Wenn ich meine Angelegenheiten geregelt haben werde, kehre ich nach Frankreich zurück.«

2

»Was sind Sie doch für ein schlechter Mensch!« rief Doña
Gregoria aus. »Ihr armer Vater und die ganze Familie
haben Ihre Abwesenheit beweint und können auch jetzt
nicht diesen Abenteurer auf den rechten Weg bringen, der
seit fünfzehn Jahren, seit diesem Ereignis ... Aber psst!«
fügte sie hinzu, nachdem sie zu mir hinübergeblickt hatte.
»Mir scheint, der Kleine ist aufgewacht und hört uns zu!«

Die drei schauten mich an, und ich konnte klar erkennen, was um mich herum vorging – endlich ohne quälende
Vorstellungen und täuschende Visionen. Ich lag in einem
Bett, dessen harte Matratze meinen gemarterten Knochen
so sehr zusetzte, daß ich den instinktiven Drang verspürte,
mich aus dem Bett zu stürzen, aber meine dick bandagier-
ten Arme versagten mir den Dienst, denn sie waren so
unbeweglich, als ob sie mir nicht gehörten. Um meinen
Kopf wand sich ein komplizierter Turban aus Lappen, die
nach Salbe und Essig stanken, und in meinem erschöpften
Körper spürte ich hier und da schreckliche Stiche. Die
Lagerstätte, auf der ich so unbequem ruhte, nahm eine
Ecke des Zimmers ein, das einen mittelgroßen Umfang
hatte, weiße Wände und einen Fliesenboden, der nur
schlecht durch eine alte und durchlöcherte Espartogras-
matte abgedeckt war. Stiche von Heiligen, die die unheili-
gen Hände des Gravierers durch seine Plumpheit einmal
mehr zu Märtyrern gemacht hatten, verzierten die Wände.
An einer von ihnen reckte die Lanze des *Oberhauptmanns*
ihre beachtliche Länge. In der Mitte befand sich der Tisch,
auf dem ein Leuchter mit vier Dochten stand, und daran
saßen auf verschiedenartigen lederbespannten Stühlen,
die bei der geringsten Bewegung schrecklich krächzten,
die drei Personen, deren Gespräch nach einer langen
Besinnungslosigkeit nun an meine Ohren drang.

Alle schauten zu mir herüber, und Doña Gregoria, die
an mein Bett getreten war, sprach mütterlich zu mir:

»Du bist also endlich wach, Kleiner? Siehst und hörst du

wieder richtig? Kannst du auch wieder sprechen? Mein armer Kleiner, das schreckliche Fieber hat sich endlich gelegt, und dein Schutzengel hat beim lieben Gott erreicht, daß du weiterleben darfst. Wie fühlst du dich denn? Siehst du uns alle hier? Kennst du uns eigentlich? Verstehst du, was ich sage? Es muß dir aber wirklich viel besser gehen, denn du erzählst keine Phantastereien mehr, versuchst nicht mehr, aus dem Bett zu steigen, beschimpfst uns nicht mehr, sagst nicht mehr, daß sie uns alle töten werden, jammerst nicht mehr über Don Celestino oder Doña Inés, die dir nicht aus dem Kopf gehen wollten. Ja, es geht dir gut, du bist aus der Gefahr heraus und wirst leben, armer Kerl. Aber du hast den Verstand verloren oder bist auf dem Wege so zu werden, wie bevor …?«

»Wirklich«, warf Fernández zu Santorcaz gewandt ein, »ich weiß nicht, wie der Unglückliche mit dem Leben davongekommen ist. Drei Kugeln hatte er im Körper – eine am Kopf, aber stimmt ja, das war ja nur ein Streifschuß, eine im linken Arm, den er aber dadurch nicht verlieren wird, und die dritte an einer so gefährlichen Stelle in der Seite, daß, wenn die nicht gleich herausgeholt worden wäre, er jetzt nicht so munter durch die Gegend schauen würde.«

Sie richteten mich auf, damit ich zu ihnen sprechen konnte, um zu beweisen, daß mein Geist wie mein Körper sich von der schrecklichen Krise erholt hatte. Die besorgte Doña Gregoria reichte mir zärtlich etwas zu essen und zu trinken, was ich gerne annahm und wonach ich mich sehr wohl fühlte. War ich in der letzten Nacht wiedergeboren worden?

»Jetzt kannst du unbesorgt sein, mein Lieber«, fuhr Doña Gregoria fort und setzte sich an meine Seite. »Wie wird sich der Herr Juan de Dios freuen, wenn er dich so sieht!«

»Wie«, fuhr ich auf, »Juan de Dios wohnt hier? Wo bin ich denn eigentlich? Wer sind Sie denn? Was ist aus Inés geworden?«

»Schon wieder Inés! Der Knabe ist wirklich noch nicht gesund. Schluß jetzt mit Inés – es wird ausgeruht!«

Santorcaz kam auch zu mir und sprach:

»Armes Kerlchen! Dich haben sie also exekutiert. Der Großherzog de Berg* führt ein strenges Regime. Man sagt, du hättest mehr als zwanzig Franzosen getötet. Wirst du mir mal von deinen Taten berichten, du Held? Sag mal, möchtest du so weitermachen? Ich glaube ja nicht – denn du hast doch wohl gesehen, daß diese Leute keinen Spaß verstehen.«

Santorcaz nahm seinen Umhang und verließ das Zimmer.

Mein Erstaunen war groß, mich wieder unter Lebenden zu finden, unter Unbekannten. Meine Gedanken kehrten unaufhörlich zu dem zurück, was geschehen war, bevor die große Dunkelheit über mich hereingebrochen war. Das plötzliche Erwachen nach einer so langen Besinnungslosigkeit rief auch ein gewisses Angstgefühl in mir hervor, so daß ich die Ruhe nicht aufbringen konnte, die mir der *Oberhauptmann* und seine Frau anrieten. Ich stellte ihnen tausend Fragen mit der Neugierde eines Menschen, der nach einem Jahrhundert des Todes auf einmal wissen möchte, was sich auf dem Planeten während seiner Abwesenheit zugetragen hat. Aber ich bekam immer nur zur Antwort, ich solle doch ruhig sein und mich um nichts kümmern, damit die Fieberanfälle nicht von neuem begännen. Ich ruhte also wieder ein wenig und versuchte, meine entsetzlichen Erinnerungen und trüben Vorstellungen, die nun untrennbare Begleiter meines Geistes geworden waren, wenigstens für kurze Zeit zu verscheuchen.

Bald darauf, als der Abend schon recht fortgeschritten war, erschien Juan de Dios, und bei seinem Anblick wurde ich so unruhig, daß ich aus dem Bett gesprungen und auf ihn zugelaufen wäre, wenn meine Schwäche mich nicht daran gehindert hätte. Ich war voll eines schrecklichen Hasses, aber noch stärker als der Haß war meine Neu-

---

* Joachim Murat (Anm. des Herausgebers).

gierde. Der ehemalige Gehilfe der Requejos war so abgemagert, so gelb und welk geworden, als ob er in der kurzen Zwischenzeit zehn Jahre der Qualen erlitten hätte. Seine fiebrigen Augen zeigten noch Spuren von Tränen, und sein schlaffer Körper bewegte sich so schwerfällig, als ob ihn sein eigenes Gewicht ermüdete. Er warf sich auf einen Stuhl neben meinem Bett, und als die beiden Alten sich aus dem Zimmer entfernt hatten, begann er:

»Gabriel, bist du wieder halbwegs gesund und bei Verstand? Verstehst du, was ich sage?«

»Wo ist Inés?« fragte ich ihn in großer Besorgnis.

»Oh, ich Unglücklicher!« rief er aus und verbarg das Gesicht in den Händen. »Du bist doch noch immer krank, und wenn ich dir das nun mitteile … Wo Inés ist? Obwohl es dich wieder aufregen wird, muß ich dir sagen, daß ich es nicht weiß. Ich bin verrückt, kann nicht mehr klar denken. Vierzehn Tage lang habe ich nun Schmerzen erlitten, die mit nichts zu vergleichen sind! Die Tränen, die ich vergossen habe, könnten ein Becken füllen. Eben noch … was meinst du, woher ich jetzt komme? Ich komme aus der Gruft von San Ginés, wo ich mich jeden Abend kasteie in der Hoffnung, daß Gott sich meiner vielleicht doch erbarmt und mir das zurückgibt, was er mir offenbar wegen meiner großen Sünden genommen hat.«

Nachdem er sich die Tränen abgewischt und laut geschneuzt hatte, fuhr er fort:

»Ich holte Inés aus dem Garten des Prinzen Pío heraus. Es war mir nicht möglich, dich auch noch zu retten. Ich habe es versucht, das schwöre ich. Inés war in Ohnmacht gefallen, und ich konnte sie nicht hierherbringen, weil es zu weit war. So riet mir Lobo, sie in ein Haus von, wie er sagte, ehrenwerten Damen zu tragen, wo sie bleiben könnte, bis ich sie hierherbringen und heiraten könne. Oh, welch infamer Aktenwälzer, welch perfider Intrigant und gemeiner Schurke! Inés ohrfeigte mich, als sie sich in jenem Hause sah, und krallte ihre Fingernägelchen in mein Gesicht. Du kannst dir nicht vorstellen, wie viele zärtliche Worte ich ihr sagte, um sie zu beruhigen, aber nichts konnte sie darüber trösten, daß ihr, du und der gute Priester, nicht auch gerettet wurdet. Vergebens sagte ich ihr, daß sie meine Frau würde und daß ich sie abgöttisch liebe. Ich zeigte ihr auch mein Geld und versprach, einen großen Teil davon für unsere Flucht aus Madrid und Spanien zu verwenden. Ach, ich Unglücklicher! Auf diese unwiderlegbaren Beweise meiner Liebe schimpfte sie mich nur Bestie und befahl mir, ihr aus den Augen zu gehen ... Sie rief immer nach dir, brach ständig in Tränen aus und wollte das Haus verlassen, um zur Montaña zurückzukehren. Und trotz allem bin ich in gewisser Hinsicht glücklich, denn ich hielt sie in meinen Armen, strich das zerzauste Haar aus ihrer Stirn und trocknete mit meinem Taschentuch ihre göttlichen Tränen, die den Verdammten der Hölle ein Labsal zum Trinken wären ... Der perfide Lobo wich nicht von dem Haus, und die Aufmerksamkeit und Besorgnis, mit der er sich um Inés kümmerte, erschienen mir verdächtig. Inés hörte nicht auf zu stöhnen und zeigte Abneigung gegen mich und den Lobo. Sie sagte, sie wolle uns nicht sehen. Wir sollten sie doch töten, denn sie wolle nicht mehr leben. Ihre Verzweiflung erreichte ein solches Stadium, daß wir sie nicht mehr halten konnten. Sie riß sich aus meinen Armen und rief, sie wolle euch doch wenigstens begraben, wenn sie euch schon nicht das Leben retten konnte. Nach vielen Bitten gelang es mir doch, sie dadurch ein wenig zu beruhigen, daß ich ihr versprach, zur Stätte der Hinrichtung zurückzukehren, um diese traurige Pflicht zu erfüllen. Als ich das aussprach, sah sie mich so sanft an und schärfte mir mit solcher Innigkeit ein, ja nicht von meinem Versprechen abzuweichen. So ließ ich sie denn in der Obhut des Lizenziaten Lobo zurück. Das hätte ich nicht tun sollen! Verflucht sei der Augenblick, in dem ich mich von diesem Juwel meines Lebens, diesem Magnet meines Geistes trennte! Gabriel, ich ging zur Moncloa zurück, lief die Reihen von Leichen ab und hoffte, dich unter denjenigen, die dort verlassen lagen, um die keiner in Jammern und Wehklagen ausgebrochen war, zu finden ... Schließlich fand ich den Geistlichen. Aber du warst nicht an seiner Seite. Einige Frauen sagten mir, sie hätten gesehen, daß du noch am Leben warst und daß man dich zu einem Ort in der Nähe gebracht habe, um dir dort die erste Hilfe angedeihen zu lassen. Groß war meine Freude, als ich dich dann dort die Augen öffnen sah und dich unverständliche Sätze murmeln hörte. Deine Verletzungen schienen nicht lebensgefährlich zu sein. Nachdem wir den guten Don Celestino begraben hatten, suchte ich nach einer Möglichkeit, dich in mein Haus zu bringen. Ich bat die mildtätigen Frauen, sich etwas länger um dich zu kümmern, weil ich eine Bahre beschaffen wollte. Als ich den Garten verließ, freute ich mich darauf, Inés mitteilen zu können, daß du am Leben bist. ›Wie froh wird die Gute sein, wenn sie das hört!‹ sagte ich so bei mir, denn inzwischen hatte ich ja erfahren , daß sie dich mag. Das stimmt doch, nicht wahr? Ach, Gabriel, du wärst unser Diener gewesen, du hättest uns bestimmt treu gedient, nicht wahr? Also, ich eilte zu ihr, um ihr die frohe Botschaft deiner Rettung mitzuteilen. Als ich das Haus betrat, in dem ich Inés gelassen hatte, war sie nicht mehr dort. Die mir unbekannten Frauen in diesem Hause berichteten mir, daß Lobo sie mitgenommen habe. Als ich mich erstaunt und entrüstet darüber zeigte, nannten sie mich einen Dummkopf und warfen mich aus dem Hause. Ich suchte nach dem Schurken, aber konnte ihn an jenem und auch an den darauffolgenden Tagen nicht finden. Stell dir meine Verzweiflung vor! Ich weiß nicht, wie ich das überstehen konnte, denn außer meinem großen Schmerz hatte ich auch starkes Fieber wegen meiner Verwundung an der Hand, weil ich doch einen und einen halben Finger bei dem Kampf in der Calle de San José verloren hatte ... Ich pflegte mich aber nicht. Später verband mir der Apotheker der Palma Alta die Hand, und ich kümmerte mich in meiner Verzweiflung nicht mehr darum, denn alle Finger meiner Hände hätte ich mir selbst abgebissen, wenn ich dadurch meine geliebte Inés wiedergefunden hätte. Oh, meine frühe Rose, mein Jasmin aus Alexandria! ... In dieser Zeit vergaß ich dich aber nicht. Noch am gleichen

Tage, dem dritten Mai, ließ ich dich hier in mein Haus bringen, wo du bis jetzt geblieben bist und dank der Pflege dieser guten Leute die Gesundheit wiedererlangt hast.«

»Aber ist Lobo denn verschwunden?« fragte ich besorgt. »Wenn er nicht verschwunden ist, kann man ihn doch zwingen zu gestehen, was er mit Inés gemacht hat!«

»Nach zehn Tagen fand ich ihn in seinem Haus. Weißt du, was mir der Gauner erzählte? Du wirst staunen! Nachdem er sich vor Lachen über mich ausgeschüttet hatte, nannte er mich einen Dummkopf und sagte mir, ich solle ja nicht mehr daran denken, Inés wiederzusehen, denn er habe sie ihren Eltern übergeben. ›Hat Inés denn Eltern?‹ fragte ich ihn erstaunt. Und er antwortete mir: ›Ja, und es sind Personen, die zur höchsten Schicht Spaniens gehören, so daß ich es als meine Pflicht ansah, ihnen das unglückliche Mädchen zu übergeben, das so lange gezwungen war, unter ihrem Rang zu leben und unter ›Personen von niederem Stand.‹ Ich war sprachlos, aber verstand, daß das nur eine Finte dieses Schurken war. In meinem Zorn belegte ich ihn mit den fürchterlichsten Schimpfwörtern, die je über meine Lippen getreten sind. ... Glaubst du nicht auch, daß das mit der Übergabe an ihre unbekannten Eltern ein reines Märchen ist, um von einem Verbrechen abzulenken? Vergehst du nicht auch vor Angst um Inés wie ich? Wo ist sie? Wo hält dieses Monster den Engel gefangen? Ach, ich habe sie überall in Madrid gesucht. Ich habe mich ganze Nächte lang vor dem Haus in der Calle de la Sal aufgehalten und alle beobachtet, die dort ein- und ausgingen. Ich habe den Dienstboten, Wasserträgern, Wäscherinnen und Schreibern des Lizenziaten und anderen Leuten, die noch das Haus betraten, Geld gegeben, aber keiner konnte mir über Inés Auskunft geben. Ist das nicht zum Verzweifeln? Man könnte doch vor Qual sterben! Nach all diesen Mühen, sie aus den Klauen ihrer Verwandten zu befreien, nachdem ich große Sünden begangen habe, meine Seele schrecklichen Strafen der Hölle ausgesetzt habe, hat sich nun diese Hoffnung, dieses erträumte große Glück, in Nebel aufgelöst! ... Ist das wohl

Gottes Strafe für meine Schuld, Gabriel? Glaubst du das auch? Meinst du, daß das richtig ist, was ich jetzt tue, nämlich viel beten und Gott um Verzeihung bitten, damit er mir Inesina wieder zurückgibt – auch wenn er mir nicht verzeiht? Glaubst du, daß ich Gottes Gnade wiedererlangen kann, wenn ich regelmäßig und mit großer Inbrunst zur Gruft von San Ginés gehe und mich dort kasteie? Ach, wenn nur diese Tränen, die ich alle vergossen habe, in das Herz dieses infamen Lobo gefallen wären! Sie hätten ihn durchdrungen wie ein Dolch. Wo steckt Inés nur? Was mag aus ihr geworden sein? Lebt sie überhaupt noch? Gabriel, du bist intelligent, und Gott hat gewollt, daß dein kostbares Leben erhalten bleibt, damit du die Pläne dieses Monsters vereiteln und dem Mädchen die Freiheit wiedergeben kannst und mir den Seelenfrieden, den ich sonst für immer verloren haben werde.«

So sprach der unglückliche Ladengehilfe, und ich konnte mich eines großen Mitleids mit dieser gequälten, von Leidenschaft erfüllten und unschuldigen Seele nicht erwehren. Er hörte nicht auf zu reden, bis spät in die Nacht hinein, immer über das gleiche Thema und unter ständigen Klagen. Schließlich verlor sich seine Stimme in tiefer Stille, denn ich war eingeschlafen, als meine Aufmerksamkeit und Neugier von der Schwäche und Seelenerschöpfung, unter denen ich noch litt, besiegt worden waren.

3

Am darauffolgenden Tag war die erste Person, die ich erblickte, die der Doña Gregoria, die ich bereits liebgewonnen hatte, denn es ist eine Eigenschaft der Mildtätigkeit, daß sie meistens sofort auf Gegenliebe trifft. Die Frau des *Oberhauptmanns* säuberte das Zimmer vorsichtig, um möglichst wenig Geräusche zu machen, und als ich aufwachte, ließ sie alles stehen, um an meine Seite zu eilen.

»Dieses Gesicht sieht nach Gesundheit aus«, sprach sie zu mir. »Wollen wir doch mal sehen, was Don Pedro Nolasco sagt, wenn er dich heute untersucht.«

»Wer ist denn dieser Pedro Nolasco?« fragte ich und glaubte, es handele sich um einen Arzt aus der Nachbarschaft.

»Wer wird das schon sein, Söhnchen! Der Veterinär, der auf dem Zimmer Nummer vierzehn wohnt. Hier geben wir kein Geld für Ärzte aus, denn die kosten doch ein Heidengeld. Und wenn Fernández sein Rheuma plagt, geht er zu Don Pedro Nolasco, der viel von Medizin versteht. Ihm verdankst du das Leben, Kleiner. Er hat dir die Kugel aus der Seite herausgeholt. Wenn nicht, wärest du schon jetzt in einer anderen Welt.«

Dann stellte ich ihr etliche Fragen hinsichtlich ihrer Verhältnisse und des Hauses, die sie alle gütig beantwortete. Sie erzählte, daß ihr Ehemann Pförtner in einer Kanzlei des Kriegsministeriums sei und daß sie mit seinem Lohn und den bescheidenen Mietzahlungen des Juan de Dios kärglich, aber zufrieden leben könnten.

»Das ist hier keine Pension, denn wir mögen dieses Kommen und Gehen nicht«, fügte sie hinzu, »aber den Señor de Arróiz kennen wir schon lange und beherbergen ihn deshalb hier. Diesen Herrn Santorcaz, den du gestern abend hier gesehen hast und der bald wiederkommen wird, lernten wir in Alcalá kennen, als wir dort wohnten. Er gab dann seine Studien an unserer berühmten Universität auf, weil er zu faul war. Danach schlug er sich so durch, und seine Eltern hatten ihn nicht mehr gesehen, seit er nach Frankreich gegangen war, um einer verdienten Strafverfolgung zu entgehen, die ihm sein unlauterer Lebenswandel eingebracht hatte. Schade um ihn! In Frankreich wurde er dann Soldat, und wenn er uns von seinen Erlebnissen erzählt, kommt uns das wie Geschichten aus dem Buch *Das Wunder von Frankreich oder Marta die Zigeunerin*[7] vor, obwohl Santiago meint, daß alles, was er von sich gibt, Lügen sind. Trotz seiner ungewöhnlichen Art mögen wir diesen Wirrkopf Santorcaz doch ziemlich, und er uns auch. So kommt es denn, daß, wenn er wieder mal nach Spanien kommt, er immer in unserem Hause absteigt, wo wir ihm Gastfreundschaft für wenig Geld gewähren. Ja wirklich, für sehr wenig Geld. Mehr hat er ja auch nicht. Obwohl seine Eltern alles andere als arm sind, sie besitzen ein gutes Stück Land in der Gegend von Salamanca. Da er nicht Erstgeborener ist, bemühte sich sein Vater, ihn für die geistliche Laufbahn vorbereiten zu lassen – aber der Knabe hatte absolut keine Veranlagung dafür …«

Während Doña Gregoria mich so über ihre Gäste aufklärte, kehrte Santiago Fernández von seiner Kanzlei zurück, zog sich umständlich die schwere Uniform aus, die seine Gattin an den Kleiderhaken nicht weit von seiner drohenden Lanze hängte, und setzte sich zum Essen hin.

»Ich bringe euch großartige Nachrichten, Señora!« sprach er mit zufriedenem Lächeln, als er auf dem lederbezogenen Stuhl saß, mit beiden Ellbogen auf die Knie gestützt, und den Körper in langsamem Rhythmus hin und her wiegte. »Du wirst sehr zufrieden sein!«

»Ist der französische Großherzog vielleicht von den Koliken, die ihn seit einiger Zeit heimsuchen, zerrissen worden?«

»Nein, das ist es nicht, Frau. Wer hatte dir eigentlich gesagt, daß Navalagamella den Kanaillen den Krieg erklärt hat? Es ist nicht nur Navalagamella, Frau, sondern ganz Asturias, León, Galizien, Valencia, Toledo, Burgos, Valladolid und wahrscheinlich auch Sevilla, Badajoz, Granada und Cádiz! Das haben sie im Büro erzählt. Du hättest mal sehen sollen, wie die vor Freude getanzt haben! … Ich kenne da einen Offizier, der in der ganzen Nacht nicht geschlafen hat, weil er einen bestimmten Kurier erwartete. Wenn du wüßtest, Frau …! Dir kann ich's ja sagen, und es macht nichts, wenn der Knabe hier das auch hört. Höre, hört mal beide: Viele Offiziere sind geflohen, ohne daß man in ihren Kasernen oder Wohnungen weiß, wo sie hingegangen sind. Du wirst nun fragen: ›Wo könnten sie schon sein?‹ Ich weiß es aber. Sie sind zu den spanischen

Armeen gegangen, die jetzt aufgestellt werden! ... Und du weißt nicht, wo sie aufgestellt werden. Ich aber – ja, ich weiß es. Die eine wird in Valladolid zusammengestellt und von Don Gregorio de la Cuesta[8] kommandiert, eine andere in Asturias und Galizien, die Blake[9] befehligen wird ... Und die dritte – und das ist die tollste Nachricht. Soll ich es dir wirklich verraten?«

»Natürlich, Mann, sag es schon. Du kannst doch nicht auf halbem Wege anhalten.«

»Man sagt, daß die unter französischem Oberbefehl stehenden spanischen Truppen von Andalusien meutern werden. Ja, meutern! Und warum sollten sie das auch nicht? ... Auf ein bestimmtes Zeichen hin werden sie sich alle absetzen, so daß auch nicht der geringste spanische Soldat mehr unter Murats Befehl bleiben wird.«

»Na, das wird die Franzosen ja wohl nicht freuen. Aber ich höre, daß man an der Tür klopft. Das sind die Nachbarn, die Neues erfahren möchten ... Kommen Sie nur herein, Don Roque, und auch ihr, meine Mädchen. Immer hereinspaziert, Señor de Cuervatón!«

Doña Gregoria öffnete die Tür, und es traten in einer geordneten Reihe etwa ein Dutzend Personen beider Geschlechter und verschiedenen Alters und Aussehens ein. Das waren die Nachbarn des *Oberhauptmanns*, die begierig waren, von ihm das Neueste zu hören wie jeden Mittag, wenn er von der Kanzlei kam. Für sie war er eine Quelle, um die starke Neugierde zu stillen, die unter den Einwohnern von Madrid herrschte. Muß ich die ehrenwerten Herrschaften hier aufzählen? Wozu denn? Der Leser muß nicht unbedingt den Holzhändler, den Sattler, Don Roque, den verkrachten Händler, Señor de Cuervaton oder die Töchter der Feinstickerin kennenlernen. Lassen wir sie im Schleier ihrer diskreten Unbekanntheit und wenden wir uns wieder Fernández zu, der vor stolzer Freude rein aus dem Häuschen war und allen, die ihm zuhören wollten, seine Neuigkeiten und Meinung dazu kundtat, ohne es unterlassen zu können, sie mit Ironie und Übertreibungen zu würzen.

»Tja, in Andalusien … Wißt ihr denn überhaupt, wo Andalusien ist? Da liegt zum Beispiel Cádiz und auch Sevilla … Man sagt, daß der Rat von Sevilla, die Junta, mit den Truppen von Sanroque eine große Armee aufgestellt hat. Wißt ihr überhaupt, was San Roque ist? … Na sagen wir mal, das hier auf dem Tisch ist Gibraltar – ganz in der Nähe ist dann San Roque.«

»Dieser Don Santiago weiß doch einfach alles!«

»In San Roque sind die besten Truppen Spaniens, was sowohl Infanterie als auch Artillerie und Kavallerie betrifft. Wenn daraus nun eine Armee gebildet wird, und die zieht nach Madrid … Gott!«

»Gott!« echote ein Chor von zehn Stimmen.

»Sie glauben, daß die nach Madrid kommen werden?« fragte einer der Zuhörer.

»Das kann ich zwar nicht beschwören«, entgegnete der *Oberhauptmann*, »aber nach dem, was ich gehört habe, und nach meiner Erfahrung aus jenen schrecklichen Kriegen wage ich vorauszusagen, daß die Armee von Andalusien nach Madrid ziehen wird, und wenn dann Don Gregorio de la Cuesta das gleiche tut, können Sie sich ja vorstellen, welche Angst die Franzosen beschleichen wird. Wir müssen aber das Geheimnis wahren. Vorsicht, meine Herren, und ihr Mädchen seid ja verschwiegen, wenn ihr wieder zur Nähstube geht, denn solche Gespräche könnten zu Ohren des Großherzogs de Berg kommen … Nach meiner Meinung wird es sich so abspielen: Die Armee von Andalusien wird in die Mancha ziehen, so daß sich die Franzosen ihnen stellen wollen und Madrid verlassen, wo dann Don Gregorio de la Cuesta einmarschiert. Wenn der dann weiter nach Süden vorrückt, wird er ihre Nachhut bei Tarragona in die Zange nehmen, und da die von da unten die Franzosen gleichzeitig bis zum Tajo zurückgeworfen haben werden, kann der massive Angriff auf die Franzosen von zwei Seiten erfolgen, so daß sie in den Fluß getrieben werden und ertrinken.«

»Was dieser Mann doch nicht alles weiß! Es ist regelrecht ein Wunder, wie man die Bewegungen des Feindes so vorausberechnen kann. Es besteht kein Zweifel, das muß gelingen!«

»Und da der Aufstand sich immer mehr ausbreitet«, fügte Don Santiago hinzu, »können die Feinde nirgends mehr Schutz finden. Sie können auf die Hilfe keines spanischen Soldaten mehr rechnen, denn alle desertieren. Wenn Napoleon also den Krieg in Spanien weiterführen will, muß er mehr Truppen schicken.«

»Und von denen, die kommen, stirbt die Hälfte sowieso an der Trunksucht.«

»Auch Murat leidet an Koliken, die ihm eines Tages den Garaus machen werden.«

»Ja, was der hat, ist eine schändliche Krankheit.«

»So muß er für das zahlen, was er angerichtet hat. Das kann doch nur eine Strafe Gottes für die Barbarei und Grausamkeit sein!«

»Wie man erzählt, Señora, ist er der Trunksucht verfallen.«

»Da haben sie uns ja schöne Gestalten hierhergeschickt! Wird er sich zurückziehen oder nicht?«

»Ich glaube ja«, meinte Fernández. »Soviel ich gehört habe, ist er wütend, daß ihn Napoleon nicht zum König von Spanien machen will.«

»Du lieber Himmel! Das fehlte ja gerade noch!«

»Wie es scheint, soll der Don José aus Neapel zum König gemacht werden, denn der gefällt dem Napoleon.«

»Da spielen doch Familienverbindungen eine Rolle.«

»Unser Señor Fernández müßte alle diese Armeen aufsuchen und beraten«, meinte der Holzhändler, »und vielleicht machen sie ihn noch von heute auf morgen zum General.«

»Ich bin zu nichts mehr nutze«, erwiderte der *Oberhauptmann*. »Ich habe meine Zeit gehabt, und heute sind andere dran. Das waren damals schon Kriege, meine Güte! Das hier ist doch nur eine Bagatelle – und wenn ihr es nicht glauben wollt, dann werdet ihr ja sehen, wie alles im Nu zu Ende sein wird.«

»Aber das mit der Armee von Andalusien, ist das

eigentlich gewiß oder nur pure Vermutung von Ihnen? Darüber hätten wir gern mehr gewußt.«

»Sie können mir glauben, meine Herren. Santiago Fernández hat seine Gründe zu wissen, was eine Armee machen wird und was nicht. Wenn unsere Generäle erst einmal gesagt haben ›Jetzt geht es los!‹, werde ich euch alle Tag für Tag auf dem laufenden halten.«

An dieser Stelle tauchte Santorcaz auf, und sobald die ehrenwerten Personen, die die Zuhörerschaft des guten Fernández bildeten, ihn erblickten, begannen sie aufzubrechen, denn die Anwesenheit dieses *Vagabunden* war keinem Einwohner des Hauses angenehm.

»Große Neuigkeiten bringe ich, Señor Don Gonzalo Fernández de Córdoba!« rief der Geschmähte schon von der Tür her. »Bleiben Sie doch alle hier, wenn Sie die reine Wahrheit erfahren wollen. Die Mädchen gehen hinaus? Warum haben denn alle Angst vor mir? Und Sie, Don Roque, wollen Sie sich das nicht anhören? ... Sie wollen also gehen? Ach, Sie wissen ja gar nicht, was Sie versäumen! Jetzt können Sie mal hören, was wirklich vor sich geht! Nehmen Sie schon mal Ihre Lanze herunter, Don Fernández, denn jetzt kommt der große Schlag, und dann werden wir ja sehen, wer die guten Patrioten sind!«

»Nehmen Sie diese ernsten Angelegenheiten nicht auf die leichte Schulter, Don Luis«, erwiderte der, den wir den Sieger von Ceriñola nennen können, »und erschrecken Sie die Nachbarschaft nicht mit Ihren Räubergeschichten.«

»Sie wissen ja nicht, was ich weiß«, fügte Santorcaz hinzu, »nämlich daß der General Dupont, der in Toledo war, den Befehl erhalten hat, nach Andalusien zu marschieren, daß Moncey morgen von hier nach Valencia abrückt, und Lefebvre, der jetzt in Pamplona ist, bald in die Hauptstadt von Aragón einrücken wird, daß Duhesme[10] sich in Katalonien ausbreiten wird und Bessières[11] in aller Eile mit den Divisionen von Lasalle de Merle nach Valladolid hinunter geht.«

»Man weiß ja, daß Sie ein dicker Freund dieser Kanaillen sind! Und wie bekommt diesen Exzellenzen denn die spanische Küche so? Haben sie sich endlich an den spanischen Wein gewöhnt? Und der Großherzog de Berg – was machen denn seine aufsteigenden Hitzen? Hat er die Angstkrankheit? Wenn diesen Herren die Unterhosen rutschen, dann kommt das daher – wie schon gesagt –, daß der, welcher schlecht lebt, von der Angst verfolgt wird. Ich wußte von dem nichts, was Sie mir eben erzählt haben, aber dort in der Kanzlei hört man andere Sachen, die wohl nicht so angenehm in den Ohren der Kanaillen klingen. Warum geht mein Herr Luis denn nicht dorthin, um seine Geschichten zum besten zu geben? Vielleicht bekommt er da mal die richtigen Antworten, die ihm die Flausen aus dem Kopf treiben werden!«

»Was erzählt man sich denn da?«

»Ach, eigentlich nicht viel. Aber wenn der Franzmann das hört, wird er sich bestimmt freuen. Man hat erfahren, daß in allen Städten Räte ernannt worden sind oder ernannt werden, die sich nicht darum kümmern, was in Bayonne befohlen wird, sondern …«

»Aber wenn Ferdinand nicht mehr König von Spanien ist, warum hat er denn seine Rechte an den Kaiser abgetreten, wie es zuvor König Karl getan hat? Diese Räte sind doch weiter nichts als Anführer von Meuterern!«

»Ja … dann sollen sie sie eben auflösen – das ist doch sooo einfach!! Diese Räte! Da stellen diese Nutzlosen doch wirklich Armeen auf! Aber ist ja alles nur Kinderspiel, was, Señor de Santorcaz? Eine Handvoll Franzosen mit ein paar Kanonen werden doch damit fertig werden, oder? … Wenn erst mal all die tauglichen Zivilisten in Kastilien, Katalonien und Valencia sowie in Andalusien bewaffnet sein werden … Aber das ist doch alles nichts, nicht wahr? Sind doch alles nur Pappsoldaten, was? Die Franzosen brauchen gar nicht mal ihre Kugeln zu verschwenden – sie werden die schon mit ihrer Spucke besiegen, nicht wahr?«

»Alles, was Sie wissen, beruht doch darauf, daß der Rat von Sevilla eine Armee mit den Truppen von San Roque unter dem Befehl von Castaños[12] und den Truppen von

Granada unter Reding[13] aufstellt. Das weiß doch ganz Madrid!«

»Santiago«, sprach Doña Gregoria mißbilligend, »es ist nicht gut, daß du alles so ausposaunst, was du da über unser Heer aus vertrauenswürdiger Quelle erfahren hast. Die Franzosen könnten sich die Meldungen über das, was die Armee von Andalusien unternimmt, zunutze machen.«

»Was heißt hier ›zunutze machen‹? Was verstehst du schon von diesen Dingen? Im Gegenteil, ich möchte ja, daß der Señor de Santorcaz das verbreitet – möglichst in ganz Kastilien!«

»Noch eine Armee, ja, zusammengestellt aus Leibwachen, die gewohnt sind, Krieg im Palast zu spielen, aus Studenten, Bauerntrampeln und Schmugglern«, entgegnete Santorcaz jetzt nicht mehr spöttisch, sondern ernst. »Es ist doch eine Schande für uns, gestehen zu müssen, daß wir uns nicht mit den Franzosen messen können. Was nützt es schon, wenn so viele Zivilisten bewaffnet werden, wenn diese undisziplinierten Haufen statt eine Hilfe nur eine zum Ruin führende Last für das kleine spanische Berufsheer sein werden? Was für ein Hindernis können diese besessenen Unglücklichen, die sich von ihrer Unwissenheit täuschen lassen, schon den Truppen entgegensetzen, die ganz Europa niedergeworfen haben? Haben Sie denn eine Ahnung, was Planung, Taktik und die Wendigkeit eines großen Heerführers für den Sieg bedeuten? Es ist doch traurig, daß wir durch die Dummheit unserer Könige so weit heruntergekommen sind. Da wir nun aber mal diesen Punkt erreicht haben, bleibt uns nichts anderes mehr übrig, als uns dem zu beugen, was die Vorsehung uns beschert hat. Spanien kann der Invasion keinen Widerstand leisten, denn das wäre ein Wunder, eine übernatürliche Leistung, die noch nie geschehen ist. Wir sind dazu verurteilt, in Napoleons Weltreich eingegliedert zu werden und ansehen zu müssen, wie ein König aus der kaiserlichen Familie auf unseren Thron gesetzt wird. Das beste wäre also, sich damit abzufinden und sich zu sagen, daß wir es verdient haben.«

»Spanien soll von den Franzosen beherrscht und in Napoleons Weltreich eingegliedert werden?« schrie der *Oberhauptmann* in heftigem Zorn. »Señor de Santorcaz, Sie sind ein unverschämter Mensch, ein Lästerer. Sie haben keinen Respekt vor meinen weißen Haaren. Was kann man auch schon von so einem Vagabunden wie Ihnen erwarten, der seine Familie verlassen hat, um im Ausland schlechte Sitten zu lernen? Zu behaupten, daß Spanien von den Franzosen beherrscht werden wird! Verlassen Sie mein Haus, und betreten Sie es nie mehr! Was sagst du denn dazu, Gregoria? Frau, du bleibst so ruhig, und ich koche vor Zorn!«

Er stand auf und wies Santorcaz mit majestätischer Geste die Tür. Da aber Don Luis nicht aufstehen wollte, weil sich diese Szene jeden Tag ohne wirkliche Konsequenzen wiederholte, bereitete er sich ungerührt auf die Mahlzeit vor in der Erwartung, daß der Zorn seines ehrenwerten Freundes schon wieder verrauchen würde – was dann auch geschah. Während des Essens murrte Don Santiago ein wenig, aber die Klugheit und Vorsicht seiner Gattin verhinderten einen wirklichen Zusammenstoß, der üble Folgen gehabt hätte.

4

Was ich erzählt habe, geschah am 20. Mai, wenn mich meine Erinnerung nicht trügt. Meine Genesung schritt fort, und in wenigen Tagen hatte ich schon wieder so viel Kräfte gesammelt, daß ich das Bett verlassen und ein paar Schritte in den langen Korridoren des Hauses machen konnte, denn die Wohnung des *Oberhauptmanns* ging nur auf einen großen Flur hinaus, in den zwanzig numerierte Türen mündeten, die Wohnungen der anderen Familien. In schlechterem Zustand als mein Körper befand sich aber meine Seele, die immer noch voller Wirrwarr, Aufwallungen und Qualen durch die schrecklichen Erinnerungen

und Sorgen um die Zukunft war, so daß ich ständig vergebens nach etwas Frieden suchte.

Der Tod des Priesters von Aranjuez, obwohl er in meiner Seele eine große Leere hinterlassen hatte, setzte mir
weniger zu, als es vielleicht erscheinen mochte, denn ich
sah sein Scheiden als den Übergang eines neuen Heiligen
in das Paradies an, wo ich meinen Freund an seinem vorbestimmten Platz angekommen sah, der gar nicht einmal
so sehr weit von uns entfernt wäre, wenn wir ihn da zu
unserem Schutz anrufen würden.

Was Inés betraf, so war ich sicher, daß sie sich bei jemandem befand, der sie im Auftrag der Verwandten ihrer Mutter beschützte. Obwohl diese Annahme anfänglich nur auf
den Bericht des überspannten Juan de Dios gründete,
wuchs meine Überzeugung, daß es wirklich so war.
Schließlich bestärkte mich auch die schändliche Geldgier
des Lizenziaten Lobo darin, der sich bestimmt des Mädchens bemächtigt hatte, um es jemandem gegen eine ange-
messene Belohnung zu übergeben.

Mein Eifer konzentrierte sich darauf, wieder ganz
gesund zu werden, damit ich wieder auf die Straße gehen
konnte, und als ich das erreicht hatte, sah ich zu meiner
Freude, daß mich alle meine Freunde wie einen Wieder-
auferstandenen oder ein Wesen aus einer anderen Welt
ansahen, das noch einmal Körperform angenommen hatte,
um unbeglichene Schulden einzutreiben. Alle Menschen
liefen erschreckt und verstört umher, manchmal voller
Angst und manchmal bemüht, ihre aufkommende Freude
zu verbergen.

Der Haß gegen die Franzosen war kein gewöhnlicher
Haß. Es war ein Fanatismus, den ich seither nicht mehr
erlebt habe, ein Gefühl, das die Herzen voll und ganz aus-
füllte und keinen Platz mehr für andere Dinge ließ, so daß
die Nächstenliebe, die Selbstliebe und – obwohl das ver-
messen klingt – die Liebe zu Gott auf eine Ebene delegiert
wurden, die der großen Abscheu, die die Henker von Madrid einflößten, untergeordnet war.

Und diese sahen sich überall gemieden. Wenn Franzosen auftauchten, hielten die Passanten entweder an oder beschleunigten ihre Schritte. Dieser Widerwille war so außergewöhnlich, daß auch sie davon sehr betroffen waren. Man sah sie nur noch schweigsam und mürrisch dahineilen, als ob der Boden unter ihren Füßen zu heiß wurde. Der Retiropark war mit Gräben und Batterien gefüllt, und wer die Besatzer in all ihrem Stolz und ihrer Anmaßung erleben wollte, brauchte nur seine Schritte zum Ostteil der Stadt zu lenken, wo man sie in großen Gruppen in der Nähe der Kantinen und auf der Aragoner Straße antreffen konnte. Kein Spanier ging noch dort hin, mit Ausnahme des Gesindels, das – damals wie heute – seine Nase überall hineinsteckt. Von meiner Neugierde getrieben, begab ich mich zum Retiro und zu anderen Stellen bis zur Mediodia, der Südstadt, wo auch strategische Positionen besetzt waren.

In der Innenstadt von Madrid waren die Läden leer, denn alle Leute, die Nachrichten erfahren oder weitergeben wollten, versammelten sich an versteckten Orten. In dieser Zeit gab es auch die ersten Anzeichen von Geheimgesellschaften, was ich allerdings nur vom Hörensagen weiß. Da die Begierde, Neuigkeiten hinsichtlich des Aufstands der Provinzen zu erfahren, sich auch auf Kinder, Alte und Frauen übertragen hatte, erfuhr man schnell, wenn ein Herr Soundso einen Brief aus Andalusien, Galizien oder Katalonien empfing. Das Haus füllte sich dann mit Freunden, und auch Unbekannte nahmen sich die Freiheit, geräuschvoll einzutreten, um die Neuigkeiten ja aus erster Hand zu erfahren. Es wurden Abschriften von Briefen über den Rat von Sevilla und den Aufstand der Truppen von San Roque angefertigt und mit einer Geschwindigkeit in Umlauf gebracht, daß sie den Neid der modernen Tagespresse erregen würde.

Täglich und zu allen Tageszeiten sprach man von Offizieren, die aus Madrid geflohen waren, um sich den Armeen unter Cuesta oder Blake anzuschließen, und wenn man einen spanischen Soldaten oder einen kräftigen jungen Zivilisten traf, fragte man ihn: »Und Sie, wann gehen Sie?«

Die Familien der Opfer hatten schon aufgehört, für die Toten zu beten, und dachten jetzt eher an die Lebenden. Es machte sich ein Mangel an Arbeitern und Handwerkern bemerkbar, denn aus den unteren Stadtteilen zogen täglich viele Männer, um sich den aufständischen Einheiten in Toledo und der Mancha anzuschließen. Trotz der brutalen Maßnahmen des französischen Generals fehlte es nicht an Waffen, so daß die Flüchtlinge nicht mit leeren Händen abzogen.

Die Eindringlinge, die den ihnen entgegengebrachten Haß mit dem wachsamen Mißtrauen desjenigen beobachteten, der die Auswirkungen solchen Hasses kennt, ließen mit ihrer großen Truppenzahl nicht zu, daß die Einwohner von Madrid kundtaten, was sie dachten und fühlten. Aber dennoch, wer zählte die Spottlieder, ironischen Gedichte und Witze über die Unterdrücker, die spontan im Volke entstanden und in denen die Franzosen nur als die *Kanaillen* bezeichnet wurden?

Dieser große Unwille vermischte sich mit heimlichem Jubel: Täglich trafen Meldungen von neuen Auflehnungen ein, so daß man zuversichtlich war, daß die Franzosen sich bald schamvoll zurückziehen würden. Jener Jubel, jenes Vertrauen, jener blinde Glaube an die Überlegenheit der zusammengewürfelten und wenig koordinierten Volkstruppen, jene ständige Hoffnung, jene Weigerung, eine Niederlage überhaupt in Betracht zu ziehen, jenes ›Macht nichts‹, mit dem alle Unzulänglichkeiten abgetan wurden, waren die Ursache des Sieges in dem langen Krieg, und es muß hier gesagt werden, daß die Truppenstärke und die Taktik, die Menschenwerk sind, niemals etwas gegen die Begeisterung, die göttlich ist, ausrichten werden.

Natürlich wurden Meldungen von Auflehnungen stark übertrieben, und im Taumel der Massen wurden aus Hunderten von Kämpfern schnell Tausende. Meldungen aus Bayonne hingegen wurden immer mit Verachtung aufgenommen, und die Anordnungen des Palastes von Marràs wie auch die Einberufung der lächerlichen Senats- und Abgeordnetenversammlung in der Stadt Aldour und die

Ergebenheitsadressen einiger hochstehender Persönlichkeiten an Bonaparte gaben Anlaß zu ätzenden Satiren. Wenn jemand anführte, daß der Bruder von Napoleon als König nach Madrid kommen würde, so rief das die einfallsreichsten epigrammatischen Improvisationen hervor.

Alle Gesprächsrunden, von denen es damals viele gab, weil sich zu der Zeit die Gesellschaft noch nicht in den Cafés erging, konnten als regelrechte Clubs bezeichnet werden, in denen die nationale Verschwörung still und drohend grassierte. Man konspirierte mit Meldungen, mit Verdächtigungen, Übertreibungen, Wahrheiten und Lügen, mit den Klagen um die Toten und mit Gebeten für den Triumph der Lebenden.

5

Das war Madrid, Ende Mai 1808, bevor die ersten Kanonenschüsse von Cabezón und die ersten Gewehrsalven von Bruch erschollen. Nun lassen Sie mich wieder ein wenig von meiner Person erzählen, denn ich nehme an, daß das Unglück und Mißgeschick in jeder mitfühlenden Person ein Echo hinterläßt und daß somit auch die Leiden meines bewegten Schicksals den werten Leser nicht ganz gleichgültig gelassen haben werden. Überdies muß ich erklären, warum ich zwischen Mai und Juni eine Reise nach Andalusien unternahm. Wenn Sie mich so unversehens auf dem Wege nach Despeñaperros gesehen hätten – und auch noch in Begleitung des nicht so sehr gelobten Santorcaz –, hätten Sie sich weder die Beweggründe für jenen gefährlichen Tag noch meine plötzliche Kameradschaft mit jenem eigentümlichen Mann erklären können.

Da ich mit den Nachrichten über Inés, die ich von Juan de Dios erhalten hatte, nicht zufrieden war, versuchte ich, die Wahrheit zu ergründen, und suchte das Haus der Marquise auf, das mir aus meiner Zeit, als ich für die Señora

Pepita Gonzalez gearbeitet hatte, noch vertraut war. Eine glückliche Fügung wollte es, daß mir ein Diener öffnete, den ich einst bei einer denkwürdigen Theatervorstellung in diesem Haus kennengelernt hatte. Er berichtete mir folgendes: Am 3. Mai war ein Mann mit grüner Brille erschienen, der eine Trage mit einem weinenden und offenbar kranken jungen Mädchen brachte. Da die Hausherrin nicht anwesend war, hatte er nach ihrem Bruder gefragt, mit dem er dann mehr als zwei Stunden gesprochen hatte, bevor er das Mädchen im Hause zurückließ.

Der Bruder der Frau Marquise, der kein anderer als jener feierliche Diplomat war, den wir im Oktober 1807 kennengelernt hatten[14], war am 4. Mai zu seiner Schwester und Nichte nach Córdoba gefahren und hatte die junge Dame zum Erstaunen des Dieners mitgenommen.

»Demnach sind jetzt alle in Córdoba?« fragte ich ihn.

»Ja, und soviel ich erfahren habe, denken sie auch nicht daran zurückzukommen, bis die Lage sich hier gebessert hat. Dieses auf einer Trage hierhergebrachte Fräulein hatte der Dienerschaft viel zu spekulieren gegeben, und meine Frau meint – aber ich halte mal lieber den Mund. Der Mann mit der grünen Brille war schon vorher einige Male von der Gräfin und ihrer Tante empfangen worden. Ein nicht sehr vertrauenerweckender Mann.«

»Und das junge Mädchen – hat es sich nicht gewehrt, als man sie mitnehmen wollte?«

»Sie wirkte wie halb tot. Welchen Widerstand hätte sie da noch leisten können? Zu zweit konnten wir sie in die Kutsche tragen.«

Ich weiß nicht, ob das, was ich da hörte und hier ausschnittsweise wiedergebe, die Aufmerksamkeit meiner Leser erregen wird. Bestimmt aber wird es Ihre Überraschung hervorrufen, daß ich es wagte, mich dem Lizenziaten Lobo entgegenzustellen, diesem vermaledeiten Lobo, und alles daransetzte, um aufzuklären, was mir so viel Besorgnis verursachte. Da ich nicht im Traum daran dachte, noch einmal die von mir wegen meiner Zeit bei den Requejos verabscheute Salzstraße zu betreten, suchte ich Lobo in seinem Büro für Liegenschaften auf. Als er mich dort sah ... Nein, nein, Sie werden es nicht glauben. Muß ich es beschwören? Also beschwöre ich es, denn es ist die reine Wahrheit. Also: Sobald er mich gesehen hatte, schlang er die Arme um meinen Hals, erkundigte sich nicht nur besorgt nach meinem Wohlergehen, sondern bat mich auch um Einzelheiten meiner Hinrichtung und der nach seiner Meinung wunderbaren Wiederauferstehung.

Ich war sprachlos, aber beunruhigt, denn ich vermutete, daß diese Freundlichkeit nur eine Arglist übertünchen und wahrscheinlich zur Vorbereitung eines neuen Schlages gegen mich dienen sollte. Als ich ihn aber fragte, wie es um den berühmten Prozeß stand, erwiderte er mir, daß man schon nicht mehr an diese Sache denke. Da ja die Franzosen Freunde des Friedensführers seien, gezieme es sich nicht, dessen Dienstboten und Freunde zu belästigen.

»Ich möchte nicht«, fuhr er fort, »daß Seine Hoheit der Großherzog in Zorn gerät. Das war alles nur Schau, und wenn man dich verhaftet hätte, so hätte man dich auch bald wieder laufenlassen. Aber sag mal, kleiner Spitzbube, du machst doch Doña Inés den Hof. Erzähl mir mal alles. Wie hast du sie denn kennengelernt? Ach, Requejo hatte begriffen, daß er einen Schatz in seinem Hause hatte! Ich wußte schon damals alles ... und du? Ich vermute, du auch, du Schlingel! Aber du wußtest nicht, daß Ende April der Familienrat dieser Herrschaften zusammengetreten war, um die Identität dieser jungen Dame zu bestätigen, damit sie die gesellschaftliche Stellung einnehmen könne, die ihr zukommt. Da ich in alles eingeweiht war und außerdem die Ehre gehabt hatte, die Marquise kennenzulernen, versprach ich, die Kleine zu ihr zu bringen. Ich erklärte, daß es große Schwierigkeiten machen würde, sie aus den Fängen ihrer angeblichen Mutter zu reißen. Weißt du, man muß etwas tun, um durchs Leben zu kommen. Bedenke, daß ich arm bin und Frau, neun Kinder, zwei Schwiegermütter und drei Schwägerinnen habe. Ja, zwei Schwiegermütter – die Mutter und die Großmutter meiner Frau. Wenn man sich da nicht Mühe gibt, um diese Herde

durchzubringen ... Ehrlich gesagt, ich habe sie alle reinge-
legt – Don Mauro, diesen überspannten Tölpel Juan de
Dios und auch dich, der jetzt wiedergeboren wurde, um
von mir die Inés zu fordern. Na, versuche es doch, Schlingel. Wirb um sie – mal sehen, ob du sie erringen kannst. Es
wird schwierig, aber nicht unmöglich sein. Das Mädchen
wird eine normale Mitgift bekommen und vielleicht auch
das Erstgeburtsrecht und den Titel erben, was sich wohl
belaufen würde auf ... Ach, lassen wir das ... Es scheint
mir, als ob du da einen Plan hinter deinen Augenbrauen
geschmiedet hast. Wirst du nach Córdoba fahren? Höre:
Ich kann mich erinnern, daß das Täubchen deinen Namen
mit viel Zärtlichkeit rief, als mein Schreiber und ich sie
halbtot auf einer Trage zum Haus der Frau Marquise
brachten. Ha, ha, ha! Weißt du, warum ich lache? Über diesen Gänserich von Juan de Dios, der neulich auch hier her-
eingeplatzt ist. Der hat sich doch tatsächlich vor mich hin-
gekniet und mich angefleht: ›Geben Sie mir Inés, denn ich
kann ohne sie nicht leben! Geben Sie sie mir heute, dann
können Sie mich morgen töten!‹ Das war eine Komödie
erster Güte, Gabriel. Erst haben wir alle hier furchtbar
gelacht, aber dann fiel er uns so sehr auf die Nerven, daß
wir ihn aus der Kanzlei prügeln mußten.«
Ich hörte diesen und anderen Ausführungen des Lizenziaten aufmerksam zu, der schließlich, um sein unerklärli-
ches Wohlwollen und Höflichkeit zu bekräftigen, mir beim
Abschied erklärte, er könne mir vielleicht einige Lektionen
in Latein erteilen, wenn ich Lust dazu hätte, denn wenn ich
schon als solch großer Könner auf diesem Gebiet beim
Friedensfürsten bekannt gewesen sei, könnte ich womög-
lich mal mein Brot mit einer Lehrtätigkeit verdienen. Ich
sagte ihm Dank und verabschiedete mich von ihm, zufrieden mit dem Ergebnis meiner Nachforschungen. Noch am
gleichen Tage beschloß ich, sobald ich völlig genesen sein
würde, nach Córdoba aufzubrechen.
Werden Sie mir folgen, oder sind Sie der Abenteuer
schon so überdrüssig, daß Sie mich nun allein den Weg
antreten lassen wollen, um die Angelegenheiten zu regeln,

die niemanden interessieren als den, der diese Zeilen schreibt? Nein, ich hoffe, daß wir uns nicht so bald trennen werden, denn es besteht ja die Wahrscheinlichkeit für Sie, daß Sie ein Schauspiel erleben, das Sie etwas von der möglicherweise schon lästigen Beschreibung meiner persönlichen Schwierigkeiten ablenken wird. Gehen wir also. Denken Sie daran, daß mich der Señor de Santorcaz begleitete, der Familienangelegenheiten in Andalusien zu regeln hatte. Ich teilte ihm mit, daß ich ihn als eine Art Schildknappe und Reisediener begleiten wolle, aber er erwiderte, daß er nicht in der Lage sei, Kosten für Dienstboten zu tragen, aber daß er sich gratulieren würde, mich als Reisebegleiter und Freund mitnehmen zu dürfen. So geschah es denn auch. Vorher mußte er aber einige Tage warten, bis ich wieder vollkommen gesund war, und an einem der letzten Mai- oder der ersten Junitage verabschiedete ich mich von meinen treusorgenden Beschützern und auch von Juan de Dios, dem ich den Grund meiner Abreise verschwieg.

6

Da Santorcaz arm war und ich noch ärmer, verlief unsere Reise so ungewöhnlich, wie man es in alten Romanen beschrieben findet. Wir machten kaum Gebrauch von einem unbequemen Reisevehikel, die in jener Zeit in Spanien verfügbar waren. Manchmal saßen wir im Laderaum oder auch auf dem Bock neben dem Kutscher von Frachtwagen, wenn diese leer zur Mancha zurückfahren mußten – meistens aber benutzten wir Schusters Rappen. Die Nächte verbrachten wir in Herbergen oder Wirtshäusern an der Straße, wo Santorcaz sein bemerkenswertes Talent anwandte, so wenig wie möglich zu zahlen und dennoch gut bedient zu werden. Unter anderem bestand ein Trick meines Begleiters darin, daß er sich als hochgestellte Persönlichkeit ausgab, wobei ich ihn als Exzellenz ansprechen und immer meine Kopfbedeckung vor ihm abnehmen mußte, wenn uns der Wirt sah. Ich tat alles wie befohlen und mit solchem Geschick, daß der Wirt uns mehr als einmal nicht nur nichts berechnete, sondern uns beim Abschied untertänigst bat, die schlechte Bewirtung zu entschuldigen.

Jenseits von Noblejas und Villarrubia de Santiago, als wir nach einem langen Tag etwas von der Straße entfernt bei der Klause des Jesuskinds rasteten, gesellte sich ein Bursche zu uns, der, wie er sagte, den gleichen Weg wie wir hatte und zu unserem Begleiter wurde. Er war etwa zwanzig Jahre alt, nannte sich Andresillo Marijuan, und obwohl er aus Aragón stammte, ging er nach Andalusien, um dort bei der Gräfin Godina de Rumblar, seiner Herrin, als Maultierknecht zu arbeiten. Er war auch auf einem der Landgüter, den diese Dame in der Gegend von Almunia besaß, geboren worden. Mir gefiel seine offene und lustige Art gleich, so daß wir enge Freunde wurden.

Santorcaz behandelte uns wie ein Vorgesetzter, aber ohne Tyrannei. Wenn wir eine Herberge erreichten, er auf einem miserablen Maulesel und wir beiden anderen zu Fuß, hielten wir ihm beim Absteigen den Steigbügel, nahmen ihm die Sporen ab und ergingen uns in Ehrerbietungen unserem ›Herrn‹ gegenüber, obwohl wir uns zusammennehmen mußten, um nicht vor Lachen herauszuplatzen. Marijuan, der noch besser als ich schauspielern konnte, hatte die Funktion, dem Wirt einzuschärfen, unseren ›Herrn‹ ja gut zu bedienen, denn Seine Exzellenz, der nach Sevilla reiste, um dort das Amt eines Regenten anzutreten, war als sehr strenger Mann bekannt, der Wirte, die ihn nicht gut bedienten, schwer bestrafte.

So durchquerten wir die Mancha, ein trauriges und einsames Land, wo die Sonne regiert, und der Mensch das ausschließliche Werk von Sonne und Staub zu sein scheint. Seit Don Quijote durch seine Weiten gezogen ist, kennt jeder diese Gegend. Und alle sind der Ansicht, daß die Mancha eine der häßlichsten Landschaften der Erde ist, und der Reisende, der heutzutage, von der Ostküste oder Andalusien kommend, an einem Eisenbahnwaggonfenster sitzt, wünscht sich schon nach kurzer Zeit nichts sehnlicher, als daß diese kahle Steppe, dieses Meer aus Erde, das dem Auge nicht die geringste Abwechslung bietet, bald ein Ende nimmt. Eines ist gewiß: Wenn die Mancha überhaupt eine gewisse Schönheit aufweist, so besteht diese in ihrer Gesamtheit, in der ihr eigenen Nacktheit und Monotonie, die die Vorstellung nicht ablenken, sondern sie in Raum und Licht frei schweifen lassen ohne jegliches Hindernis. Die Größe der Gedanken Don Quijotes kann man nur in der Weite der Mancha verstehen. In einem frischen, grünen Land mit Bergen, angenehmen Schatten, hübschen Häusern, Blumengärten, gedämpftem Licht und mildem Klima hätte ein Don Quijote nicht existieren können. Er wäre gleich bei dem ersten Ausritt gestorben und hätte die Welt nicht mit den Heldentaten des zweiten in Erstaunen versetzen können.

Don Quijote brauchte diesen weiten Horizont, diesen Boden ohne Wege, wo dennoch alles Weg ist, dieses Land ohne Richtungen, denn von hier gelangt man überall hin, ohne eine bestimmte Strecke einzuschlagen. Landstriche durchfurcht von Pfaden des Zufalls, des Abenteuers, wo alles, was geschieht, Werk des Zufalls oder der Geister aus Märchen zu sein scheint. Don Quijote brauchte diesen Boden, der die Sinne verwirrt und Vernünftige zu Verrückten macht, jene endlosen Gefilde, wo sich der Staub imaginärer Schlachten erhebt, die unter der Einwirkung des starken Sonnenlichts Vorstellungen von gigantischen Heeren, Türmen und Schlössern hervorrufen. Er brauchte jenen Mangel an Ortschaften, der die Gegenwart eines Menschen oder Tieres bemerkenswerter macht, diese Stille bei ruhigem Wetter und dieses Röhren des Windes bei unruhigem. Stille und Geräusche sind hier gleichermaßen traurig und übertragen ihre Traurigkeit auf alles, so daß man einen Menschen, den man hier antrifft, gleich für einen Unglücklichen, von Leid Betroffenen, Bedürftigen hält, der nach Schutz vor Tyrannen sucht. Der Ritter von der traurigen Gestalt brauchte jene totale Abwesenheit von menschlichen Werken, welche die Einbildung in ihrem wahnwitzigen Flug aufhalten können. Es war für ihn notwendig, daß der Mensch nichts anderes von seinem Fleiß und seiner Wissenschaft blicken ließ als diese patriarchalischen Windmühlen, denen nur noch die Sprache fehlte, unruhige und rasende Kolosse zu sein, die den einsamen Reisenden von weitem schon mit ihren drohenden Gesten rufen und erschrecken.

7

So ist die Mancha. Als ich sie so durchquerte, konnte ich nicht umhin, mich an diesen Don Quijote zu erinnern, dessen Lektüre noch frisch in meinem Geiste war. In diesen Tagen langweilten wir uns beträchtlich, es sei denn, Santorcaz erzählte uns gerade wieder eines der bemerkenswerten Abenteuer, die er in fremden Ländern erlebt hatte. Wir bekamen den Mund vor Staunen nicht mehr zu, als er uns in allen Einzelheiten die Krönung von Bonaparte beschrieb, und ein anderes Mal ließ er bei der Erzählung der berühmtesten Schlacht, an der er teilgenommen hatte, unsere Haare zu Berge stehen. Wir saßen auf Maultieren, die wir günstig von Fuhrleuten in Villarta erstanden hatten, und ich war so sehr in die Geschichte vertieft, daß ich nicht wußte, ob wir den Puerto Lápiche verließen oder erst in ihn hineinritten. Woran ich mich gut erinnern kann, ist, daß wir wegen der großen Hitze in der Mancha unseren Reisetag schon lange vor Sonnenaufgang begannen, daß die Nacht neblig, der Himmel bedeckt und trübe und der Boden von dem starken Regen am Tag zuvor feucht war.

Ich muß hier die Landschaft beschreiben, die wir vor Augen hatten, denn diese trug nicht weniger als die malerische Erzählung des Santorcaz zur Beeinflussung meiner Sinne bei. Der Weg verlief schnurgerade vor uns. Zur Linken lagen einige Hügel, deren sanfte Wellen sich in gestreckten Kurven am Horizont verloren. Weit hinten konnte man eine größere Erhebung sehen, an deren Abhang sich die Häuser eines Dorfes abzeichnete. Zur Rechten verlief das Land absolut flach, und in seiner unendlichen Kruste bildeten das Rinnsal eines kärglichen Wasserlaufs und das Regenwasser eine Vielzahl von kleinen Pfützen, deren das Mondlicht reflektierende Oberflächen den Eindruck eines Sumpfes oder einer großen Lache erweckten. Der Mondschein verlieh der nackten und einsamen Landschaft eine eindrucksvolle Feierlichkeit.

Santorcaz hielt sein Reittier in der Mitte des Weges an, betrachtete mit einer gewissen Verzückung den weiten Horizont, die Hügel zur Linken und die Pfützen zur Rechten und sagte:

»Ich bin überrascht, denn nie habe ich erlebt, daß sich Landschaften so ähnlich sind wie diese mit einer sehr entfernten, in der ich mich zur gleichen Stunde am frühen Morgen des zweiten Dezember befand. Ist es nur die Vorstellung, die vor meinen Augen die Formen dieser berühmten Gegend wieder erstehen läßt, oder befinden wir uns durch ein Wunder in ihr? Gabriel, sind denn nicht vor uns und zur Rechten große Sümpfe? Sieht man nicht zur Linken einige Hügel, auf denen sich ein kleiner Wald erstreckt? Liegt da nicht an einem Hügelhang ein kleines weißes Dorf? Und diese Türme, die ich auf der anderen Seite dieses Hügels ausmachen kann – sind das nicht die Umrisse des Schlosses von Austerlitz?«

Marijuan und ich lachten und sagten ihm, er solle sich doch solche Hirngespinste aus dem Kopf schlagen, denn Pfützen seien wohl auf der einen Seite vorhanden, aber kein Schloß von Austerlitz oder dergleichen auf der anderen.

Er aber setzte sein Reittier wieder in Bewegung, wies uns an, an seine Seiten zu kommen, und fuhr wie folgt fort: »Jungs, ich kann jenen denkwürdigen Tag nicht vergessen, den wir den der drei Kaiser nennen und an dem zweifellos die blutigste Schlacht stattgefunden hat, mit der der große Tyrann seinen Namen schmückte, dieser fast göttliche Mann, den ich hier aus vollem Munde preisen kann, weil uns hier nur der Himmel und die Erde zuhören. Ich werde euch von diesem Ereignis erzählen, damit ihr versteht, was das Kriegsbeil in den Händen dieses Holzfällers Europas bedeutet. Ich befand mich ohne Mittel in Paris, nachdem ich hintereinander Lateinlehrer, Haudegen, Modellzeichner, Chorist im Ventadour, Diener der Emigrierten von Koblenz, Postillion, Kohlenhändler und Schriftsetzer gewesen war. Da ließ ich mich für die Armee von Boudogne anwerben, die für einen Schlag gegen England vorgesehen war … Als der Kaiser uns unversehens nach Mitteleuropa schickte, ohne seine Absicht im mindesten zu erläutern, waren wir ziemlich verärgert, denn die Gewaltmärsche strengten uns sehr an, und da wir Dummköpfe waren, verstanden wir die großen Pläne unseres Feldherrn nicht. Aber nach der Kapitulation von Ulm[15] wurden wir zu den besten Soldaten der Welt. Was die Preußen und die Russen betrifft, so lachten wir über sie und betrachteten sie sogar unserer Kugeln nicht würdig. Als wir den Inn überquerten, vermuteten wir schon, daß sich große Dinge anbahnten, und als wir in Mähren eindrangen, nach der Schlacht von Hollabrunn[16], erkannten wir, daß das russisch-österreichische Heer sich nicht zu einer offenen Schlacht stellen wollte. In all unserer Inkompetenz diskutierten wir doch, ob wir wohl die Offensive ergreifen würden, und der große Kopf, der mit der Locke auf der Stirn und der Falte zwischen den Augenbrauen, entschied das recht bald.«

An diesem Punkt seiner Rede bog der Weg, auf dem wir ritten, in einer weiten Kurve so weit nach rechts ab, daß wir uns im rechten Winkel zu unserer vorherigen Richtung bewegten.

Santorcaz, der von neuem erstaunt war über das, was er als außergewöhnlichen Zufall ansah, fuhr fort:

»Aber ist das denn nicht der Weg nach Olmütz? Gabriel, entweder es ist der gleiche, oder er gleicht ihm wie ein Tropfen dem anderen. Schau: Jetzt haben wir die Sümpfe von Satzchan vor uns und zur Linken den Hügel von Pratzen.[17] Schau mal nach dort. Hört man von da nicht Trommelwirbel? Sieht man da nicht Lichter? Dort sind nämlich die Österreicher und die Russen. Weißt du, was sie vorhaben? Sie möchten uns den Weg nach Wien abschneiden. Dazu müssen sie von dem Hügel von Pratzen herunterkommen und sich zwischen uns und die Sümpfe schieben. Sieh doch bloß, wie dumm die sind! Das hat nämlich der Kaiser bezweckt. Wir manövrieren, als ob wir uns nach Wien zurückziehen wollen. Stell dir vor, daß hier unser Heer ist, das aus siebzigtausend Mann besteht, deren riesige Front sich über die Hügel zur Linken, die Straße und einen Teil des Flachlands zur linken erstreckt. Nachdem sich der Kaiser die Nasenlöcher mit Schnupftabak vollgesteckt hat, geht er um Mitternacht aufs Feld und beobachtet die Bewegungen des Feindes. Seht ihr, da reitet er! Hört man denn nicht die Hufschläge seines Pferdes und die Jubelrufe, mit denen ihn seine Soldaten begrüßen? Seht ihr nicht den Schein der Feuer, die sie bei seinem Vorbeiritt anzünden? Ihr seht das alles nicht? Na ja – es ist eben eine Illusion. Aber die verblüffende Ähnlichkeit der Landschaft hat mir das alles wieder in die Erinnerung zurückgerufen, so daß ich zu sehen und zu hören glaube, was ich erzähle … Aber ihr möchtet bestimmt wissen, wie es geschah, daß wir die Österreicher und die Russen besiegten, und ich werde es euch berichten. Im Morgengrauen – welcher Anblick, meine Söhne – rückten die Russen mechanisch von diesem Hügel da vorn herunter, um uns rechts den Weg abzuschneiden. Vergeßt nicht, daß wir hier vor uns ein Flußbett haben, das sich von links nach rechts schlängelt, bis es sich in den Sümpfen verliert. Der Kaiser befiehlt, daß unser rechter Flügel das Flußbett überquert, und nachdem dies geschehen ist, greifen die Russen an. Unser Mittelabschnitt unter dem Kommando von Soult und der linke Flügel unter dem von Lannes brennen darauf, endlich feuern zu dürfen, aber der Kaiser dämpft die Ungeduld dieser Generäle, in der Hoffnung, daß die Russen die Dummheit begehen, von den Anhöhen von Pratzen in das Flußbett des Golbasch hinunterzusteigen. Ich werde es euch genau erklären: Dort in der Ferne, am Fuß dieser Anhöhe, liegen die Dörfer Telnitz und Sokolnitz …«

»Aber hier gibt es keine solche Dörfer, Señor«, unterbrach ihn Marijuan, der sich nicht beeindrucken ließ.

»Dummkopf, wirst du wohl schweigen!« fuhr der Freimaurer fort. »Ich weiß, wovon ich rede. Nachdem Napoleon gesehen hatte, wie die Russen hinabstürmten, setzte er alles daran, diese Dörfer zu nehmen, um die Anhöhe hier vor uns besetzen zu können. Seht ihr sie nicht? Na gut – die Generäle Soult[18] und Lannes[19] ritten im Galopp los, um die Operationen des Mittelteils und linken Flügels leiten zu können. Ich gehörte zum Mittelabschnitt im siebzehnten Linienregiment unter dem Kommando von Vandamme[20]. Wir drangen bis zum Flußbett vor. Seht ihr, in aller Eile liefen wir hierher.«

»Aber hier gibt es doch kein Flußbett«, meinte Marijuan lachend. »Sie haben ja den Kopf vollgestopft von Flußbetten und Dörfern, rechten und linken Flanken.«

»Wir erreichten das Dorf Telnitz, und dort begann der Angriff«, fuhr Santorcaz hartnäckig fort. »Auf der Anhöhe blieben noch siebenundzwanzig Infanteriebataillone der Russen und Österreicher, die von den beiden Kaisern persönlich sowie von dem russischen Oberbefehlshaber General Kutusow[20a] befehligt wurden. Ach Jungs, wenn ihr das gesehen hättet! Schaut mal nach vorn, denn von hier aus erkennt man sehr gut die Stellungen, die wir einnahmen: sie da oben, wir da unten … Zuerst haben sie uns mit Feuer eingedeckt, aber Soult befahl uns abzuwarten, und so trotzten wir dem Kugelhagel. Um uns zu helfen, verstärkte der General Thiébault von der Division Saint-Hilaire unsere Rechte mit zwölf Geschützen, deren treffsicheres Feuer große Lücken in die gegnerischen Reihen riß. Diese mußten schließlich auf die andere Seite der Anhöhe zurückweichen. Seht ihr diesen Abhang hier links? Dort stand das siebzehnte Linienregiment. Reiten wir mal etwas weiter, bis wir an der gleichen Stelle sind. Ihr Tölpel, begeistert euch denn solch eine Schlacht gar nicht? Schau, Gabriel: Wir steigen auf. Das ist die Anhöhe, die wir von weitem gesehen haben. Der Hügel, den ihr da links seht, ist der von Estari-Winobradi, wo uns der General Vandamme hinführte. Aber glaubt ihr denn, daß das ein Kinderspiel war? Dieser Hügel wurde von starken russischen Truppen und einer mächtigen Artillerie verteidigt. Die Angelegenheit wurde heikel, aber als die Generäle befahlen: ›Vorwärts, immer vorwärts!‹ gab es kein Halten mehr, und obwohl vom siebzehnten Linienregiment nur noch ein Drittel übriggeblieben ist, um davon zu erzählen, nahmen wir schließlich mit Hilfe der vierundzwanzigsten ›Leichten‹ den Hügel und eroberten die Geschütze. Die Russen liefen die andere Hügelseite hinunter zu jenem großen Gebäude, das ihr da im Mondlicht seht und das nichts anderes als das Schloß von Austerlitz ist.«

Marijuan bog sich vor Lachen, und ich konnte mich nicht enthalten zu bemerken: »Señor de Santorcaz, dort sieht man kein Schloß, wenn Sie nicht die Hütte des Hirten jener Schafe da meinen, die die einzigen ›Russen‹ sind, die sich dort befinden.«

»Du weißt ja nicht, was du sagst«, fuhr Santorcaz fort und hielt sein Maultier mitten auf der Straße an. »Aber ich werde trotzdem weitererzählen. Während wir im Mittelabschnitt kämpften, wie ich eben beschrieben habe, griff links auf diesem flachen Gelände die Kavallerie unter dem Befehl von Lannes und Murat mit Wucht an. Ehrlich gesagt, ihr Burschen, kann ich davon wenig erzählen, denn zu dem Zeitpunkt fiel ich verwundet zu Boden. Eine ganze Zeit lang hatte ich Spinnweben vor den Augen, und meine Ohren vernahmen nur ein vages Dröhnen. Aber dort, zur Rechten, wurden die Österreicher und Russen vernichtend geschlagen. Seht ihr nicht die Sümpfe von Satzchan? Ihre trügerische Oberfläche glänzt. Sie sind gefroren, und die Russen, die von Soult stark bedrängt werden, stürzen sich darauf. Da befiehlt der Kaiser der Gardeartillerie, einige Schüsse auf das Eis abzugeben. Von dem zerberstendem Eis wurden zweitausend Russen mit Kanonen, Pferden, Maultieren, Ausrüstung, Munition und Waffen in das eiskalte Wasser geschleudert – ohne Hilfe von ihren Kameraden zu erhalten, die nur noch an Flucht dachten und auch auf der Flucht ertranken. Die wenigen, die Widerstand leisteten, wurden von den französischen Kartätschen niedergemäht. Was für eine Katastrophe für die armen Kerle, und was für ein Sieg für uns! Wir waren verrückt vor Begeisterung. Aber was sehe ich da? Du, Gabriel, und Marijuan, ihr seid ja gar nicht begeistert! Was seid ihr doch für Stiesel. Das war eine grandiose Angelegenheit. Es traten nur vierzigtausend unserer Soldaten in den Kampf, und dank des Geschicks des großen Tyrannen besiegten wir neunzigtausend Feinde. Davon fielen oder ertranken fünfzehntausend, zwanzigtausend wurden gefangengenommen und hundertzwanzig Kanonen erobert. War das kein Grund, um vor Begeisterung über unseren Anführer schier aus dem Häuschen zu geraten? Ach, ihr Burschen, wenn ihr dabeigewesen wäret, als er über das Schlachtfeld ritt und befahl, die Verwundeten aufzusammeln! Ich glaube, daß sich sogar unsere Toten noch einmal aufrichteten und schrien: ›Hoch der Kaiser!‹ Und als wir in der Nacht ein großes Feuer an der Stelle anzündeten, wo wir jetzt sind, setzte er sich da vorn hin, um den Kaiser von Österreich zu empfangen. Er sah aus wie ein Gott mit einem Heiligenschein, der mit seiner Hand die Blitze schleudern kann, die Throne und Könige, Reiche und Kronen vernichten.«

Marijuan und ich konnten uns abermals des Lachens nicht enthalten, aber bald sahen wir uns doch gezwungen, unsere Heiterkeit zu zügeln, denn als der junge Aragoner spöttisch fragte, was denn nun der Nutzen einer solchen Schlacht sei, wurde Santorcaz wütend, drohte, uns zu strafen, wenn wir nicht mehr Begeisterung zeigen würden, und fügte hinzu:

»Ihr Tölpel, ihr Unbedarften – sind vielleicht der Friede und der Vertrag von Preßburg[21] nichts? Preußen wurde zum Verbündeten von Frankreich gemacht, so daß Österreich die Hilfe seines Bruderlands verlor. Österreich mußte Venedig an Frankreich und das Land Tirol an Bayern abtreten. Außerdem mußte es die Unabhängigkeit der Kurfürsten von Bayern, Württemberg und Baden anerkennen und Frankreich vierzig Millionen Reparationen zahlen. Ferner, ihr Einfaltspinsel, überließ Frankreich durch den Vertrag von Schönbrunn Preußen Hannover, Preußen gab Bayern das Markgrafentum von Ansbach, und Frankreich erhielt das Fürstentum Neuburg und das Herzogtum Kleve.«

Marijuan und ich schauten uns wieder an und lachten. Als Santorcaz das bemerkte, schlug er auf uns ein. Allerdings nicht mit voller Wucht, so daß wir uns nicht verteidigen mußten, sonst hätte es an dieser Stelle noch unser eigenes kleines Austerlitz gegeben. Wir waren eher zum Scherzen aufgelegt, und besonders Marijuan ließ keine Gelegenheit verstreichen, um mit unserem heldenhaften Begleiter seine Späßchen zu treiben.

Als wir uns der Herde von Schafen und Ziegen näherten, rief der Aragonese:

»Laßt uns hier vom Sumpf verschwinden, damit wir sehen, wie man diese Österraken und Russiaken, die von Onkel Weißnichtwer, dem Kaiser von Niemandsland und König der Phantaster, befehligt werden, dort zusammendrischt! Rauf auf diese Anhöhe von Kauderwelsch, damit wir die Artillerie dort erobern und auf das Schloß da richten können!«

Ich dachte an Don Quijote und schaute zum Himmel empor, wo graue und zerfetzte Wolken, einmal dunkel und dann wieder im Mondlicht, riesige Figuren zeichneten, mit jenem Ausdruck, der sich zwar immer noch nahe der Karikatur befand, aber doch etwas Feierliches und schauerlich Großartiges an sich hatte. War es unter dem Einfluß der Erzählungen, die ich gehört hatte, oder war es der Hang meiner Phantasie zur Halluzination, die immer ein schönes Schauspiel in der einsamen und stummen Nacht produziert – jedenfalls sah ich in den sich schnell verändernden Gebilden am Himmel Schwadronen von Norden nach Süden jagen, auf schwarzen und weißen Pferden, als ob es sich um ein Rennen handelte. Die Wolkenfetzen zauberten immer neue Abbilder – gigantische Hüte mit Federbüschen, Fahnen, Lanzen, Pferdeschwänze, Mähnen, Helme. Hier und dort reckten sich Arme mit Säbeln, Flinten und Fahnen mit Adlern. Schließlich kam es mir vor, als ob sich alle diese Wolkenteile zu einem ungeheuren Zweispitzhut verdichteten, unter dem ein rundes Gesicht mit einer Locke auf der Stirn auftauchte, das über ungeheure Epauletten in einen dunklen Arm überging, der gebieterisch auf eine bestimmte Stelle wies.

Ich betrachtete dieses ungeheure Bild und fragte mich, ob sich das wohl wirklich vor meinen Augen oder in meinem Hirn abspielte, als Santorcaz ausrief: »Schaut doch, da, da! Und ihr wolltet gegen diesen Kriegsgott kämpfen, der vom Allmächtigen ausgeschickt wurde, die Völker zu verändern!«

»Ja, ich sehe ihn«, rief Marijuan zwischen Gekicher aus. »Das ist Don Quijote de la Mancha, der auf seiner Schindmähre dahertrottet, und hinter ihm reitet der dicke Sancho Pansa auf seinem Esel. Laßt ihn kommen, denn jetzt erhält er wieder eine Abreibung.«

Die Wolken zogen weiter, und alles verwandelte sich in eine Karikatur.

8

Die Sonne ließ nun nicht länger auf sich warten, erhellte die Landschaft und ließ erkennen, daß wir uns nicht in Mähren auf dem Wege von Brünn nach Olmütz befanden, sondern in der berühmt-berüchtigten spanischen Mancha.

Das Dorf, das wir um acht Uhr morgens erreichten, hieß Villarta. Dort verkauften wir unsere abgezehrten Maultiere und nahmen Platz auf Lastwagen, die die fünf Leguas oder spanischen Meilen* von diesem Dorf bis zum Markt-

* 1 Legua oder spanische Meile = 5,572 km (Anmerkung d. Übersetzers).

flecken Manzanares in neun Stunden zurücklegten. Das war die Geschwindigkeit der Fahrzeuge jener Zeit! Als wir am späten Nachmittag in die Nähe dieses Städtchens kamen, sahen wir von weitem eine große Staubwolke, die offenbar von einer marschierenden Kolonne aufgewirbelt wurde. Wir verließen die langsamen Frachtwagen, um schneller in den Ort zu gelangen und zu erfahren, um welche Truppen es sich handelte und wohin sie zogen.

Dort erfuhren wir, daß es Truppen des französischen Generals Ligier-Belair waren, die zur Unterstützung der französischen Garnison von Santa Cruz de Mudela anrückten, die am Tage zuvor von der Bevölkerung dieses Ortes angegriffen und in die Flucht geschlagen worden war. Im Städtchen Manzanares herrschte große Unruhe. Als die Franzosen außer Sichtweite waren, holten die Einheimischen alle Waffen hervor, um zur Unterstützung der Leute von Valdepeñas zu eilen, wo ein neuer Kampf erwartet wurde. Wir verbrachten die Nacht in Manzanares, und da wir am Tage darauf weder Reittiere noch irgendeinen Wagen fanden, gingen wir zu Fuß bis zum Gasthaus von Consolación weiter, wo wir die erstaunlichen Neuigkeiten hörten, auf die ich mich hier beziehe.

Auf der Straße zogen ständig Landleute mit Flinten und Knüppeln dahin, alle wild entschlossen, und wie ich von diesen nach Valdepeña strebenden Leuten erfuhr, blieben in Manzanares und den Dörfern um Membrilla und La Solana nur noch die Frauen und Kinder zurück, weil auch die alten Männer zum Krieg gegen die Franzosen ausgezogen waren. Wir entschlossen uns, dem Schauspiel beizuwohnen, das sich im nächsten Ort anbahnte, und legten die ebene Strecke von zwei spanischen Meilen in verhältnismäßig kurzer Zeit zurück. Lange bevor wir ankamen, erblickten wir eine große Rauchwolke, die der Wind in den Himmel trieb. Das Städtchen Valdepeñas brannte an allen Ecken und Enden.

Wir verlangsamten den Schritt und hörten in der Nähe des Ortes Stimmenschwall und einige Flintenschüsse, aber keine Artillerie. Bald kamen wir auf der Straße nicht mehr weiter, weil uns die französische Nachhut daran hinderte. So folgten wir dem Beispiel der anderen Zivilisten, entfernten uns von der Straße und zogen durch Wein- und Kornfelder, ohne aber an den Ort heranzukommen. Wir sahen jetzt, daß die französische Artillerie sich aus dem Städtchen auf den flachen Landstrich zurückzog. Der Brand nahm derartige Ausmaße an, daß Valdepeñas ein riesiger Ofen zu sein schien. Die Schreie, die Klagen, die Flüche, die aus diesem Inferno herausschallten, setzten die abgebrühteste Seele in Schrecken.

Da erkannten wir, daß der Kern des Ortes noch verteidigt wurde und der Plan der Franzosen darin bestand, sich der Stadtränder zu bemächtigen, indem sie alle Häuser anzündeten, die sie nicht besetzen konnten. Von Zeit zu Zeit zeigte ein Getöse an, daß eines der schwachen Lehmziegelhäuser zusammenfiel, und der Staub mischte sich in der Luft mit dem Rauch. Für einen Augenblick wurde das Feuer dann an der Stelle von Trümmern erstickt, aber es brach dann um so heftiger wieder aus und verbreitete sich auf die umstehenden Häuser. Schließlich sah es so aus, als ob alles zusammenbrechen würde, so daß – wie man erzählte – einige Männer aus dem Städtchen herauskamen, um mit dem französischen General zu verhandeln. Diese Verhandlung mußte wohl lange dauern, denn wir sahen beziehungsweise hörten nicht, daß sich jemand zurückzog oder das Kriegsgeschrei im Inneren des Ortes aufhörte. Nach etlicher Zeit zeigte aber eine allgemeine Bewegung der Menge an, daß sich etwas Wichtiges ereignete. Und tatsächlich – die Franzosen zogen sich, auf dem Steindamm am Fluß reitend, in Richtung Manzanares zurück.

Als wir in Valdepeñas eintrafen, bot sich uns ein schrecklicher Anblick. Es ist unglaublich, daß der Mensch die Fähigkeit besitzt, in wenigen Stunden die Geduld, den Fleiß, die mühsame Arbeit vieler Arme von Jahren und Jahrhunderten in wenigen Stunden zu vernichten. Die Calle Real, die Königsstraße, die größte dieses Städtchens, gewissermaßen sein Rückgrat, die den übrigen Straßen und Gassen als Mündungs- und Ausgangspunkt diente, war mit französischen Soldaten und Pferden übersät. Obwohl die meisten davon Leichen waren, versuchten etliche Schwerverwundete, sich zu erheben, aber dann strauchelten sie und fielen wieder zu Boden. Es stellte sich heraus, daß unter dem Sand, der über die Straße gestreut worden war, Nägel und Metallspitzen in den Boden eingesät worden waren. Mit dieser List waren die hereinströmenden Kavalleristen zu Fall gebracht worden.

Von den Häusern waren alle Gegenstände hinuntergeworfen worden, die dem Feind schaden konnten, so daß sich auch nach dem Kampf im Sand noch Rinnsale von ehemals kochendem Wasser mit Blut mischten, was einen erstickenden und abscheulichen Dunst verursachte. Aus einigen Fenstern hingen Leichen mit dem Oberkörper herunter. In den verkrampften Fingern hielten sie noch die Sichel oder Donnerbüchse. In den Häusern drinnen war der Anblick noch schrecklicher, denn nicht nur die Männer, sondern auch die Frauen und selbst die Kinder lagen, von Bajonettstichen durchsiebt, am Boden. Wenn man versuchte, in ein Haus einzutreten, um Menschen, die dort um Hilfe flehten, zu helfen, mußte man meist schnell wieder fliehen, weil das Feuer, das sich nicht damit begnügte, das Nebenhaus zu verschlingen, mit unerhörter Wucht auch auf dieses übergriff.

Das Ergebnis dieses Kampfes war scheußlich. Franzosen und Spanier hatten sich mit unerbittlicher Grausamkeit gegenseitig abgeschlachtet, und am Ende erschien es den ersteren ratsam, sich zurückzuziehen; sie hielten erst wieder in Madridejos.

Als Santorcaz, Marijuan und ich unseren Weg fortsetzten, um die Nacht in Santa Cruz de Mudela zu verbringen, war der Kampfgeist dieser tapferen Einwohner von Valdepeñas nicht gesunken! Sie versuchten, wenigstens einige der gröbsten Spuren dieses blutigen Tages zu beseitigen, und schienen imstande, ihre Taten am folgenden Tage zu wiederholen.

Kurz vor Einbruch der Dunkelheit sahen wir ständig

Rauchwolken am Himmel aufsteigen, so daß der Aragoner und ich uns nicht enthalten konnten, den in Spanien eingedrungenen Tyrann mit lauter Stimme zu verfluchen. Entgegen unseren Erwartungen reagierte Santorcaz mit keinem Wort darauf und setzte stumm seinen Weg fort.

9

Als wir das Gebirge durchquerten, fühlte ich mich von meinen Verwundungen völlig genesen. Offenbar stärkten der Einfluß dieser schönen Landschaft, die Sonne, die Eindrücke der Reise und die ständige Bewegung die Kräfte meines Körpers, so daß ich lebhaft dahinschritt, ohne noch etwas von meinen Verletzungen zu spüren. Jede Spur von Schmerz und Schwäche war verschwunden, und ich fühlte mich so unternehmungslustig wie nie zuvor. Von unserem Zug durch die neue Gegend ist nichts Besonderes zu berichten – außer der Unruhe der Bevölkerung und der Vorbereitungen für die Verteidigung. In La Carolina und Santa Elena mangelte es an Männern, weil sich die meisten der von Pedro Agustín de Echevarri gebildeten Legion angeschlossen hatten, deren Kader die mutigen Schmuggler dieses Gebietes bildeten. Es blieben aber noch genug Leute zurück, um alle oder die meisten Postkutschen in den Engpässen anzuhalten. An verschiedenen Stellen, wo man das unübersichtliche Gelände überblicken konnte, standen Frauen oder Knaben, die den Männern das Herannahen von Fahrzeugen mitteilten, damit die Einheimischen sich auf diese stürzen konnten. Wir sahen auch Zeichen der Vernachlässigung auf den ersten Kornfeldern, und an manchen Stellen mähten Frauen Weizen, der längst noch nicht reif war. In der Nähe von Guarromán sahen wir große Flächen verbrannter Kornfelder – eine Spur der Fackeln der Eindringlinge.

Bis jetzt hatte es noch keine blutigen Zusammenstöße

zwischen den Andalusiern und Franzosen gegeben. Wenn sie die Soldaten des berühmt-berüchtigten Feindes plötzlich zwischen dem Rosmarin und den Lentisken des Gebirges vorbeiziehen sahen, konnten sich die Andalusier vor Staunen kaum fassen, und nur wenn sie die Franzosen in Richtung Córdoba verschwinden sahen, brannte ihnen die Schamröte auf den Wangen, und es wurde ihnen bewußt, daß der Boden des Heimatlandes nicht von fremden Stiefeln zertrampelt werden sollte. Napoleons Truppen fanden das Land ruhig vor und glaubten schon, ungeschoren bis Cádiz vordringen zu können, aber unter den Hufeisen ihrer Pferde wuchs das Kraut des Aufstands. Jene Streitrösser waren nicht wie die von Attila[22], die das Siegel des Todes in den Boden stampften, sondern im Gegenteil, ihre Hufschläge weckten die Bevölkerung wie ein Sturmläuten.

Schließlich erreichten wir Bailén, und ich werde jetzt erklären, warum wir uns einige Tage an diesem Ort aufhielten. Dort wohnte die Herrin von Marijuan, der uns bat, mit ihm zu ihr zu kommen. Diese würdige Dame, Doña María Castro de Oro de Afán de Ribera, Gräfin von Rumblar, empfing uns mit solcher Liebenswürdigkeit und warnte uns so überzeugend vor den Unannehmlichkeiten der Gasthäuser dieses Städtchens, daß wir ihre gütig angebotene Gastfreundschaft mit Freuden annahmen. Das Haus war sehr groß, so daß wir Platz genug hatten – und auch an ausgezeichneten Speisen und Getränken aus Montilla und Aguilar mangelte es nicht.

»Zu dieser Zeit«, erzählte uns die Gräfin, »müssen die Franzosen wohl eine Strafaktion gegen das Zivilistenheer begonnen haben, von dem man sagt, daß es ausgezogen sei, die Brücke von Alcolea zu verteidigen. Wenn die Spanier mit der Verteidigung Erfolg haben, werden sich die Franzosen bis nach Andújar zurückziehen, und da sie dann sehr wütend sein werden, ist anzunehmen, daß sie unterwegs viele Scheußlichkeiten begehen werden. Es wäre also nicht ratsam, daß Sie von hier aus weiterziehen – es sei denn, Sie würden sich wie mein Sohn der Armee anschließen, die in Utrera gebildet wird.«

Sie hatte uns schon überzeugt. Wir blieben also in dem prächtigen Haus, und jetzt werde ich Ihnen, meine lieben Leser, in aller Ruhe erzählen, was ich noch von seinen vortrefflichen Bewohnern weiß, die im Laufe unserer Geschichte noch eine beträchtliche Rolle spielen werden.

Der Palast der Rumblar war ein großes Landhaus aus dem vorigen Jahrhundert, von nicht besonders schönem Aussehen, aber mit allen Annehmlichkeiten, die es zu seiner Bauzeit gab. Die hohen Wände bestanden aus Backsteinen, und die Fenstergitter waren in Kreuzform ausgeführt. Die beiden Wappenschilder aus dunklen Steinen zu beiden Seiten der Türpfosten mit gekröpften Bögen schienen älteren Datums als der Rest des Hauses zu sein. Darüber befanden sich zwei mit Verzierungen umrahmte Fenster, die von einem Erker geteilt wurden. Die schmiedeeiserne Laterne über der Eingangstür wies einige Initialen mit einer Krone darüber auf. Die kleinen Scheiben, die Fenstergitter und Vielzahl und Verschiedenheit der nach den Bedürfnissen der Innenordnung in die Wand eingebauten Öffnungen machten es ähnlich allen anderen Landhäusern unserer Großen, die immer reichlich großzügig an Geld und Ideen für den Bau von Klöstern waren und an der Fassade ihrer Paläste damit sparten. Im Innern glänzte die weiße Reinlichkeit der andalusischen Häuser. Das Haus hatte einen großen, niederen Saal, eine Kapelle, einen Innenhof mit Blumen, Wohnräume mit Wandsockeln aus gelben und grünen Fliesen, polierte Fichtenholztüren, eine große Zahl von Gewölbebögen, etliche Skulpturen, alte und neue Gemälde, einige Käfige mit Vögeln, schöne Matten – und vor allem eine angenehme, erholsame Stille, die zum Verweilen einlud.

Nun wollen wir von der Familie des Afán de Ribera oder Perafán de Ribera – darüber sind sich die Chronisten nicht ganz einig – sprechen. Den ersten Platz in der Aufzählung dieser würdigen Personen nimmt die verwitwete Gräfin Doña Maria Castro de Oro de Afán usw. usw. ein, die von Geburt Aragonerin war, was bedeutet, daß sie aus der strengsten und feierlichsten Atmosphäre stammte, die

die Welt kennt. Sie schien über fünfzig Jahre alt zu sein, war von großem Wuchs, beliebt und respektgebietend. Bei der Lektüre ihrer frommen Bücher und beim Studieren der Abrechnungen ihres Besitzes trug sie eine große Brille mit dickem Silberrahmen. Ihre Kleidung war ständig in Schwarz gehalten, was zu ihrem Gesicht und ihrer Figur gut paßte. Und ihre Gesichtszüge vergaß man nicht, denn ihre gekrümmte Nase, die von Silberfäden durchzogenen schwarzen Haare, das vorgeschobene Kinn und die breite und makellose Oberfläche ihrer schönen Stirn machten sie zu einem Typ, den ich vorher noch nicht gesehen hatte. Sie war ein Abbild antiker Ehrwürdigkeit, das sich zur Belehrung der jüngeren Generationen erhalten hatte.

Den zweiten Platz nimmt ihr Sohn ein, ein junger Mann von zwanzig Jahren, der nach seinem Benehmen, seiner Sprache, seinen Spielen und seinem verhältnismäßig geringen Wissen noch ein Kind war. Er war das einzige männliche Kind der Gräfin und deshalb der Majoratserbe dieses edlen Hauses, dessen Ursprung – wie der des majestätischen Flusses Guadalquivir – in der wilden Gebirgsgegend der Sierra de Cazorla liegt, wo die ersten Afán de Ribera ich weiß nicht was für Heldentaten bei der Eroberung von Jaén vollbrachten. Der junge Don Diego Félix de Cantalicia war gemäß seiner hohen Bestimmung von einem Hauslehrer, von dem wir noch sprechen werden, erzogen worden, und obwohl er die Neigung besaß, Kindereien zu begehen und den purpurnen Mantel des Majoratserbrechts durch den Staub jugendlichen Ungestüms zu ziehen, hatte ihn seine Mutter ziemlich fest in der Hand und übte auf ihn einen strengen Einfluß aus. Dieser adelige Bursche hatte aber eine geniale Methode gefunden, mit der er die mütterliche Strenge etwas mildern konnte. Wenn ihm etwas, was ihm die Gräfin oder sein Hauslehrer aufgetragen hatte, nicht gefiel, hielt er sich die Fäuste vor die Augen, begann mit den albernen Tränen seiner zwanzig Jahre zu weinen und rief aus: »Frau Mutter, ich möchte Mönch werden!« Diese Worte, dieser angebliche Entschluß des großen Bürschleins, der – wenn er zur Ausführung gelangt – den vielblättrigen Stammbaum dieses ehrwürdigen Geschlechts unerbittlich gekappt hätte, erfüllte die Einwohner des Hauses mit Panik. Sie versuchten alle, ihn umzustimmen. Die Mutter sagte in solchen Fällen: »Spiel nicht verrückt, mein Sohn. Du darfst im Innenhof reiten und dem Kater Nußschalen an die Pfoten kleben.«

Auf diese beiden Persönlichkeiten folgten zwangsläufig die beiden Töchter der Gräfin: zwei Blumen Andalusiens, hübsch, bescheiden, klein, frisch, lebhaft, lächelnd, ohne Anmaßung trotz ihrer hohen Geburt, abends betend und morgens singend – zwei Vögelchen, die den Blick mit dem Geflatter ihrer unschuldigen Frivolität und mit ihrer unbewußten naiven Koketterie erfreuten. Sie waren so klein wie die Reseda, aber wie die Reseda hatten sie einen verführerischen Duft, der schon von weitem zu spüren war, denn wenn man ihn roch und ihre Schritte hörte, freute man sich schon unwillkürlich auf ihre bevorstehende Gegenwart. Asunción und Presentación, so hießen sie, waren zwei Engelchen, mit denen man zu spielen wünschte, um sie lächeln zu sehen oder um selbst zu lächeln, wenn sie auf Ermahnungen ihrer Mutter, doch etwas ernsthafter zu sein, versuchten, ihre hübschen Stirnchen in standesgemäße Falten zu legen. Die jüngere war für das Klosterleben bestimmt, und wenn auch Doña María den Ehrgeiz hegte, sie bei den Huelgas de Burgos eintreten zu lassen, so gestattete sie doch, daß ihr die Bildung vermittelt wurde, die es ihr ermöglichen würde, einen Doktorgrad zu erlangen. Deshalb brachte ihr der Hauslehrer ihres Bruders auch die erste lateinische Deklination bei, die sie im Handumdrehen lernte und sehr interessant fand. Die ältere brauchte überhaupt nichts zu lernen, weil sie für die Ehe bestimmt war.

Schließlich möchte ich den Hauslehrer des jungen Don Diego nicht in der Obskurität lassen. Er wurde allgemein Don Paco genannt und war ein Mann von einfachen und bescheidenen Gewohnheiten, aber etwas pedantisch. Da er davon überzeugt war, die lateinische Sprache perfekt zu beherrschen, zitierte er bisweilen die berühmtesten Autoren und schob ihnen Worte in den Mund, an die diese Unglücklichen nie gedacht hätten. Solchen verleumderischen Attacken ist der Ruhm ausgesetzt! Auch rühmte sich Don Paco, seine Schüler die Geschichte des Altertums und der Neuzeit in allen Einzelheiten zu lehren, obwohl wir aus Dokumenten von unzweifelhafter Glaubwürdigkeit erfahren haben, daß er in seinen Lektionen nie über die Arche Noah hinausgelangt war. Allerdings kannte er sich gut aus im Leben Alexanders des Großen. Ferner können wir versichern, daß er in hohem Grade eine Kunst besaß, die nur wenigen Sterblichen gegeben ist: Don Paco war ein großer Schriftkünstler, der es mit solchen Kolossen der Kalligraphie wie Torio dem Überragenden[23], Palomares dem Göttlichen und sogar Iturzaeta messen konnte. Dies war eine Fähigkeit, die er auch auf seinen Schüler übertragen hatte, denn die Schreibaufgaben des Erben der Rumblar erfüllten den Bischof von Guadix mit Bewunderung, als dieser einmal einige Tage im Hause verbrachte. Ansonsten war Don Paco eigentlich ein ausgezeichneter Mensch, der vor Angst zitterte, wenn die Gräfin ihm die Fehler ihres Sohnes vorwarf. Er war immer in schwarze Feiertagsanzüge gekleidet, die allerdings nicht neu waren, und trug eine weiße Perücke mit ungewöhnlichem Haarbeutel. Uns fremde Gäste behandelte er mit großer Freundlichkeit, denn – wie er sagte – »die Gastfreundschaft ist eine hervorstechende Tugend der antiken Völker und muß von den Gegenwärtigen als Lehre für die Kommenden praktiziert werden«.

10

Die weltlichen Güter jenes adligen Hauses waren reichhaltig, wenn auch weitaus geringer als die anderer großer Familien Andalusiens und Kastiliens. Die Gräfin rechnete aber damit, auch in dieser Hinsicht einmal zu den Größten Spaniens zu gehören, da ihr Sohn Aussicht hatte, einige

Verwandte einer Seitenlinie, die keine direkte männliche Nachfolge aufweisen konnten, zu beerben. Um dies zu erreichen, hatte sich die Gräfin Maria einen gigantischen Plan ausgedacht, von dem – wie der Leser noch erfahren wird – die Beständigkeit dieses edlen Hauses und Besitzes im Verlauf der Jahrhunderte abhing. Es handelte sich darum, ihren Sohn mit einer weiblichen Angehörigen der Familie jener Verwandten zu verheiraten, die auch für das Erbrecht in Frage kam und ihren Wohnsitz in Córdoba hatte, obwohl sie sich meistens in Madrid aufhielt. Die eher moralische als physische Unreife des Don Diego bildete kein ernstes Hindernis, denn es war damals Sitte, die Erbberechtigten so früh wie möglich zu verheiraten, bevor sie noch Zeit hatten, die Nase durch die Tür der großen Welt zu stecken, wo – nach Meinung von Don Paco – nur Verderben auf die Jugend wartete, weil die Annehmlichkeiten des Freudenkelches nur kurze Zeit dauerten, wogegen die bitteren Folgen sehr lange zu spüren seien.

Etwas störte aber die weise ausgetüftelten Pläne der Doña Maria und ihrer illustren Kusinen: der Blick, den Napoleon, Kaiser der Franzosen, auf Andalusien, dieses Juwel des Kontinents, geworfen und ihn zu dessen Besetzung veranlaßt hatte.

Der Krieg, dieser heilige Krieg, der in der jüngeren Geschichte ohne Beispiel ist, zwang sie, diesen wie auch andere Pläne aufzuschieben, so daß Doña Maria, Aragonerin und sehr patriotisch in ihrem Empfinden, Don Diego rufen und von ihrem Ehrensitz herunter mit den folgenden Worten erschrecken mußte, die mir später von Don Paco zugetragen wurden:

»Mein Sohn, ich liebe dich sehr. Dein Tod würde nicht nur mich vor Schmerz töten, sondern auch unser Haus und unser ganzes Geschlecht zerstören. Du bist mein einziger männlicher Erbe, die Seele dieses Hauses – und dennoch ist es notwendig, daß du in den Krieg ziehst. In deinen Adern fließt das Blut von Tapferen, und ich bin sicher, daß du trotz deiner wenigen Lebensjahre dem guten Namen, den du trägst, Ehre machen wirst. Alle jungen

Männer gehören in diesen schrecklichen Tagen, in denen ein elender Ausländer es wagt, Spanien zu besetzen, dem König und dem Vaterland. Mein Sohn, du bist mir sehr ans Herz gewachsen, aber lieber sehe ich dich auf dem Schlachtfeld tot und unter den Hufen der französischen Pferde liegen, als daß man sagen kann, der Sohn des Grafen von Rumblar habe keinen Schuß zur Verteidigung des Vaterlands abgegeben. Die Söhne aller adligen Familien Andalusiens haben sich schon der Armee von Castaños[24] angeschlossen. Auch du wirst dich dorthin begeben, mit einer Eskorte von Bediensteten, die ich bewaffnen und unterhalten werde, solange der Krieg dauert.«

Während dieser Ansprache blieb das marmorne Gesicht der Gräfin María unbewegt, aber Asunción und Presentación heulten wie Schloßhunde. Der junge Mann war freudig erregt, an einem Spiel teilnehmen zu dürfen, das er nicht kannte und das aus der Ferne sehr schön erschien.

Wir waren gerade zu der Zeit eingetroffen, als die Vorbereitungen für die Abreise des Erbberechtigten in den Krieg getroffen wurden.

Alle im Haus waren fieberhaft mit diesen Zurüstungen beschäftigt, und nicht am wenigsten die Schwesterchen des Herrn Grafen, die unter der Aufsicht der gestrengen Mutter nicht nur feine weiße Wäsche schön ordentlich in die Satteltaschen steckten, sondern in aller Eile auch einige sehr schöne geweihte Bänder nicht nur für ihn, sondern für alle Angehörigen des Gefolges an den Reittieren anbrachten.

Ich weiß nicht, in welcher Hinsicht diese Vorbereitungen mit denen für die Abreise eines jungen Mannes zur Universität identisch waren. Es ist immerhin eine Tatsache, daß nichts für das Leben lehrreicher und den Durchsetzungswillen stärkender ist als ein Feldlager, und deshalb erklärte Don Paco, daß der Krieg der Lehrer des Geistes und der Lenker jugendlichen Ungestüms sei.

Marijuan wurde ausersehen, den jungen Herrn zu begleiten. Er und andere Bedienstete bildeten eine winzige Legion von fünf Männern. Da Doña María aber wußte, daß andere Söhne reicher Familien aus Baeza, Bujalance und Andújar bis zu zehn Leute mitgenommen hatten, befahl sie, das Gefolge zu vergrößern, und setzte dabei fürs erste ihre Hoffnung auf Santorcaz und mich. Sie bot uns eine Pesete täglich und bei der Rückkehr, wenn es eine solche geben würde, noch eine Belohnung an. Mein Begleiter und ich sahen uns an und musterten auch unsere Erscheinungen. Mit jener Scharfsicht, die der Mangel an Mitteln verleiht, erkannten wir die Leere der Börse des anderen. Santorcaz meinte, ich müsse das Angebot annehmen, was ich ebenso meinem Gegenüber zumutete. Doña María fügte dann noch hinzu, sie wolle uns auch ausrüsten und unsere Kleidung und Wäsche erneuern und versprach darüber hinaus, uns, die wir uns schon Gedanken gemacht hatten, woher unser Brot kommen sollte, wenn wir Córdoba erreicht haben würden, nach unserer Rückkehr eine gewisse Zeit lang zu unterhalten. Da schwankte ich nicht mehr und verwandelte mich in einen künftigen Kavalleristen der kleinen, aber brillanten Armee von San Roque. Ich verstand das als mein Schicksal, und da dieser Weg mich auch nach Córdoba führen würde, zog ich es vor, dort lieber als Soldat einzuziehen denn als ein schäbiger, mittelloser Vagabund. Santorcaz entschied sich erst nach langen Überlegungen, verbunden mit etlichem Hin- und Herschreiten in dem uns zugewiesenen Zimmer. Als er sich aber einmal durchgerungen hatte, wurde er sehr lebhaft, und ich hörte ihn einige Worte murmeln, die die Erregung seiner Seele anzeigten aus Gründen, die mir damals nicht bekannt waren. Er erklärte Doña María jedoch, daß er nicht aufbrechen könne, solange er nicht einige Briefe erhalten habe, die er aus Córdoba und Madrid hinsichtlich der von ihm zu regelnden Angelegenheiten erwartete. Dem stimmte die Gräfin zu. Sie sagte, er könne bleiben, so lange er wolle, müsse aber versprechen, sich später der Eskorte von Don Diego anzuschließen, falls diese schon vor ihm abgezogen sein sollte.

Der Tag der Abreise rückte näher. Der junge Erbe war zu seinem ersten Waffengang wie folgt gekleidet: Eine breite

Leibbinde aus gelber Seide umschlang seine Taille. Seine Beinkleider waren unter dem Knie zusammengebunden, und die seidenbestrumpften Füße steckten in schweren cordobanischen Stiefeln. Die Marseiller Jacke aus feinem braunen Stoff mit roten und blauen Verzierungen verlieh ihm ebenso wie der schräge Portugiesenhut mit einer Schleife aus schwarzem Samt und einer goldenen Schnur eine bemerkenswerte Eleganz. Ein Bandelier verlief über seine Brust, und sein breiter Gürtel enthielt etliche Schlaufen, in denen zwei Pistolen, ein Dolch und ein Jagdmesser steckten, so daß dieses große Kind zusammen mit seiner sonstigen Ausrüstung ein stattliches Arsenal für alle Fälle mit sich führte.

Mutter und Schwestern legten letzte Hand an seine Kleidung – diese nähte einen Knopf noch mal nach, jene steckte eine Ziernadel in das Hutband, die dritte befestigte die Sporen an seinen Stiefeln, als die Gräfin mit der Heftigkeit desjenigen, dem plötzlich einfällt, daß er das Wichtigste vergessen hat, sprach: »Die Hauptsache fehlt ja noch – der Degen!«

Die Blicke aller Familienmitglieder richteten sich mit einer gewissen Ehrfurcht auf einen ehrwürdigen Schrank aus altem Roteichenholz, der seit jeher an der Stirnseite des Raumes gestanden hatte. Die Frau Gräfin schritt feierlich darauf zu, öffnete ihn und nahm einen sehr großen Degen heraus, komplett mit Scheide und Wehrgehänge. Alle drei Teile hatten die Patina ruhmreichen Alters. Doña María zog die Waffe eigenhändig mit majestätischer Geste, jedoch ohne männliches Ungestüm, aus ihrem Futteral, betrachtete eine Zeitlang die Klinge, schob sie wieder hinein und übergab sie ihrem Sohn. Es war eine wunderschöne Arbeit aus toledanischer Meisterhand. Die geschmackvoll verzierten Bügel des Degengefäßes und der Griff waren vergoldet, was der Waffe ein künstlerisches und luxuriöses Aussehen verlieh. Auf den zwei Seiten des Griffs war das Wappenschild der Rumblares eingearbeitet, und der Knauf trug einen Kopf mit dem Siegel des Waffenschmieds Sebastián Hernández aus Toledo. Auf der

Klinge war mit Mühe noch folgende Eingravierung zu lesen: *Pro Fide et Patria, Pro Christo et Patria, Pro Aris et Facis, Inter Arma si lent Leges.*

Der junge Don Diego hängte sich diese mächtige Hieb- und Stichwaffe, die für ihn ein kolossales Gewicht darstellte, an den Gürtel, vollführte eine den französischen Eindringlingen wenig wohlmeinende Geste und schickte sich an hinauszugehen. Sofort brachen Asunción und Presentación in lautes Jammern aus. Diese Anhänglichkeit machte der mühsam aufgebauten Heldenhaltung des zum Schrecken der Franzosen bestimmten Gräfleins den Garaus. Erst verzog sich sein Gesicht, dann brach er in ein von Tränen begleitetes Schluchzen aus, das dieses ehrwürdige Haus eine Viertelstunde lang erschütterte. Dessen ungeachtet behielt die Gräfin María die Gemütsruhe und gab ihrem Sprößling noch einige Anweisungen, die nichts mit dem Kriege zu tun hatten:

»Wenn du in Córdoba ankommst, mußt du zuerst meine Kusinen aufsuchen und ihnen diese Briefe übergeben. Schau, hier ist die Adresse ihres Palastes. Wir sind sehr enttäuscht, daß wir die abgesprochene Hochzeit noch nicht feiern können, aber Gott hat es so gewollt, und das Vaterland geht vor. Sag diesen Damen, daß ich es ihnen nicht verzeihen werde, wenn sie auf ihrem Weg nach Madrid nicht einige Tage bei mir einkehren.«

Mit verändertem Tonfall fügte sie dann hinzu:

»*Mein lieber Sohn, laß bei allem, was du tust, Umsicht walten. Ich erwarte von dir immer bestes Benehmen. Denke stets daran, daß du die Religion, das Vaterland, den Staat und den König verteidigst. Wenn du dich vor dem Feind als Feigling erweist, darfst du nie wieder in dieses Haus zurückkehren, dich deiner Mutter erinnern oder noch mit ihrer Liebe rechnen … Ihre Entrüstung und Abscheu werden ewig währen. Dies wäre dann dein Lohn.*«

Ich habe diese Worte hier hervorgehoben, weil sie historisch verbürgt sind. Sie wurden damals gedruckt, und ich könnte Ihnen jetzt noch die entsprechenden Schriftstücke zeigen. Die Frau, die sie aussprach (ich gebe zu, daß es in

Wirklichkeit nicht Doña María war, der ich die Worte nur wegen des Effekts in den Mund gelegt habe), fügte dann noch an andere Mütter gewandt, die sich von ihren Söhnen an den Türen des Ortes verabschiedeten, hinzu:

»*Kameradinnen, wenn in den kommenden Schlachten alle Männer fallen, werden wir auf uns gestellt triumphieren.*« (So gesprochen in Mérida am 23. Juni.)

Wir verließen das Haus und bestiegen jeder das ihm zugedachte Reittier, bewaffnet mit einem Säbel und zwei Pistolen. Das Gepäck wurde unter alle aufgeteilt. Ein langjähriger Diener war mit der Aufbewahrung der Finanzen betraut, ein anderer führte die Kleidung des jungen Herrn mit sich, in den Satteltaschen von Marijuan befanden sich reichliche Nahrungsmittel, und die meinigen waren mit etlichen anderen Utensilien sowie mit den Briefen, die Don Diego in Córdoba übergeben sollte, vollgestopft. Als ich letztere einsteckte, fiel mein Blick kurz auf die Adressen, und zu meiner großen Überraschung befanden sich die Namen von Amaranta, der Marquise, ihrer Tante und des Herrn Diplomaten darunter.

Santorcaz, der die von ihm erwarteten Briefe noch nicht erhalten hatte, blieb mit dem Versprechen zurück, am nächsten oder übernächsten Tag nachzukommen. Ich sah ihn finster und nachdenklich mit den Händen auf dem Rücken durch das Portal des Hauses schreiten, als wir uns auf den Weg machten. Don Paco begleitete uns bis zum Ortsausgang und schärfte seinem Schüler noch einmal die Richtlinien von Alexander dem Großen hinsichtlich des Krieges ein und empfahl ihm immer wieder, sie beim Kampf gegen die Franzosen anzuwenden und immer die schräge Schlachtlinie zu beachten, wobei eine zweite Linie Rücken und Flanken sichern müßte, denn dieser Taktik verdankte nach seiner Ansicht der große Mazedonier, daß seine *Difalangarkisten* und *Letrafalangarkisten* immer siegreich blieben.

Mit diesen weisen Maximen, die Don Diego buchstabengetreu zu beherzigen versprach, verabschiedete sich Don Paco, und wir setzten unseren Marsch sehr zufrieden fort. Wir nahmen nicht die königliche Straße von Bailén nach Córdoba, um nicht auf die Nachhut des französischen Generals Dupont oder die zahlreichen Detachements[25] zu stoßen, die er in allen Ortschaften hinterlassen hatte. So mußten wir statt der achtzehneinhalb spanischen Meilen des normalen Weges mehr als vierundzwanzig zurücklegen, denn unser Umweg verlief über Mengibar, von dort nach Torredonjimeno, dann über einen miserablen Reitweg nach Martos, Alcaudete, Baena und Castro del Río, wo wir uns an das rechte Ufer des Guadajoz hielten, das uns in die Umgebung von Córdoba führte.

Beim Abmarsch von Bailén erfuhren wir von der Niederlage der Zivilisten und Soldaten der Provinzialregimenter an der Brücke von Alcolea, und in Alcaudete teilte man uns die weitere schreckliche Nachricht mit, daß die Franzosen in Córdoba eingedrungen seien und diese schöne Stadt geplündert hätten. Dies und einige Versprengte der Truppen von Echerarri veranlaßten uns, den Weg nach Écija einzuschlagen. Am 16. erfuhren wir aber, daß die Franzosen Córdoba geräumt hatten, so daß wir unsere ursprüngliche Reiseroute wieder aufnahmen. Am Morgen des 18. erblickten wir vor dem grün-blauen Hintergrund der fernen Sierra ein Meer von weißen Häusern, über das sich zahlreiche Kirchtürme, Burgtürme und Minarette erhoben.

11

Córdoba, die Stadt des Abd er-Rahman[26], das Mekka des Okzidents, die Kultstätte menschlichen Geistes, war das Zentrum des alten Andalusiens, das sich mit Zeugnissen seiner einstigen Größe schmückte. Die Stadt war trotz der kriegerischen Jahrhunderte, die über sie hinweggezogen waren, immer noch schön, obwohl nun ohne Zahara, ohne Akademie, ohne hängende Gärten, ohne diese zweihunderttausend mohammedanischen Häuser, von denen die arabischen Chronisten sprachen, ohne Kalif, ohne Weise des Islam, aber stolz auf ihre Moschee-Kathedrale mit ihren achthundert Säulen. Córdoba war traurig und christlich religiös geworden, hatte das lebhafte Treiben der Bazare durch den Kult ihrer siebzig Kirchen und vierzig Klöster ersetzt, war aber immer noch poetisch und nicht weniger reich in der christlichen Dekadenz als in der moslemischen Blüte. Eine Stadt, die in all ihren Details das Siegel der Jahrhunderte trägt. Gewunden, faltig, verteidigt sie sich gegen das Licht, als ob sie ihr Alter verbergen wollte. In ihr Innerstes zurückgezogen, wo sie unzählige Wunder verbirgt, und immer erschreckt vom Schritt des Passanten, Beschützerin der Liebenden, für die sie Tausende von ebenerdigen Fenstern geschaffen und die Straßen verdunkelt hat, ist sie gleichzeitig devot und kokett, denn sie bedeckt mit ihren Juwelen die heiligen Abbilder und schmückt sich immer noch mit Anblick und Duft der Jasminsträucher ihrer Patios ... Dies war die Stadt, die drei Tage vorher der brutalen Begehrlichkeit der Soldaten des Generals Dupont überlassen worden war. Dieser unglückliche Heerführer, der seitdem begonnen hatte, die Unentschlossenheit und Betäubung zu spüren, die ihn dann bis zur Kapitulation nicht mehr verlassen sollten, fürchtete, dort von den Truppen des Castaños überrascht zu werden, und zog sich am 16. Juni nach Andújar zurück, von wo er um Verstärkung aus Madrid bat.

Am 18. betraten wir die geplünderte Stadt, die noch voller Entsetzen war. Noch war das Blut, das ihre Straßen befleckte, nicht abgewaschen worden, und noch wußten die Einwohner nicht genau, wieviel Geld und Schmuck der Stadt geraubt worden waren, denn anstatt zu zählen, was ihnen geblieben war, dachten sie nur daran, sich zu bewaffnen. Waren vorher nur die Landleute, die sich den Provinzregimentern angeschlossen hatten, und die Stadtmilizen in den Kampf gezogen, so erkannten nach der Plünderung alle Klassen, daß dieser Krieg auf einem Plan der blinden Ausrottung beruhte, und sie riefen nicht: *Laßt uns in den Kampf ziehen*, sondern: *Töten wir Franzosen!*

Als ich in die unglückliche Stadt eintrat, bewegte mich nicht nur der Anblick der Folgen der jüngsten Katastrophe, sondern auch die Sorge meiner eigenen Angelegenheiten und die erwartete Nähe derjenigen, die zum Leuchtturm meines Lebens geworden war. Nachdem Don Diego und sein Gefolge, meine Person eingeschlossen, in einer der besten Herbergen der Stadt abgestiegen waren, ging ich auf die Suche nach dem Haus der Señora Amaranta und ihrer Tante, was für mich nicht schwer war, weil ich ja die Adresse auf den Umschlägen der vom jungen Grafen zu übergebenden Briefe gelesen hatte. Es wird so gegen Mittag gewesen sein, als ich die Calle de la Espartería, die Straße des Espartogras-Handwerks, betrat, wo sich die Residenz der Tante der Amaranta befand. Um Verwechslungen zu vermeiden, werde ich sie in der Folge Marquise von Leiva nennen.

Als ich an die Tür klopfte, war es mir, als pochte ich an mein eigenes Herz. Ob wohl Inés dort drinnen war? Ob sie wohl schon vergessen hatte, daß es früher einmal einen Knaben namens Gabriel gegeben hatte, der dann von den Franzosen exekutiert wurde? Und wenn sie dort wäre und mich so unvermittelt sähe, könnte es nicht sein, daß ich im Glanze ihrer neuen Position sehr unvorteilhaft wirken würde, so daß sich die Blässe ihrer anfänglichen Überraschung in Röte der Scham darüber verwandelt, mich geliebt zu haben? Würde jetzt der Moment kommen, da ich durch ein geringschätziges Lächeln und die Hand eines mich aus der Tür stoßenden Dieners vom Sockel meiner amourösen Eitelkeit hinuntergestoßen würde? War vielleicht die Bestürzung, die mich erwartete, die Zwillingsschwester jenes anderen großen Sturzes, der sich im Escorial abspielte, als ich von den höchsten Posten der Nation durch die Gunst der Amaranta träumte? Würde meine Seele vom Prinzen der Liebe zum Lakaien absteigen wie vorher schon mein Ehrgeiz?

Ein mir bekannter Diener öffnete die Tür, und ich bat

ihn, meine ehemalige Herrin, die Frau Gräfin, sprechen zu dürfen. Als wir den Innenhof durchquerten, suchte ich eifrig nach Anzeichen der Gegenwart von Inés. Wie der Hund die Spur seines Herrn wittert, so atmete ich die Ausdünstungen des Hauses ein, weil es die Luft war, die auch das von mir geliebte Wesen atmete. Aber ich hörte weder ihre Stimme noch ihre Schritte, noch sah ich irgend etwas, das die Spuren ihrer Hand trug. Ich war von der Überzeugung besessen, daß ich an Gegenständen erkennen würde, ob sie ihr gehörten. Nirgends aber konnte ich auch nur das geringste Anzeichen einer solchen Spur entdecken. Man versteht das, kann es aber nicht erklären – das Herz ist ein großer Wahrsager, und das meine sagte mir, daß sich Inés hier nicht befand.

Der Innenhof war frisch und lieblich, wie in allen wohlhabenden Häusern Andalusiens. Zwischen den Königsjasminsträuchern, die eine Säule umschlangen und ihren zahlreichen Blüten den besonders für Liebende so köstlichen Duft entströmen ließen, den China-Orangenbäumen, die eine graziöse Miniatur der bei uns üblichen sind, zwischen den Rosenstöcken und andalusischen Nelken, deren imperiale Schönheit von keiner der eleganten Blumen der Neuzeit überboten werden konnte, zwischen den Reseda-, Majoran- und Basilienbüschen sprudelte ein Springbrunnen, dessen Monolog sich mit dem Gesang einiger in goldenen Käfigen gefangengehaltener Vögel zu einer musikalischen Untermalung mischte. Der Boden der Trittflächen bestand aus Marmor und die Wandsockel aus Fliesen. An den Wänden der überdachten Gänge hingen Ölgemälde jener andalusischen Malerschule, die es verstand, den warmen Ton der Erde und die liebliche Melancholie der Gesichter auf Leinwände zu bannen.

Glücklicherweise geruhte Amaranta, mich zu empfangen. Sie hielt sich in einem frischen und dunklen Raum mit niederer Decke auf, und als ich eintrat, war sie damit beschäftigt, Altarblumen aufzustellen. Hatte sie sich der Frömmigkeit hingegeben? Sie war vollkommen in Weiß gekleidet, und zu den Forderungen der Mode gesellten sich Zwänge der Wärme dieser Jahreszeit, so daß dieses leichte Gewand das absolut Notwendige darstellte, um ihren schönen Körper noch zu bedecken. Damals legte man zwischen die Blicke von außen und die innere Sittsamkeit keine zahlreichen Stoffschichten wie heutzutage.

Sie war berauschend schön, und ihre schwarzen Augen, die, wie ich schon mal gesagt hatte, die ersten Augen der Welt waren, gleichsam die Bonapartes des menschlichen Blicks, eroberten alles, worauf sich ihre Pupillen richteten. Ich fühlte mich in ihrer Gegenwart beschränkt und verwirrt, ohne klare Gedanken und Worte.

»Was machst du denn hier?« fragte sie.

»Señora, ich bin nach Córdoba gekommen, um in die Armee des Generals Castaños einzutreten, und da ich erfuhr, daß Euer Gnaden und Eure verehrte Familie sich in dieser Stadt hier aufhalten, hielt ich es für geziemend, meiner ehemaligen geliebten Herrin einen Besuch abzustatten.«

»Du bist so scheinheilig wie intrigant und trapezunderisch«, entgegnete sie halb im Ernst und halb im Spaß. »Was hast du wohl nun wieder im Kopf? Warum hast du dich mir gegenüber so schlecht benommen?«

»Meine Dame«, rief ich aus und vollführte Gebärden des Respekts, »ich habe mich Ihnen gegenüber schlecht benommen? Ich kann doch nicht vergessen, welche Wohltaten Sie mir während der Zeit, in der ich in Ihren Diensten stand, angedeihen ließen!«

»Möchtest du wieder mein Diener sein?« wollte sie wissen.

Dieses Ansinnen fiel wie ein Blitz auf mich. Ich dachte an den plötzlichen Aufstieg von der, die ich als Begleiterin meiner künftigen Existenz angesehen hatte, so daß mich der Gedanke, in diesem Hause Diener zu sein, vor Entrüstung zittern ließ.

»Nein, Señora, ich möchte nicht mehr dienen. Ich bin Soldat«, erwiderte ich. »Dennoch bin ich bereit, die Befehle auszuführen, die Euer Gnaden mir erteilen wollen.«

»So, Soldat – und ziehst in den Krieg? Na, dann wirst du

ja innerhalb eines Monats General werden«, meinte sie mit beißender Ironie.

»Solche Höhen strebe ich gar nicht an. Ich möchte nur meinem Land dienen – nichts anderes, damit ich morgen sagen kann: ›Ich habe dazu beigetragen, daß die Kanaillen aus Spanien getrieben wurden‹. Und das wird mir dann vollauf genügen.«

»Und du glaubst, daß Spanien es schafft, die Kanaillen hinauszuwerfen? Ach nein, ich teile die Illusion dieser guten Leute nicht. Du hast doch wohl gehört, was am neunten an der Alcolea-Brücke geschah? Diese armen Zivilisten, denen ich ihren Mut nicht absprechen möchte, flohen vor den disziplinierten Truppen des Generals Dupont. Auch in Córdoba leistete man ihnen keinen Widerstand mehr. Welch ein Schrecken, mein Gott! Drei Tage Angst! Wir dachten alle, daß die Franzosen friedlich hereinkommen würden, weil der geniale Echevarri die Stadt ohne Kampf verließ und die Einwohner keinen Widerstand zu leisten versuchten. Die Franzosen zogen vor das Neue Tor, und während die Stadtoberhäupter mit ihnen über die Übergabe verhandelten, wurde aus einem Haus in der Nähe ein paarmal geschossen. Das machte die Feinde so rasend, daß sie das Tor mit Kanonenschüssen zertrümmerten, in die Straßen stürmten, wo sie jeden töteten, den sie antrafen, und in die Häuser einfielen, um herauszuholen, was sie tragen konnten. Du kannst dir nicht vorstellen, wie furchtbar das war! Wir verhielten uns hier alle ganz still und lauschten auf das Getöse in der Straße, als plötzlich die Haustür eingeschlagen wurde und die brutale Soldateska hereinstürzte mit dem Ruf, daß wir schnellstens alle Wertgegenstände ausliefern sollten. Die Angst hinderte uns nicht daran, mit ihnen zu verhandeln, und wir brachten ihnen Juwelen, Geld, Tischsilber und anderes, damit sie nur ja schnell wieder abziehen würden und wir uns ihre Beleidigungen nicht länger anhören mußten. Sie begnügten sich nicht damit, die kleinen Fässer herauszuwerfen, sondern tranken aus den Spundlöchern der großen und ließen sie nachher offen, so daß der Montillawein von fünfundsiebzig Jahren die Kellerböden überschwemmte. Eine dieser Bestien ertrank im Wein. Schließlich verließen sie das Haus, ohne weitere Scheußlichkeiten zu begehen, und wir sahen uns wieder frei. Die schrecklichen Taten, die sie woanders begingen, kann man gar nicht alle aufzählen. Sie stahlen natürlich das gesamte Geld der Stadtverwaltung, alles Silber der Klöster, die heiligen Gefäße, die Kelche, die Monstranzen. Sie drangen auch in die Wohnräume der Mönche ein, von denen viele ermordet wurden. Die Kirche von Fuensanta wurde in ein Bordell verwandelt. Córdoba war drei Tage lang keine Stadt mehr, sondern ein Inferno. Alle Teufel, alle Schlechtigkeiten, Sakrilege und Verbrechen fielen über die Stadt her. Man sah die Kanaillen betrunken auf den Straßen, von Unrat bedeckt, sich erbrechen oder die Lebensmittel verschlingen, die sie aus den Häusern geschleppt hatten. Die französischen Generäle, die sich dieses schändlichen Benehmens ihrer Soldateska schämten, wollten sie durch Stockschläge bändigen lassen, aber es war noch mehr Härte nötig, so daß einige erschossen werden mußten, damit die anderen zur Raison gebracht werden konnten. Schließlich zogen sie in Richtung Andújar ab, so daß wir bis jetzt wieder in Frieden gelassen worden sind. In welchem schrecklichen Zustand befindet sich doch Spanien! Und das Schlimme ist, daß es unterliegen wird! Welch fürchterliche Tage werden noch auf uns zukommen! Ich wollte, ich hätte die Illusionen dieser Leute und würde glauben wie sie, daß einige von uns gewonnene Schlachten ... aber ich kann mir nicht vorstellen, wie man Schlachten gewinnen will ohne Heere, ohne Generäle, ohne Geld, ohne alles ... Nach einigen gewonnenen Kämpfen soll alles gut enden. Es gibt schon welche, die davon träumen, in Frankreich einzufallen, nachdem wir die Franzosen geschlagen haben, und Napoleon mit Fußeisen hierherzuschleppen. Gebe Gott, daß wir nicht alle getötet werden! Möge er uns den Mut verleihen, den Sturm, der über uns losbricht, zu überstehen ... Wir leben hier und wissen nicht, an welchen Heiligen wir uns wenden sollen. Wir in diesem Haus haben kaum noch Umgang mit anderen und fürchten, daß die Franzosen uns für exaltierte Patrioten halten könnten – aber noch mehr schmerzt es uns, daß die Nachbarn glauben, wir seien franzosenfreundlich. Wir möchten nur gut mit allen auskommen und weder von den einen noch von den anderen belästigt werden ... Aber was weiß ich ... ich halte alles für sehr schwierig ... Und in Madrid, wie ist das Leben denn jetzt dort?«

»Denken Euer Gnaden daran, in die Hauptstadt zurückzukehren?«

»O ja! ... Wir werden wohl bald abreisen, denn es ruft uns eine Angelegenheit, die die ganze Familie betrifft. Wenn es nach mir ginge, wären wir schon wieder dort. Ich kann nicht in Córdoba leben, und besonders nicht in dieser Kriegslage. Wenn wir in Madrid keine Ruhe finden, werden wir mit der ganzen Familie nach Bayonne gehen.«

»Und niemand in diesem Haus wurde von der französischen Soldateska angegriffen?« fragte ich in der Absicht, zu hören, wer denn alles im Hause war.

»Niemand – nur mein Onkel, der Marquis, trug eine Beule am Kopf davon, aber das geschah, als er sich unter einem Bett verstecken wollte, und zwar mit solchem Ungestüm, daß er sich den Kopf anstieß. Ein Freund des Hauses, der jeden Tag hierherkommt, Don José María de Malespina, empfing auch eine leichte Kratzwunde an einer Hand, als er sich hinter einem Schrank versteckte.«

»Und die Damen? Ich habe gehört, daß eine Nichte der Frau Marquise ... oder kleine Nichte Euer Gnaden, ich bin da nicht so sicher, aus Madrid gekommen ist, um Ihnen allen hier Gesellschaft zu leisten.«

»Nein«, antwortete Amaranta und senkte den Blick zu Boden.

»Dann verwechsele ich das mit einer anderen Sache. Es kam mir so vor, als ob der Herr Lizenziat Lobo, der berühmte Schreiber ... aber nein, der hat sich bestimmt geirrt.«

»Kennst du denn den Señor Lobo?« fragte sie beunruhigt.

»Das will ich wohl meinen! Wir sind gute Freunde. Ich lernte ihn kennen, als ich im Hause des Don Mauro Requejo diente ... und der Herr Lizenziat und ich unterhielten uns über ein gewisses junges Mädchen ... ein unglückliches Fräulein, das keine Eltern mehr hat.«

»Ach – erzähl mir doch mal davon.«

»Ja – die Geschwister Requejo, die sich wie Stachelschweine benahmen, quälten die junge Dame. Sie tat mir leid, und ich wollte sie von dort wegbringen ... aber die Franzosen exekutierten mich.«

»Sie exekutierten dich?«

»Ja, Señora, und der Herr Lobo hat ... jedenfalls verschwand die Kleine dann.«

»Ach – erzähl mal alles.«

Mit größerem Eifer, als ich ihn jemals zuvor in einer Angelegenheit angewandt hatte, begann ich, der Gräfin alles zu erzählen, was ich wußte, bis wir durch zwei Personen unterbrochen wurden, die in das Zimmer traten.

Es waren der Diplomat und Don José María de Malespina, der in so mancher Hinsicht bekannte, wenn auch pensionierte, Oberst der Artillerie, von dem ich im Buch *Trafalgar* berichtet habe. Der erstere erkannte mich und hatte die Güte, einige Worte an mich zu richten.

12

»Liebe Nichte«, sprach der Marquis, »wir werden bald die Truppen von Castaños hier haben. Weißt du, was er soeben dem Señor Malespina gesagt hat? Er hat doch wirklich gesagt, daß, wenn der Rat von Sevilla mir den Auftrag erteilen würde, mit den Franzosen in Verhandlungen zu treten, ich vielleicht bewirken könnte, daß dieser furchtbare Krieg beendet wird.«

»Was denn für Verhandlungen, möchte ich mal wissen«, erwiderte Malespina verächtlich. »Oh, wenn der Rat von

Sevilla den Plan ausführen lassen würde, den ich mir neulich ausgedacht habe! Solange wir der Artillerie nicht den Platz einräumen, den sie verdient, wird es unmöglich sein, einen Vorteil zu erringen. Meine letzten Studien über die *Zyklodiatomie* und die *Kapeltizität* ermöglichten es mir, wichtige Prinzipien zu entdecken, die jetzt in der Praxis angewandt werden sollten.«

»Ich lehne Wissenschaften ab, die zur Erfindung von Vernichtungsmitteln dienen!« erklärte der Marquis mit einer ausdrucksvollen Geste. »Die Völker könnten alle ihre Streitfälle auf diplomatischem Wege regeln. Der Krieg! Wozu soll der denn dienen! Warum sollen Tausende von Menschenleben geopfert werden, wenn ein Streit mit einem Stück Papier und einer in Tinte getauchten Feder in den Händen eines Mannes, wie ich es bin, gelöst werden kann?«

»Du lieber Gott, was wäre die Welt ohne Krieg! Und besonders – was wäre die Welt ohne Artillerie! Montecúculi[27] sagte doch schon, daß ›sie Kronen gibt und nimmt, Kriege entscheidet und den Sieger unsterblich macht‹.«

»Blut, Trauer und Verzweiflung bringt sie! Aber streiten wir uns nicht über einen Vulkan, mein Freund. Der Krieg ist etwas Böses, das sich bei uns eingenistet hat. Jetzt wäre es notwendig, Verbündete in Europa zu suchen. Deshalb habe ich, seit ich nach Andalusien gekommen bin, dem Obersten Rat vorgeschlagen, England um Hilfe zu bitten. Das ist doch eine tolle Idee, auf die auch Saavedra oder der Vater Gil nicht gekommen wäre!«

»Und Sie schreiben sich diese Idee zu!« bemerkte Malespina spöttisch. »Aber Mann Gottes, daran haben auch schon die Asturier gedacht, und am dreißigsten Mai reisten doch meine Freunde Don Andrés Angel de la Vega und der Vizegraf von Matarrosa, Sohn des Grafen von Toreno … Ja, ja! … Diese Diplomaten haben doch völlig den Kopf verloren. Bei mir nichts davon! Ich sagte dem Vater Gil, er solle sich bemühen, die Artillerie zu vermehren und meine Verbesserungen dieser Waffe einzuführen. Aber glauben Sie denn, Napoleon habe nichts davon gehört? Ich habe herausgefunden, daß er vor seinem Einfall in Spanien eine geheime Kommission gebildet hatte, um festzustellen, ob ich mich noch hier befinde. Und als meine Familie dann verlauten ließ, daß ich nach Amerika gegangen sei, hat Napoleon gesagt: ›Dann brauchen wir uns ja nicht vorzusehen!‹ und befahl den Einmarsch. Ja, ja – ich kenne mich aus.«

»Wie eingebildet sind Sie doch!« bemerkte der Diplomat, schickte sich jedoch an, die Eitelkeit seines Freundes noch zu überbieten. »Sie sagen das ja nur, um mich zu veranlassen, hier preiszugeben, daß ... Nein, nein – das ist ein Staatsgeheimnis, von dem vielleicht der Frieden Spaniens und sogar ganz Europas abhängt. Nichts davon wird über meine Lippen kommen. Ich bin nicht der Mann, der den Versuchungen unvorsichtiger Freundschaft leicht nachgibt.«

»Das ist eine reine Farce. Wir kennen diese Geheimnisse doch schon.«

»Farce!« rief der Diplomat zornig aus. »Aber ich durchschaue das Spiel. Das gleiche macht meine Nichte, wenn sie mich dazu verleiten will, Staatsgeheimnisse preiszugeben. Nein, ich werde schweigen, schweigen, obwohl Sie mich beleidigen, obwohl Sie vorgeben, an meiner Wahrheitsliebe zu zweifeln, damit die Entrüstung mich dazu bringt, das Schweigen zu brechen. Aber wenn ich nun sagen würde, daß eine sehr hochgestellte Persönlichkeit, der zur Zeit mächtigste Mann auf der Welt, sich schließlich entschlossen hat, sich mit mir auszusöhnen und eine Feindschaft zu begraben, die seit dem Frieden von Lunéville zwischen uns besteht? Ja, ich würde sagen, daß die Verhandlungsvorbereitungen, die ich einleitete, um Spanien das Grauen des Krieges zu ersparen, schon begannen, Ergebnisse zu zeitigen, als einige perfide Leute ... Ach! Wenn ich dies sagen würde ... Aber nein – meine Nichte schaut mich an, als ob sie mich dazu bringen will weiterzusprechen, und Sie, Señor Malespina, sehen mich auch an ... Aber nein. Mund zu und Schluß mit unverschämten Fragen, die meine unerschütterliche Verschwiegenheit vergebens bedrohen.«

»Das ist doch alles reine Fabel«, erklärte Don José María trotzig. »Ich verabscheue die Falschheit und die Prahlerei, denn ich würde mich eher umbringen lassen, als ein Wort zu äußern, das nicht der reinsten Wahrheit entspricht. Deshalb Schluß jetzt mit angeblichen diplomatischen Schachzügen und Abmachungen, die nur in Ihrem Kopf existieren. In dieser Zeit lassen Sie uns Soldaten sein und das Protokoll ignorieren! Wollen wir doch mal sehen, ob die da in Bayonne, wenn sie erfahren, daß ich gar nicht daran denke, nach Amerika zu gehen, nicht die französischen Truppen aus Frankreich abziehen werden … denn ehrlich gesagt … Napoleon weiß, was ich bedeute!«

»Mann, das ist mir nun doch zu stark!« rief der Diplomat und brach in schallendes Gelächter aus. »Also, Napoleon …«

»Mich kann solch ein Lachen nicht erschüttern«, bemerkte der Artillerist, der dennoch sehr pikiert war. »Wie kann jemand auch anders handeln, der noch nie der Gefahr für Leib und Leben ins Auge geblickt hat, der sich unter dem Bett versteckte, als die Franzosen sein Haus plünderten!«

»Dazu muß ich sagen«, erklärte der Marquis irritiert, »daß man ja weiß, warum ich in einen solchen Zustand geriet. Das war auf keinen Fall aus Angst. In jenem Augenblick beschäftigte ich mich im Geiste mit den Bedingungen einer Abmachung mit diesen Leuten, und da der Lärm mir keine Ruhe zum Überlegen ließ, suchte ich nach diesem verschwiegenen Ort, um dort ungestört nachdenken zu können. Dagegen ist es mir unverständlich, wie ein alter Soldat wie Sie hinter einem Schrank Schutz suchen konnte, während die Franzosen die Damen beleidigten!«

»Das beweist wieder mal«, gab Malespina zurück, »daß es unnütz ist, von Laien zu erwarten, daß sie die Kombinationen der Wissenschaft richtig würdigen. Sie sehen alles von einem vulgären Standpunkt und bringen die unehrerbietigsten Anschuldigungen hervor. Mann Gottes, muß ich es denn noch erklären, daß – als ich die Unmöglichkeit erkannte, aus dem Innenhof eine Festung zu machen – ich mich in diesen Raum hier zurückziehen und mein Nachhut-Zentrum in jenem Schrank aufschlagen mußte, um den rechten Flügel einzusetzen? Als ich sah, daß die Franzosen mit großem Ungestüm heranrückten, beschrieb ich eine umklammernde Bewegung über meinen linken Flügel und nahm Stellung hinter dem Schrank auf, um von dort aus die Geschosse meiner fürchterlichen Waffe, die ich in der Tasche trug, durch die Tür auf den Innenhof zu richten. Der Feind war davon maßlos entsetzt. Auf diese Weise zwang ich ihn ohne Blutvergießen zum Rückzug.«

Amaranta konnte ein Lachen über den Streit der beiden Alten nicht unterdrücken. Bevor dieser aber noch beendet war, trat die Marquise von Leiva ein und erklärte: »Soeben ist die ›Ministerialzeitung von Sevilla‹ eingetroffen. Ich glaube, daß in ihr der Tod Napoleons mitgeteilt wird.«

»Was sagen Sie da?«

»Wo ist sie denn, diese Ministerialzeitung?«

Sofort eilten der Marquis und Don José María in den anschließenden Raum.

Die Marquise, die mich noch keines Blickes gewürdigt hatte, obwohl ich mich tief vor ihr verbeugte, trat auf ihre Nichte zu, zeigte ihr ein Medaillon und sagte:

»Gefällt es dir? Nicht wahr, es ist sehr ähnlich? Der Maler hat das wirklich gut getroffen.«

»Das ist sehr schön und entspricht der Wirklichkeit«, erwiderte meine ehemalige Herrin. »Wir werden ja sehen, wie es diesem Burschen gefällt.«

»Es ist wirklich seltsam, daß er noch nicht gekommen ist. Seine Mutter hatte mir doch gesagt, er würde gegen zwölf hier vorbeikommen.«

Der Diplomat und Malespina tauchten wieder auf. Jeder hatte ein Blatt Zeitungspapier in der Hand.

»Hören Sie mal, was hier schwarz auf weiß steht«, rief der Diplomat mit überschwenglichen Gebärden. »»Madrid, den sechsten Juni. Die Unzufriedenheit der feindlichen Truppen scheint allgemein zu sein, und es wird immer mehr davon gesprochen, daß es in Bayonne zu einer Meuterei gekommen und der Kaiser verschwunden sei. Einige fügen noch hinzu, er sei verletzt.‹«

»Na, das ist doch von größter Wichtigkeit«, sagte Malespina, »obwohl es mich nicht überrascht, weil ich schon einen ausführlichen Bericht darüber erhalten habe.«

»Die Franzosen haben gegen Bonaparte gemeutert?« warf die Marquise ein. »Gott wird ihnen das Herz gerührt haben.«

»Aber hören Sie doch mal diese Nachricht«, fügte der Artillerist hinzu. »›Toledo, vierter Juni. Es heißt, daß die Franzosen von Palafox[28] geschlagen wurden und zweitausend Tote und eine riesige Zahl von Verwundeten auf dem Schlachtfeld zurückgelassen haben. Die Spanier haben ihnen achtundvierzig Kanonen und zwölf Fahnen abgenommen.‹«

»Ein wunderbarer Sieg!« freute sich der Diplomat. »Aber was steht denn hier – das ist ja auch äußerst bemerkenswert: ›Reus, den achten Juni. Hier spricht man vom Tod von Josef Napoleon, von verschiedenen Kriegsparteien, in die sich Frankreich aufgeteilt hat, und von dem Aufstand von Rosellón. Wenn sich diese Gerüchte bestätigen, ist der Tag der Rache und der Freiheit Spaniens gekommen.‹«

»Diese zwei Nummern der Ministerialzeitung sind ja sehr erhebend«, meinte Amaranta.

»Das wußte ich schon alles«, entgegnete der Marquis rechthaberisch. »Aber was sehe ich da? Das ist ja auch eine Neuigkeit! Hört mal alle, hören Sie, Don José María: ›Valencia, den zehnten Juni: Die Armee von Duhesme wurde geschlagen. Es heißt, die Festung von Figueras sei in unserer Hand. Es hält sich auch hartnäckig das Gerücht des Aufstands von Rosellón und von der Entrüstung ganz Frankreichs darüber, wie der Kaiser Spanien behandelt.‹«

Die Ausschnitte, die ich dort hörte, standen alle in der *Ministerialzeitung von Sevilla*, dem offiziellen Organ des Obersten Rates. In ihren kurzen Spalten wurden täglich Depeschen und Meinungen aus allen Landesteilen gebracht. Sie wurden von der Begeisterung diktiert, von den Leichtgläubigen verschlungen, und da niemand die Wahrheit der Meldungen bestritt, war die Wirkung kolossal. Der *Ministerialzeitung* zufolge wurde jeden Tag eine französische Armee vernichtet und in Frankreich ein Aufstand inszeniert, um die Geißel Europas zu stürzen. Ja – damals liefen Gerüchte um, mit denen verglichen diejenigen unseres modernen Telegraphen lahme Enten sind.

»Hören Sie mal«, begann die Marquise von Leiva, welche die Zeitung aus den Händen des Marquis genommen hatte, »auch das hier klingt sehr bemerkenswert. Und sagen Sie nicht wieder, Sie hätten das schon gewußt, denn bis jetzt hat man weder in Spanien noch sonstwo auf der Welt davon gesprochen. ›Cádiz, den vierzehnten Juni. Es kommen immer mehr Meldungen, daß Frankreich in drei Parteien geteilt ist: die bourbonische, die republikanische und die bonapartistische. Auch sagt man, daß in Rosas elftausend Männer mit Waffen aus Mallorca ausgeschifft wurden.‹«

»Drei Parteien!« rief der Diplomat triumphierend und schaute Don José María an. »Drei Parteien – ich wußte es ja!«

»Und ich auch! ... Aber ich werde mal schnell unseren Freunden davon berichten«, sagte der Marquis und erhob sich.

»Warte mal«, warf seine Schwester ein. »Du darfst nicht vergessen, daß du heute nachmittag wieder herkommen mußt!«

»Noch einmal? Wo es doch keinem gelingt, sie zum Ausgehen zu bewegen. Ich habe ihr Versprechungen gemacht, habe sie gebeten, ihr gedroht, habe ihr tausend Höflichkeiten und zärtliche Worte gesagt – aber nichts hat geholfen. Sie will nicht herauskommen. Warum versucht ihr Frauen es denn nicht?«

»Ja, heute nachmittag werden wir zu ihr gehen«, stimmte die Marquise entschlossen zu. »Es ist unbedingt erforderlich, daß sie herauskommt, denn ohne sie können wir nicht nach Madrid fahren.«

»Oh, Sie Schelm! ... Dieses Geheimnis kennen wir

doch«, meinte Malespina mit verschmitzter Miene an den Marquis gewandt. »Gestern wurde dieser Fall in verschiedenen Gesprächsrunden erwähnt … Ich habe bereits erfahren, daß Sie sich als fürchterlicher Verführer betätigten … Aber gestehen Sie es nun endlich ein?«

»Mein lieber Freund, man muß die Fehler einer bewegten Jugend wiedergutmachen. Sie wissen ja schon, daß man mich bis vor fünfzehn Jahren, die ›Geißel der Familien‹ nannte. Diese Zeiten sind aber vorbei, und jetzt …«

»Du kommst also heute nachmittag nicht?«

»Ehrlich gesagt«, entschuldigte sich der Marquis, »gehe ich zur Zeit nicht gern auf die Straße. Es ist zu unruhig … Die Leute sind zu aufgeregt … Was hatte ich letztens im Stadtviertel San Lorenzo für Angst! … Und wegen meiner Gicht konnte ich nicht rennen …«

»Und auf der Straße gibt's ja auch keine Betten, unter die man kriechen kann. Kommen Sie, Marquis, lesen wir den Freunden diese erstaunlichen Nachrichten vor.«

Die Artillerie und die Diplomatie zogen ab, und da die Marquise auch kurz zuvor das Zimmer verlassen hatte, befand ich mich wieder allein mit Amaranta.

»Erzähl doch deine Geschichte weiter«, forderte sie mich auf. »Und dieser Geschäftsmann, bei dem du gedient hast, ist der auch mit dir nach Córdoba gekommen?«

»Nein, Señora, ich bin nicht mehr in sein Haus zurückgekehrt. Der Herr Santorcaz hat mich von Madrid begleitet.«

»Santorcaz!« rief die Dame aus, lief rot an und wurde dann wieder blaß wie eine Leiche. »Wer – wer hast du gesagt?«

»Don Luis de Santorcaz, meine Dame. Ein kastilianischer Herr, der gerade aus Frankreich gekommen war.«

Amaranta schien tief bewegt zu sein. Um dies zu verbergen, stand sie auf und tat, als ob sie etwas suchte, drehte sich um, setzte sich wieder, legte die Hand über die Augen und zerriß schließlich eine Stoffblume, die ihr in die Hände fiel.

»Was hast du zuletzt gesagt – ich habe dich nicht richtig verstanden.«

»Daß der Señor de Santorcaz ...«

»Ach, laß doch diesen Namen ... das interessiert mich nicht. Hast du nicht davor gesagt, daß die Ladenbesitzer in der Salzstraße die Kleine quälten?«

»Ja, Señora, sehr sogar. Es hat mir richtig das Herz zerrissen«, antwortete ich, ohne meine Gefühle zu verbergen.

»Das war ja auch nur zu natürlich, daß du mit einer jungen Dame in Not Mitleid hattest.«

»Ich hatte Inés schon gekannt, bevor sie in jenes Haus kam. Ich lernte sie bei ihrem Onkel, dem guten Priester Don Celestino Santos de Malvar kennen. Wir freundeten uns an, und da sie so gut war, und ich auch ... ich mochte sie auch sehr ... Ach, meine Dame, ich kann Ihnen ja doch nicht die Wahrheit verbergen.«

»Na, dann sag sie mir doch!«

Ich ließ mich von dem übermächtigen Schmerz leiten, der in meiner Brust aufgestiegen war, vergaß alle Vorsicht, alle Zurückhaltung und sprach ohne zu überlegen mit der Stimme der Wahrheit:

»Señora, Inés und ich waren Verlobte ... Ich liebe sie, bete sie an ... und sie mich auch ...«

Amaranta erhob sich jäh, und ich entdeckte in ihrer Miene Zeichen plötzlichen Zornes. Sie befahl mir zu schweigen, und nachdem sie mich einen ›Tagedieb‹ genannt hatte, ließ sie mit unruhiger Hand eine kleine Glocke erschallen.

Ihr hohen Himmel, warum seid ihr nicht auf mich niedergefallen! Ein Diener trat ein, und Amaranta befahl ihm, mich sofort auf die Straße zu setzen.

13

Der diesen schändlichen Befehl ausführende Diener war ein stellvertretender Verwalter mit Namen Román, der seit seiner Kindheit in diesem Hause gedient hatte. Seit ich im Escorial mit ihm bekannt geworden war, hatte er mir eine unerklärliche Antipathie eingeflößt. Ich erwähne ihn und diesen Umstand hier, weil er in den folgenden Episoden dieser Geschichte noch eine gewisse Rolle spielen wird.

Ich glaube, ich brauche meine Seelenqualen in den Tagen nach diesem Rauswurf nicht zu erwähnen. Mein Gott! Ich würde nun wirklich die Geduld der lieben Leser überbeanspruchen, die bisher so gütig waren, sich mit meinen Angelegenheiten zu beschäftigen. Nein, es ist besser, meine Schmerzen nicht weiter zu erwähnen, so daß ich von anderen Angelegenheiten sprechen kann, was den zweifachen Vorteil hat, den Lesern neue Unterhaltung zu gewähren und mich durch den Rausch patriotischer Begeisterung von meinen Mißgeschicken abzulenken.

In Córdoba herrschte große Ungeduld, weil die Armee des Generals Castaños noch nicht eingetroffen war. Damals wie heute regelten die Laien in der Kriegskunst die schwierigsten Situationen bei Gesprächen in Cafés und in privaten Zusammenkünften im Nu, und für sie war es – und ist es noch immer – sehr leicht, Armeen zu führen, Schlachten zu gewinnen, Festungen zu belagern und die halbe Welt gefangenzunehmen. Unter diesen besserwissenden Scharen von Laien taten sich besonders die Streitsüchtigen und Rechthaberischen hervor, die zusammen mit den Radaubrüdern ein solches Kriegsgeschrei anstimmten, daß es mir eigentlich ein Rätsel ist, wie die Räte und Generäle ihnen widerstehen konnten.

Der Schwall von Kommentaren kritisierte besonders die Langsamkeit, mit der Castaños seine Truppe organisierte: Einige versicherten, er sei ängstlich, andere, er habe zwar beschlossen, eine Schlacht zu schlagen, aber da er sicher sei, diese zu verlieren, träfe er seine Maßnahmen, um sich nach Cádiz zurückziehen und mit den besten seiner Truppen nach Amerika fliehen zu können. Andere schließlich gingen weiter und sprachen das Wort *Verräter* aus. Dies war damals kein Wort, sondern ein Dolch, dem Solano in Cádiz, Perales in Madrid, Filangieri in Galizien, Ceballos in Valladolid, Ordóñez in Palencia, der Graf de Aguilar in Sevilla, Trujillo in Granada, Torre del Fesno in Badajoz und der Baron de Albalat in Valencia zum Opfer fielen. Es war vergebens, die Ungeduldigen in Córdoba aufklären zu wollen, daß eine Armee nicht in vier Tagen bewaffnet, ausgebildet und ausgerüstet werden kann. Das alles zählte für sie nicht. Obwohl es im Laufe der Zeit dann eher umgekehrt erschien, gab es damals viele, die schimpften und die sich das Kriegsgeschehen zur Herzensangelegenheit werden ließen nur wegen des simplen Vergnügens, sich wichtig machen zu können. Jeden Tag hörten wir: »Morgen kommt die Armee!« Oder: »Sie ist schon aus Utrera ausgerückt, ist bereits in Carmona …« Aber die Tage vergingen, und die Armee kam nicht.

Inzwischen hörten die Arbeiten in Córdoba nicht auf. Wenn Sie keine Vorstellung von dem haben, was Kriegsdelirium bedeutet, dann hören Sie sich das jetzt an. Heutzutage beschäftigen sich die Damen, angespornt durch ihre humanitären Gefühle, damit, Scharpie für Verbände anzufertigen. Damals aber fanden die Frauen die Courage, Kanonen zu gießen. Wenn so schon der Geist der Frauen war, wie zeigten sich erst die Männer! Scharpie für Verbände! Niemand dachte damals an solche Lappalien.

Die Freiwilligen und Freikorpsleute uniformierten sich je nach Laune und Möglichkeiten, wobei der Phantasie der weiblichen Familienmitglieder keine Grenzen gesetzt zu sein schienen beim Verzieren von Kriegsröcken, Schmücken von Hüten mit Federbüschen, Besticken von Schärpen und Gamaschen. Es wurden auch viele reguläre Uniformen hergestellt, aber sie reichten nur für zwei Regimenter, eines der Kavallerie und eines der Infanterie, die die Junta, der Rat von Córdoba, aufstellte. Man behalf sich aber damit, daß eine Uniform auf zwei Krieger aufgeteilt wurde: der eine trug Kniebundhosen, Kittel und Hut, der andere, die langen Hosen, Jacken und Kasernenmütze. Das Gurtzeug mußte auch für zwei reichen: Der eine trug das Bajonett in dem dafür bestimmten Halter, der andere in der Patronentasche, und wenn die Patronentaschen nicht reichten, so behalf man sich mit Leinensäckchen. Später, wenn mich die Lust anwandeln wird, werde ich dem Leser mal eine Vorstellung von dem Aussehen der Armee von Andalusien vermitteln. Ehrlich gesagt, meine Herren, es war eine Armee, deren Anblick zum Lachen reizte.

Während der Tage, die wir auf Castaños warteten, um uns seiner Armee anzuschließen (und jetzt muß ich notwendigerweise wieder von mir selbst reden), führte ich ein Vagabunden- und Faulenzerleben. Da der Dienst beim jungen Don Diego nichts anderes erforderte, als mich zur Essenszeit in der Herberge einzufinden, verbrachte ich den Tag und einen Teil des Abends damit, durch die gewundenen Straßen zu schlendern. Sie luden den Passanten ein, sich in ihnen zu verlieren, sich dem Zufall, dem Unbekannten, dem Abenteuer hinzugeben, ohne sich darum zu kümmern, wohin er ging oder woher er kam. Da ich gern für mich selbst war, lehnte ich die Begleitung meiner Kameraden ab und suchte allein solche Orte auf, wo ich mich am schnellsten verlieren konnte.

Die einzige Stelle, die ich jeden Tag absichtlich aufsuchte, war das Haus von Amaranta, wo ich so manche Stunde beim Betrachten der Tür und Starren auf die nackten Wände verbrachte, als ob ich von ihnen ein undeutlich geschriebenes Blatt meines Schicksals ablesen wollte. Seine geschlossenen Fenster und dichten Fenstergitter ließen erst gar keine Hoffnung aufkommen. Dennoch war diese Fassade für mich so ausdrucksvoll, daß ich nicht aufhören konnte, sie anzustarren. Wenn ich mich dann doch losreißen mußte, blieb die alte Hauswand mit ihrer Tür, ihren Fenstern und Erkern so lebhaft in meiner Vorstellung, als stünde ich immer noch davor. Trübes Antlitz, das nie ein Lächeln für mich übrig hatte! Die Diener des Hauses, die ich ungeduldig nach Inés ausfragte, wußten nichts von ihr oder wollten mir nichts sagen.

Eines Tages aber, genau gesagt, am 1. Juli, änderte sich meine Geisteslage plötzlich: Nach langer Wartezeit kam endlich die Armee des Generals Castaños und sollte schon bei Einbruch der Dunkelheit nach El Carpio weitermarschieren. Unter den bewaffneten Zivilisten, die mit Echevarri gekommen waren, befand sich eine Gruppe von Schmugglern aus der Sierra Morena, Villamanrique und Pozo Alcón, mit der sich bald ein Bataillon freigelassener Häftlinge aus Malaga verbündete, auf die der Rat zur Erweiterung der Heerscharen nicht verzichten wollte. Diese *Caballeros*, auf deren Zähmung die militärischen Führer großen Wert legten, gerieten in eine Schlägerei mit den von Reding angeführten Einheiten, die aus zivilen Wachleuten und Pförtnern bestanden. Es war ein Trunkenheitsstreit, der bald beigelegt wurde, aber dennoch das Stadtviertel Santa Marina eine halbe Stunde lang in Atem hielt. Einige leicht erschreckbare Frauen bekamen Angst, und als dann noch zwei oder drei Schüsse abgegeben wurden, dachten sie, die Franzosen seien wieder in Córdoba eingefallen, und verkündeten dies, laut schreiend durch die Straßen laufend. Der größte Teil der Stadt erfuhr von diesem Vorfall nichts, aber für mich nahm er eine größere Bedeutung an als ein Erdbeben, das die Geographie des Kontinents verändert. So wiegen einzelne Sandkörner manchmal wie Berge im Schicksal eines Menschen, und was für die Allgemeinheit ein Tropfen Wasser ist, kann für ein Individuum einen Fluß bedeuten – und umgekehrt.

Also weiter mit meinen Erlebnissen: Einige Stunden, bevor zum Abmarsch geblasen wurde, ging ich auf die Straße, um mich noch einmal in die Labyrinthe dieser Stadt zu begeben, die für mich schon so eine Art Asyl meiner Traurigkeit geworden waren. Ich bedauerte, Córdoba verlassen zu müssen, wie der Einsiedler seine Höhle. Ich war schon so daran gewöhnt, meine Seelenqualen und Einsamkeit durch jene Gäßchen zu schleppen, die für mich in gewisser Weise stille Zuhörer der Berichte meines Mißgeschicks geworden waren, sah so viele schon regelrecht freundliche Perspektiven, zum Beispiel in einer Gassenkrümmung, einem Turm, einem Bogenfenster, einer Säule, einem ungewöhnlichen Fenstergitter, einem verwitterten Stein, einem von den Kindern zerkratzten Sockel, daß ich es einfach nicht unterdrücken konnte, noch einmal dorthin zu gehen und den stummen Zeugen meiner Traurigkeit Lebewohl zu sagen. Jeder Tag war für mich trauriger als die anderen.

Es war schon spät. Ich gelangte auf einen einsamen kleinen Platz, einen von jenen, die mit ihrer Unregelmäßigkeit moderne Architekten zur Verzweiflung bringen: auf einer Seite Backsteinmauern, die zur Auflockerung griechischrömische Verzierungen mit Aussparungen, Kapitellen und ähnlichen baulichen Variationen nachahmten, auf der anderen eine Wand ohne Türen und Fenster, dann eine Pforte, eine mit Wappensymbolen geschmückte Ecke, eine Laterne, eine Heiligenstatue, halbverfallene Türmchen und Strebemauern – also ein Plätzchen, wie es uns immer wieder mal begegnet, wenn wir alte Städte wie Toledo, Granada, Valladolid, León und so weiter und so fort besuchen … Als ich ihn überquerte, hörte ich den Lärm jenes Streits zwischen den entlassenen Häftlingen und den Wachleuten und Pförtnern, und am Ende der langen Gasse waren einige Frauen zu sehen, die schreiend davonliefen. Dies erweckte meine Neugier, so daß ich mich dorthin begab. Ich hatte aber kaum ein paar Schritte zurückgelegt, als ich erstaunt und erschreckt innehielt, denn am anderen Ende des Platzes, in einem Winkel, den dieser mit einer Straße bildete, sah ich eine winkende Hand – ja, eine weiße Hand, die mir Zeichen gab.

Ich ging dorthin, und in einigen Sekunden verflüchtigte sich die Illusion. Ich lächelte über meine Phantasie, als ich bemerkte, daß in diesem Winkel eine Marienstatue stand, wie sie die Frömmigkeit der Spanier oft in die alten Straßen plaziert hatte. Diese Statue trug eine Eisenkrone, in deren Zinken sich wohl ein Drachen eines Kindes der Nachbarschaft verfangen hatte, denn am Körper der heiligen Figur hing ein vom Winde bewegter Papierfetzen. Dieser Fetzen war mir wie eine winkende Hand vorgekommen. Solche Halluzinationen riefen in mir Schamgefühle über meine Leichtgläubigkeit hervor, so daß ich im Spott über mich selbst den Weg fortsetzte.

Bevor ich an der Statue vorbei war, hielt ich noch einmal inne, weil etwas mein Gesicht streifte und mir dadurch einen Schauer über den Rücken jagte. Der Fetzen hatte sich von der Skulptur gelöst und war mir ins Gesicht geflattert. Daraus können Sie den Zustand meiner Seele erkennen. Dieser unbedeutende Zufall, der etwa so unerheblich war wie das Zertreten eines Sandkorns, ließ mich anhalten, nach allen Seiten schauen und mir selbst die Frage stellen: ›Aber Gabriel, bist du denn wirklich verrückt geworden, oder bist du es schon dein Leben lang gewesen?‹

Ich setzte meinen Weg bis zur nächsten Kreuzung fort, wo ich wieder mit einer Gänsehaut anhielt, denn hinter mir war mein Name gerufen worden. Wer konnte das sein? Ich drehte mich um und sah nichts. Der kleine Platz war vollkommen leer und still. Nur von fern hörte man ganz undeutlich noch Stimmen der Streiterei, die ich unter keinen Umständen mit dem Ruf »Gabriel!« in meinem Rücken hätte in Zusammenhang bringen können.

Als ich mich wieder umwandte, fiel mein Blick auf eine Pforte. Es war die einer Kirche. Sie stand halb offen, so daß ich die schmutzige Vortür mit zwei kleinen Seitentüren erkennen konnte. Eine alte Frau setzte beim Hinausgehen die rostigen Scharniere in Bewegung, so daß ein Ton an meine Ohren drang, der dem Ton ähnlich war, in dem in meiner Vorstellung mein Name gerufen worden war. Diesmal lachte ich nicht, sondern betrat entschlossen die Kirche. Ich sah viele Heilige als Gemälde oder Skulpturen, und – zu meinem großen Erstaunen – schienen sie alle friedlich zu lächeln. Die Kirche war bescheiden, weiß, dämmerig. Auf den abgewetzten Bänken saßen einige in die Jahre gekommene Frauen. Die Altarkerzen, die sich im Flittergold eines roten Vorhangs spiegelten, welcher der Heiligen Jungfrau als Thronhimmel diente, sandten zit-

ternde Sternchen in diese sanfte Dunkelheit und zeigten
an, wohin sich die frommen Augen richten sollten. Nachdem ich mich einige Zeit hier aufgehalten hatte, erschien
mir die Atmosphäre weniger dunkel, und ich konnte alle
Gegenstände deutlich erkennen. Im Hintergrund der Kirche, vor dem Altar, verlief ein großes Gitter vom Boden bis
zur Decke. Hinter diesem Gitter konnte man verschwom-
mene, scheinbar sich bewegende Lichter erkennen und ein
dumpfes Murmeln vernehmen, aus dem von Zeit zu Zeit
ein Hustenlaut oder eine Silbe hervortönten, die die Echos
des Gewölbes wiederholten. Als ich mich dem Gitter
näherte, entdeckte ich dahinter schwarze und weiße Bündel, unter denen sich einige langsam und lautlos auf eine
Tür im Winkel des Hintergrunds zu bewegten, während
andere unbeweglich auf den Knien blieben. Es waren Nonnen.

Beim Betrachten der Gemütsruhe dieser frommen
Frauen, ihrer friedlichen Entrückung, der scheinbaren Ver-
schwommenheit ihrer Umrisse, der Lautlosigkeit ihrer
Schritte, die sie wie Kreationen des Lichts im Hintergrund
des dunklen Raumes erscheinen ließen, beim Hören ihrer
stillen Gebete empfand ich einen Anflug von Neid gegenüber denen, die ihr Leben in den sanften Schatten einer
religiösen Abgeschiedenheit versenken. Ich wandte meine
Augen nicht von dem Chor ab und beobachtete indiskret
die Bewegungen der guten Nonnenmütter, und je mehr
meine Aufmerksamkeit wuchs, mit um so größerer Deut-
lichkeit erkannte ich die verschiedenen Gegenstände dieses Teils der Kirche. Ich sah allmählich die Betstühle, das
Chorpult, die Orgel, die Bilder … Die Profile dieser Objek-
te traten so langsam aus der Dunkelheit hervor, als wäre es
meine Einbildungskraft gewesen, die dieses Schauspiel
geschaffen hätte.

Das Tageslicht draußen nahm ab, so daß es auch in der
Kirche ständig dunkler wurde, aber eine der frommen
Mütter zog an einer Kordel den schwarzen Vorhang des
hohen Chorfensters auf, so daß das Licht der Abenddäm-
merung eintrat und allem seine wirkliche Form verlieh.

Einige Nonnen zogen sich zurück, so daß ich das gedämpfte Klappern ihrer Rosenkranzmedaillen vernehmen konnte, die sie beim Aufstehen mit den Knien berührten, und dazu das Geräusch von Küssen. Es war leicht, die Hinausgehenden zu zählen, denn jede küßte beim Abgang die Füße eines an der Tür aufgehängten Christusbildes. Darauf war mein Blick gerichtet, als sich von den noch knienden Figuren eine aufrichtete und zur gleichen Stelle am Gitter strebte, wo ich auf der anderen Seite stand. Als ich ihr Gesicht erblickte, ihre Augen, die mich anschauten, fühlte ich mich wie versteinert. Obwohl ich wohl wie eine bleierne Statue dastand, kochte ich innerlich. Wen ich da sah – wer war denn das? War es eine Erscheinung, eine Vorstellung im Delirium, ein Traumbild, ein Werk boshafter Engel, die mich dafür strafen wollten, daß ich mit meiner weltlichen Traurigkeit das Haus Gottes entweihte? Ich starrte dieses Rätsel, dieses Geheimnis sprachlos an. Die Erscheinung währte aber nur einige Sekunden, denn die Nonne wurde von einer anderen gerufen, zog sich vom Gitter zurück und verließ den Chorraum eilig, ohne die Füße der Christusfigur zu küssen.

Als ich da so allein stand, richtete ich alle, aber auch absolut alle Strahlen meines Herzens konzentriert auf die konfuse Dunkelheit dieses Phänomens. Ich wollte die Wolken, die meinen Verstand umgaben, wegwischen und fragte mich, ob das, was ich soeben erlebt hatte, eine Wiederholung dieser Sinnestäuschung war, die aus einem Stück Papier eine winkende Hand gemacht hatte und mich im Kreischen von Türscharnieren meinen Namen hören ließ. Ich klopfte mir an den Kopf und suchte mir einen Ort, wo ich über diese ungeheure Frage nachdenken konnte. Ohne mir dessen richtig bewußt zu werden, geriet ich so in eine Kapelle. Auf einem Bild erblickte ich ein Heer von Engeln, tausend bezaubernde Kreaturen, unwirklich und mystisch. Diese zauberhaften Wesen nahmen meine ganze Aufmerksamkeit in Beschlag. Die Engel lachten kindlich, flogen lachend durcheinander, streiften Wolken, wirbelten mit ihren Flügeln Blumen durch die Luft und berührten

sich mit den goldgelockten Köpfchen bei ihren Kunstflug-
figuren. Manchmal kam es mir so vor, als ob der Schwarm
dieser Geschöpfe auf mich zuflog, dann wieder mit ängst-
lichen Bewegungen zurückwich, um sich schließlich hinter einer Wolke zurückzuziehen, mir mit zauberhaften
Augen zuzuzwinkern und spitzbübische Schnuten zu
machen.

In solchen Wachträumen schwebte ich, als der Küster
sich mir mit mißbilligendem Klirren seines großen Schlüs-
selbundes näherte und mich aufforderte, den geweihten
Ort zu verlassen, da ich der einzige Besucher war. So verließ ich die Kirche, und das Abendlicht der Straße schien
mir den gesunden Menschenverstand, den ich nach meiner eigenen Meinung zwischenzeitlich verloren hatte,
zurückzugeben.

Der Tumult, den ich vorher erwähnt hatte, war näher
gekommen, und einige Personen rannten über den kleinen
Platz. Unter ihnen war ein Mann, ein Herr, der alle zwei
Schritte stehenblieb, sich aufgeregt und ängstlich um-
schaute und offenbar nicht wußte, welche Richtung er einschlagen sollte. Er erblickte mich, rief meinen Namen und
trat mit allen Anzeichen der Freude, mich getroffen zu
haben, auf mich zu. Es war der Diplomat.

14

»Gabriel«, sprach er mit zittriger Stimme und schaute wieder zum Ort des Tumults zurück, »du mußt mir einen
Gefallen tun ... Die Franzosen! Die Franzosen sind da!
Ja ... ich habe die zwei Ellen hohen Pelzmützen durch die
Straßen ziehen sehen ... Also, ich sagte es ja ... Meine
Nichte und meine Schwester haben da so seltsame Ansichten ... Sie haben mich auf diesen Gang geschickt, ohne zu
berücksichtigen, daß ich mit meinen gichtigen Beinen
nicht mehr schnell laufen kann. Jetzt gehe ich aber nicht

weiter, sondern nur noch nach Hause … Du wirst die Blumen, den Brief und die Botschaft überbringen … Hast du nicht eben auch einen Schuß gehört? Mir scheint, sie kommen aus dieser Richtung da. Jesus, das ist doch furchtbar! Wenn eine verlorene Kugel herkommt … Hier, Kleiner, bring das zu seinem Bestimmungsort. Du findest sehr leicht dahin. Schau, dort ist das Nonnenkloster. In der Gasse da findest du die Drehkreuztür für Boten. Du gehst hinein und fragst nach der Novizin Inés. Sag, daß du im Auftrag der Frau Marquise de Leiva kommst. Wirst du das behalten? … Mein Gott, schau doch mal, wie die Frauen da rennen! … Diese Schurken wollen sie wohl entehren … Hier, nimm schon und geh in die Sprechzelle. Warum soll ich mich denn eigentlich mit solchen Dingen befassen? Den Brief gibst du der Señorita Inés … Sag ihr, daß die Frau Marquise verärgert über sie ist und daß sie aus dem Kloster herauskommen muß. Darauf besteht sie. Sag ihr, daß wir nach Madrid fahren und daß am Hofe des neuen Königs Josef des Ersten … Verflixt, das war doch eben ein Kanonenschuß! … Ist da nicht eine Granate in das Dach des Hauses dahinten gefallen?«

»*Eine* Granate? Mindestens fünfzig sind schon abgefeuert worden!« warnte ich ihn, um das Feuer seiner Angst noch anzuheizen, damit er mich recht bald den herrlichen Auftrag ausführen lassen würde.

»Wirst du auch alles richtig bestellen?« fuhr er, wie Espenlaub zitternd, fort. »Wenn sie dir eine Antwort gibt, bringe sie sofort der Marquise. Geh jetzt schnell. Ich werde durch diese Straße da, die mir ruhig erscheint, entfliehen. Adieu, ich gehe.«

Von seiner Angst gehetzt, zog der Diplomat davon, und ich strebte mit fieberhafter Freude der besagten Klosterpforte zu, an die ich einige Male kräftig klopfte. Eine mißtrauische Stimme fragte nach meinem Begehren.

»Gott sei gelobt«, sagte ich. »Ich komme im Auftrag meiner Herrin, der Frau Marquise de Leiva, um der Señorita Inés eine Botschaft zu bringen.«

Die Pförtnernonne sagte mir, ich solle in einer Zelle warten, und nachdem ich mich kurze Zeit darin aufgehalten hatte, wurde der Vorhang aufgezogen, und ich sah zwei Nonnen. Eine von ihnen war Inés. Ich weiß nicht, wie ich mich in diesem Augenblick noch auf den Füßen halten konnte.

Es bestand gar kein Zweifel – sie war es leibhaftig. In ihrem schmal und blaß gewordenen Gesicht hatten die sechzig Tage der unaufhörlichen Qualen seit dem zweiten Mai schreckliche Spuren hinterlassen, aber ich erkannte sie trotz des schwachen Lichts in der Zelle – ich hätte sie ja in der Dunkelheit des Erinnerns wiedererkannt. Es erschien mir, als ob sie die Augen schloß, als sie mich erblickte, und die Gitterstäbe mit beiden Händen ergriff, um nicht umzufallen. Als sie das erste Wort an mich richtete, zitterte ihre Stimme so stark, daß ich kein Wort verstehen konnte. Ohne meinerseits etwas sagen oder mich bewegen zu können, blieb ich einen Augenblick mit dem Gesicht an das Gitter gepreßt stehen …

Die sie begleitende Nonne veranlaßte mich schließlich, das Schweigen zu brechen.

»Die Frau Marquise hat mir diesen Blumenstrauß und diesen Brief für Sie gegeben«, sagte ich ihr und reichte beide Dinge durch die Gitter.

»Ah, der Blumenstrauß ist für das Heilige Kind des Krankenhauses!« meinte die alte Nonne. »Die Frau Gräfin vergißt uns nicht.«

»Ich habe auch eine mündliche Botschaft für das Fräulein Inés«, fuhr ich fort, »die darin besteht, daß sie das Kloster verlassen soll, um in einigen Tagen mit ihnen nach Madrid zu fahren.«

»Oh«, rief die Alte aus, »die Damen Gräfin und Marquise handeln nicht richtig, dieses Mädchen von ihrer erklärten Berufung abzubringen. Warum denn dieser Eifer, sie nach Madrid zu bringen, wenn sie doch hier die Schlechtigkeiten dieser Welt vergessen möchte? Die arme Kleine möchte nur noch in Verbindung mit ihrem neuen Verlobten, unserem Herrn Jesus Christus stehen.«

»Mutter Transverberación«, warf Inés mit gefestigter Stimme ein, »die Schokolade und die Krapfen, die Eure Ehrwürden gestern für die Frau Gräfin zubereitet haben, wo sind die eigentlich? Haben Eure Ehrwürden sie mitgebracht?«

»Nein, das nicht.«

»Wenn Eure Ehrwürden die Güte hätten, sie zu holen, damit ich sie diesem Knaben hier geben kann …«

»Sie hätten sie auch mitgebracht haben können«, erwiderte die alte Nonne mürrisch.

»Wenn die Frau Gräfin sie heute abend nicht empfängt, wird sie sich sehr ärgern, und es wird sehr schwer für mich werden, sie zu überzeugen, noch einmal einen Fuß in diese heiligen Räume zu setzen.«

»Ich gehe ja schon, um es zu holen … Was für Kindereien!«

So ließ uns die Mutter Transverberación allein, und ich begann sogleich:

»Meine Inés, ich lebe, bin wiederauferstanden. Ja, man hat mich noch lebend in dem Haufen von Toten gefunden, wo wir unseren guten Freund Don Celestino für immer verloren haben. Als ich fühlte, daß ich noch am Leben war, aber ohne dich, war ich überzeugt davon, daß Gott mir das Leben wiedergegeben hatte, um mich zu strafen. Jetzt aber, wo ich dich wiedersehe, lobe ich Gott, denn ich erkenne, daß er mir nicht nur einmal, sondern zweimal das Leben geschenkt hat.«

»Muß ich von hier weggehen? Muß ich tun, was diese Damen verlangen?« fragte mich Inés voller Ungeduld, denn sie fürchtete die Wiederkehr der Mutter Tansverberación.

»Ja, Inés, geh von hier weg. Erfülle die Forderung dieser Damen. Was schreiben sie denn in diesem Brief?«

»Nimm, lies ihn«, sagte sie und reichte ihn mir durch das Gitter.

Im schwachen Licht der Zelle konnte ich den Brief nur mit größter Mühe entziffern. Er bezog sich unter anderem auf den Blumenstrauß und die Schokolade und fuhr dann so fort: »*Wir hoffen, daß Du nicht mehr so hartnäckig danach trachtest, den Schleier zu nehmen. Wir widersetzen uns dem entschieden, denn wir wollen nicht, daß Deine Aufnahme in den Schoß dieser Familie zu einem Signal der Vernichtung unseres Hauses wird. Wir haben Dir doch schon eröffnet, daß wir beschlossen haben, Dich mit einem jungen Mann von edelstem Geschlecht zu verheiraten. Dies ist ein Plan, von dem das Glück, die Größe und der Glanz der Familie abhängt, der Du jetzt angehörst. Alles ist bereits abgesprochen, und obwohl sie wegen des Krieges noch aufgeschoben werden mußte, wird die Hochzeit schließlich doch zustandekommen. Deshalb werden wir vor Schmerz vergehen, wenn Du weiterhin darauf bestehst, Nonne zu werden. Möchtest Du uns nicht in unserer Einsamkeit trösten? Fühlst Du denn keine Dankbarkeit für die viele Liebe, die wir Dir entgegenbringen? Möchtest Du denn nicht den Platz in unserem Herzen und unserem Hause einnehmen, der Dir gehört? Meine Nichte und ich werden kommen, Dich zu überzeugen, denn Du mußt uns nach Madrid begleiten, wo Deine Gegenwart unbedingt notwendig ist für die amtlichen Schritte zu Deiner gesetzlichen Anerkennung.*«

»Ja, ich werde das Kloster verlassen«, sagte Inés, als ich den Brief zu Ende vorgelesen hatte. »Jetzt möchte ich nicht mehr hierbleiben.«

»Aber, hör mal – du warst entschlossen, den Schleier zu nehmen?«

»Ja, äußerst entschlossen. Ich hatte keinen anderen Trost mehr, als mich für immer hier zu verkriechen. Als sie mich nach Córdoba brachten ... Was waren das für Tage und welche Reise! Ich wußte nicht, was man mit mir vorhatte. Man sperrte mich in dieses Kloster ... Dann kamen diese Damen und eröffneten mir, daß ich ihre Nichte sei. ... Sie küßten mich ... weinten beide viel ... Dann teilten sie mir mit, daß sie mich verheiraten würden, und als ich ihnen darauf antwortete: ›Da Sie mich nun schon hierhergebracht haben, will ich auch mein ganzes Leben hier bleiben‹, waren beide äußerst peinlich berührt ... Sie besuchten mich dann oft in Begleitung eines älteren Herrn, der sehr freundlich zu mir war und mir versicherte, er liebe mich sehr. Bis jetzt habe ich aber nie ihre Bitten, doch aus dem Kloster herauszukommen, erfüllt.«

»Und jetzt?«

»Die Wände des Klosters erdrücken mich, und ich möchte unbedingt weg.«

»Aber ... wirst du dich denn mit der Heirat einverstanden erklären?« rief ich entrüstet. »Sie wollen dich verheiraten, und die Welt fällt nicht zusammen!«

Da lachte sie – ich glaube zum ersten Male seit langer Zeit, und diese spontane Freude erschien mir als der Ausdruck eines wiedererwachenden Lebens. Inés tauchte aus der religiösen Abgeschiedenheit auf wie ich aus dem Berg von Toten in der Moncloa, und mit dem Lächeln, das sie mir als Antwort auf meine amourösen Fragen gab, trat sie mit dem Fuß, mit dem sie so unbedacht in dieses Grab gestiegen war, auch wieder heraus. Als ich sie da so lachen sah, lachte ich auch. Wir vergaßen die Situation und sprachen mit dem Vertrauen miteinander, das zwischen uns geherrscht hatte, als unsere Gedanken eins gewesen waren.

»Ach, meine Kleine! Jetzt wo du Erzherzogin und Erzweißnichtwas geworden bist – schämst du dich da nicht, mich zu lieben?«

»Aber was meinst du, was sie mit mir machen werden?« fragte sie plötzlich wieder traurig.

»Schau mal, meine Prinzessin, mach vorerst alles, was diese Damen wollen. Du wirst dann auch erfahren, inwiefern du mit ihnen verwandt bist. Gott hat dich in ihre Hände gegeben, also nimm an, was Gott dir gegeben hat. Er wird alles andere schon regeln.«

»Ich werde das Kloster verlassen«, bekräftigte sie. »Oh, die frommen Mütter werden nicht schlecht staunen, wenn ich ihnen das mitteile. Aber Gott will nicht mehr, daß ich Nonne werde.«

»Nein, das wirst du nicht – und wenn ich aus dem Kriege heimkehre ...«

»Was? Du ziehst in den Krieg? Wer hat dir denn diesen Floh ins Ohr gesetzt?«

»Aber was soll ich denn sonst machen? Möchtest du, daß ich mein ganzes Leben lang Diener bleibe? Hör mal, Inés, was mir vor einigen Tagen im Hause der Frau Gräfin widerfahren ist: Ich besuchte sie und beging den Fehler, ihr zu gestehen, daß ich dich liebe. Da wurde sie so wütend, daß sie mich auf die Straße setzen ließ.«

Inés faltete die Hände und ließ sie dann mutlos auf ihren Rock fallen, während sie die Augen zum Himmel hob und nichts sagte.

»Ich bin doch jetzt nicht mehr als ein Diener, Inés!« rief ich aus, klammerte mich mit Macht an das Gitter und schüttelte es, als ob ich es herausreißen wollte. »Ich bin doch nicht mehr als ein elender Junge von der Straße, unwürdig, von Personen deines Standes eines Blickes gewürdigt zu werden. Schau doch mal, wie groß der Abstand zwischen uns geworden ist, seit wir getrennt wurden. Aber glaube ja nicht, daß ich das bedauere – es freut mich, dich da zu sehen, wo du hinge-hörst.«

»Und du?« fragte sie mich ratlos.

»Ich tue das, was ich muß, Inesilla. Verlasse dieses Klo-ster, gehe mit diesen Damen und warte still auf mich, denn ich verspreche dir, daß ich dich holen werde. Wenn du bis dahin deine Meinung nicht geändert hast ... wenn du die gleiche geblieben bist ...«

Sie antwortete mir sofort, indem sie den Zeigefinger ihrer rechten Hand durch eine der Lücken des Gitters steckte. Ich küßte ihn und biß ihn etwas, ohne dessen gewahr zu werden, so daß sie sich eines kurzen Schreies nicht enthalten konnte, gerade als die Mutter Transverbe-ración mit der Schokolade und den Krapfen zurückkehrte.

»Na, was gibt es denn da?« rief die Alte erstaunt aus, als sie Inés kreischen hörte.

»Nichts, ehrwürdige Mutter. Dieses Gitter hat einige rauhe Stellen ... Als ich daran kam, hab' ich mir am Finger weh getan«, erklärte Inés und nahm den Finger in den Mund, um den Schmerz eines Kratzers vorzutäu-schen.

»Hier sind die Schokolade und die Krapfen«, fügte die ehrwürdige Mutter hinzu. »Es ist Zeit, daß der Junge geht, denn es wird schon dunkel, so daß ich dieses Zimmer schließen muß.«

»Ich brenne ja schon darauf zu gehen. Geben Sie mir diese Krapfen und diese Schokolade, denn die Frau Marquise wird schon ungeduldig auf diese guten Sachen warten. Und was soll ich Ihrer Gnaden als Antwort auf die Botschaft sagen, die ich die Ehre hatte, Ihnen zu überbringen?«

»Daß alles in Ordnung geht«, erwiderte Inés und preßte ihr Gesicht an das Gitter. »Ich werde tun, was sie von mir wollen, und sobald sie hierherkommen wollen, werde ich bereit sein, ihnen zu folgen.«

»Was höre ich da, Mädchen?« knurrte die Nonne beunruhigt. »Sie wollen unser Kloster verlassen? Was wird denn Ihr künftiger Gatte, Jesus Christus, davon halten, wenn ihm das zu Ohren kommt? Aber Er hört es ja sowieso, denn Er ist ja in allem und hört alles. Nichts da«, fügte sie hinzu und drückte ihr Riechorgan durch die Gitterstäbe. »Bursche, du wirst der Frau Marquise ausrichten, daß das Mädchen in ihrer göttlichen Berufung beharrt, und sie werden sie nur aufregen und erzürnen, wenn sie ihr von den Versuchungen der Außenwelt erzählen.«

Inés brach in ein so natürliches, so reizendes, so frisches Lachen aus, daß selbst die Wände des Klosters sich über diese fröhliche Musik zu freuen schienen.

»Was ist denn das für ein weltliches Gekicher?« entrüstete sich die ehrwürdige Mutter Transverberación. »Das höre ich ja zum ersten Mal in diesem Haus, daß du so lachst. Was ist denn mit dir passiert? … Hinein, Kind, hinein … Wollen wir doch mal der Mutter Äbtissin von diesem unerhörten Benehmen berichten!«

Der Vorhang wurde zugezogen, und ich ging wieder auf die Straße. Ich fühlte mich voll von neuem Leben, von hundertfach verstärkten Kräften meines Geistes und meines Körpers! Ich fühlte mich imstande zu allem – zur Entsagung, zum Kampf und sogar zum Heldentum, denn die Gegenwart und die Worte von Inés hatten ungeahnte Horizonte geöffnet, unendliche Weiten taten sich vor mir auf.

15

Bevor ich die Herberge erreichte, zeigten mir laute Trommelwirbel und Trompetenklänge den Abmarsch der Armee an. Ich lief, meine Waffen und mein Pferd zu holen, und bevor man noch meine Abwesenheit bemerkt hatte, war ich auch schon in der Reihe mit dem jungen Grafen de Rumblar, Marijuan und den anderen unserer Gruppe. Es war schon Nacht, als wir aus der Stadt marschierten, und die ganze Bevölkerung nahm an der spontanen Feier unserer Verabschiedung teil: Tausende von Lichtern wurden an Türen und auf Balkons angezündet. Keine Frau unterließ es, uns vom Fenstergitter her, vor dem nun kein Verehrer mehr stand, zu grüßen, und alle von dieser fruchtbaren Generation gezeugten Kinder sprangen vor den Trommlern her und begleiteten uns durch die Puerta Nueva, das Neue Tor, hinaus.

Wir marschierten beziehungsweise ritten die ganze Nacht hindurch, und am folgenden Tag, als wir El Carpio durchquert hatten, schwenkten wir von der Königlichen Straße Andalusiens ab und nahmen eine rechts in Richtung Bujalance abzweigende Straße. An diesem ersten Tag stieß Santorcaz zu uns, der von Bailén aus nachgekommen war, und wir waren alle froh, ihn zu sehen.

»Hier habe ich mehrere Geschenke, die Ihnen Ihre Mama schickt«, sagte er zu meinem Herrn und reichte ihm einige Pakete. »Die Herrin war beunruhigt, von Ihnen nichts mehr gehört zu haben, und hat mich beauftragt, gut auf Sie aufzupassen. Haben Sie die Besuche abgestattet, mit denen Doña María Sie beauftragt hat?«

»Alles pünktlich erledigt«, erwiderte mein Herr. »Und Sie, warum sind Sie nicht früher gekommen?«

»Ach, was wollen Sie? So wie die Dinge jetzt sind ... Wir haben keine Post, niemand trägt jetzt Briefe aus. Ich habe aber die Briefe, die ich erwartete, noch bekommen, so daß ich jetzt endlich hier bin und wie die anderen wünsche, auf die Franzosen zu stoßen.«

Von diesem Zeitpunkt an war Santorcaz der zweite Mann nach dem Grafen in unserem Trupp – eine Position, die er sich mit dem zwingenden Charme seiner Konversation eroberte. Er verwandte all seine Sorgfalt darauf, Don Diego zufriedenzustellen, was nicht schwer war. Er wich nicht von seiner Seite und hatte im Nu die Sympathie dieses guten Jungen mit seinen spannenden Erzählungen von Abenteuern und außergewöhnlichen Ereignissen gewonnen. Dabei suggerierte er ihm mit seiner fruchtbaren Phantasie die eigenen Ideen und Konzeptionen, um den Geist des edlen, aber in seiner intellektuellen Entwicklung zurückgebliebenen Jünglings zu bereichern.

Meine lieben Leser, bei alldem, was es hier zu berichten gab, bin ich ja noch nicht dazu gekommen, Ihnen auch nur ein einziges Wort über diese Armee und ihre seltsame Zusammensetzung zu sagen. Es ist aber noch nicht zu spät, sondern zu diesem Zeitpunkt gerade richtig, das nachzuholen, getreu der Losung: ›Alles zu seiner Zeit, dann wird es auch gescheit‹.

Die Grundlage dieser Andalusien-Armee bildeten die Feldtruppen von San Roque unter dem Kommando von Castaños, denen sich später Don Teodoro Reding aus Granada zugesellte. Sie bestanden aus den besten Soldaten unserer Linieninfanterie, einigen Pferden und sehr guter Artillerie. Die Feldtruppen waren etwa dreizehn- bis vierzehntausend Mann stark. Hinzu kamen einige Provinzregimenter und die Zivilisten, die spontan oder auf Weisung der Räte in den wichtigsten Städten von Andalusien zu den Fahnen geeilt waren. Es ist schwierig, für diese Menge von bewaffneten Zivilisten eine Zahl anzugeben. Aber es waren ganz gewiß viele, denn die Einberufungsbüros hatten alle männlichen Einwohner von siebzehn bis fünfundvierzig Jahren geschickt – Ledige, Verheiratete, Witwer ohne Kinder, die ohne Schuhe mindestens fünf Fuß weniger einen Zoll maßen. Außer Kriegsdienstuntauglichen wie Einarmigen, Einbeinigen, Blinden und so weiter waren diejenigen befreit, deren Frauen schwanger waren oder die öffentliche Ämter bekleideten sowie die Geweihten des Unterdiakonats – es gab aber keine Befreiung zum Beispiel wegen Erfordernisse der Ackerbearbeitung. Neben den eben Aufgeführten wurden *Negern, Mulatten, Fleischern, Henkern und öffentlichen Ausrufern* der Militärdienst verweigert. Auf diese Weise, glaube ich jedenfalls, stellte Sevilla fünf Bataillone und zwei Kavallerieregimenter auf, Cádiz das Schützenbataillon, das auch den Namen dieser Stadt trug, und die anderen Städte und Marktflecken wie Utrera, Jerez, Carmona, Jaén, Montoro und Cabra irreguläre Truppen von Infanterie und Kavallerie.

Das alles trug zur Verstärkung der Armee bei, aber sie mußte noch weiter anwachsen, um vom Zwerg zum schrecklichen Riesen zu werden – und zwar vor allem in puncto Kampfkraft. Die spanischen Offiziere, die Madrid in die französischen Divisionen von Moncey, Vedel[32] und Lefebvre eingegliedert hatte, flohen aus dieser schmählichen Allianz, sobald sich eine Möglichkeit bot. Diese französischen Armeen mußten also mit ansehen, wie ihnen beim Vorrücken durch bergiges oder sonstwie unübersichtliches Gelände die Spanier unter den Fingern verschwanden, wie es hieß. Diese ›Deserteure‹ verstärkten die Armeen von Blake, de la Cuesta und Castaños. In Carmona und Córdoba stießen viele Spanier aus den Reihen der französischen Armee unter Moncey sowie fast alle, die mit Junot[29] am Feldzug gegen Portugal teilgenommen hatten, zur Andalusien-Armee. Diese Offiziere und Soldaten, die die offizielle Disziplin, die sie an Frankreich band, gebrochen hatten, schlugen sich verkleidet durch, überquerten zu Fuß hohe Berge und dürre Ebenen, bis sie auf eine spanische Einheit stießen. Ihr Anblick war mitleiderregend, denn sie kamen erschöpft, mit zerfetztem

Schuhwerk und halb verhungert an, aber ihre Freude, sich endlich auf der richtigen Seite zu befinden, ließ sie alle Mühen und Qualen vergessen. Durch diese Deserteure, unter denen sich Leibwachen, Wallonen, Pioniere und Artilleristen befanden, wuchs unsere Armee also weiter.

Ferner erhielt sie noch eine andere Verstärkung. Der Rat von Sevilla hatte am 15. Mai alle Schmuggler und alle Häftlinge, die nicht wegen Mordes, Mordversuchs, Majestätsbeleidigung oder Gotteslästerung einsaßen, eingezogen. Dies brachte eine Menschenmenge, die zwar nach ihrem Benehmen bestimmt nicht die beste Truppe der Welt bildete, aber die den Kampf nicht fürchtete und unter strenger Aufsicht sehr brauchbare Soldaten ergab. Ibros, berühmt wegen seiner erfolgreichen Schmuggler, Jándulilla, Campillo de Aranda und andere Orte, die später dem Säbel der Guardia Civil ausgeliefert wurden, entsandten ansehnliche Schwadronen, die den Vorteil hatten, schon bis an die Zähne bewaffnet zu erscheinen und aus guten Reitern und erfahrenen Geländekämpfern zu bestehen: Sie stellten wertvolle Hilfstruppen für die Armee dar.

Die Andalusien-Armee bestand also aus regulären spanischen Einheiten, verstärkt durch einige zivile Wachleute und Wallonen, Linienregimenter, deren Kampfkraft berühmt war, Provinzregimenter, die keinerlei Kampferfahrung hatten, aber lernbereit waren, ehrenwerte Zivilisten, die in ihrer Mehrzahl sehr erfahren in der Jagd und deshalb gute Schützen waren, durch Schmuggler, Gauner, Vagabunden der Berge, Stierfechtergehilfen aus Córdoba, Tagediebe, die sich in dem patriotischen Feuer, das sich über das Land ausbreitete, in Krieger verwandelten, Verlorene und Marodeure, die ihre bösen Künste in den Dienst der nationalen Sache stellten – kurz: Das Gute und das Böse, die Edlen und die Verruchten, aus denen das Land bestand, vom genialsten General bis zum letzten Halunken der Folterbank von Córdoba waren in dieser Armee vereinigt.

Man nahm eben, was man bekommen konnte. Dieser große Haufen umfaßte sowohl die Elite wie den Abschaum der Nation, niemand blieb im Dunkeln, denn die Gärung schwemmte alles an die Oberfläche, und der Krater unserer Rache spuckte sowohl reines Feuer als auch vom Pesthauch behaftete Lavaströme aus. Der Kessel des Vaterlandes wurde umgerührt, so daß die in Jahrhunderten hervorgebrachten menschlichen Prachtstücke und Abfälle zum Vorschein kamen. Da das Land sich nicht mit einem Arm allein wehren konnte, schwenkte es mit einem das heldenhafte Schwert und mit dem anderen das Meuchelmesser.

Was Uniformen und Kleidung im allgemeinen betrifft, so herrschte ein buntes Durcheinander, aber kein Mangel. Es war schon ein Wunder, wie diese größtenteils aus Zivilisten bestehende Armee in sechzehn Tagen ausgerüstet wurde. Die heutige Militärverwaltung mit allen ihren beträchtlichen Hilfsmitteln ist nur ein elender Flickenaufsetzer im Vergleich zu jenen Konfektionären, die in zwei Wochen Millionen von Nadeln in Bewegung setzten. In gewissen Akten, die die Geschichte nicht wert befunden hat, in ihre Bücher aufzunehmen, die aber dennoch existieren, kann man Angaben über die Kleidungsstücke lesen, die Nonnen und weltliche Frauen aus Sevilla ohne Bezahlung anfertigten. Da heißt es zum Beispiel: »Durch Bürgerfrauen und Damen der höheren Gesellschaft wurden angefertigt: 2335 Hemden, 1768 Hosen und 167 Kittel für gemeine Soldaten; 1101 Hemden, 312 Hosen und 700 Westen für Unteroffiziere, 374 Stoffhalbstiefel, 149 Kavallerietaschen, 16 Tornister und 1684 Feldzeichen«. Die Damen aus Alcolea, Varmona, Lora del Río und anderen Orten stehen in der Aufzeichnung mit ähnlichen Mengen verbucht.

Diese Vielfalt der Hände bei der Kleiderfertigung läßt schon vermuten, daß die Bezeichnung *Uniform*, die ja etwas Gleichförmiges meint, zumindest bei den eingezogenen Zivilisten ein leeres Wort war. An der Seite von weißen Kitteln mit schwarzen, karmesinroten oder blauen Aufschlägen, die die meisten Linienregimenter trugen, an der Seite von blauen Röcken mit Schultergehängen der

Wallonen und zivilen Wachleute sah man die braunen Jacken der gerade erst Eingezogenen. Neben den hohen Helmen der Artillerie und den Mützen der Grenadiere stachen unsere weißen portugiesischen Hüte sowie die Kasernenmützen und sonstigen vielgestaltigen Kopfbedeckungen der Schützen und Freiwilligen hervor. Wie ich schon einmal erwähnte, der Anblick dieser Armee reizte zum Lachen.

Und das Geld für diesen Krieg? Es ist lachhaft, wenn man heutzutage verfolgt, wie sich ein Finanzminister Kopfzerbrechen macht, einige Millionen für einen anderen Krieg herauszuschinden, die ihm keiner geben will, ohne das letzte Hab und Gut der Nation mit Hypotheken zu belasten. Egoistische Generationen unserer Zeiten, lernt von damals! Lest die Spendenlisten von Innungen, Geschäftsleuten, von Edelleuten bis Bettlern. Das war wirklich ein Geldregen, der auf die Armee hinabregnete, ohne daß eine Pesete in dunklen Kanälen verschwand! In solch einer Spendenliste steht zum Beispiel folgende rührende Eintragung: »Die Frau Gräfin, Witwe des Grafen von Montelirios, hat ihr gesamtes Silber-Tafelgeschirr gespendet und bedauert, daß ihre Mittel nicht so groß sind, wie sie es gerne hätte.«

Gibt es heute noch jemanden, der sein Tafelgeschirr spenden würde?

16

Unser Marsch durch Cañete des las Torres in Richtung Río Salado war ein regelrechter Triumphzug. Eigentlich kann man gar nicht von ›Marsch‹ sprechen, denn die Leute der Ortschaften einschließlich der Frauen, Alten und Kinder begleiteten uns jeweils ein Stück des Weges und organisierten Feste und Tänze in den Verschnaufpausen. Wenn die Armee anhielt, verschwanden offenbar alle Sorgen der

Leute, denn die Truppe, die ihre gute Laune wiedergefunden hatte, machte jedes Feldlager zu einer Jahrmarktsveranstaltung. Ich weiß nicht, woher plötzlich so viele Gitarren kamen, konnte weder verstehen, aus welchem Stoff die Körper gemacht waren, die nach den harten Übungen und Märschen noch unermüdlich tanzten, noch wie die Kehlen es aushalten konnten, ständig zu schreien und zu singen.

Da es uns nicht an Lebensmitteln fehlte, verbrachten wir die erste Juliwoche sehr gut, und da wir auch nicht auf Franzosen stießen, die – sehr beunruhigt – auf der anderen Seite des Flusses umherstreiften, erschien uns allen – und besonders den Unerfahrenen – der Krieg wie eine angenehme Beschäftigung. Vor allem der junge Graf de Rumblar konnte sich vor Vergnügen kaum fassen, und durch die Berührung mit so vielen Leuten gewann er eine Unbefangenheit, ein Selbstbewußtsein, wie er es nie zuvor besessen hatte. Santorcaz, wie ich auch schon angedeutet habe, erlangte in kurzer Zeit einen großen Einfluß auf Don Diego. Als dieser im Kriegshandwerk angelernt wurde, war er ihm ein wertvoller Berater. Ich war fast ständig mit Marijuan zusammen. Wir unterhielten uns über unsere persönlichen Angelegenheiten, bedauerten und trösteten uns gegenseitig. Dabei aßen wir ganz allein, ohne den anderen etwas davon abzugeben, die göttliche Schokolade und Krapfen der ehrwürdigen Mutter Transverberación.

Die ganze Armee war schon sehr ungeduldig, doch endlich gegen die Kanaillen kämpfen zu können. Da es in großen Feldlagern neben dem Stab, der im Zelt des Generals zusammentritt, eine Vielzahl von kleinen Soldatengrüppchen gibt, die sich in der Kantine auf einen Schluck oder auf dem blanken Boden für ein Kartenspielchen zusammenfinden, diskutierten wir ständig in mehr oder weniger großen Gruppen die ewige Frage unseres ersten Zusammentreffens mit den Franzosen. Wie oft zeichneten wir nicht neben einer Trommel, auf der gewöhnlich ein Weinkrug stand, mit einem Stock den Verlauf des Flusses, die Angriffsmöglichkeiten auf die Stellungen des Feindes bei Andújar und andere taktische Gegebenheiten in den Sand.

Eines Tages, als wir uns in Porcuna befanden und nachdem die Armee von Reding zu uns gestoßen war, gelangten wir nach einer hitzigen Diskussion zu dem Schluß, daß unsere Generäle nicht genau wußten, wie sie vorgehen sollten. Der Graf de Rumblar meinte, er würde seinen Lehrer Don Paco in einem Brief fragen, welche Operationen jetzt angebracht wären. Da alle über dieses Ansinnen lachten, ärgerte sich unser Generälchen, so daß der Stellvertreter Santorcaz ihn mit seinen unerschöpflichen Schmeicheleien beruhigen mußte. Nach langen Beratungen der Generäle hieß es endlich, daß die Divisionen für die unmittelbare Offensive disloziert werden würden. An diesem Tag, es war wohl der 12. oder 13. Juli – wenn ich mich richtig entsinne –, sah ich den General Castaños zum ersten Mal, als er zur Besichtigung unsere Front abschritt. Er schien etwa fünfzig Jahre alt zu sein. Sein Gesicht überraschte mich, denn ich hatte es mir stolz und hart vorgestellt, wie nach meiner Meinung jeder Kommandierende General an der Spitze von solch mutigen Truppen aussehen mußte. Aber das Gesicht des Generals Castaños flößte keinem von uns die geringste Angst ein. Immerhin war es auch nicht gerade respektabträglich, denn den verschmitzten Gesichtsausdruck, den er für seine berühmten Anekdoten aufzusetzen pflegte, reservierte er natürlich für die Intimität seines Zeltes. Er ritt würdig daher, und in Bewegung und Haltung zeigte er jene höflichen und gewandten Umgangsformen, die auch unseren Feldherrn seit jeher zu eigen gewesen waren.

Man muß hier anführen, daß wir auf den Paraden und zu Pferd viele eindrucksvolle Figuren hatten. Das soll nicht heißen, daß Castaños nur ein Paradegeneral war, denn im Jahre 1803 – noch bevor sein Name unsterblich wurde – hatte er schon sehr gute Beispiele seines militärischen Könnens geliefert. Zu jenen Zeiten war seine Laufbahn mit Riesenschritten vorgerückt, was damals aber nicht ungewöhnlich war. Mit achtundzwanzig Jahren hatte man ihn zum Oberstleutnant ernannt, mit dreißig zum Obersten. Wenn er auch in seiner Jugend an keinem

Feldzug teilgenommen hatte, so doch im Jahre 1794, im Alter von achtunddreißig Jahren, in dem von Rosellón unter dem General Caro: Danach war Castaños an der linken Seite des Halses schwer verletzt worden. Man sagte, die leichte Neigung seines Kopfes zu dieser Seite rühre von dieser Verletzung her.

Nun werde ich kurz erklären, wie wir verteilt wurden. Die erste Division stand unter dem Kommando von Réding, die zweite unter dem von Coupigny und die dritte unter dem von Jones. Die Reserve wurde von Juan de la Peña befehligt. An der Spitze von unabhängigen Detachements von mehr oder weniger tausend Leuten, die als fliegende Truppen den Gegner stören sollten, standen Don Juan de la Cruz, der Marquis von Valdecañas und Don Pedro Echevarri, der danach einer der berühmtesten Spitzel der Reaktion wurde. Dreihundert Musketiere, die von sonstwoher gekommen waren, wurden von dem Presbyter Don Ramón de Argote angeführt. Hätte er nicht besser die Messe lesen sollen?

Zu Pferd waren wir dreitausend Mann, keine besonders große Truppe, wenn man bedenkt, daß wir in gebirgigem Gelände und gegen sehr kriegserfahrene Kavallerie operieren mußten, aber dafür war unsere Artillerie von erster Güte. Wir hatten vierundzwanzig Geschütze des Königlichen Artilleriekorps mit der Creme jener Offiziersschicht, der der meiste Ruhm des Krieges vom 2. Mai bis zur Schlacht von Vitoria beschieden war.

Wir breiteten uns auf der linken Seite des Flusses Guadalquivir aus und besetzten die Dörfer Porcuna und Lopera. Ein Flügel erstreckte sich bis zur Straße nach Arjonilla, von wo er das rechte Flußufer beobachten konnte, während der andere bis Higuera de Arjona reichte und sich nach Mengibar vorfühlte. Die Franzosen hatten Andújar mit den Truppen besetzt, die zuerst in Andalusien eingedrungen waren, die spanischen Volkstruppen an der Brücke von Alcolea besiegt und Córdoba geplündert hatten. Die französische Division unter Vedel in Stärke von zehntausend Mann lag in Bailén, und die kleine Division von Ligier-Belair, dem gleichen General, den wir in den ersten Junitagen gegen die Einwohner von Valdepeñas kämpfen gesehen hatten, befand sich in Mengibar, wo sie den Flußübergang bewachte. Von Andújar bis Bailén verlief die Generalstraße von Andalusien, von Bailén bis Mengibar die nach Jaén führende Straße, und von Mengibar nach Andújar der Fluß. Bitte erinnern Sie sich an dieses Dreieck, das für das Verständnis der Bewegungen beider Armeen von Wichtigkeit ist. Was auch immer die Absicht unserer Generäle gewesen sein mag, sicher ist, daß die erste Division den sofortigen Befehl zum Abmarsch erhielt, während Castaños sich mit der dritten Division und der Reserve auf die Brücke von Marmolejo zu bewegte, um diese zu überqueren und Dupont in Andújar anzugreifen. Ich habe ja schon erwähnt, daß Teodoro Reding die erste Division befehligte. Was nicht in den Geschichtsbüchern steht, ist, daß ich mich bei der letzteren befand, weil die gesamte Freiwilligen-Kavallerie auf die einzelnen Bataillone der Armee verteilt worden war, die kaum die Hälfte ihres erforderlichen Kontingents zählten. So kam es, daß mein Herr und wir, die sein Gefolge bildeten, dem Regiment von Farnesio unterstellt wurden, dagegen die Ulanen von Sevilla alle dem Regiment von España.

Am dreizehnten trennten wir uns von unseren Kameraden und schlugen die Wege – besser gesagt die Pfade und Fußsteige –, die nach Mengibar führten, ein. Wir waren knapp sechstausend, aber ein Haufen von guten Leuten, obwohl es sich ja für meine Person nicht geziemt, das hier zu beanspruchen. Das Regiment der Wallonengarde, die Wachmänner, das der Krone, das irländische, das von Jaén, die Provinzialgrenadiere, die Schützen von Carmona, die Kavallerie von Farnesio und sechs Geschütze, die Don Antonio de la Cruz befehligte, stellten respektable Truppen dar. Unser General war ein draufgängerischer Mann mit mehr Verwegenheit als Umsicht. Als Taktiker war er nur mittelmäßig, im Marschieren jedoch unermüdlich. Unser Stabsoffizier, Don Francisco Javier Abadia, war ein sehr begabter Stratege, vielleicht einer der besten, den das spanische Heer damals hatte, und dem Oberst an der Spitze der Artillerie sagte man großes Geschick in der Anwendung seiner Waffe nach. Wir nannten ihn den Lustspieldichter, weil er Sohn von Ramón de la Cruz[30] war.

Also, dann vorwärts auf unserem Weg! Als wir Mengibar erreichten, fanden wir dort die Bevölkerung in großer Aufregung, denn ein französisches Detachement, das von Jaén zur Beschaffung von Lebensmitteln ausgesandt worden war, hatte den Ort schrecklich geplündert und auf seinem Rückweg zum Hauptquartier die Gegend verheert. Von Jaén erzählte man sich Scheußlichkeiten, die man Soldaten eines europäischen Landes kaum zugetraut hätte. Man berichtete uns, daß Frauen und Kinder unmenschlich abgeschlachtet worden waren und auch etliche kranke Augustiner- und Dominikanermönche in den Hospitälern das gleiche Schicksal erlitten hatten. Die Einwohner waren äußerst bestürzt, und beim Heranrücken unserer Truppen rannten uns Schwärme von Frauen entgegen, die uns mit Tränen der Wut anflehten, keinen Franzosen am Leben zu lassen. Alte, die noch eine Waffe handhaben konnten, und Schlingel von zwölf Jahren baten uns, sie doch als Helfer in unsere Reihen aufzunehmen. Sie erzählten uns, daß nach der Plünderung der an der Route Almenara, Fuente del Rey, Grañena und anderen Orten gelegenen Gehöfte kein Weizenkorn, kein Tropfen Wein und keine Handvoll Stroh mehr geblieben war. Selbst die Arzneien der Krankenhäuser von Jaén und der Apotheken waren geraubt worden. In der ganzen Umgebung war kein einziger Wagen und kein Maultier mehr geblieben.

Die geplünderten Familien waren nach Mengibar geflüchtet. Auf dem Platz des Ortes predigten zwei den Scheußlichkeiten entronnene Mönche die Vernichtung der Franzosen. Als ich die Entrüstung dieser beraubten und gequälten Menschen, als ich die Frauen sah, die uns frenetisch und wahnsinnig vor Haß baten, ihre mitleidlos in der Wiege abgeschlachteten Kinder zu rächen, verstand ich die Grausamkeiten, die jetzt an Franzosen begangen wurden, wenn sie in die Hände der Einwohner fielen.

17

Bevor er sich entschloß, den Fluß überqueren zu lassen, schickte unser General eine kleine Truppe zur Aufklärung der Lage der französischen Truppen unter Coupigny. An dieser kleinen Expedition nahmen auch einige Reiter von Farnesio teil. Marijuan, der dazu zählte, berichtete uns nach seiner Rückkehr, daß sie gesehen hatten, wie sich die Truppen des französischen Marquis in Richtung Villanueva de la Reina bewegten, wo sie auf die Ausläufer von Reding stoßen würden. Sie hatten auch eine große Staubwolke auf dem rechten Ufer gesehen, so daß anzunehmen war, daß die Division des französischen Generals Vedel von Bailén ausgerückt war, um Dupont zu unterstützen, der bereits im Kampf mit Castaños stand. Die von Arjonilla gekommenen Männer meldeten, starkes Artilleriefeuer aus Richtung Los Visos gehört zu haben.

»Zu dieser Zeit jetzt«, meinte Marijuan, »sind entweder diese französischen Truppen oder Castaños geschlagen worden.«

»Und was erwartete denn der Marquis in Villanueva de la Reina?« fragte Santorcaz mit jener strategischen Überlegenheit, die ihn in den Augen des jungen Don Diego bewunderungswürdig machte.

»Er verhielt sich dort einfach ganz ruhig«, erwiderte Marijuan, »weil er offenbar mit unserem General abgesprochen hatte, Bailén anzugreifen.«

»Aber was ist denn das für eine Strategie, und wozu nützte es denn, Bailén anzugreifen?« wollte Santorcaz wissen und zog mit seinen Fragen eine Gruppe von Soldaten an. »Hast du nicht eben gesagt, der Franzose Vedel habe Bailén verlassen und rücke auf Andújar vor?«

»Ja, so sagte man in Villanueva.«

»Wenn keine Feinde mehr in Bailén sind, warum soll die Stadt denn angegriffen werden? Es wird sich wohl darum handeln, die Stadt zu besetzen, um dann von da aus auf dem Straßendamm vorzurücken, um Dupont und Vedel in den Rücken zu fallen, während sie von Castaños, Vedel und Peña von vorn angegriffen werden.«

»Ja, das wird es sein«, stimmten wir alle zu. »Auf diese Weise nehmen wir sie in die Zange, und es wird keine Seele von denen, die Córdoba geplündert haben, entweichen.«

»Aber wenn dies der Plan ist, müßte er doch schon zur Ausführung gekommen sein. Wenn man schon in Andújar kämpft, müßten wir doch jetzt über die französische Nachhut herfallen. Sollten wir uns aber erst heute nacht in Marsch setzen, so daß wir morgen ankommen, weiß Gott, wie es dann dort aussieht …«

Bei Einbruch der Dunkelheit erhielten wir den Befehl, flußaufwärts vorzurücken, was wir überhaupt nicht begreifen konnten, bis einige Kameraden, die aus der Gegend stammten und daher das Gelände gut kannten, uns klarmachten, daß wir auf dem Wege zur Furt von Rincón waren, wo wir den Fluß überqueren würden. In der Nacht setzten einige Infanteriegruppen und drei Geschütze per Fähre auf die andere Seite über, während wir vom Gros der Armee mit der Kavallerie uns vorbereiteten, eine halbe Legua weiter flußaufwärts hinüberzugehen. Vor dem Morgengrauen hörten wir einige Schüsse auf der anderen Seite und empfingen den Befehl, möglichst wenig Geräusche zu machen und keine Feuer anzuzünden. Die Nacht war warm. Da wir tagsüber wenig und schlecht gegessen hatten, waren wir nicht gerade guter Laune. Der Krieg bringt nun einmal viele Unannehmlichkeiten, und es wäre ein Glück gewesen, wenn die schlechte Verpflegung die einzige geblieben wäre. Wir stiegen schließlich in den Fluß, und das frische Wasser tat unseren ausgetrockneten und von Hitze und Staub gepeinigten Körpern nur gut. Kurze Zeit später, als am Himmel der erste Schimmer der Morgendämmerung aufzog, waren wir schon Herren des rechten Ufers. Der Kommandierende General Abadia, der die Aktion geleitet hatte, befahl uns, auf einem tiefliegenden Gelände, das fast für die ganze Truppe ein Versteck bot, Aufstellung zu nehmen. Dort verharrten wir mehr als eine halbe Stunde. Der Feind war nirgends zu erblicken, aber von weither, in Richtung der Fähre, klang das Gewehrfeuer immer heftiger herüber.

Das Ufergelände war ziemlich uneben und dicht mit Gestrüpp bewachsen. Dazwischen verlief ein Fußpfad, auf dem die Infanterie marschierte, während wir Reiter den Befehl erhielten, auf höher gelegenen Wegen vorzurücken. Wir befolgten die Anweisung, uns ganz ruhig zu verhalten genauestens, hielten den Atem an und blickten nach links, in die Richtung, aus der die Schüsse erklangen. Endlich sahen wir die Franzosen, die mit unseren Kameraden, die in der Nacht auf der Fähre übergesetzt waren, in einem mit dickem Gebüsch durchsetzten Gelände kämpften.

Auf einer Anhöhe, die etwa zwei Flintenschüsse davon entfernt war, glänzte etwas, das gleich unsere Blicke anzog und unwillkürlich unsere Besorgnis erregte. Es war eine Schwadron von gepanzerten Reitern, die beste Kavallerie der Armee des französischen Generals Dupont. Wir betrachteten den Glanz der polierten Brustharnische, in denen sich die Strahlen der Sonne silbern spiegelten. Danach sahen wir uns einer nach dem anderen an, ohne etwas zu sagen. Auch in den anderen Reihen wurde kein einziges Wort gesprochen. Wir waren alle bleich geworden und zitterten, obwohl jeder versuchte, das zu verbergen. Das einzige Geräusch, das durch die Stille in unserem Regiment drang, in dem selbst die Pferde den Atem anzuhalten und die Gegend mit bestürzten Augen zu mustern schienen, war ein kaum hörbarer metallischer Ton von den Sporen. Dieses Zittern der Beine ist ein Phänomen, das vor dem Beginn einer Schlacht bei Kavalleristen oft auftritt.

Der Kampf, der mit Scharmützeln begonnen hatte, nahm an Heftigkeit zu, als die Infanterie eine kompakte Front aufgebaut hatte. Fast die ganze spanische Streitmacht hielt sich aber in Reserve und wartete ab, ob die Franzosen noch starke Kräfte auf der von Bailén kommenden Straße heranführen würde. Während das Feuer der spanischen Front zunahm und den unzähligen Störversuchen der Franzosen standhielt, die aus halbbefestigten Stellungen heraus ein mörderisches Feuer aufrechterhielten, blieb die Artillerie immer noch in der Nachhut, und die gleichfalls noch nicht in Aktion getretene Kavallerie erhielt den Befehl, einen Hügel zur rechten Hand zu besetzen. Dort angekommen, gingen uns die Augen über angesichts der Menge von glänzenden Harnischen auf der gegenüberliegenden Anhöhe. Diese Truppe, die in ruhiger Zuversicht abwartete, war der unseren an Organisation und Kampferfahrung weit überlegen. Allerdings hatten wir diesen Feinden gegenüber nicht nur den Vorteil der zahlenmäßigen Überlegenheit, der angesichts unserer Unerfahrenheit gering einzuschätzen war, sondern auch den der besseren Lageeinschätzung. Die Franzosen befanden sich alle genau vor unseren Augen, wir dagegen waren vom Oberkommandierenden so auf dem den Franzosen gegenüberliegenden Hügel plaziert worden, daß sich nur etwa ein Fünftel eines Regiments auf der Kuppe befand und die anderen auf dem rückwärtigen Abhang der Feindsicht verborgen blieben. So konnten wir sie alle genau zählen, wogegen die Franzosen sich vor Lachen über die vierzig ihnen sichtbaren Reiter ohne Uniform, die sich auf der Kuppe wie Vogelscheuchen ausnahmen, bogen.

Der Vorteil des Wissens um die Realität ist bei Schlachten oft entscheidend – was besonders in einem kritischen Moment zum Ausdruck kommt, wenn verborgene Kräfte plötzlich aus einem Hohlweg, hinter einem Hügel oder Gebüschen auftauchen, ohne Ermüdung und Verletzungen frisch in den Kampf eingreifen und diesen dadurch entscheiden.

Unseren bereits kämpfenden Reihen von Fußsoldaten war es gelungen, die Franzosen aus ihren Stellungen zu drängen. Wir sahen, wie sie sich in Unordnung zurückzogen. Da kam Bewegung in die feindlichen Panzerreiter. Mit das Sonnenlicht widerspiegelnden Harnischen stiegen sie in perfekten Reihen den Hügel hinab. Ihre Pferde wieherten, und die unseren nahmen die Herausforderung an und antworteten. Aber in diesem Moment geschah einer dieser Situationswechsel, die im Krieg so häufig zu beobachten sind. Wenn ein solcher von einem Truppenführer blitzschnell als vorteilhaft erkannt und dementsprechend ausgenutzt wird, kann das schon allein den Sieg herbeiführen. Als unsere Reihen die französischen Plänkler überrannt und einige Geschütze in Stellung gebracht hatten, sahen wir, daß die französischen Reihen wankten, sich neu gruppierten und zurückwichen, als ob sie neue Positionen suchten. Da erhielten wir den Befehl, hinunterzureiten. Wir reihten uns an die spanische Flanke in der Ebene, so daß eine lange Schlachtreihe entstand. Vor uns befand sich die französische Infanterie, deren Flanke von ihren Panzerreitern geschützt wurde. Letztere bemerkten aber unsere Bewegung, erkannten ihre offensichtliche zahlenmäßige Unterlegenheit und stürzten sich auf die Straße. Das war unmißverständlich ein Rückzug. Wir bildeten Angriffsformationen und erhielten den Befehl zur Attacke. Als ich so im Galopp dahinstürmte, hatte ich das Gefühl, daß sich selbst der Boden durch Abrollen unter uns bemühte, uns voranzutreiben. Diese ersten Schritte zur Glorie wurden von Kriegsgeschrei, gemischt mit frommen Anrufungen, begleitet:

»Mutter Gottes, Heilige Jungfrau von Araceli, stehe uns bei!«

»Hoch Spanien, Ferdinand der Siebente und die Jungfrau von Fuensanta!«

Schon hatte jeder von uns seine Angst vergessen. Alle waren wild bestrebt, ja bei den ersten zu sein, in den privilegierten Reihen, die die französischen Fußsoldaten, die sich schon in völliger Auflösung befanden, mit den Säbeln niedermähten. Unser Furor bei diesem leichten Sieg war so groß, daß wir mit unseren Säbeln in die Büsche schlugen, weil wir keine Franzosen mehr entdecken konnten, und dabei schrien: »Hunde, Kanaillen, jetzt wißt ihr, was es heißt, mit den Spaniern zu tun zu haben!«

Der Ruhm, die französische Infanterie angreifen zu dürfen, gehörte also nur den ersten Reihen, und deren Freude darüber dauerte auch nicht lange, denn der Feind, der nun überzeugt war, daß seine Kräfte zu gering waren, um uns standzuhalten, zog sich in aller Eile auf der Straße nach Bailén zurück. Als wir auch erst einmal auf dieser Straße waren, setzten wir ihnen nach, aber die französischen Pferde galoppierten nach Leibeskräften, und die französische Infanterie rettete sich auf den links und rechts von der Straße abgehenden Fußpfaden. Gegen zehn Uhr hielten wir an, ordneten unsere Formationen und rückten dann langsam vor, weil wir befürchteten, von einer ganzen Division angegriffen zu werden. Unsere Kavallerie hatte keine Verluste, und bei der Infanterie waren sie gering, aber fühlbar, denn sie verloren den Kommandeur eines Königinregiments und ziemlich viele Soldaten.

Nachdem wir den Feind aus den Augen verloren hatten, setzten wir den Weg nach Bailén vorsichtig fort, denn es wurde vermutet, daß sich die Franzosen mit großer Verstärkung durch Reiter und Artillerie unserem triumphierenden Vormarsch entgegenstellen würden. Und so geschah es auch wirklich. Gegen Mittag gerieten unsere ersten Reihen in das Feuer der Kaiserlichen, die durch ein Detachement aus Linares verstärkt worden waren und versuchten, den verlorenen Boden zurückzuerobern.

Wütend über die kurz zuvor erlittene Niederlage, griffen sie unsere Vorhut mit Macht an. Wir gingen in Stellung, und die leichten Truppen, die von einem Schwarm Zivilisten unterstützt wurden, verteilten sich im unebenen Gelände, um hinter dem Gestrüpp hervor die Franzosen unter Dauerfeuer zu nehmen. Die Kavallerie war immer noch weit vom Kampf entfernt, obwohl wir sehnlichst wünschten, doch endlich unserem Kampfesmut Ausdruck zu verleihen. Glücklicherweise wollte Gott nicht, daß es dazu kam, denn das Scharmützel endete unvermittelt. Das Feuer hörte auf, und wir sahen zu unserer Überraschung die Franzosen, wie von plötzlicher Panik ergriffen, sich in wilder Unordnung, aber unter Mitnahme ihrer Verwundeten, in Richtung Bailén zurückziehen.

Was war geschehen? Später erfuhren wir, daß Frankreich einen schweren Verlust erlitten hatte – den seines Generals Gobert, der tödlich verwundet wurde durch eine jener Kugeln eines unsichtbaren Plänklers, die aus dem Buschwerk ins Herz des Imperiums drang. Dieser tapfere Krieger starb einige Stunden später in Guarromán. Da wir nun Herr der Lage waren und weit und breit kein Feind mehr zu sehen, wäre es nur natürlich gewesen, daß wir weiter nach Bailén vorrückten, aber die Armee zog sich in Richtung Mengibar zurück, um den Fluß wieder zu überqueren, was wir nicht verstanden. Alle platzten fast vor Stolz, besonders die unerfahrenen Zivilisten.

»Heut' ist der Tag der Heiligen Jungfrau!« rief Don Diego aus. »Hoch der Heiligen Jungfrau und Tod den Franzosen!«

Laute Rufe erfreuten und bewegten unsere Reihen. Es war der 16. Juli, und an diesem Tag feierte die Kirche nicht nur die Heilige Jungfrau, sondern auch den ›Triumph des Kreuzes‹, ein Fest zur Erinnerung an die große Schlacht in den Tälern bei Tolosa, die Kastilier, Aragonier und Navarrer gegen die maurischen Heiden gewonnen hatten – also in der gleichen Gegend, wo wir gegen die Franzosen kämpften, und auch an einem 16. Juli. Seitdem waren fünfhundertsechsundneunzig Jahre vergangen. Das Zusammentreffen von Ort und Datum entflammte uns noch mehr, und zu unserer Vaterlandsliebe gesellte sich nun eine tiefe Frömmigkeit. Wir wähnten uns als Helden im Namen Gottes, obwohl die meisten von uns noch nicht die Gelegenheit erhalten hatten, dies zu beweisen.

Bevor wir in den Fluß gingen, machten wir eine Pause, um uns etwas in den Mund zu führen. Oh, welche Enttäuschung! Wir waren halbtot vor Hunger und Erschöpfung, und man sagte uns, daß es nur eine Drittel-Ration gebe. Aber als gutmütige Burschen, die wir waren, beschieden wir uns und ersetzten die fehlenden zwei Drittel durch die moralische Substanz des Enthusiasmus.

»Aber, Señor Santorcaz«, fragte ich meinen Begleiter, als wir mit dem Wasser bis zum Steigbügel durch den Guadalquivir wateten, »können Sie uns eigentlich sagen, warum wir nicht weiter vorgerückt sind? Warum haben wir nach diesem Sieg das gewonnene Terrain wieder aufgegeben?«

»Trottel!« erwiderte er. »Das war doch eine kleine Schaumschlacht – das dicke Ende kommt noch. Glaubst du denn, daß in dieser Gegend nicht mehr Franzosen als diese paar Männlein von Ligier-Belair sind? Weißt du denn, ob Vedel, der in Andújar Dupont unterstützte, nicht inzwischen nach Bailén zurückgekehrt ist? Wenn ich mich nicht sehr täusche, gehen wir jetzt die Truppen des Marquis de Coupigny suchen, um uns mit ihnen zu vereinigen und dann einen neuen Angriff durchzuführen. So manche Gegner der Franzosen schluckten doch schon vor lauter Selbstherrlichkeit deren Köder in Hollarbrünn, Austerlitz und Jena.«

Die Absicht unseres Generals war wirklich, uns mit Coupigny zu vereinigen. Dies aber wurde erst in der Nacht vom 17. zum 18. bewerkstelligt.

18

Wir kampierten auf einer Hochebene hinter Mengibar und erfuhren mit Erleichterung, daß wir in jener Nacht keine Bewegungen mehr durchführen würden. Unsere Begeisterung wie unsere Erschöpfung erforderten unbedingt Rast. Wir brauchten ein Ventil für unseren übersprudelnden Jubel, nicht nur, um in der Erinnerung alle Vorkommnisse des Tages noch einmal Revue passieren zu lassen, sondern auch, um uns zu erzählen, was wir jeder einzelne so erlebt hatten und was zu tun gewesen wäre, um die Schlacht vollkommen zu gewinnen. Die Wachmänner und die Liniensoldaten waren nicht so stolz wie wir Zivilisten, die glaubten, an der größten und glorreichsten Aktion der modernen Zeiten teilgenommen zu haben. Mit Verachtung blickten wir auf jene, die in der Reserve geblieben waren, und als wir ihnen erzählten, was sich zugetragen hatte, schwoll die Anzahl der von unseren scharfen Säbeln niedergemähten Kanaillen auf eine fabelhafte Größe an.

Wir verbrachten lange Stunden in diesem Feldlager beim Genießen der süßen Erinnerungen an heldenhaften Glanz, um so mehr, als die Verpflegung diesmal reichhaltig war. Die Nacht war so, wie man es im Sommer in Andalusien erwartet: ruhig, warm, mit unendlichem, weitem klarem Himmel, in dem ein nicht zu bestimmender Ton schwang, dessen sichtbare Ursache wir vergebens um uns herum suchten. Ausgestreckt auf der noch von der Tageshitze warmen Erde am Ufer des Flusses, dessen frische Ausdünstungen wir begierig aufsogen, verbrachten wir die Stunden im Gespräch, singend und mit weisen Kommentaren über den so glücklich begonnenen Feldzug. In einer Gruppe wurde Karten gespielt, in einer anderen erzählte man sich eine Geschichte von Helden oder Heiligen, in einer dritten ließen Sänger die romantischsten Balladen der Welt in den Nachthimmel steigen – denn zu jener Zeit war Andalusien wirklich romantisch –, in einem weiteren Grüppchen delektierte man sich an Hexengeschichten, und in anderen schlief man schließlich friedlich ohne Sorgen um den nächsten Tag.

Unser Don Diego, von dessen Seite Santorcaz kaum jemals wich, Marijuan, ich und einige andere bildeten eine lebhafte Gemeinschaft, in der der Lärm erst spät in der Nacht erstarb. Nach Gesängen nahmen die Erzählungen, Rätsel und Weissagungen einfach kein Ende, und schließlich wurde auch das Thema Frauen angeschnitten.

»Ich«, sagte Don Diego mit seiner ihm eigenen Naivität, »werde bald heiraten, und zu meiner Hochzeit lade ich euch alle ein. Und ihr werdet fragen, wen ich denn heiraten werde. Darauf muß ich antworten, daß ich sie noch nie gesehen habe. Meine Frau Mutter hat alles mit zwei anderen Damen aus Córdoba arrangiert. Nach ihren Erzählungen ist sie so schön wie die Sonne. Allerdings will sie zur Zeit nicht das Kloster verlassen.«

»Das wird dann nach dem Kriege sein, denn jetzt ist der

Ofen für Krapfen nicht angeheizt«, meinte Marijuan. »Auch ich werde heiraten, und zwar ein Mädchen aus Almunia, die sieben Weinstöcke, ein halbes Haus, einen Maulesel und eine Hälfte eines Ackerfeldes besitzt. Das wird dann auch nach dem Feldzug sein. Ihr seid gleichfalls alle herzlich zur Hochzeit eingeladen. Und du Gabriel, denkst du nicht auch ans Heiraten?«

»Ich falle auch nicht aus der Reihe«, antwortete ich, »denn wenn der Krieg zu Ende ist, werde auch ich eine Frau nehmen. Und wenn ihr mich fragt, wer das sein wird, so antworte ich euch: ›Ich werde eine Gräfin heiraten!‹«

»Was, eine Gräfin?«

»Ja, meine Herren, ich werde eine Gräfin zur Frau nehmen, die alle diese Ländereien hier und noch mehr besitzt sowie zwei Wappen mit acht Wölfen auf Silber, Piken mit Mohrenköpfen und einer Inschrift, die so lautet …«

»*Gründe einen Hausstand in Ehren und nimm eine Frau, die spinnen kann*«, unterbrach mich Marijuan. »Warum denn nur Gräfin, warum nicht gleich Herzogin? Das wird wohl eine Herzogin vom Scheuerlappen sein. In welchen Traumschlössern wandelt denn deine Angebetete?«

»Der Schlingel weiß ja nicht, was er sagt«, bemerkte Don Diego dazu. »Eine schöne Gräfin wird das sein! Aber *meine* Braut, Freunde, wartet schon sehnsüchtig darauf, daß der Krieg endet, damit wir heiraten können. Jedenfalls hat man mir das erzählt, und ich glaube es auch. Ich möchte wetten, daß ihr vor Neugierde zerspringt, um wen es sich da handelt. Das darf ich aber nicht verraten, denn meine Frau Mutter und mein Lehrer Don Paco haben mir gedroht, mich damit zu bestrafen, daß ich nicht mehr reiten dürfte, falls ich das Geheimnis lüfte. Wie schön sie ist, Leute! Ihre Augen sind wie zwei Sterne, ihr Mund wie zwei Rosenblätter, ihre Zähne stellen alle Perlen in den Schatten, ihre Wangen sind wie Pfirsiche und ihre Tränen wie Diamanten. Ich habe sie bis jetzt nur als Bild gesehen. Als ich ihre Tanten in Córdoba besuchte, schenkten sie mir ein Medaillon von der, die meine Frau sein wird, und dieses Medaillon habe ich dem Señor Santorcaz zur Aufbewahrung gegeben, damit ich es ja nicht verliere.«

»Das hört sich ja an wie die Geschichte der Prinzessin Laureola«, warf einer der Zuhörer ein, »um die die drei Maurenkönige aus Mekka warben. Man sagt, die hatte Augen wie glühender Gagat, einen Mund wie eine Granatapfelblüte und Ohren wie kleine Meeresmuscheln. Kennt ihr die Geschichte?«

»Das steht doch in der Romanze der Maurenkönigin, Dummkopf, und hat nichts mit der Prinzessin Laureola zu tun!«

»Ich kenne die Romanze von der Maurenkönigin«, rief Don Diego und klatschte vor Begeisterung in die Hände. »Wollt ihr sie hören?«

»Nur zu!«

»Nein, ich glaube, ich erzähle doch lieber die von der *Flur des Himmels**. Die ist schöner und handelt von der Heiligen Jungfrau«, fügte das Gräfchen hinzu, das entzückt war, mit seinen Kenntnissen glänzen zu können. »Meine Schwester Presentación hat sie mir erzählt. Die kennt siebenundzwanzig dieser Art und hat sie alle vor dem Herrn Bischof von Guadix aufgesagt, als Seine Hochwürden uns im vergangenen Monat besuchte.«

Und ohne erst zu warten, daß man ihn darum bat, begann der Erbknabe der Rumblars mit süßsaurer Stimme im Schuldeklamationstonfall die folgende Litanei:

»Durch die Flur des Himmels
wandelt eine junge Dame.
Mit weißer Haut, rosigen Wangen
und blondem Haar.
Sie leuchtet wie ein Stern.
Da fragt der Heilige Johannes Jesus:
›Wer ist denn diese wunderschöne Dame?‹
›Unsere Mutter Gottes, mein guter Johannes,

---

* Originaltitel: Barandal delcielo. (Anm. des Übersetzers)

unsere schöne Mutter.‹
Die Heilige Jungfrau kommt nicht allein;
der Engel Schar begleitet sie.
Sie kommt nicht in Gold oder Silber
oder Seide gekleidet –
sie kommt in Scharlachtuch gehüllt ...«

Und da diese Rezitation von einer Beifallssalve begrüßt
wurde, fühlte sich der Vortragende ermutigt und verab-
reichte uns ein anderes, nicht weniger berühmtes Gedicht,
da so begann:

»Da oben, in den himmlischen Gefilden,
reflektiert eine Quelle das himmlische Licht.
Dort wäscht sich die Heilige Jungfrau
ihre keuschen Brüste und das Gesicht ...«

»Schluß jetzt mit Romanzen!« warf Santorcaz plötzlich
ein und schreckte alle mit seiner Unterbrechung auf. »Das
ist doch etwas für Kinder und nicht für gestandene Männer. Könnt ihr denn nur so was?«

»Ach, ich kann noch viele andere«, meinte der junge
Graf schüchtern. »Don Paco hat sie mich auswendig lernen lassen, damit ich sie in Gesprächszirkeln aufsagen
kann.«

»Mehr hat Ihnen dieser Don Paco nicht beigebracht, den
ich schon von Anfang an für einen ausgemachten Trottel
gehalten habe?«

»Oh, er hat mich auch Geschichte gelehrt, ja, mein Herr.
Ich kenne mich über unseren Urvater Adam aus und über
Alexander, der mit den Persern gekämpft hat wie wir
heute mit den Franzosen.«

»Mehr nicht?«

»Auch noch Latein. Aber meine Frau Mutter entschied
dann, er solle mir nicht den Kopf mit Latein verwirren,
weil das für mich nicht notwendig sei. Don Paco meinte
dann, es würde reichen, wenn ich noch ein wenig *Musa
musae* lerne.«

»Welche Bücher haben Sie denn gelesen?«

»Nur *Warnung für Sünder*, wo das über die Hölle drinsteht. Es ist ein sehr häßliches Buch, und meine Frau Mutter ließ mich darin nur den Teil über die Hölle lesen, der einen sehr erschreckt und einem noch im Traume nachgeht. In ihrer Truhe hat meine Frau Mutter aber andere Bücher, und wenn sie zur Messe ging, holte ich welche heraus, um sie zu lesen. Eines hatte den Titel *Die Wirrköpfige oder die komische Bekehrte*, ein Roman, den ein Paulinermönch geschrieben hat, und ein anderes *Prinzessin, Dirne und Märtyrerin, die Heilige Afra*. Beide Bücher sind sehr schön und erzählen was von Liebe und Küssen, was mir Spaß gemacht hat, als ich es heimlich las.«

Santorcaz lächelte. Nach einer Weile sprach er mit einer gewissen Entrüstung:

»Demnach haben Sie also die *Enzyklopädie*[31] nicht gelesen?«

»Was ist denn das?«

»Die *Zinkopedie*!« rief einer. »Wißt ihr vielleicht etwas über die *Zinkopedie?*«

Diese Verballhornung wurde von Mund zu Mund weitergereicht, so daß es mehr als hundertmal unter Schäkern und Gackern wiederholt wurde und in dieser Nacht ein gewisse lokale Berühmtheit erlangte.

»Ich sehe, daß ihr ein Haufen von Ignoranten seid«, urteilte Santorcaz etwas pikiert. »Ich sehe aber auch, mein lieber Don Diego, daß die Bildung, die Sie genossen haben, für den jungen Haupterben eines großen Geschlechts nicht miserabler sein könnte. Da Sie sich in der Gesellschaft hervortun müssen, sollten Sie unbedingt Ihr Wissen erweitern.«

»Nur zu, Freund«, entgegnete der von Rumblar, »erzählen Sie mir von solchen Dingen, denn das interessiert mich. Alles, was Sie mir gestern auf unserem Wege hierher gesagt haben, hat mir sehr gefallen, und ich kann Ihnen versichern, daß, wenn ich nicht vor der Heirat stehen würde und deshalb bei meinem Hauslehrer weitermachen muß, ich meiner Frau Mutter sagen würde, daß Don Paco mir nur unnützes Zeug und Eseleien beigebracht hat und sie ihn durch Sie ersetzen solle.«

»Ich möchte noch einmal betonen, daß ein junger Mann, der zu hohen Positionen bestimmt ist, doch etwas mehr als *Die Flur des Himmels* wissen muß. Wenn ich mich nicht sehr täusche, wird das mit den ganzen erblichen Vorrechten eines Tages aufhören, und jedermann nur nach dem beurteilt, was er kann und weiß.«

»So müßte es wirklich sein!« stimmte Marijuan zu. »Sind wir denn nicht alle Kinder Gottes?«

»Nun sagt doch mal ehrlich«, sprach Santorcaz und weckte dadurch die Neugier seiner Zuhörer. »Seid ihr nicht auch der Meinung, daß die Welt sehr schlecht geordnet ist?«

Da öffneten sich mehrere Münder vor Staunen, und eine ganze Weile kam keine Antwort.

»Ich, der ich nie ein Buch gelesen habe«, meinte schließlich einer der Umsitzenden, »sage, daß Gott die Welt wieder neu erschaffen müßte, denn diese Regel, daß derjenige, der zuerst aus dem Bauch einer Mutter kommt, fast das ganze Erbteil kriegt und die anderen das Nachsehen haben, ist doch äußerst ungerecht. Mein Bruder hat drei Weiden und zwei Häuser, nur weil es ihm gefallen hat, als erster geboren zu werden – wir anderen ...? Der eine mußte Mönch werden, ein anderer ging nach Peru, einer verhungerte in einem Hospital von Sevilla und ich, meine Herren, mußte mich der Schmuggelei zuwenden, um mir etwas zwischen die Zähne schieben zu können.«

»Hör mal, du«, warf ein anderer ein. »Weißt du, was man sich in Sevilla erzählt? Nämlich, daß der Rat von Sevilla sich mit den anderen zusammenschmeißen will, um viele Dinge, die in der Regierungsform Spaniens schlecht sind, zu ändern, *ohne daß erst die Franzosen kommen müssen, um uns das beizubringen*« (wörtliches Zitat einer Verlautbarung des Obersten Rates von Sevilla).

»Ja, so muß es sein«, bemerkte Santorcaz dazu. »Man hat mir erzählt, daß es in Sevilla Geheimgesellschaften gibt.«

»Was ist denn das?«

»Ich weiß«, erwiderte ein anderer. »Don Luis hat recht. In Sevilla gibt es, was man dort *Flamasonen* nennt, böse Typen, die nachts zusammenkommen, um Hexereien zu begehen.«

»Was sagst du da? So was wie Hexereien gibt es doch gar nicht. Mein Herr ging auch zu solchen Treffen, und als ihm seine Frau das vorwarf, erwiderte er, es handele sich um philosophische Zusammenkünfte, die nichts Böses bezweckten.«

»In Madrid gibt es auch Geheimgesellschaften, die sich aber noch in den Kinderschuhen befinden«, bemerkte Santorcaz dazu. »In Frankreich gibt es Tausende, und alle Welt strömt zu ihnen.«

»Wenn ich nach Madrid komme«, äußerte sich der junge Graf, »wird das erste sein, was ich mache, mich einer solchen Gesellschaft anzuschließen, wo ich zweifellos eine Menge nützlicher Dinge lernen werde. Nicht wahr, Don Luis? Ich bin doch kein Tölpel, soweit kenne ich mich doch! Herr von Santorcaz, wissen Sie, was ich im Patio mit den Hühnern spielte, kam mir auch das, was Sie über das Erbrecht gesagt haben, in den Sinn. Da Sie mir aber eine Menge beibringen können, beantworten Sie mir bitte eine Frage: Warum haben wir in unseren Häusern so viel Papierkram mit Gekritzel, und wozu sind diese Wappenschilder mit Kröten und Schlangen gut? Das von unserem Hause hat vier Eidechsen und ein Schachbrett mit zwei schönen Figuren.«

»Dies sind Symbole, Zeichen, die etwas darstellen«, erwiderte Santorcaz. »Sie beziehen sich auf Heldentaten, die jemand in der Familie mal vollbracht haben soll, oder auf Privilegien und dergleichen. Solche Symbole, mein junger Freund, sind heutzutage aber nichts mehr wert, und in einigen Jahren werden die, die nicht viel mehr als solche Wappen besitzen, auf der Welt kein Ansehen mehr haben, wogegen die, die sich mit ihrer Arbeit und ihrem Talent ein Vermögen errungen haben, tonangebend sein werden, obwohl sie keinen Eidechsenschwanz im Wappen haben.«

»Dann werde ich also mein Haupterbrecht verlieren«, fragte der Grünschnabel verwundert, »und ein armer Schlucker werden?«

»Nichts mehr mit Haupterbrecht«, warf ein anderer ein. »Alle Geschwister, Männer und Frauen, werden zu gleichen Teilen erben.«

»Das darf nun aber doch nicht sein«, protestierte Marijuan, »denn dann gibt es doch keine großen Adelshäuser mehr, die dem Königreich Glanz verleihen!«

»Nein, das darf nicht sein«, pflichtete ein dritter bei, »und der König wird doch auch nicht so dumm sein, das Erbrecht abzuschaffen. Er wird doch immer das beibehalten, was seinen eigenen Interessen dient.«

»Wenn er es nicht abschafft, müssen es eben andere tun«, entgegnete Santorcaz darauf.

Alle lachten bei der Behauptung, daß es noch einen mächtigeren Willen als den des Königs geben könne.

»Wie kann denn das sein? Wenn es der König nicht will …? Gibt es denn noch jemanden, der über dem König steht? Der König befiehlt doch auf allen Gebieten, und Sie können sagen, was Sie wollen, es gibt nichts Höheres als seinen heiligen Willen. Leute, hoch Ferdinand der Siebente!«

»Ihr Einfallspinsel«, schalt Santorcaz seine Landsleute. »Ihr glaubt also wirklich, daß keiner außer dem König befiehlt?«

»Ja, kein anderer.«

»Und wenn nun alle Spanier mit einer Stimme sagen würden: ›Wir wollen dies und das!‹ Was würde der König dann machen?«

Wieder standen alle Münder offen, und niemand wußte eine Antwort.

19

»Ihr ignoranten Tölpel, wenn ihr doch mal ein bißchen über das nachdenken würdet, was ich euch hier klarzumachen versuche«, rief Don Luis. »Was geht denn eigentlich in Spanien vor? Es ist doch so, daß das Königreich etwas macht, was gegen den Willen des Königs ist. Vor drei Monaten gab es in Aranjuez einen schlechten Minister, der von einem dummen König gehalten wurde, und ihr sagtet: ›Wir wollen diesen Minister nicht und auch den König nicht mehr!‹ Und Godoy mußte gehen und Karl abdanken. Anschließend hat Ferdinand der Siebte seine Truppen Napoleon ausgeliefert, und alle Regierungsleute sowie die Generäle und die Kommandeure der Garnisonen erhielten den Befehl, den Kopf vor Joachim Murat zu beugen – aber die Madrider sagten: ›Wir haben keine Lust, dem König, den Prinzen, den Staatsräten, Gebietsräten oder Murat zu gehorchen!‹ Sie haben die Franzosen im großen Park dort und in den Straßen mit Messern angegriffen. Und was ist seitdem geschehen? Der neue und der alte König gehen nach Bayonne, wo sie der Tyrann der Welt erwartet. Ferdinand sagt ihm: ›Die Krone von Spanien gehört mir, aber ich übergebe Sie Ihnen als Geschenk, lieber Monsieur Bonaparte.‹ Und Karl spricht: ›Das Krönchen gehört nicht meinem Sohn, sondern mir. Aber um dem Streit ein Ende zu machen, gebe ich es Ihnen zum Geschenk, Monsieur Napoleon, denn das ist eine so verworrene Angelegenheit, daß nur Sie sie lösen können.‹ Und Napoleon nimmt die Krone und gibt sie seinem Bruder, und zu euch Spaniern sagt er: ›Spanier, ich kenne eure Schwierigkeiten und werde sie lösen!‹ Aber ihr empört euch darüber und antwortet ihm: ›Nein, Kamerad, hier kommen Sie nicht rein! Wenn es uns juckt, kratzen wir uns selbst. Es gibt keinen anderen König von Spanien als Ferdinand den Siebten!‹ Da wendet sich Ferdinand an das spanische Volk und weist es an, Napoleon zu gehorchen, aber inzwischen schreibt ein Bürgermeister von einem Dorf mit nur zweihundert Seelen ein

Papierchen, in dem alle Spanier aufgefordert werden, sich gegen die Franzosen zu bewaffnen. Dieses Papierchen wandert von Dorf zu Dorf, und wie eine Zündschnur mit mehreren Sprengladungen verbreitet es Feuer im ganzen Land von Madrid bis Cádiz. Im Norden geschieht das gleiche, und die großen Ortschaften wie die kleinen bilden Räte, die sagen: ›Nein, hier befiehlt niemand anders als wir Spanier. Wir erkennen weder die Abdankungen an, noch akzeptieren wir diesen König Joseph als König und haben auch keine Lust, dem Kaiser zu gehorchen, weil wir Spanier die Herren in unserem eigenen Hause sind, und wenn die Könige geschaffen worden sind, um uns zu regieren, dann sind wir nicht von unseren Müttern geschaffen worden, daß wir wie Hammelherden hier- und dahin geführt werden!‹ Habt ihr das begriffen? Das ist nämlich so etwa das, was jetzt bei uns vorgeht. Und jetzt antwortet ihr, die ihr das gehört habt, mal: ›Wer hat denn hier was zu sagen, wer bestimmt die Dinge – der König oder die Nation?«

Das Erstaunen, das diese aufschlußreichen Worte in der Zuhörerschaft auslösten, die meist aus groben und unwissenden, aber mit lebhafter Vorstellungsgabe ausgestatteten Burschen bestand, war so außergewöhnlich, daß man eine kleine Zeitspanne lang kein Wort hörte, was ein sicheres Anzeichen dafür war, daß die Erklärungen von Santorcaz in die Gehirntiefen seines Publikums eingedrungen waren und dort Staubwolken aufwirbelten.

Der erste, der das Schweigen brach, war das Gräfchen Rumblar mit folgenden Worten:

»Das ist alles sehr gut gesprochen. Ihr werdet wohl nicht glauben, daß ich ähnliche Gedanken hatte, als ich vor einigen Tagen Fliegen jagte und ihnen Schwänzchen anhängte, damit meine Schwestern, die beim Beten waren, etwas zum Lachen hatten.«

»Ja, meine Herren, hoch die Räte!« rief ein anderer aus und erhob sich. »Ich erinnere mich an ein Papierchen, das in Córdoba auf der Straße ausgeteilt wurde und etwa so lautete: ›Einwohner von Córdoba, die Königreiche Andalusiens werden von Mördern aus dem Norden bedroht.

Euer Vaterland soll unter das Joch eines Tyrannen kommen. Euch selbst wird man von Euren Herden und aus Euren Häusern holen. Der schmierige Murat hat schon seine Pläne, um Euch wie das letzte Vieh nach Norden zu treiben. Soldaten, stöhnt auf vor Wut! Zwölf Millionen Spanier schauen Euch an und beneiden Euren Ruhm, und selbst Frankreich ist von Eurem Triumph beeindruckt.‹«

Lauter Applaus und Schreie begrüßten diese Proklamation, die der Bursche wortgetreu und mit dramatischen Gesten wiederholt hatte.

»Da wir Spanier«, fuhr Santorcaz fort, »jetzt imstande sind, dieses zu tun, warum können wir denn nicht auch morgen sagen: ›Es soll keine Meinungsaushorchung und keine komplizierten Bündnisse mehr geben!‹ oder auch: ›Statt der tausend Konventionen, die wir jetzt haben, genügt die Hälfte!‹ oder ›Wir wollen keine Zehnten mehr abgeben!‹ …«

»Das wäre wirklich schön«, meinte Marijuan dazu, »aber wenn jeder Spanier das tun würde und anfinge, das zu fordern, was ihm selbst gerade gefällt, dann würde bald ein einziges Durcheinander herrschen, in dem keiner mehr den anderen versteht.«

»Na, das sind ja wieder mal Vorstellungen …« entgegnete Santorcaz. »Aber hört doch mal: Wißt ihr denn nicht, daß in Sevilla ein Rat das Sagen hat – und ein anderer in Granada, in Córdoba, in Málaga und so weiter? Statt all dieser kleinen Räte, die jeweils einen Ort regieren, könnte man doch einen großen schaffen, der in Madrid zusammentritt und berät, was für Spanien zu tun ist.«

Die Zuhörer sahen sich an, und Worte der Zustimmung und der Bewunderung gingen von Mund zu Mund, was ein Zeichen dafür war, daß diese jugendlichen Hirne ihre noch ungelenken Flügel ausbreiteten, um die ersten Flüge in das Reich der Gedanken zu unternehmen.

»Diese Gespräche sind für mich sehr interessant«, meinte der Erbe der Rumblars. »Ich könnte diesem Mann die ganze Nacht lang zuhören, ohne müde zu werden. Was kann ich von ihm nicht alles lernen!«

So brach diese in die Zelle einer engstirnigen Bildung eingeschlossene Phantasie von Begeisterung beflügelt aus ihrem Gefängnis aus, weil sie erkannte, daß es draußen Dinge gab, die die Faszination des Neuen besaßen. So wachte der unter einer Eischale schlafende Embryo auf, fühlte seine Kraft und strebte nach außen. So öffnete der bisher Blinde die Augen und erfreute sich des ungewohnten Lichts.

Hier endete das Gespräch, denn die Nacht war schon weit fortgeschritten, und fast alle ergaben sich dem Schlaf mit Ausnahme des Rumblarerben, dessen Eifer schon etwas Fieberhaftes hatte: Er setzte seinen Dialog mit Santorcaz noch längere Zeit fort, und sie sprachen über Projekte von großer Tragweite für beide. Ich entfernte mich von der Gruppe und gab vor, schlafen zu wollen, aber gehorchte nur einem Verlangen meiner Seele, die manchmal die Einsamkeit zu Überlegungen brauchte. Alle Geräusche im Feldlager waren verstummt. Die Gitarren, Kastagnetten, Trommeln und Hörner blieben still, weil die Armee im Schlafe lag. Von der Gruppe meiner Freunde entfernt legte ich mich auf den Boden und wartete auf die Morgendämmerung, ohne meine Augen schließen zu können oder es überhaupt zu wollen. Ich mußte über all das nachdenken, was ich seit meiner Abreise von Madrid gesehen und gehört hatte. Wie viele neue Menschen hatte ich nicht in dieser kurzen Zeitspanne meines Lebens kennengelernt! Im Geist fragte ich die an mir Vorbeiziehenden, ob sie wüßten, was das Schicksal mit mir vorhabe. Von all diesen war aber keine Person so deutlich zu erkennen wie Santorcaz, ein für mich unheimlicher und verdächtiger Mann, der mir eine geheime Abneigung einzuflößen begann, deren Grund ich mir nicht erklären konnte.

20

Am Tag darauf vollführten wir eine flußaufwärts gerichtete Bewegung auf dem linken Flußufer bis zu einem Punkt, der viel höher lag als Mengibar. Wir konnten das nicht verstehen, aber Santorcaz meinte nur folgendes – entweder aus Geltungsbedürfnis oder weil er wirklich Redings Absichten durchschaut hatte: »Unser General weiß schon, was er macht – der kennt die Philosophie der Truppenbewegungen.«

Seitdem wir am Ufer des Guadalimar gelagert hatten, mußte ein Teil der Armee aus undurchsichtigen Gründen Märsche durchführen, die mehr als einen Tag dauerten und uns schließlich am Abend des 18. wieder auf ein Gelände oberhalb von Mengibar führten, wo Stunden zuvor schon die Division des Marquis de Coupigny angekommen war. Nachdem die beiden Einheiten auf diese Weise vereint worden waren, hielten wir nur noch an, um unsere Lebensmittelvorräte aufzufrischen, die schon zur Neige gingen. Es war schon spät in der Nacht, als wir den Weg nach Bailén einschlugen. Inzwischen waren wir vierzehntausend Mann. Alles wies darauf hin, daß es zu einem wirklichen Zusammenprall mit den Franzosen kommen würde.

Wir hörten, daß Dupont, unterstützt durch die Division von Vedel[32], weiterhin in Andújar lag. Plante er, unser drittes Korps und die Reserve, die bei Marmolejo den Fluß überquert hatten und sich nun auf dem rechten Ufer befanden, anzugreifen? Wir glaubten, daß das geschehen würde, wenn Castaños nicht mit der ersten und zweiten Division der Armee, die von Bailén herunterkam, von hinten angriff. War das die Absicht unseres Marsches? Wir glaubten, ja.

Während sich das Drama anbahnte, beschleunigten tausend von uns inszenierte Vorfälle an den Flanken der französischen Armee, die den Feind allmählich irritierten, die Katastrophe. Die Plänklereinheiten oder Guerillas, die von

Don Juan de la Cruz, dem Grafen von Valdecañas und dem Geistlichen Argote befehligt wurden, hatten sich auf die Dörfer und Gehöfte oberhalb des französischen Hauptquartiers in den ersten Ausläufern des Gebirges nördlich von Andújar verteilt, um dem Feind wie ein tödlicher Hornissenschwarm ständig Verluste beizubringen. Diese leidenschaftlichen Landleute verfolgten die Franzosen so eifrig und zerstreuten sich dann so schnell, um nicht angegriffen werden zu können, daß die Eindringlinge keine ruhige Minute mehr hatten. Der mächtige Gigant schlug mit einer Pranke nach diesen lästigen Hornissen, aber diese schwirrten immer weiter um ihn herum, störten ihn mit ihren schmerzhaften Stichen und flohen unangetastet, ohne das Schwert oder die Kanone zu fürchten, denn diese Waffen waren nicht für Hornissen erschaffen worden.

Die Franzosen konnten sich nur in großen Detachements vom Ort ihres Hauptquartiers entfernen. Oft brauchte man tausend Mann, nur um ein paar Krüge mit Wasser an einer nahen Quelle zu füllen. Hätten das kleine Einheiten unternommen, so wären sie sofort von den Guerillakämpfern vernichtet worden. Bevor sie in die Hände des Feindes fallen konnten, wurden Vorratslager verbrannt, die Quellen wurden mit Schlamm und Kot verunreinigt, die Mühlen auseinandergenommen und ihre Mahlsteine vergraben, so daß kein einziges Korn mehr gemahlen werden konnte. Wehe dem Franzosen, der auf den Märschen hinter seinem Detachement zurückblieb! Er wurde jäh von tausend wütenden Händen ergriffen, von Frauen über den Boden geschleift, von Knaben gekniffen und von den Männern mit Messern bearbeitet, bis seine Existenz mit einem schrecklichen Schock in der kalten Tiefe eines Brunnenschachts endete. Der Eindringling fand nirgendwo Asyl und war deshalb auf die Grenzen seines Hauptquartier-Lagers beschränkt. Er sah sich einer Verschwörung von Natur und Einwohnern gegenüber. Er versuchte wütend, eine offene Schlacht herbeizuführen im Vertrauen auf seine Kriegskunst und Erfahrung. Die französischen Soldaten beklagten die Untätigkeit ihres kommandierenden Generals und riefen: »Stellen wir uns doch einer Schlacht! Wenn auch die Hälfte der Armee dabei umkommt, wird doch die andere wenigstens einen Teich erobern, aus dem wir trinken können, und eine Handvoll trockenen Weizen für unseren Mund!«

Die Franzosen hatten in Montoro ein Detachement von siebzig Mann gelassen, um eine Mühle zu bewachen, in der sie unter Schwierigkeiten schlechtes Mehl herstellten. Der Bürgermeister des Ortes, in dem nicht eine einzige Feuerwaffe gelassen worden war, wagte es trotzdem, mit den Einwohnern dieses Detachement anzugreifen. Dazu mußten erst einmal die fünfundzwanzig Mann vernichtet werden, die ständig auf der Brücke Wache standen. So griffen einige zu allem entschlossene Landleute die Wachen wie Rasende mit der blanken Waffe an, töteten die fünfundzwanzig, nahmen ihre Waffen und überraschten den Rest des Detachements in dem Gehöft, in dem sie lagerten. Sie wurden gefangengenommen und zum Abtransport auf die Insel León gebracht. In dem Bericht, mit dem das Ereignis dem Obersten Rat von Sevilla mitgeteilt wurde, stand, daß diese Tat mit den Werkzeugen der Landarbeiter vollbracht wurde, was aber wohl eine andalusische Übertreibung war.

Don José de la Torre, der Bürgermeister dieses kleinen Ortes, fühlte sich zu größeren Aktionen berufen und lauerte einer aus Richtung Córdoba kommenden Proviantkolonne der Franzosen auf, die von neunundfünfzig Soldaten bewacht wurde. Fünfzig blieben dabei auf der Strecke und die restlichen neun rannten, um Dupont von dem Zwischenfall zu berichten. Dieser sandte tausend Mann nach Montoro mit dem Auftrag, das Dorf zu verbrennen und den Bürgermeister lebendig oder tot zu holen. Montoro brannte, und der Bürgermeister La Torre, der gefangengenommen wurde, sollte sein Leben unter einem Exekutionskommando aushauchen, aber ein französischer General, dem er kurz vorher Gastfreundschaft gewährt hatte, setzte sich für ihn ein. Sie ließen ihn laufen, und dieser *kleine Korporal* der Guerillakämpfer marschierte nach

Sevilla, wo er vom Rat die Streifen eines Hauptmanns des Heeres empfing.

Was sich in Montoro ereignete, wiederholte sich mehr oder weniger in allen Ortschaften an der Andalusienstraße von Córdoba bis Santa Elena. Der Gigant, der Städte anzündete und Armeen vernichtete, konnte keinen Schritt wagen, ohne Hornissen zu begegnen, die ihm mit ihren giftigen Stacheln so sehr zusetzten, daß er den Tag verfluchte, an dem er in dieses Land eingefallen war. Der Adler, von Insekten zerstochen, krächzte an den Ufern des Guadalquivir vor Hunger und Hitze und schliff seine Krallen an den Stämmen der Olivenbäume in der Hoffnung, bald die Gelegenheit zu haben, wieder etwas zerstören zu können.

21

Als wir zu vorgerückter Nachtzeit Bailén erreichten, waren wir sehr überrascht, daß uns keine französische Einheit den Einmarsch in die Stadt streitig machte. Wo waren die Franzosen? Was war mit ihnen geschehen, wenn sie noch nicht einmal ein paar Bataillone zur Bewachung eines so wichtigen Punktes zurückgelassen hatten? Diese Frage wurde uns bald aus dem Mund der Einwohner beantwortet, die in Massen herbeiströmten, um uns zu empfangen: Die Division Vedel war in Richtung La Carolina durch den Ort gezogen.

»Wir dachten, Sie seien jetzt in Linares«, sagte Don Paco, der auch zu unserem Empfang gekommen war und sich vor Freude gar nicht halten konnte. »O Herr Graf, mein Sohn! ... Ihre Exzellenz sind doch nicht etwa verwundet? Gehen wir doch auf einen Moment ins Haus, wo die Frau Gräfin und die Mädchen für den Erfolg des Krieges beten. Wird denn den Truppen nicht eine Rast gegönnt?«

Unser General hatte beschlossen, sofort nach Andújar

weiterzumarschieren. Aber da wir über den ganzen Ort verteilt waren, konnten wir noch in das Haus unseres Herrn treten, wo uns im unteren Salon ein köstlicher Imbiß gereicht wurde.

»Es ist eigentlich ein Wunder, daß wir Ihnen noch diese Brote und die paar Unzen Rohschokolade hier mitgeben können«, meinte Don Paco, als er diese Dinge vor uns hinlegte. »Die Franzosen haben uns nichts gelassen. Welch schreckliche Plünderung! Die Frau Gräfin ging hinaus und empfing sie mit einer Gemütsruhe, die mich regelrecht erschreckte. Ich zitterte und mußte mich im Gebetsraum verstecken, denn vor denen hätte ich die Würde meines Charakters verloren. Alles haben die mitgenommen – das Stroh aus den Pferdeställen, die Hühner aus ihrem Pferch, die Eier und sogar ein paar Tomaten, die ich für eine kleine Mahlzeit bereitgelegt hatte … alles, alles haben sie mitgenommen! Die Stadt ist ins Elend gestürzt worden, und ich weiß von etlichen Leuten, daß sie das Mehl in die Mistgruben schütteten, damit es den Franzosen nicht in die Hände fällt. Der Señor Salvador schleppte zweihundert Schläuche voll Olivenöl und hundert voll Wein aus seinem Keller auf ein Feld und ließ diese kostbaren Flüssigkeiten dort auslaufen. Andere verbrannten die Wagen und das Stroh auf einem gigantischen Scheiterhaufen. Die Juwelen der Statuen und das Silber der Kirchen sind eingegraben worden. Die Franzosen schnaubten vor Wut, als sie erkannten, daß sie hier kaum etwas wegschleppen konnten. Am sechzehnten, nachdem wir große Angst ausgestanden hatten, wurde uns die unbeschreibliche Freude beschert, die Franzosen geschlagen und mit ihrem tödlich verwundeten General von der Fähre von Mengibar kommen zu sehen. Wie sie durch die Straßen rannten, und welch schreckliche und schamlose Worte aus ihren Mäulern drangen! Sie töteten viele Leute, die ihnen nichts getan hatten – was in keinem der Kriege Alexanders vorgekommen ist! Aber man hat auch zurückgeschlagen. Einige kamen angeberisch brüllend an die Tür der Werkstätte des Gil, in der der Ofen zum Brennen von Steingut angezündet war. Eine Franzo-

senbande war gerade dabei, die Frau des Gil mit Obszöni-
täten zu belästigen, als plötzlich Burschen von uns auftauchten, sie ergriffen und – schwupps – alle in den Ofen
stießen … Aber hier kommt die Frau Gräfin aus dem
Gebetsraum …«

Und wirklich, die Herrin des Hauses, in einen schwarzen Umhang gehüllt, näherte sich uns würdig schreitend,
gefolgt von ihren beiden Töchtern, die sich weinend in die
Arme ihres Bruders stürzten. Doña María umarmte ihren
Sohn, ohne auch nur einen einzigen Augenblick ihre feierliche Würde zu verlieren, und begrüßte uns andere
freundlich einen nach dem anderen unter Ausrufung
unserer Namen. Von unserer Gruppe fehlte nur Santorcaz,
der gleich nach der Ankunft Don Paco hastig um Schreib-
zeug gebeten hatte und nun in dessen Büro einige Briefe
schrieb.

Nachdem sie uns begrüßt hatte, setzte sich die Gräfin
und stellte ihrem Sohn folgende Fragen, die es wert sind,
der Menschheit erhalten zu bleiben:

»Mein Sohn, ich weiß alles, was in der Aktion vom sechzehnten geschah, aber niemand hat mir erzählt, daß du
etwas Bemerkenswertes geleistet hättest. Hast du denn
Angst gehabt?«

»Angst? Ich?« rief der Junge lachend aus. »Nein, Frau
Mutter! Ich habe meine Pflicht in den Reihen getan und
nicht mehr – bis jetzt. Aber Eure Gnaden möge nicht ungeduldig werden, denn obwohl ich nur ein einfacher Soldat
bin, werde ich mich auszeichnen!«

»Nur ein einfacher Soldat!« klagte die Gräfin. »Du bist
doch kein Soldat, obwohl es so scheinen mag. Jeder muß
zwar auf dem Posten, den man ihm zugewiesen hat, sein
Bestes geben. Doch was würde man von dir, von mir, von
diesem Hause, von deinem seligen Vater sagen, wenn du
in diesem Kriege nicht etwas leisten wirst, was weit mehr
ist, als man von einem einfachen Soldaten erwartet?«

»Frau Mutter«, entgegnete der Bursche mit einer Ungezwungenheit, die die ganze Familie überraschte, »ich
werde tun, was ich kann und was unter den Umständen

möglich ist. Darin werde ich nicht mehr und nicht weniger als die anderen sein. Und da Sie nun schon davon sprechen, Frau Mutter, erkläre ich hier, daß ich Soldat bleiben möchte. Deshalb bitte ich Sie, daß Sie den König – ach nein, lieber den Rat – bitten, mir das Schultergehänge des Offiziersanwärters zu verleihen.«

»Du bist nicht zum Soldaten bestimmt, denn dies hier ist eine Ausnahmesituation, in der das Vaterland alle seine Söhne braucht, vom höchsten bis zum niedrigsten.«

»Aber, Frau Mutter, ich bin doch jetzt nichts und möchte etwas werden!« begehrte der junge Mann und ließ dabei eine Energie erkennen, die ihm bis zu diesem Zeitpunkt niemand zugetraut hatte.

»Was? Du bist nichts?« rief die Mutter erst mit Überraschung und dann zornig aus und sah alle in der Runde an, als ob sie uns fragen wollte, ob ihr Sohn bei dem Feldzug wohl verrückt geworden sei.

»Ich bin nichts, nicht mehr als die anderen Rekruten«, entgegnete Don Diego hartnäckig. »Was nutzen mir denn die alten Papierchen und diese Wappen, wenn alle über mich lachen, wenn ich nur den Mund aufmache, weil ich doch nur Dummheiten von mir gebe?«

Die Gräfin wurde puterrot und sah ohne ein Wort Don Paco an, der erschrocken, verwirrt und niedergeschmettert von dem, was er da aus dem Munde seines Schülers hören mußte, seine Augen von einer Seite zur anderen wandte.

»Dieser junge Mann«, brachte der Hauslehrer schließlich heraus, »scheint seinen Verstand verloren zu haben. Señora, wenn er nach der Erfüllung seiner Pflicht auf den Schlachtfeldern zurückkommt, werde ich ihn tiefer in die Geschichte von Alexander dem Großen einweihen.«

Doña María, deren Würde es nicht zuließ, daß solche Angelegenheiten im Beisein von Fremden behandelt wurden, gebot Don Paco zu schweigen und bedeutete auch ihrem Sohn mit einer drohenden Gebärde, still zu sein. Nachdem die Schwesterchen Asunción und Presentación die Tragtaschen ihres Bruders inspiziert hatten, prüften sie seine Gamaschen, den Hut und die Schärpe, um – wie sie sagten – nach Löchern von Kanonenkugeln zu suchen.

Don Diego aber, dessen Geist wohl einem Hexenkessel von Worten glich, die sich entsprechend Bahn brechen wollten, konnte nicht länger schweigen und versetzte dadurch die Gräfin in noch größere Unruhe. Wie ich schon einmal erwähnte, war der Salon niedrig, in den die Herrin des Hauses ein paar auf wunderbare Weise vor der Gier der Franzosen gerettete Weinschläuche als Geschenk für uns bringen ließ. Als er dies sah, wandte sich Don Diego an uns, die wir ehrerbietig an der Tür standen, und sagte uns mit kameradschaftlicher Geste:

»He, Jungs, kommt alle rein! Warum bleibt ihr denn an der Tür stehen? Setzt doch alle die Hüte wieder auf, denn wir sind doch alle gleich, alle Waffengefährten, und ich kann genausogut von einer Kugel getötet werden wie ihr. Laßt uns alle zusammen trinken. Habt ihr Minderwertigkeitsgefühle, weil ich ein Adliger und Haupterbberechtigter bin und ihr nur arme Schlucker? Das sind doch alles Dummheiten, die die Räte heute oder morgen wie alle anderen dieser Art abschaffen werden, so daß dann jeder nur noch das wert ist, was er hat und weiß.«

Don Paco wurde grün im Gesicht, als er diese ungewöhnlichen Worte hörte, legte die Hand an sein Herz und schaute die Gräfin mit schmerzvollem und zerknirschtem Blick an, als wollte er damit sagen, daß er seinem Schüler solche Dinge nicht beigebracht habe. Die Gräfin schloß ihren Zorn in die Tiefen ihrer Brust ein, und obwohl man ihre Unruhe und Aufgebrachtheit durch ein flüchtiges Flattern ihrer Lider über den dunklen Augen erkennen konnte, sagte sie nichts, was ihre Würde kompromittieren konnte. In der Absicht, ihren Sohn von diesem Thema abzubringen, fragte sie ihn, ob er die ihm aufgetragenen Besuche bei der Marquise von Leiva und ihrer Nichte in Córdoba abgestattet habe.

»Ja, Frau Mutter«, erwiderte der junge Mann, »ich suchte sie auf. Die Gräfin gab mir viele Süßigkeiten, und die Marquise fragte mich, ob ich bei der Messe assistieren könne. Die eine wie die andere erzählten mir, daß die junge Dame, mit der meine Hochzeit geplant ist, weiterhin darauf besteht, im Kloster zu bleiben und lieber Jesus Christus heiraten werde als mich. Was sind das alles für Geschichten, Frau Mutter!« fügte er mit neuer Erregung hinzu. »Ich möchte beim Militär bleiben, und ich möchte auch nach Madrid gehen, um von Menschen zu lernen, die von den Philosophen wissen und die *Enzyklopädie* lesen, die Geheimgesellschaften sehen und alles lernen, was ich nicht weiß, denn Don Paco hat mich nur solche Einfältigkeiten wie *Die Flur des Himmels* gelehrt.«

Abermals blickte der Hauslehrer mit flehenden Augen zur Gräfin hinüber, um zum Ausdruck zu bringen, daß er ihrem Erben solch ein Benehmen niemals beigebracht hätte. Doña María schalt ihren Sohn mit wahrhaft königlicher Haltung, und zwar mit diesen von ausdrucksvollen Pausen unterbrochenen bitteren Worten:

»Mein Sohn, du erinnerst dich, daß ich dir einen Degen deiner Vorväter übergab. Er bringt dem, der ihn am Gürtel trägt, Ehre. Dieser Ehre muß er sich aber auf den Schlachtfeldern würdig erweisen. Wirst du etwa diesem Degen, den der Urgroßvater deines Vaters in der Schlacht von Maastricht benutzte, als die halbe Welt den Namen Spaniens trug, Schande bereiten?«

»Der Degen!« rief der junge Graf überrascht aus. »An den habe ich ja gar nicht mehr gedacht. Den habe ich nicht mehr.«

»Was sagst du da? Du hast ihn nicht mehr?« fragte die Mutter mit größter Bestürzung.

»Nein, Frau Mutter. Er war doch zu nichts nutze! Als wir den ersten Angriff auf Mengibar ritten, holte ich ihn aus der Scheide, und bei den ersten Hieben ins Gras bemerkte ich, daß er nicht schnitt.«

»Er hat nicht geschnitten?«

»Nein, Frau Mutter. Das war eine schartige Klinge voller Buchstaben, Verzierungen, Kröten hier und Schlangen da, angerostet von der Spitze zum Griff. Wozu hätte ich den denn noch gebrauchen können? Da er keine Schneide mehr hatte, tauschte ich ihn beim Sergeanten gegen einen neuen Säbel ein.«

»Und du gabst ihm den Degen, diesen Degen!!!« rief die Gräfin und erhob sich.

Die Dame war erhaben in ihrer unendlichen Entrüstung. Sie schien das Abbild der Geschichte zu sein, die aus dem Grab aufsteht, um von der gegenwärtigen Generation Rechenschaft zu fordern.

»Ja, Frau Mutter, ich habe ihn dem Sergeanten gegeben«, fügte der Bursche hinzu und zog einen neuen Säbel aus der Scheide, glänzend und mit sehr scharfer Schneide. »Der andere war doch nur noch etwas zum Ansehen. Sehr schön zwar, das schon, voller Verzierungen in Silber und Gold. Aber, Frau Mutter, wenn er doch nicht schnitt … wenn er doch voller Rost war … Schauen Sie doch mal diesen Säbel an. Auf dem steht kein Gekritzel, keine komischen Verzierungen, rein nichts – aber er schneidet, daß es nur so eine Lust ist!«

Die Gräfin machte vor unseren Augen einen Schritt auf ihren Sohn zu, das schöne und ehrfurchtgebietende Gesicht vor Zorn entstellt, streckte die Arme aus und begann zu stammeln, als ob ihre entrüstete Zunge kein Wort finden konnte, das hart und energisch genug für diese Situation war. Wir sahen sie dann die Hände an den Kopf legen, zurückweichen, schwanken, sich an der Schulter von Don Paco festhalten und sich dann wieder fassen, sich aufrichten, ihren Sohn mit Verachtung anblicken, auf die Straße weisen, auf der plötzlich lautes Trommeln zu hören war, und sagen:

»Die Armee zieht ab. Geh mit ihr! Wenn der Krieg zu Ende ist, werden wir miteinander abrechnen. Wenn du tapfer bist und lebend zurückkommst, werde ich dich mit meiner eigenen Hand lehren, deinen Namen zu respektieren. Aber wenn du ein Feigling bist, sollst du nie mehr hierherkommen!«

Wir verließen in aller Eile das Haus, schwangen uns auf unsere Pferde und reihten uns ein. Santorcaz kam uns nach. Don Paco wollte nicht herauskommen, um sich von uns zu verabschieden, denn er war – wie er später erklärte – von starkem Schmerz ergriffen, daß er hatte erleben müssen, wie das aufrechte Bäumchen, das er mit so viel Sorgfalt im friedlichen Garten seiner Lektionen aufgezogen hatte, in einer Woche vom Hauch schlechter Gesellschaft zu einem Wildwuchs geworden war.

Die beiden Schwestern des jungen Grafen schwenkten aus dem Fenster die Taschentücher, mit denen sie sich auch die Tränen abtrockneten. Keine der beiden – weder die zur Heirat ausersehene, die deshalb unwissend gehalten wurde, noch die zum Klosterleben bestimmte, die schon eine halbe Doktorin war – hatten die von mir geschilderte Auseinandersetzung gehört. Die armen Geschöpfe sahen eine Welt untergehen und eine neue auftauchen, ohne daß sie dessen gewahr wurden.

22

Der Morgen graute, als die Reihen der Vorhut aus Bailén auszurücken begannen. Mein Regiment sollte mit den letzten aufbrechen, und während sich die Artillerie und die Fußsoldaten in Bewegung setzten, standen wir über eine halbe Stunde in Formation am Ausgang des Ortes rechts von der Straße und warteten auf den Marschbefehl. Als dieser endlich erteilt wurde, ritten wir in Richtung Andújar, entschlossen, die Offensive gegen die französische Armee zu beginnen, die zur gleichen Zeit durch Castaños von Marmolejo her angegriffen werden sollte. Und die Division Vedel, deren Bewegungen den Schlüssel jener strategischen Herausforderung darstellten? Am 16. Juli, als die von mir beschriebene Operation von Mengibar stattfand, befand sich diese Division in Andújar. Dupont erfuhr von der Vertreibung von Ligier-Belair und vom Tod des Generals Gobert und befahl Vedel, auf Bailén vorzurücken. Am Tag darauf wollte er ihm dorthin folgen.

Während Dupont sich also auf Andújar zu bewegte, glaubte Ligier-Belair, als er sah, wie wir uns zurückzogen und wieder über den Fluß setzten, daß Coupignys und Redings Truppen versuchen würden, sich vorsichtig am linken Flußufer stromaufwärts auszubreiten und die Straße von Linares nach Guarromán zu nehmen, um dann La Carolina zu besetzen und ihm, Ligier-Belair, den Weg ins Gebirge abzuschneiden. Davon überzeugt, stellte er keine weiteren Erkundigungen an und begann den Marsch nach Norden in dem Glauben, einem beabsichtigten strategischen Geniestreich des Generals Reding zuvorzukommen. Vedel zog nach Bailén in der Annahme, dort auf uns zu treffen, und die dort gebliebenen Franzosen berichteten ihm: »Die ›Aufständischen‹ haben den Fluß wieder überquert und bewegen sich auf Linares zu, um uns den Weg ins Gebirge abzuschneiden, aber der General Ligier-Belair, der den Plan durchschaut hat, ist sofort ausgerückt, um La Carolina zu besetzen. Wenn die Spanier dort in dem Glauben eintreffen werden, ein erstklassiges Manöver vollführt zu haben, werden sie ihn schon vorfinden.« Vedel hörte dies und sagte: »Sie wollen uns den Weg ins Gebirge abschneiden, um unseren Rückzug zu verhindern und uns hier vor Hunger und Durst umkommen zu lassen. Also laßt uns nach La Carolina eilen, auf, auf!« Er schickte einen Melder zu Dupont mit der Botschaft: »Herr Kommandierender General, die ›Aufständischen‹ wollen uns den Weg ins Gebirge abschneiden. Ich eile nach La Carolina. Kommen Sie mir nach und erledigen wir sie.«

Dies geschah am 17. und 18. Juli. In der Zwischenzeit fingierten wir ›Aufständischen‹, die wir uns auf das linke Flußufer zurückgezogen hatten, eine Bewegung nach Linares, aber sobald es dunkel geworden war, strebten wir in Eilmärschen wieder nach Bailén. So erzählten uns die Einwohner in diesem Ort: »Vedel ist heute morgen hier durchgekommen und in Richtung La Carolina marschiert, um zu verhindern, daß ihr ihnen den Weg ins Gebirge abschneidet. Geht ihr denn nicht nach Linares?«

Nein, wir marschierten nach Andújar, um Dupont dort

anzugreifen. Wegen der ungeschickten Manöver der französischen Generäle eilte ein großer Teil der kaiserlichen Truppen auf die Berge zu, um ein Phantom zu suchen. Die ›Aufständischen‹, die sie auf dem Marsch nach La Carolina vermuteten, waren in Bailén und rückten auf Andújar vor. Das war die Lage der spanischen und französischen Divisionen am Abend des 18. und 19. Juli.

Wir würden mit Dupont kämpfen – nur mit Dupont. Aber wenn Vedel seinen Irrtum erkennen und schnell zurückeilen würde, um uns unversehens während des Kampfes in den Rücken zu fallen? Diese unheilvolle Möglichkeit wurde durch den Vorteil ausgeglichen, daß die französische Armee von Andújar sich gleichzeitig gegen uns und unsere Reserve, die sie von Westen bedrohte, verteidigen mußte. Riskant war unsere Position aber in jedem Fall. Deshalb wollte sich Reding davon überzeugen, wie weit Vedel wirklich von uns entfernt war, weshalb er den Pionierleutnant Don José Jiménez als Kundschafter die Straße aufwärts schickte. Dieser tapfere Offizier, dessen Name nicht in den Geschichtsbüchern steht, verkleidete sich als Fuhrmann und führte innerhalb eines anstrengenden Tages seinen Auftrag aus, so daß er am Abend zurückkehrte, um zu berichten, daß Vedel jenseits von La Carolina sei.

So standen die Dinge, als wir uns am Morgen des 19. Juli anschickten, Bailén zu verlassen. Wir hatten aber nicht vorausgesehen, daß Dupont, der über die vermutete Besetzung der Berge durch die ›Aufständischen‹ sehr besorgt war, in der gleichen Nacht sein Lager abbrach und ganz leise diesen für die Franzosen unheilvollen Ort Andújar verließ.

Kurz vor dem Morgengrauen stellten unsere Führer die Marschsäulen auf. Hätte zu Anfang dieser Nacht, die nun zu Ende ging, jemand vom Himmel aus beobachtet, was in diesem breiten Streifen von Äckern und Olivenhainen, der am Fuß der Berge verläuft, vor sich ging, so hätte er zwischen diesen Bergen und dem Guadalquivir eine Reihe von Menschen und Pferden entdecken können, die sich von der dunklen Häusermasse von Andújar davonschlichen. Diese Reihe erstreckte sich in unaufhörlicher Prozession auf die Landstraße und wand sich dort langsam weiter, ohne Geräusche und ohne Lichter. Er würde gesehen haben, wie sich diese dunkle Schlange zeitweise von dem mondlichtbeschienenen Boden abhob und dann wieder mit dem Dunkel der Olivenhaine verschmolz, ohne in ihrem langsamen Fortschritt innezuhalten, als ob sie sich dem Blick möglichst entziehen und im Staub des Weges die Geräusche der Lafetten verbergen wollte. Er hätte erblickt, wie dreitausend Mann Infanterie vorausmarschierten, hinter denen eine Schwadron Kavallerie, dann sechs Kanonen und danach eine riesige Anzahl von Wagen kam, die sich über zwei Leguas* erstreckte. Hinter der Wagenkolonne kamen neue Infanterieeinheiten und etliche Generäle, dann wieder sechs Kanonen, zwei Kürassierregimenter, weitere vier Kanonen und am Ende eine Gruppe von hohen Offizieren, gefolgt von fünfhundert Fußsoldaten. Diese Schlange hielt nirgends an und bewegte sich langsam entsprechend der Geschwindigkeit der langen Wagenkolonne vorwärts. Die Männer, aus denen sie bestand, waren still und hatten die Köpfe gesenkt, offenbar in Vorahnung von schlimmen Ereignissen, als ob sie zu sich selbst sagten: »Nun gehen wir nach La Carolina, wo wir dieses verfluchte Land, in das uns zu schicken der Kaiser den unglücklichen Einfall hatte, auf Engpässen verlassen werden. Oh, wann werden wir sie wiedersehen, die Landschaften von Turenne, Poitou, der Charente oder der Vogesen, des Artois, des Limousin?«

---

* Ca. 11 km (Anm. d. Übersetzers).

23

Während wir auf den Abmarschbefehl warteten, waren unsere Zungen nicht müßig. Marijuan unterhielt mich mit seinen Geschichtchen und Witzen, und mit dem gleichen Interesse verfolgte ich einen Dialog zwischen Santorcaz und Don Diego. Ich kann mich hier nicht enthalten, dieses Gespräch wörtlich wiederzugeben, um dem Leser etwas zum Nachdenken über dieses Thema zu geben:

»Was Sie mir vor einiger Zeit über dieses schöne Mädchen sagten, das zu ihrer Gattin bestimmt ist und das Kloster nicht verlassen will«, sprach Santorcaz, »dürfen Sie nicht so ernst nehmen. Das sind Heucheleien der spanischen Mädchen, die sich in ihrer Phantasie in Jesus Christus verliebt glauben, wogegen sie in Wirklichkeit für ein weltliches Ideal schwärmen.«

»Wenn sie nicht herauskommen will, dann soll sie es bleiben lassen!« entgegnete der junge Mann trotzig. »Ich habe sie doch noch nie gesehen und kann jetzt gar nicht verstehen, daß ich mich überhaupt in Gedanken mit ihr beschäftigen konnte.«

»Aber lieben Sie sie denn?«

»Ich werde Ihnen mal sagen, wie das kam. Meine Mutter rief mich eines Tages, und nachdem sie mir zwei Klapse gegeben hatte, weil meine Hände mit Tinte beschmiert waren, eröffnete sie mir, daß sie sich entschlossen habe, mich zu verheiraten. Ich freute mich sehr darüber, ging in mein Zimmer, zerriß alle Schönschreibseiten und erklärte Don Paco, daß ich nun ein Mann sei und keine Lust mehr habe, ihm zu gehorchen. Von da ab dachte ich fast nur noch an meine künftige kleine Frau und die Freuden der Ehe. Meine Mutter schrieb Briefe um Briefe, um meine Heirat zu arrangieren, und als ich sie voller Neugierde fragte: ›Frau Mutter, wie läuft denn die Sache?‹ antwortete sie mir: ›Lerne du man, Rotznase. Seitdem du das mit der Brautsuche weißt, nimmst du ja kein Buch mehr in die Hand.‹ Schließlich arrangierte meine Mutter nach vieler Briefschreiberei alles. Als ich jetzt letztens die Damen in Córdoba besuchen ging, dachte ich, man würde mir nun endlich die Auserkorene vorstellen. Aber die Damen sagten mir, das junge Mädchen wolle nicht das Kloster verlassen. Schließlich gaben sie mir das Medaillon, das Sie jetzt zur Aufbewahrung haben. Danach gab mir die Nichte einige Süßigkeiten und ihre Tante eine Zigarette, die ich auf der Straße rauchen sollte. Bei dem zweiten und dritten Besuch war es genauso, nur daß sie mir keine Zigarette mehr gaben. Als ich das Bild sah, gefiel mir die Kleine gleich so sehr, daß ich dem Medaillon auf der Straße Küsse gab, und in der Nacht legte ich es auf mein Kopfkissen. Ich bin in sie verliebt – besser gesagt, ich war es noch vor einigen Tagen, denn jetzt bin ich über die Dummheit hinaus, mich in ein kleines Bild zu verlieben, lache über mich selbst und sage mir: ›Wenn ich nun so viele aus Fleisch und Blut treffe, warum soll ich mir da den Kopf heiß machen wegen eines Bildes?‹«

»Aber nein, Don Diego«, warf Santorcaz ein. »Wenn Ihre Frau Mutter sie für Sie ausgesucht hat, ist sie bestimmt eine gute Partie, so daß Sie darauf bestehen müssen, sich mit ihr zu verheiraten.«

»Ja? Na, dann holen Sie sie doch aus dem Kloster«, erwiderte de Rumblar. »Die erzählen ihr doch da von keinem anderen Ehemann als von Jesus Christus.«

»Ich habe es Ihnen doch gesagt – alles nur Flausen der Spanierinnen, die im allgemeinen nervöse Frauen sind, sehr extrem in ihren Leidenschaften und immer geneigt, Wollust und Mystik zu mischen. Vorsicht vor kleinen Nonnen von fünfzehn Jahren, die der Welt entsagen und als Alte im Kloster sterben wollen. Ich kannte mal eine junge und hübsche Novizin, die auch keinen anderen Ehemann als Jesus Christus haben wollte und wütend wurde, wenn man ihr davon sprach, daß sie das Kloster verlassen sollte – bis sie an einem Karfreitag einen jungen Mann durch das Chorgitter erspähte. Vierzehn Tage später öffnete sie in der Nacht ein Fenstergitter des Klosters und sprang auf die Straße, wo sie ihr Liebhaber erwartete, der jetzt ihr glücklicher Ehemann ist.«

»Oh, das ist ja eine schöne Begebenheit!« rief Don Diego begeistert aus. »Was würde ich darum geben, wenn ich das gleiche erleben könnte!«

»Hat sie Sie schon einmal gesehen?«

»Nein.«

»Wenn sie Sie einmal gesehen hat, wird sie sich beeilen, durch die Tür zu Ihnen zu kommen, ohne sich der Gefahr des Springens aus einem Fenster auszusetzen. Aber jetzt kommt mir so der Gedanke: Wenn Sie statt eines etwas zurückgebliebenen Jungen, der altertümlich erzogen wurde und naiv wie ein Bettelmönch ist, ein wagemutiger Mann wären, wie wir alle es sind, die wir die Bildung der Granden von Spanien genossen haben, wenn Sie endlich mal das Netz abwerfen könnten, in das Sie die sogenannte Wissenschaft von Don Paco eingewickelt hat, sowie auch die Manieren Ihrer Schwestern, dann können wir uns in ein köstliches Abenteuer stürzen.«

»Was denn für eins, Freund Santorcaz?«

»Na, die Kleine aus dem Kloster zu holen, wenn die Schlacht geschlagen ist und wir nach Córdoba zurückkehren.«

»Wie?«

»Wie das gemacht wird? Sie werden staunen! Das ist sehr unterhaltsam. Sehen Sie hier die Narbe an meiner rechten Hand? Die habe ich mir geholt, als ich über die Mauer eines Klosters kletterte. Im ganzen habe ich das schon fünfmal gemacht, mit ebenso vielen Novizinnen und Nonnen. Ach, Don Diego meines Herzens! Die Erinnerung an solche und andere Begebenheiten erfreut einen, wenn man sich an der Schwelle des traurigen Alters befindet.«

»Donnerwetter, das erscheint mir sehr aufregend«, rief Don Diego aus und schnellte von seinem Sattel hoch vor Freude, »aber ich möchte das auch machen – ich möchte Narben beim Klettern über Klostermauern davontragen! Sagen Sie, wie werden wir das anstellen? Gehen wir geradewegs in das Kloster, nehmen das Nönnchen mit, und ich führe sie zu mir ins Haus? Wenn ein paar Säbelhiebe ausgeteilt oder Türen eingeschlagen oder Laternen gelöscht werden müssen, wäre das um so interessanter! Herrlich! Sie sind wirklich ein Mann mit großen Ideen! Was für neue und aufregende Sachen ich doch von Ihnen erfahre! Ich bin begeistert, und es scheint mir jetzt, daß ich vor meinem Eintritt in die Armee gar kein richtiger Mensch war. Mir kommt es zwar dunkel so vor, daß ich auch schon mal an so etwas dachte, was Sie mir jetzt erzählen ... ja ... dort ... als ich mit meiner Mutter die Messe bei den Dominikanern hörte.«

»Diese Dinge, mein lieber Don Diego«, sprach Santorcaz, »sind das Leben, die Jugend, die Lebensfreude!«

»Großartiger Gedanke! Also werden wir diese Dame, meine künftige Ehefrau, holen? Die wird sehen, daß ich nicht der Mann bin, mich mit Kindereien von Novizinnen zum Narren halten zu lassen! Nichts da – sie muß meine Frau werden, ob sie nun will oder nicht! Aber sagen Sie: Wenn uns dann die Gendarmen festnehmen ...?«

»Deshalb müssen wir sehr vorsichtig vorgehen, aber aus dieser Vorsicht, aus den ganzen Dingen, die dabei zu bedenken sind, besteht ja der größte Reiz dieses Unternehmens. Wenn es keine Hindernisse und Gefahren dabei gäbe, würde es sich doch gar nicht lohnen, es zu versuchen.«

»Ja, wirklich. Auch mir gefallen Gefahren, Don Luis – alles, wovon man nicht weiß, wie es ausgehen wird. Erzählen Sie mir mehr davon. Welche Vorsichtsmaßnahmen sind zu treffen?«

»Das werden wir dann schon sehen, wenn es darauf ankommt. Ich bin ein alter Hase in solchen Sachen. Zwar bin ich nicht mehr direkter Teilnehmer an solchen Liebesabenteuern und würde es für mich selbst nicht mehr versuchen, aber ich entdecke in Ihnen so starke Anlagen für einen modernen Mann, einen Mann mit kühnen Ideen, der die muffigen Sitten Spaniens durchbrechen kann, daß ich in meine alten Gewohnheiten zurückfallen werde, um mit Ihnen etwas zu unternehmen.«

»Aber wann werden wir endlich diese Schlacht schlagen und nach Córdoba zurückgehen, damit ich meinem Fräulein zeigen kann, wie Männer mit modernen Ansichten handeln, wenn sie von Bräuten von Jesus Christus verachtet werden? Sagen Sie mal, Santorcaz, und wenn wir die Schlacht verlieren und getötet werden …?«

»Die Kugel, die mich umbringt, ist noch nicht gegossen worden. Und Sie, was haben Sie denn so für ein Gefühl?«

»Auch ich fühle, daß ich jetzt nicht sterben werde. Ach, wenn Sie das sehen könnten! Da ist etwas wie ein Feuer in meinem Kopf … Mir schwirren dort so viele neue Gedanken herum, so viele Abenteuer, so viele Pläne, daß ich einfach noch länger leben muß, damit die Welt erfährt, daß es einen Don Diego Afán de Ribera, Graf von Rumblar gibt.«

»Na, das ist doch wunderbar! So war ich auch als junger Bursche. Dann ging ich nach Frankreich, wo ich viele Dinge lernte, die auch die Weisen hier nicht wissen. Als ich zurückkehrte, merkte ich, daß die Leute auch hier nicht mehr so rückständig wie früher waren. Es scheint, als ob es nun auch hier eine gewisse Aufnahmebereitschaft für neue und gewagte Dinge gibt. In Madrid sind mehrere Geheimgesellschaften gegründet worden.«

»Um Klöster anzugreifen?«

»Nein, das sind keine Vereinigungen von Verliebten. Wenn die sich eines Tages um die Klöster kümmern sollten, dann nur, um die Brüder hinauszuwerfen und die Gebäude zu verkaufen …«

»Die würde ich aber nicht kaufen.«

»Warum nicht?«

»Weil diese Häuser Gott gehören und der, der sie ihm wegnimmt, sich selbst verdammt.«

»Was – sich selbst verdammt? Über solche Albernheiten kann ich nur lachen. Söhnchen, Sie haben ja noch solch verstaubte Ansichten!«

»Wir müssen im Frieden mit Gott leben«, erklärte Don Diego, »und deshalb glaube ich, daß wir vor der Entführung meiner Braut aus dem Kloster beichten und das heilige Abendmahl nehmen müssen. Wir müssen den lieben Gott um Vergebung bitten für das, was wir tun wollen, denn es ist ja nur zum Scherz, um uns zu vergnügen, und nicht, um ihn zu beleidigen.«

Da bog sich Santorcaz vor Lachen.

»Dann sind Sie also einer von denen, die eine Kerze für Gott und eine andere für den Teufel anzünden? Holen wir nun das Mädchen da raus oder nicht?«

»Ja, tausendmal ja! Dieser Plan gefällt mir so gut. Danach werde ich mit ihr nach Madrid gehen, denn dort will ich unbedingt hin. Man sagt, daß dort etwas los sei. Oh, wie gerne würde ich mal einen Aufstand, eine Meuterei oder so etwas sehen, wo man schreit, rennt, sich prügelt! Haben Sie so etwas schon mal erlebt?«

»Mehr als tausendmal.«

»Das muß doch aufregend sein. Das würde mir so sehr gefallen, in einem Aufstand mittendrin zu sein und wie die anderen zu schreien: ›Nieder mit dem, nieder mit jenem!‹ Wie hätte ich mich gefreut, wenn meine Frau Mutter Don Paco und dieser die Dienstboten und die sich untereinander ausgescholten hätten! Das hätte mir mal so richtig Spaß gemacht. Dann wäre ich zu den Tieren gegangen, hätte Feuerwerkskörper an die Kater gebunden, die dann mit Hühnern in einen Raum gesperrt und die Feuerwerkskörper angezündet. Ich glaube, ich wäre vor Lachen gestorben.«

Santorcaz, der gar nicht daran dachte, über diese neue wörtliche Eselei seines Jüngers zu lachen, richtete den Blick gedankenverloren auf den Horizont und beschäftigte sich offenbar mit ernsten Angelegenheiten, die nur ihn angingen. Ich weiß nicht, welche Meinung sich der Leser von diesem Mann gebildet haben wird, aber es wird ihm nicht entgangen sein, daß er mit seinen Vorschlägen und Empfehlungen offenbar eine Absicht verband. Dieser naiv erzogene Jugendliche, der ohne jede Lebenserfahrung in eine Armee eingereiht wurde, der eine lebhafte Phantasie, ein leicht erregbares Temperament und kein Urteilsvermögen besaß und sich sowohl für gute als auch für schlechte Ideen begeisterte, wenn sie nur neu waren, weil sie in seinem wenig beanspruchten Gehirn auf fruchtbaren Boden fielen, nahm die Lektionen seines geschickten Freundes voller Enthusiasmus auf. Seine Reden, seine Erregung, seine teils verwerflichen, teils unschuldigen Pläne ließen ahnen, daß er noch viele Dummheiten auf der Welt begehen würde.

Nachdem Santorcaz einige Minuten lang die Fragen seines Jüngers völlig ignoriert hatte, knüpfte er wieder an das Gespräch an, aber er hatte kaum begonnen, als ein Schuß erschallte, dann ein weiterer und immer mehr …

24

Wir hörten alle auf zu reden, und die Marschkolonnen, die gerade begonnen hatten, sich in Bewegung zu setzen, hielten wieder an. Vom ersten bis zum letzten Soldaten hörten wir aufmerksam auf das Schießen, das von ziemlich weit vor uns und von rechts kam. Gegensätzliche Meinungen über die Ursache dieser Schüsse zogen durch die Reihen. Ich richtete mich in den Steigbügeln auf und versuchte, etwas zu erspähen, aber abgesehen von dem Umstand, daß es dunkle Nacht war, kamen die Schüsse von so weit her, daß man kein Mündungsfeuer erkennen konnte.

»Unsere Vorhut wird auf ein französisches Detachement, das die Straße erkunden will, gestoßen sein«, meinte Santorcaz.

»Jetzt hat das Feuer aufgehört«, warf ich ein. »Werden wir jetzt weiterreiten? Es scheint der Befehl dazu gegeben zu werden.«

»Entweder kann ich nicht richtig hören, oder die Artillerie unserer Vorhut hat sich von der Straße entfernt.«

Man hörte wieder Schüsse, aber diesmal lauter, und unsere Vorhut vollführte einige Bewegungen, deren Wellen bis zu uns reichten. Offenbar geschah da etwas Ernstes, denn es verlief eine Art von Erschütterung vom Kopf der Armee bis zu ihrem Schwanz. Eine ganze Zeitlang waren wir äußerst gespannt und fragten uns gegenseitig nach neuen Erkenntnissen aus, aber in unserem Regiment wußte niemand Bescheid. Alle Generäle eilten nach links von der Straße, und die Bataillonskommandeure erwarteten endgültige Befehle vom Stab. Schließlich befreite uns ein zur Nachhut reitender Offizier von allen Zweifeln, indem er bestätigte, was die ganze Armee schon vermutete: Die Franzosen kamen uns entgegen! Wir hatten Dupont mit seinem ganzen Heer vor uns, und seine Vorhut stand in Scharmützel mit unserer. Während wir uns angeschickt hatten, ihn in Andújar zu suchen, hatte Dupont auf dem Wege nach La Carolina, wo er uns zu begegnen glaubte, Bailén erreicht. Einige unvermutete Schüsse hatten die Franzosen genauso überrascht wie uns, und sie hielten an. Wir spähten angespannt in die dunkle Nacht und horchten auf die Schüsse. Wir fühlten, daß die Franzosen in der Nähe waren.

Als kein Zweifel mehr bestand, daß wir den Gegner vor uns hatten, lief so etwas wie ein Strom religiöser Begeisterung durch unsere Reihen. Man hörte überall Hoch- und Nieder-Rufe, aber bald schwieg alles. Die Armeen haben ihre Zeiten der Begeisterung und die der Meditation. Wir meditierten jetzt. Es dauerte aber nicht lange, und ein starker Lärm erhob sich. Die Generäle begannen, Positionen anzuweisen. Alle Truppen, die sich noch in den Straßen des Ortes befanden, kamen schnellstens heraus, und die Kavallerie wurde rechts von der Straße postiert. Wir ritten eine Weile über leicht ansteigendes Gelände, dann den Hang hinunter und danach wieder aufwärts, bis schließlich Halt befohlen wurde. Man konnte nichts erkennen, weder vom Gelände noch vom Feind. Das einzige, was wir wahrnehmen konnten, waren die Bewegungen der spanischen Artillerie, die ziemlich schnell auf der Straße vorrückte. Plötzlich hörten wir eine erneute Schießerei aus einer Entfernung von etwa einer dreiviertel Legua. Sie hörte aber nach kurzer Zeit wieder auf, um dann in größerer Entfernung wieder anzufangen. Die vorgeschobenen französischen Einheiten zogen sich zurück, und Dupont nahm die Stellungen für den Kampf ein.

»Wie spät ist es denn?« fragten wir untereinander, in der Hoffnung, daß bald ein Sonnenstrahl den Boden erhellen möge, auf dem wir kämpfen würden.

Wir sahen nichts außer vagen Landschaftsumrissen in der Ferne. Die Flecke der Olivenbäume erschienen uns wie Riesen und die Hügelkuppen wie die Silhouette einer gigantischen Wagenkolonne. Da erklang ein Ton, welcher der ganzen Szenerie eine seltsame Traurigkeit verlieh: Es war das von weit her kommende Krähen der Hähne, die die Morgendämmerung ankündigten. Niemals habe ich einen Laut gehört, der mich so sehr gerührt hat wie jene Stimmen der Wächter der Heimstätten, die sich heiser schrien, um Männer zur Schlacht zu rufen.

Und wieder mußten wir die Stellung wechseln, weiter nach vorn, hinter eine Batterie und flankiert von einer Linieneinheit. Ein großer Teil der Kavallerie mußte zur linken Seite überwechseln, aber das Regiment Farnesio, dem ich angehörte, blieb auf dem rechten Flügel.

Plötzlich flog eine Granate über uns und schlug mit Getöse auf der linken Seite ein, wo die Generäle waren. Es war wie ein Höflichkeitsgruß unter Kriegern, die im Begriff waren, sich gegenseitig zu töten. Eine durch die Luft geschickte Herausforderung, um den Mut und die Kräfte des Gegners auszuloten. Unsere Artillerie, die nicht zu Angeberei aufgelegt war, schwieg. Die Franzosen waren bestrebt, die Offensive zu ergreifen, um uns zu erschrecken, und griffen eine Marschsäule unserer Vorhut an, als diese dabei war, eine Anhöhe zu besetzen, und die finstere Nacht wurde durch Blitze erhellt, die dann wieder aufhörten, um nach kurzer Zeit in der gleichen Richtung wieder aufzuflammen.

Schließlich verzog sich der Dunst, und wir konnten die Profile der entfernten Hügel erkennen, diese sanften, unbeweglichen Wellen der Erde, die einem Meer von Schlamm, das auf dem Höhepunkt eines Sturmes versteinert worden war, ähnlich sahen. Auch die Windungen der Straße, welcher der Staub einen hellen Farbton gab, und die schweren Massen des Heeres, aufgeteilt in Marschsäulen und Reihen, konnten wir nun erkennen. Rechts im Hintergrund tauchte die bläuliche Masse der Olivenbäume auf und links die Hügel, die zum Fluß hin ausliefen. Der bisher schwarze Himmel hatte nun eine schwach weißlichblaue Färbung angenommen. Wenn wir uns umblickten, sahen wir die Ausstrahlungen der Morgenröte, einen hinter den Bergen aufsteigenden Glanz. Wir schauten uns gegenseitig an, denn nun konnten wir uns alle erkennen. Wir sahen deutlich die von der zweiten und dritten Reihe und auch weiter und fanden die gleichen Gesichter wie am Tage zuvor wieder. Die Helligkeit nahm allmählich zu, wir erblickten die Stoppeln auf den Feldern, die dürren Gräser, dahinter die Bajonette der Infanterie, die Rohre unserer Kanonen – und ganz weit entfernt die Umrisse der feindlichen Einheiten, die sich unaufhörlich von rechts und links auf uns zu bewegten. Die Hähne fingen wieder an zu krähen. Das Licht, das einzige, was noch zur Ausführung der Schlacht gefehlt hatte, war nun da – und mit der Gegenwart dieses großen Zeugen war nun alles bereit.

Das ganze Schlachtfeld war nun deutlich zu überblicken. Bitte lassen Sie sich erklären, wie es aussah. Die Mitte der spanischen Armee befand sich auf der Straße mit dem Rücken zum nahen Bailén. Rechts von der Straße, auf unserer Seite, befanden sich einige kleine Anhöhen, die in der Ferne langsam anstiegen, bis sie mit den ersten Ausläufern des Gebirges verschmolzen. Auf der linken Seite lag auch ein Hügel, aber dieser lief zum Fluß Guadiela aus, der im Sommer fast ausgetrocknet war und sich bei Espelúy in den Guadalquivir ergießt. Zu beiden Seiten der Straße lag jeweils eine starke Batterie Kanonen, die von beträchtlichen Infanterieeinheiten geschützt wurden. Links lag Coupigny mit den Regimentern von Bujalance, Ciudad Real, Trujillo, Cuenca, dazu Sappeure und die Einheit Spanische Kavallerie. Auf der Rechten waren wir, die Kavallerie von Farnesio, dann die Abteilungen von Tejas, die Wachmänner-Einheit, die Wallonen, das Regiment der Ordonnanzen, das aus Jaén, ein irisches und die Freiwilligen von Utrera. Unser Kommandeur war der Brigadegeneral Don Pedro Grimarest. Die Franzosen standen von uns aus gesehen auf der Straße in Richtung Andújar und hatten ihre Hauptstellung in einem dichten Olivenhain vor unserer Rechten. Sie diente auch zum Schutz ihres linken Flügels. Desgleichen hatten sie die gegenüberliegenden Hügel mit zahlreicher Artillerie und einem Kürassierregiment besetzt. In ihrem Rücken befand sich das Flußbett des Herrumblar, das im Sommer auch ausgetrocknet war. So war die Lage der Armeen im ersten Tageslicht.

»Was halten Sie von diesem Abenteuer, Don Diego?« fragte Santorcaz.

»Ich bin ganz hingerissen«, erwiderte der junge Graf, »und warte sehnlich darauf, den Befehl zum Angriff auf die französischen Linien zu erhalten. Und meine Frau Mutter wollte unbedingt, daß ich mit jenem alten Degen ohne Spitze und Schneide kämpfe …!«

»Ist Euer Gnaden gefaßt?« fragte ihn Marijuan.

»So gefaßt, daß ich nicht mit dem Kaiser Napoleon tauschen würde!« erwiderte das Gräflein. »Ich weiß, daß mir nichts geschehen kann, denn ich trage ja das geweihte Band der Jungfrau von Arceli, das mir meine Schwestern gaben und mit dem ich mich vor eine feuernde Kanone stellen kann, ohne getötet zu werden. Und Sie, Señor Santorcaz? Haben Sie Angst?«

»Ich?« antwortete Don Luis mit einer gewissen Traurigkeit. »Sie wissen doch, daß ich in Hollabrünn, Austerlitz und Jena war.«

»Aber dann …«

»Eben weil ich schon Teilnehmer solcher schrecklichen Kriegsereignisse war, habe ich Angst.«

»Was, Angst? Raus aus unseren Reihen!« riefen einige Soldaten. »Hier wollen wir keine Angsthasen.«

»Es gibt keinen kampferfahrenen Soldaten«, belehrte sie Santorcaz, »der nicht zu Beginn einer Schlacht Angst hat, weil er weiß, was ihn erwartet.«

Als wir Grünschnäbel das hörten, wurden wir fast alle, die wir noch kurz vorher schallend gelacht und uns beim ersten Licht mit markigen Ausrufen begrüßt hatten, plötzlich still und sahen uns gegenseitig an, um uns jeweils zu vergewissern, daß man nicht der einzige war, der Angst hatte.

»Wißt ihr, was meine Frau Mutter mir befahl, bei Beginn einer Schlacht zu machen?« fragte der von Rumblar. »Ganz inbrünstig ein Avemaria zu beten. Dieser Augenblick ist jetzt gekommen. Mein Gott …«

Der Haupterbe fuhr mit leiser Stimme in dem Avemaria fort, das er laut begonnen hatte, und alle in unserer Reihe machten es ihm nach, als ob sie nicht in einer Kavallerieschwadron stünden, sondern in einem Betchor. Und das Seltsame war, daß Santorcaz, der bleich geworden war, die Augen schloß, mit demütiger Geste den Hut abnahm und auch anfing:

»Gegrüßet seist du …«

In der Luft schwang noch die inbrünstige Anrufung, als ein fürchterlicher Lärm bei den vorgeschobenen Einheiten beider Armeen ausbrach. Die Einheiten des rechten französischen Flügels hatten sich in Linie aufgestellt und begonnen, das Feuer auf unsere Linke zu eröffnen.

25

Es dauerte einige Zeit, bis ich die Position der bereits Kämpfenden, die Geländebeschaffenheit und das Angriffsprinzip ausgemacht hatte, aber ich brauche wohl nicht zu erwähnen, daß diese Vorgänge schneller abliefen, als ich sie hier zu Papier bringen kann. Unsere Kräfte waren noch nicht angemessen verteilt, als der erste Ansturm der Kaiserlichen kam. Die spanischen Truppen reagierten mit heillos überstürzten Bewegungen. Die Männer von der Nachhut, die noch auf der Straße gestanden hatten, hasteten zur Unterstützung unseres linken Flügels herbei. Die Kanonen nahmen ihren Platz ein. Das war ein Laufen und Stolpern, so daß es einen Augenblick so aussah, als ob der erste Angriff der Franzosen in den Reihen von Coupigny Verwirrung und Panik ausgelöst hatte. Dagegen blieben die von der Rechten ruhig, und wir zu Pferde, die einen Teil der Anhöhe besetzt hielten, konnten die Kampfbewegungen deutlich beobachten.

Nach den ersten Salven der französischen Linien zogen sich diese zurück und gaben ihrer Artillerie den Weg frei, die mehrere Salven Direktfeuer aus der Nähe abgab. Daran war ihre Taktik zu erkennen, die darin bestand, die Stelle, die sie für die schwächste hielten, massiv anzugreifen, um den Feind von Anfang an aus dem Gleichgewicht zu bringen. Zuerst schienen sie auch damit Erfolg zu haben, aber wir hatten eine ausgezeichnete Artillerie, und die sechs auf der Straße und zu beiden Seiten davon aufgestellten Geschütze begannen auch zu feuern, was die französischen Mitteleinheiten sofort zu spüren bekamen, so daß sie zu deren Verstärkung ihren rechten Flügel etwas zurücknehmen mußten, was sich in einem kleinen Geländegewinn unserer Division Coupigny auswirkte. In dieser Zeit starrten wir alle angestrengt auf das andere Ende der Linie und auf die Straße und vergaßen den dichten Olivenhain vor uns. Da brachen plötzlich französische Truppen aus dem Wald hervor, dislozierten sich schnell und ließen einen Kugelregen auf die Front unseres rechten Flügels niederprasseln. Von diesem Zeitpunkt ab wurde von einem Ende der Fronten beider Armeen bis zum anderen gefeuert. Die Kavallerie, der Arm für den entscheidenen Moment, verharrte noch ruhig und mit angezogenen Zügeln.

Obwohl der Kampf jetzt überall angefangen hatte, blieb der linke Flügel der Hauptschauplatz. Mit Ungestüm von den Franzosen angegriffen, zogen sich unsere Linienbataillone zurück. Es sah fast so aus, als ob sie ihre Stellungen dem Gegner überlassen würden, aber bald formierten sie sich wieder und gingen zur Offensive über, mit Unterstützung von zwei Kanonen und der Einheit ›Kavallerie von Spanien‹, die die Franzosen von der Flanke angriff. Die Kaiserlichen wankten auf diesem Flügel etwas, so daß ein großer Teil der aus dem Olivenhain herausgekommenen Truppen zur anderen Seite geschickt wurde. Ihre Artillerie riß große Lücken in unsere Einheiten an dieser Stelle, aber sie stürmten tapfer die Anhöhen hinauf, die der Feind zwischen der Straße und dem Fluß Guadiela besetzt hielt. Ihre Bravour und Todesverachtung waren derart groß, daß sie trotz des mörderischen Direktfeuers der feindlichen Artillerie und des Angriffs der Kavallerie des Generals Privé die so wichtigen Anhöhen erobern konnten.

Davor ereigneten sich tausend kleinere Vorfälle von der Art, die den Ausgang einer Schlacht ständig in Frage stellen. Die Reihen unserer Kameraden lichteten sich, besonders die der Freiwilligen. Dann verdichteten sie sich wieder und rückten wie eine Mauer aus Leibern vor, schwankten und schienen den Hang hinunterzugleiten, als die Vorderhufe der feindlichen Kürassiere auf die Brust unserer Soldaten der ersten Reihen niederhämmerten. Sie konnten sich aber der anstürmenden Tiere mit ihren aufgepflanzten Bajonetten erwehren. Die Pferde stürzten mit frenetischer Wucht zu Boden und konnten sich nicht mehr erheben, so daß sich schließlich dieser Flügel der Franzosen auflöste und zur Straße zurückweichen mußte.

Während dieser Zeit blieb unser rechter Flügel in der Defensive, und die Kanonen unseres Mittelabschnitts feuerten unaufhörlich, um den Gegner auf Abstand zu halten, weil ein großer Teil unserer Kräfte zur Linken abgezogen worden war. Als man aber auf der Rechten den Jubel der Soldaten vom linken Flügel bei der Eroberung der Anhöhen hörte und die Franzosen auf ihren Mittelteil zurückweichen sah, wurde der Befehl zum Vorrücken unserer sechs Kanonen gegeben, und für einige Zeit herrschten Panik und Unordnung beim Gegner. Um sich zu sammeln und wieder geordnete Formationen zu bilden, mußte sich dieser auf die andere Seite der Brücke über den Herrumblar zurückziehen. Als unsere Führung erkannte, daß der Feind dort in schlechter Verfassung war, wollte sie unsere ganze Kavallerie zu seiner Verfolgung schicken, aber der Weg wurde durch Kanonen, die von unseren Kugeln unbrauchbar gemacht worden waren, und inzwischen vom Gegner aufgeschichtete Brustwehren versperrt. Die Sonne breitete schon ihre Strahlen über den Horizont aus, und unsere Körper warfen lange schwarze Schatten auf den Boden vor uns. Pferde und Reiter zeichneten sich als Karikaturen ab, von denen die ganze dürre Erde in absurden Legionen, die einen Schuljungen zum Lachen gereizt hätten, bedeckt war.

Sie werden lächeln, daß ich mich in solch einem Moment mit derart trivialen Beobachtungen beschäftigte, aber das war eben so, und ich möchte es hier nicht verschweigen. Wir befanden uns immer noch in einer Art Windstille vor dem nahen Sturm. Bisher waren unsere Kräfte nur von einem Teil der feindlichen angegriffen worden, denn die etwas zurückgebliebene Division des französischen Generals Barbou befand sich noch nicht am Ort. Während die Unsrigen sich vorbereiteten, einen zweiten Angriff abzuschlagen, von dem wir nicht wußten, ob er von rechts oder von der Mitte kommen würde, wurden die Verwundeten eingesammelt, die nicht wenige waren, allerdings nicht in meiner Division, die bisher in der Defensive geblieben war und nur aus der Entfernung Schüsse mit den feindlichen Linien gewechselt hatte. So war mein Regiment, das zweifellos zu einem späteren entscheidenden Einsatz zurückgehalten wurde, völlig intakt geblieben.

Es dauerte auch nicht lange, und die Franzosen versuchten, die verlorene Brücke zurückzuerobern. Ihr erster Angriff war verhältnismäßig schwach, der zweite jedoch um so heftiger. Lassen Sie mich bitte den ersten beschreiben: Die spanische Infanterie, die sich in Guerillatrupps auf beiden Seiten der Straße verteilt hatte, belegte die Angreifer mit konzentriertem Gewehrfeuer. Die Franzosen warfen ihre Kavallerie gegen die Brücke, aber mit so wenig Wucht, daß sie sich nach einem kleinen Vorteil, der mit solch starker Einheit gewonnen werden mußte, gezwungen sahen, sich wieder zurückzuziehen. Als sie die erste Überraschung überwunden hatten, durchlöcherten unsere

Infanteristen die Angreifer mit ihren Bajonetten, so daß eine Anzahl von Reitern zu Boden ging und die anderen in das Bett des ausgetrockneten Flusses zurückfluteten. Beim zweiten Angriff hatten wir nicht diesen Erfolg, denn der Gegner verzichtete nun darauf, Kavallerie auf so engem Raum einzusetzen, und ging statt dessen, gleichfalls mit aufgepflanzten Bajonetten, mit solcher Wildheit vor, daß unsere Linienregimenter wie auch die tapferen Wallonen und Wachmänner erschreckt zurückwichen. Am Abend des gleichen Tages hörte ich einen Soldaten der Schützen von Utrera, der an diesem Kampf teilgenommen hatte, erzählen, wie die Franzosen, die in der Mehrzahl erfahrene Krieger waren, mit solch ungeheurer Raserei vorstürmten, daß sie neben dem physischen Druck auch einen kolossalen moralischen ausübten. Er berichtete, daß die Spanier sich auf einmal klein vorkamen, wogegen die Franzosen in ihren Augen so anschwollen, daß sie ihnen wie eine Million Berserker vorkamen. Die Hochrufe auf den Kaiser und die Wutschreie waren so wild, daß sie schon durch die Lautstärke allein zu töten schienen. So fühlten denn die Verteidiger ihre Begeisterung sinken und die Furcht vor dem Tod wachsen. Die kleine, von den zwei Nationen so heißumstrittene Brücke fiel wieder in die Hände der Franzosen. Die moralische Wirkung davon auf uns war nicht zu übersehen: Man konnte in der ganzen spanischen Armee so etwas wie ein Beben der Beunruhigung feststellen, das von dem aus achtzehntausend Einzelherzen bestehende Gesamtherz ausging und sich auf das von unruhiger Hand geführte zitternde Gewehr übertrug.

Ich konnte dabei beobachten, wie sich ein aus so vielen Einzelwesen bestehender Verband zu einem einzigen verwandelte, wie auf geheimnisvolle Weise die Gefühle wie auch die Stärke verschmolzen, wie die Eindrücke des Kampfes mit der Geschwindigkeit und Gleichförmigkeit eines einzigen großen Nervensystems empfangen und weitergegeben wurden, wie alle Bewegungen des physischen Organismus vom Kommandierenden General bis zum letzten Pferd auf die freudige Aufwallung eines Moments oder die Niedergeschlagenheit eines anderen reagiert, also auf die ganz unterschiedlichen Empfindungen, die Gott als nicht gleichgültiger Beobachter dieser barbarischen Aktionen der Menschen diesen zuteil werden läßt.

Nach dem Verlust der Brücke über den Herrumblar, die im Morgengrauen erobert worden war, mußte sich unser rechter Flügel zurückziehen, um eine bessere Ausgangsstellung zu suchen. Das führte dann zu einer Veränderung fast aller anderen Stellungen. Die Generäle wußten, daß ein ungeheurer Angriff bevorstand, die alten Soldaten fühlten es, die Grünhörner vermuteten es, und unsere Pferde, die zurückwichen und eines am anderen streiften, witterten förmlich das bevorstehende große Gemetzel.

Es war sechs Uhr morgens, und die Hitze machte sich schon unangenehm bemerkbar. Wir fühlten bereits im Rücken jenes Feuer, das uns später so zusetzte, daß wir meinten, statt eines Rückgrats nur noch eine Stange aus geschmolzenem Metall zu haben. Wir hatten seit dem vorhergehenden Abend noch nichts zu uns genommen, ein Teil der Armee darbte sogar schon länger. Das Gefühl des leeren Magens war aber unbedeutend im Vergleich zu einem anderen, das uns seit dem Erwachen peinigte: dem Durst, der alles zerstört – Seele und Körper –, der einen nutzlosen Haß auf den Krieg einflößt, denn man löscht seinen Durst nicht, indem man tötet. Zwar strömte eine Vielzahl von Frauen aus Bailén mit Krügen voller Getränke herbei, um uns zu erfrischen, aber von dieser Hilfe konnte nur ein kleiner Teil der Truppen profitieren. Mehr als einmal setzten sich diese tapferen Frauen dem Feuer aus, drangen bis an die Stellen der höchsten Gefahr vor und spendeten den Artilleristen des Mittelabschnitts das dringend benötigte Naß. An diesen Stellen der höchsten Gefahr, wo es unbedingt notwendig war, die Waffe ständig in der Hand zu behalten, stritten wir uns mit ungewöhnlicher Brutalität um einen Schluck Wasser. Unter zwanzig Händen, die einen Krug unbedingt packen wollten, fiel dieser dann zu Boden, so daß die Erde, die sogar noch durstiger als die Menschen war, seinen Inhalt im Nu aufsaugte.

26

Von welcher Seite würden die Franzosen uns angreifen? Der Feind wußte, daß unser Mittelteil vorläufig unangreifbar war. Da es das Hauptziel von General Dupont war, sich einen Weg nach Bailén zu öffnen und er es als riskant ansah, dies über die linke Flanke zu versuchen, wo die Spanier gut standen und das Flußbett des Guadiela eine nicht zu unterschätzende Gefahr darstellte, entschloß er sich, unseren rechten Flügel anzugreifen in der Hoffnung, dort eine Bresche schlagen zu können. Seine Artillerie hörte nicht auf, uns unter Direktfeuer zu nehmen, wodurch sie auch die starken Formationen schützte, die zum Sturm auf uns bereitstanden. Sofort wurde unser rechter Flügel durch Verlagerung mehrerer Bataillone dorthin verstärkt. Diese warteten den Angriff erst gar nicht ab und rückten auf den Gegner vor unter dem Schutz von zwei Geschützen. Der erste Augenblick war uns günstig, aber der Olivenhain spuckte immer mehr Franzosen aus, die sich auf unsere Infanterie stürzten. Eine Zeitlang waren beide Linien von einer dichten Wolke von Staub und Rauch umhüllt, so daß man nicht sagen konnte, wer die Oberhand davontrug. Die Unseren fielen über die Kaiserlichen her, aber das Kartätschenfeuer zwang sie zurückzuweichen. Das nutzte der Gegner aus, stieß nach und errang einen Vorteil.

Je länger dieser Kampf dauerte, um so grausamer wurde er und um so heftiger wurden die Vorstöße der einen oder anderen Seite, bis wir dann Anzeichen von Verwirrung in unseren Reihen feststellen mußten. Wir sahen, wie die kompakten Linien aufbrachen, in Unordnung zurückwichen, wie die einzelnen Gruppen zusammenstießen. Die ganze Division geriet durcheinander, so daß zwei Reservebataillone vorgeschickt wurden, um die Ordnung wiederherzustellen. Die Führer schrien, bis ihnen die Stimme versagte, setzten sich an die Spitze ihrer Einheiten, um die Wankenden zum Widerstand zu bewegen und die

Mutigeren mit flammenden Worten anzustacheln. Das Tejas-Regiment und das der Ordonnanzen warfen sich dem Feind entgegen, während die Ordnung der Einheiten, die bisher das Feuer anhalten mußten, wiederhergestellt werden konnte. Besonders das Regiment der Ordonnanzen, eines der tapfersten der Armee, griff den Feind mit einer Todesverachtung an, die uns hellauf begeisterte. Sein Oberst, Don Francisco de Paula Soler, schien mit seinen Augen Flammen zu sprühen. Sein Degen fuhr auf Feinde nieder wie ein Blitzstrahl, und seine Schreie, die durch das Knallen der Schußwechsel drangen, spornten seine Soldaten an.

Das Kartätschen- und Gewehrfeuer des Gegners wütete dermaßen, daß fast die ganze erste Reihe des tapferen Regiments der Ordonnanzen fiel, als ob sie von einer Sichel gemäht worden wäre. Aber über den zuckenden Leibern der ersten Reihe setzte die zweite das Feuer fort. Das Feuer der Franzosen richtete sich besonders auf Uniformen mit Epauletten, so daß das Regiment viele seiner Offiziere fallen sah.

Auch der Gegner erhielt Verstärkungen. Eine neue Linie aus Reservetruppen stürmte mit aufgepflanzten Bajonetten vor – ungestüm, unwiderstehlich. Ein schrecklicher Anblick! Stellen Sie sich zwei miteinander kämpfende Monster etwa gleicher Stärke vor, die sich wild schlagen und beißen und aus ihren Wunden statt Erschöpfung und Tod noch neue Wut für die Weiterführung des Kampfes schöpfen.

Als die Bajonettreihen aufeinanderstießen, lichteten sich die Reihen unserer Infanterie beträchtlich. Wir hörten das Quietschen mächtiger Lafetten, die von den mitleidlos gepeitschten Maultieren über den unebenen Boden gezogen wurden. Die Schlünde der Kanonen richteten sich auf die feindlichen Linien, und die Kartätschensplitter drangen in die Bronzeharnische. Ein Eisenregen flog waagerecht durch die Luft und stoppte das Ungestüm der Franzosen. Auf einen Kanonenschuß folgte sogleich ein anderer. Die wieder formierte Infanterie flankierte die

Kanonen, und um den Akt des Schlachtenrauschs zu vervollständigen, verbreitete sich ein Schrei über unser ganzes Regiment. Alle Pferde stampften, und wir umkrampften die Säbelgriffe und maßen die Entfernung bis zum Feind. Unsere Kavallerie stand kurz vor der Attacke.

Wir sahen einen General, gefolgt von einer Anzahl von Offizieren, im Galopp auf uns zukommen. Es war der Marquis von Coupigny, groß, stämmig, blond. Schon von Natur aus von rötlicher Hautfarbe, schien sein Gesicht jetzt Feuer zu speien. Er war ein Mann von wenig Worten, aber er ersetzte seine mangelnde Redekunst durch seinen flammenden Blick, der allein schon eine Proklamation war. Wir erwarteten eine kurze Ansprache, aber er machte nur eine vielsagende Geste zum Feind hin und sah uns dann an. Mehr brauchten wir nicht. »Hoch Spanien! Hoch der König Ferdinand! Tod den Franzosen!« schallte es aus allen Mündern, und die Schwadron setzte sich in Bewegung.

Wir waren in Kolonnen formiert und breiteten uns in Schlachtordnung über die Abhänge aus. In schneller Gangart, aber nicht überstürzt, ritten wir von der Anhöhe, auf der wir gewartet hatten, hinunter und manövrierten zur Flanke des Feindes. Unsere dort kämpfenden Fußsoldaten rückten zur Seite, um uns den Weg frei zu machen. Unser Kommandeur rief: »Attacke, Attacke!«

Wir gaben den Pferden die Sporen und fielen blindlings über den Feind her wie eine plötzlich ausgelöste Lawine. Ich, Santorcaz, der junge Graf und die anderen unserer Gruppe waren in der zweiten Reihe. Die erste drang in die feindliche Front ein und schlug erbarmungslos mit den Säbeln zu. Die Pferde wieherten vor Schmerz und Entsetzen, als sie von Kugeln und Stichen verwundet wurden. Einige fielen und begruben ihren Reiter unter sich, aber andere stürzten sich mit noch größerer Wucht nach vorn und zerschmetterten alles unter ihren kraftvollen Hufen, was ihnen in die Quere kam. Die der ersten Reihe fügten dem Gegner großen Schaden zu, aber wir von der zweiten hatten mehr Mühe, weil sich die Vorderen zu weit vorgewagt hatten und wir dadurch von der Infanterie umringt waren, was unseren Schwung minderte. Dennoch durchschlugen wir Schädel und Brustkörbe ohne Mitleid.

Ich sah den Erben der Rumblars blind vor Wut Körper an Körper mit einem Franzosen kämpfen. Santorcaz gab Beweise seiner Geschicklichkeit mit dem Säbel. Ich schwang meinen so gewandt, wie ich nur konnte, und unsere Reihe drang wie besessen in die dichteste Ansammlung der französischen Infanterie ein. Eine andere Schwadron griff die gleiche Feindflanke an, was uns neuen Mut einflößte, als wir es bemerkten. Wir schlugen uns nicht schlecht, aber der Franzosen waren es viele, und sie waren sehr erfahren in solchen Angriffen und wußten sich gegen die Wucht der Pferdeleiber und die Säbelhiebe zur Wehr zu setzen.

Jedenfalls wichen sie nicht vor uns zurück. Es ist ja bekannt, daß der Zweck der Kavallerie darin besteht, durch die Wucht des ersten Aufpralls Schock und Angst in den feindlichen Reihen auszulösen. Wenn das Ziel nicht erreicht wird und sich Einzelkämpfe zwischen Reitern und jeweils mehreren Infanteristen mit aufgepflanztem Bajonett entwickeln, laufen die Reiter große Gefahr, in einem Hexenkessel von diesen geschickt eingesetzten Stichwaffen unterzugehen. Obwohl wir ihnen beim Aufprall große Verluste zufügten, konnten wir die Franzosen nicht in die Flucht treiben. Die befürchteten Einzelkämpfe entwickelten sich also bald. Wir brauchten dringend Verstärkung durch die in aller Eile vom linken Flügel geholte Schwadron ›Kavallerie von Spanien‹, damit wir nicht einzeln umringt und niedergemacht wurden. Es gab einen Augenblick, in dem ich dem Tod ins Antlitz sah. An meiner Seite waren nur noch zwei oder drei andere Reiter, die sich in der gleichen Gefahr befanden wie ich. Wir sahen uns blitzschnell an und verstanden, daß wir eine übermenschliche Anstrengung unternehmen mußten. So schlugen wir gleichzeitig mit all unseren Kräften zu. Dies und der gleichzeitig erfolgende Angriff der ›Kavallerie von Spanien‹ war unsere Rettung. Ich riß mein Pferd zurück, gab ihm die Sporen und reihte mich wieder in eine Phalanx ein. Das einzige bekannte Gesicht an meiner Seite war das von Marijuan. Der Graf, Santorcaz und die Diener waren verschwunden.

Plötzlich gab das Hinterteil meines Pferdes nach. Ich versuchte, es zum Wiederaufspringen zu veranlassen, und gab ihm brutal die Sporen. Das edle Tier, das zweifellos seine ungeheure Pflicht erkannte und sie über den stechenden Schmerz stellte, vollführte einige Hufschläge mit den Vorderbeinen, krachte dann jedoch zu Boden und schlug wild um sich. Dem unglücklichen Wesen war eine schreckliche Wunde am Bauch zugefügt worden, und mir fehlen die Worte, um sein Leiden zu beschreiben. Es wieherte herzzerreißend, sog röchelnd die Luft ein, schüttelte den Hals und schien sagen zu wollen, daß seine Schmerzen weniger schrecklich wären, wenn es seine heiße Zunge in eine Wasserpfütze tauchen könnte. Schließlich ergab es sich seinem Schicksal und streckte sich auf dem Feld aus, ohne noch vom Schlachtenlärm Kenntnis zu nehmen.

27

Zu Fuß lief ich zurück und suchte mir einen Platz bei der Eskorte der Artillerie oder beim Munitionsdienst zwischen den Wagen und den Kanonen. Erst jetzt merkte ich das ganze Ausmaß meiner Erschöpfung. Ich konnte mich nicht mehr auf den Füßen halten, und die Hitze meines Blutes lähmte mich wie bei einer schweren Krankheit. Es wäre hier nicht genug zu sagen, daß es heiß war, denn dieses Wort, daß für die Sommer aller europäischen Länder angewandt wird, ist unangemessen zur Beschreibung der schrecklichen Aufheizung jener Atmosphäre von Andalusien an dem höllischen Tag der Schlacht von Bailén. Die Wirkung auf unsere Körper war die eines Loderfeuers, das uns von allen Seiten versengte. Unsere Gesichter brannten, als ob wir sie vor eine Ofenluke gehalten hätten. In Schweiß aufgelöst, kochten unsere Körper, so daß sie völlig ausgelaugt waren, wenn sie von keinen starken Erregungen mehr aufgepeitscht wurden.

Als ich mich so auf meinen Füßen und in einiger Entfernung vom Kampf, der weiterhin vorteilhaft für die Spanier verlief, befand, begann ich den weißglühenden Sporn des Durstes zu spüren, der meine Zunge austrocknete, und den Feuerstrom, in dem sich mein Körper befand. Diese Bedürfnisse überfielen mich mit solcher Heftigkeit, daß ich mir die Ader aufgeschnitten und mein eigenes Blut getrunken hätte, wenn es länger angehalten haben würde. Nirgendwo sah ich noch Leute aus der Stadt mit Wasserbehältern, und bei meinem verzweifelten Ringen nach Luft atmete ich immer mehr kratzenden Staub ein.

Eine Zeitlang verlor ich jeglichen Kampfeswillen und die patriotische Wut, die mich vorher beherrschten, und dachte nur daran, mir etwas Flüssigkeit zu beschaffen, um das quälende Brennen in meinem Schlund zu lindern. Mit dieser Gier streifte ich etliche Zeit lang zwischen den Reihen der Mittelteil-Nachhut umher. Die Soldaten der Regimenter, die sich dort neu formierten, um wieder zur Front vorzurücken, riefen auch nach Wasser. Zu unserer großen Freude sahen wir dann aus der Stadt einige Männer mit kleinen Fässern herbeieilen, aber wir erfuhren, daß dieses Wasser für andere Schlünde bestimmt war, die Wasser noch nötiger hatten als wir, um das Schlachtenglück zu entscheiden – die Schlünde der Kanonen.

Der erbitterte Widerstand der beiden Kanonen des rechten Flügels in Zusammenwirkung mit denen der Zentralbatterie und der Kavallerie, die die Linien des Feindes aus der Flanke angriff, bewirkte, daß der Gegner zurückgeworfen wurde. Die Infanterie und die Reiter unseres rechten Flügels machten sich sofort an die Verfolgung der Franzosen. Dieser Erfolg war schon an den Freudenschreien und dem Hagel von Verwünschungen zu erkennen, mit denen der Sieger die Katastrophe des Besiegten begleitet, sobald dieser ihm den Rücken zuwendet. Die Stelle, an der ich mich befand, wurde durch das Vorrücken unserer Truppen geleert. Auf den Gesichtern fast aller Offiziere, die dort den Kampf überblickten, sah ich Freude: Offenbar sahen sie den Sieg als gesichert an. O glücklicher Moment! Nun konnte man doch wirklich ans Trinken denken – aber wo gab es etwas?

Nach dem Vorrücken unserer Truppen erspähten die Soldaten des Regiments der Ordonnanzen einen Ziehbrunnen mit Göpelgetriebe, und zwar gerade in dem Moment, als die Franzosen sich dorthin zurückziehen mußten. Alle sahen dieses Objekt als das erstrebenswerteste Ziel und die Krönung unseres Sieges an, so daß sie sich auf die Verteidiger dieser Quelle spärlichen und schmutzigen Wassers stürzten. Die Feinde, die diesen Schatz nicht aufgeben wollten, kämpften mit dem Mut der Verzweiflung. Kaum waren die ersten Schüsse des Scharmützels gefallen, als zahlreiche andere völlig erschöpfte Franzosen, die nicht mehr weiterkämpfen konnten, wenn sie nicht etwas Flüssigkeit erhielten, herbeihasteten, um sich etwas zu laben. Als sie sahen, daß ihnen diese letzte Hoffnung auch noch streitig gemacht werden sollte, reihten sie sich mit erneuter Kampfeswut bei den Verteidigern ein.

Ich hörte die Rufe: »Dort gibt es Wasser! Dort kämpft man um einen Brunnen!« Mehr brauchte ich nicht zu hören. Ich stürmte in die angegebene Richtung, und andere folgten mir. Auf dem Wege riß ich einem toten Soldaten ein Gewehr aus den steifen Händen. Wir gerieten auf ein halb abgemähtes Feld, das zum Teil mit hohen trockenen Weizenähren bedeckt war. Inzwischen hatte sich ein erbitterter Kampf um das Göpelwerk entwickelt. Ich näherte mich auf der Seite, wo mir der Kampf nicht so heftig erschien, und füllte meinen Geist mit dem frenetischen Verlangen, einen Schluck Wasser zu erobern. Diese Vorrichtung, die aus zwei schlecht ineinandergreifenden Holzrädern zum Heraufholen einer spärlichen trüben Flüssigkeit bestand, war für uns der begehrenswerteste

Schatz der Welt. Die Austrocknung des Körpers führt manchmal zur Besinnungslosigkeit und kann einen Menschen in eine Furie verwandeln, die lieber ihr Blut vergießt als innerlich verbrennt.

Die Franzosen verteidigten verbissen ihr Glas Wasser, und wir machten es ihnen wie Rasende streitig. Plötzlich fühlten wir, wie die Hitze in unserem Rücken in unerträglicher Weise zunahm. Als wir uns umblickten, sahen wir, daß die trockenen Ähren, die durch einige dort hingefallene Kartuschen angezündet worden waren, wie Zunder brannten und unsere Höllenqualen nun noch verschlimmerten. ›Bloß den Brunnen erobern und dann sterben!‹ dachten alle. Wir kämpften also, von dem Höllenfeuer hinter uns angetrieben, das sich unwahrscheinlich schnell ausbreitete. Unsere Verzweiflung brachte uns in Raserei, denn wir wurden buchstäblich geröstet. So stürzten wir uns mit dem heiseren Schrei: »Hoch Ferdinand der Siebte!« auf den Feind, da uns keine andere Wahl blieb, als von seiner Hand zu sterben oder zu verbrennen.

Wir waren keine Soldaten und auch keine Menschen mehr, sondern nur noch bis aufs äußerste gequälte Kreaturen. Als wir dann endlich unsere Gesichter in die Schlammbrühe tauchen konnten, hätte uns ein einziger Franzose auspeitschen können, ohne daß wir uns gewehrt haben würden. Nachdem wir uns an diesem trüben Nektar, der uns köstlicher als der Wein der Götter vorkam, berauscht hatten, waren wir wieder im Vollbesitz unserer Sinne. Welch unendliche Freude! Welches Übermaß von Kraft und Stolz!

Aber – hatten wir die Franzosen wirklich endgültig besiegt? Als sich diese moralische Dunkelheit, die sich durch die Trockenheit unseres Körpers auf unseren Geist gelegt hatte, lichtete, sahen wir uns in einer sehr schwierigen Lage. Durch unseren Ansturm auf den Brunnen hatten wir uns von unseren Truppen entfernt, und wir mußten erkennen, daß der Franzose, obwohl er sich mit großen Verlusten zurückgezogen hatte, doch seine wichtigen Stellungen besetzt hielt. Würde er mit dem Mut der Verzweiflung einen neuen Angriff unternehmen? Wir glaubten ja, und so rannten wir durch das noch schwelende Weizenfeld zu unseren Truppen unter Aufgabe des so schwer erkämpften Ziehbrunnens, denn die Gefahr, von einer Übermacht überrannt zu werden, schien uns sehr groß.

Die Franzosen beschäftigten sich damit, ihre besten Truppen neu zu formieren, um einen Handstreich durchzuführen – letzter Prankenschlag des Riesen, der sich vom Tode bedroht fühlte. So rannten wir unbehelligt zu unseren Linien. Da sah ich vor mir ein Pferd ohne Reiter, mit wehender Mähne, unverletzt, aber erschreckt und etwas betäubt. Es war wie mein vorheriges Reittier von reiner cordobesischer Rasse. Ich folgte ihm, und es gelang mir, seine Zügel zu ergreifen und mich auf den Sattel zu schwingen. Ich sah, wie sich die Nachhut unseres Mittelteils zu einer Kolonne formierte. Die mir am nächsten stehende Schwadron war die der ›Kavallerie von Spanien‹, so daß ich mich ihren ersten Reihen anschloß. Dort hörte ich rufen:

»Die französischen Generäle unternehmen den letzten Versuch. Sie sollen über einige Truppen verfügen, die noch nicht eingesetzt worden sind – und das sollen die besten sein, die Napoleon nach Spanien geschickt hat.«

Unser Mittelabschnitt bereitete sich auf eine massive Verteidigung vor. Die Batterien wurden neu gerichtet und mit Munition versorgt, die Regimenter nach den gegenwärtigen Gesichtspunkten verteilt und beträchtliche Kavalleriekräfte in der Nachhut zusammengezogen. Da machte sich die Natur wieder in meinem Innern bemerkbar. Ich verspürte Hunger – was für einen Hunger! … Ganz ehrlich gestehe ich hier, daß der Hunger größer als mein Kampfeswille war. Na und? Hatte dieser elende Sohn Spaniens nicht schon genug für König und Vaterland getan, um nicht ein Stück Brot in seinen Mund führen zu dürfen?

Mit diesen Überlegungen durchsuchte ich zuerst den Mantelsack meines Pferdes, worin sich nur Wäsche befand, und dann die Satteltaschen, in denen ich doch – o welch ein Fund – ein Stück Brot ertasten konnte. Aber nicht ganz zufrieden mit der nicht gerade reichlichen Beute

suchte ich weiter in diesen Taschen, und meine Finger
berührten einige Papiere. Als ich sie herausholte, sah ich
ein kleines Päckchen und drei Briefe, von denen der eine
verschlossen war. Die erste Anschrift, die ich erblickte,
war: ›An Don Luis de Santorcaz, Madrid, Calle …‹ Ich war
auf das Pferd von Santorcaz gestoßen!

28

Für einen Augenblick vergaß ich alles und dachte nur noch
daran zu lesen, was ich in den Händen hielt. Die Anschrift
des ersten Briefes, dessen Umschlag offen war, war von
weiblicher Hand geschrieben. Die Schrift erkannte ich
sofort. Der verschlossene Brief, dessen Absendung offenbar durch irgendeinen Umstand verhindert worden war,
trug folgende Anschrift von Männerhand: Frau Gräfin
von – das war der Titel von Amaranta – in Córdoba, Calle
de la Esparteria. Der dritte, offene, Brief war wieder an
Santorcaz gerichtet, aber diesmal in männlicher Handschrift. Ich wickelte das Päckchen auf. Als ich sah, was es
enthielt, durchfuhr ein Blitzstrahl meine Seele, und eine
Hand krampfte sich um mein Herz – es war das Abbild
von Inés!

Diese Erscheinung inmitten eines Schlachtfeldes, im
Dröhnen von Kanonen und dem ganzen Getöse des Waf-
fenlärms – die unerwartete Gegenwart dieses himmlischen Antlitzes, von Künstlerhand naturgetreu wiedergegeben, dieses leuchtende Lächeln. Es war ein Gruß meiner
treuen Freundin zu einem Zeitpunkt, an dem ich mir so
viel Mühe gab, ihrer würdig zu sein.

Ich preßte diese zwei Zoll große Inés an mein Herz und
versteckte sie auf meiner Brust, obwohl mir das bemalte
Kupferstück nicht gehörte. Nun mußte ich aber diese
Papiere lesen, die mir bestimmt Aufschluß über so manches geben konnten. Zuerst wollte mich Scham abhalten,

die Briefe anderer Leute zu lesen, was ich immer als eine häßliche Tat angesehen hatte, aber dann sagte ich mir, daß Santorcaz doch wohl tot sei, weil sein Pferd ja herrenlos geworden war, und außerdem setzte sich die Neugierde über alle anderen Gefühle hinweg, so daß ich einen der geöffneten Briefe zu lesen begann.

So war ich denn völlig mit dieser Angelegenheit beschäftigt und kümmerte mich nicht mehr um das Kampfgeschehen. Ich hörte die Kanonenschüsse und Schreie nicht mehr, konnte meine Augen nicht von dem Papier lösen, obwohl ich neben mir den heißen Atem der Schlacht spürte. In jenem Moment, in dem sich zwanzigtausend Männer in zwei großen Blöcken einige Ellen Boden streitig machten, war ich der einzige, der die Bezeichnung Individuum verdiente – ein Atom, das sich für einen Augenblick von der Masse gelöst hatte und mit seinen eigenen Schlachten beschäftigt war.

Dieser offene Brief war in der Handschrift Amarantas verfaßt und lautete nach den Eingangsfloskeln wie folgt:

›Bist Du nun ein Ruchloser oder ein Unglücklicher? Ich weiß wirklich nicht, was ich glauben soll, denn aus Deinen Handlungen kann man beides entnehmen. Nach einer Abwesenheit von vielen Jahren, in denen Dich nichts auf den richtigen Weg zurückbringen konnte, kommst Du nun nach Spanien zurück mit dem einzigen Zweck, mich mit absurden Ansinnen zu belästigen, denen meine Würde nicht nachgeben kann. Ich habe doch schon so viel für Dich getan, und auch vor kurzem, als Du mir Deine Situation schildertest, schlug ich Dir eine anständige Lösung vor. Was kann ich denn noch tun? Dir genügt aber nicht, was den Ehrgeiz eines weniger tief gesunkenen Mannes als Dich zufriedenstellen würde. Du lehnst Dich sogar noch gegen meine Wohltaten auf und verlangst nach Höherem, indem Du mir ohne Nachsicht drohst. Darauf kann ich nur antworten, daß ich Deine Drohungen verachte und sie nicht fürchte. Nein – Du wirst durch Drohungen nichts von mir erreichen, was mich dazu zwingen würde, meine Würde, meine gesellschaftliche Stellung, meine Familie und meinen Namen aufzugeben. Niemals hätte ich gedacht, daß Du solch große Ambitionen hast. Ich war der Meinung, daß Du Dich glücklich mit dem schätzen würdest, was Du vorher von mir erhalten hattest und das ich Dir auch heute wieder anbiete, was immerhin für mich ein wirkliches Opfer bedeutet, denn der Zustand des Königreiches hat unsere Einnahmen verringert ...‹

Als ich diese Stelle erreicht hatte, ließ mich ein dumpfer Ton meinen Blick von dem Brief abwenden. Ein Soldat neben mir sackte, von einer Gewehrkugel tödlich getroffen, zu Boden. Ich blickte zur Front, die in dicken Rauch eingehüllt war, und erkannte, daß französische Formationen unseren Mittelteil angriffen. Aber selbst dieser Umstand konnte meine Aufmerksamkeit nicht von dem Inhalt des Briefes ablenken. Ich bemerkte noch, wie die Kavallerie etwas vorrückte, dann wieder zurückwich und an der Flanke schwankte. Ich ließ mich jedoch vom Pferd weitertragen und richtete den Blick wieder auf den Brief, den ich auf der Höhe der Zügel in den Händen hielt. In diesen Momenten war ich ja doch in einem Mechanismus eingeschlossen, in dem mein eigener Wille nichts zählte. Ich las den Brief weiter:

›Du spielst mir, um mich zu rühren, vergebens großes Interesse für das unglückliche Wesen vor, das als lebendiges Zeugnis der verderblichen Täuschung und des fatalen Fehlers seiner Mutter auf die Welt kam. Wozu denn dieses verspätete Gefühl? Nein, dieses Mädchen existiert nicht. Diejenigen, die Dir erzählt haben, ich hätte es bei mir aufgenommen, haben gelogen. Wie kann ich es denn aufgenommen haben, wenn es doch offenbar ist, daß Gott es von dieser Welt genommen hat? Was beabsichtigst Du denn damit, daß Du damit drohst, diese Tochter zum Instrument Deiner bösen Pläne zu machen? Das kannst Du Dir schon jetzt aus dem Kopf schlagen. Ich rate Dir zum letzten Mal, von Deinen verrückten Forderungen Abstand zu nehmen, und trete mit der Friedensfahne vor Dich hin. Also bist Du nun ein Ruchloser oder ein Unglücklicher? Ich wäre sehr glücklich, wenn Du mir das letztere beweisen würdest, denn eine meiner größten Qualen besteht darin, glauben zu müssen, daß das Herz völlig verdorben wurde, das vor Jahren nur dafür lebte, mich zu lieben ...‹

Damit und der Unterschrift von Amaranta endete die Epistel, deren Lektüre mich völlig vom Schlachtgeschehen abgelenkt hatte. In meinen Ohren war ein Rauschen, wie man es am Meer, aber gewöhnlich nicht mitten im Land vernimmt. Die Leser werden aber nun bestimmt etwas über den Verlauf der Schlacht erfahren wollen. Also hören Sie: Als die französischen Linientruppen sich zum dritten Male zurückzogen, geschwächt von Hunger, Durst und Erschöpfung, als selbst die nicht verwundeten Soldaten des Feindes sich auf den Boden warfen, den Krieg verfluchten, sich weigerten weiterzukämpfen und die Offiziere beleidigten, die sie in solch schreckliche Situation gebracht hatten, rief der Kommandierende General seinen Stab zusammen. Er gab einen kurzen Bericht über die Lage und teilte mit, daß er sich entschlossen habe, mit den Truppen der Kaiserlichen Garde, die noch keine Verluste erlitten hatten, einen letzten Angriff zu wagen, wobei alle Generäle an der Spitze teilnehmen sollten.

Als ich meine Augen von dem Brief hob, sah ich vor den ersten Reihen unserer Kavallerie einige Gruppen, die die sechs Kanonen der Straßenstellung, deren sicheres und andauerndes Feuer der gordische Knoten der Schlacht gewesen waren, eskortierten. Einige Minuten lang waren diese sechs Kanonen wie eine Beute, um die sich zwei riesige Meuten von zusammen zwanzigtausend Mann rissen, oder wie die letzte entscheidende Karte bei einem spannenden Spiel. Würden die Franzosen diese Kanonen erobern? Würden die Spanier sie sich entreißen lassen? Wer konnte mehr ausrichten – unsere tapferen und geschickten Artillerieoffiziere oder die fünfhundert Mann der Kaiserlichen Garde?

Ich sah letztere auf der Straße vorrücken. In dem dichten Rauch konnte ich einen Mann an der Spitze dieses tapferen Bataillons erkennen, der voll Zorn seinen Degen schwang, einen Mann von hoher Gestalt, dessen Gesicht von Staub und dem Schweiß der Aufregung verklebt war. Seine prächtige Uniform war an Hals und Brust zerfetzt, als ob er sie sich da aufgerissen hätte, um sich Erleichterung zu verschaffen. Diese Gestalt der Verzweiflung, die ihren Soldaten die Schlünde der Kanonen wies, als würde es sich um das erstrebenswerte Ziel der Himmelspforte handeln, um ein hohes Ideal, für das es sich lohnte, in den Tod zu gehen, war der unglückliche General Dupont, der mit der Zuversicht nach Andalusien gekommen war, dort den Stab des Marschalls von Frankreich zu erringen. Der Triumphzug, von dem er bei seinem Abmarsch von Toledo gesprochen hatte, war zu diesem Alptraum für ihn geworden.

Die andauernden Kartätschenschüsse hielten die Franzosen nicht auf. Es glänzten die vergoldeten Uniformen der an der Spitze vorrückenden Generäle. Dahinter kamen unerschütterlich die in Blau und mit hohen Pelzmützen bekleideten Kaiserlichen Gardesoldaten. Von Zeit zu Zeit entstanden Lücken in den Reihen, wo Männer wie von einer unsichtbaren Riesenhand getroffen fielen. Aber jede Lücke wurde schnell durch neue blaue Soldaten aufgefüllt, so daß sich die Front kompakt und schrecklich näherte. Als die Entfernung nur noch gering war, erhöhte sich die Geschwindigkeit ihrer Schritte noch. Dann fielen sie wie eine Legion von unbesiegbaren Dämonen über die Kanonen her, um die spanischen Artilleristen zu zerstechen und zerhacken.

Diejenigen, die diesem Schauspiel beiwohnten, ohne selbst Teilnehmer zu sein, waren stumm vor Staunen, Herz und Seele im Schwebezustand, als ob der Ausgang dieses Kampfes über ihr Sein oder Nichtsein entschied. Können sich die Leser vorstellen, daß es dennoch etwas gab, was meinen Geist noch mehr beschäftigte als dieses entscheidende Ringen? Dem war aber so – ich hielt den verschlossenen und noch nicht abgesandten Brief in der Hand, und die Neugierde, ihn zu lesen, war schon keine Neugierde mehr – es war ein geistiger Durst, schlimmer als der physische, der mich kurz zuvor gequält hatte. Ich war absolut unfähig, dieser Versuchung zu widerstehen. Alles trat hinter dem ungeheuren Interesse zurück, das in mir für die Angelegenheiten von zwei oder drei Personen, deren

Schicksal für den Verlauf der Welt keine Bedeutung hatte, erwacht war. Ich nahm den Brief, öffnete ihn und las gierig folgendes, ohne mich um das Schändliche meiner Handlungsweise zu kümmern:

›Frau Gräfin: Euer Brief teilt mir mit, daß Ihr meinen ehrenwerten Vorschlägen nicht stattgeben werdet. Das überrascht mich nicht. Wenn Ihr in dem vorletzten Brief, den Ihr an mich richtetet und der offensichtlich von Eurem Herzen diktiert worden war, Großzügigkeit erkennen ließet, so erblicke ich in Eurem letzten die Ideen Eurer Tante, der Frau Marquise, die Euch damals sagte, sie würde Euch lieber tot sehen als verheiratet mit einem Mann unter Eurer Klasse. Ihr fragt mich, ob ich ein Ruchloser oder ein Unglücklicher sei, und ich antworte Euch darauf, daß Ihr die Verantwortung für letzteres habt, aber Euch selbst auch die traurige Glorie des ersteren gebührt. Dieser Brief hier wird der letzte sein, den ich an Euch richte – ich, der vor einiger Zeit alle Freuden des Paradieses eingetauscht haben würde für die Wonne, einen Brief von Eurer Hand lesen zu dürfen. Ihr werdet wohl jetzt lange Zeit nichts mehr von mir hören. Vielleicht werdet Ihr Euch der Befriedigung hingeben zu glauben, daß ich gestorben sei, aber ich werde mich in der Obskurität und weit weg von Euch um das kümmern, was mir gehört. Wer ist denn hier der Schuldige – Ihr oder ich? Als ich in Madrid erfuhr, daß Ihr Eure Tochter aufgenommen habt, nachdem sie Euch so lange gleichgültig gewesen war, versprach ich Euch, sie durch eine sofortige Heirat zu legitimieren, wie es sich für ehrenwerte Personen geziemt. Zuerst habt Ihr mir unentschlossen und dann wütend auf diesen Vorschlag, den Ihr als absurd und respektlos bezeichnet, geantwortet. Ihr habt mich einen Jakobiner, Freimaurer, Hohlkopf, Schwindler und noch andere Dinge genannt, die aus so hübschem Munde so entsetzlich klingen. Ich akzeptiere die Zurückweisung durch Euren Stolz. Was ich nicht verstehen kann, ist die Dreistigkeit, mit der Ihr leugnet, Eure Tochter aufgenommen zu haben. Und Ihr sagt, das sei für mich nicht von Belang. Ihr werdet schon sehen, ob das für mich von Belang ist oder nicht. Ich weiß, daß Ihr sie bei Euch aufgenommen habt, und auch, daß sie jetzt in einem Kloster ist und Ihr ihre Hochzeit mit dem jungen Grafen de Rumblar angesprochen habt. Ich

*weiß, daß es sich bei dieser Hochzeit um wichtige Interessen bei-
der Familien handelt, die sie als unbedingt erforderlich erscheinen lassen, und daß für die Legitimation ein Betrug inszeniert
worden ist, der sich mit der Würde solcher Personen wie ...‹*

Ein gewaltiger Tumult, ein unbeschreibliches Getöse
zwangen mich, die Aufmerksamkeit von diesem Brief
abzuwenden. Die Kaiserliche Garde war bis kurz vor die
Kanonenmündungen vorgedrungen, und es entwickelte
sich ein grausamer Kampf, in dem wir die Oberhand zu
gewinnen schienen. Dies war bestimmt erhaben, dies ließ
all die Alltagsdinge vergessen und erschütterte die Seele
bis in ihre Grundfesten – aber gab es nicht noch mehr auf
dieser Welt? Inés, ihre Mutter, ihr Vater, ihre Zukunft, ihre
Heirat – und ich mit meiner unendlichen, treuen Liebe. Ich,
der sich fragte, ob ich zu ihr aufsteigen könnte oder ob sie
zu mir hinuntersteigen müsse ... Ach, auch dies war ein
Kampf, liebe Leser! Auch in mir war ein Schlachtfeld, und
schreckliche Mächte stießen dort in der Stille meiner
Gedanken zusammen. Wie konnte ich mich denn einer
anderen Schlacht mehr als dieser zuwenden? Das Herz, dieser unüberwindliche Tyrann, vergrößerte die Proportionen
meiner Schlacht über diejenigen der wirklichen hinaus, von
der vielleicht das Schicksal der Welt abhing.

Ich sah die Kaiserlichen Gardisten schon nahe unseren
Kanonen – sehr nahe – und hörte Jubel- und Siegesschreie
auf spanisch. Obwohl mich das natürlich sehr erregte, verbrannte mir der nicht zu Ende gelesene Brief die Hand.
Schelten Sie mich einen dummen Egoisten – aber, liebe
Leser, der Brief, diese *unbedingt erforderliche Heirat* und dieser geheimnisvolle *Betrug* ... Waren wir dabei, die Schlacht
zu gewinnen? Ich glaube, ja, und das Gesicht Europas
würde sich zweifellos verändern. Aber was gingen mich
schon der Ärger des französischen Imperiums, der Jubel
Englands, das Staunen Rußlands, die Vorbereitungen der
Koalition und der Prestigeverlust des Großen Heeres an?

Müssen wir denn die Bedeutung der Angelegenheiten,
die zu barbarischen Kriegen führen, über die des unschuldigen Einzelwesens stellen, das allein für das Gute und die

Liebe kämpft? Müssen wir die Belange des Krieges, der zerstört, denen der Liebe, die etwas schafft und das Geschaffte verschönert, vorziehen? Lachen Sie ruhig über mich, aber beweisen Sie mir, daß ein Herz weniger Platz im Universum einnimmt als die fünfhundert Millionen Quadratkilometer des Erdballs, auf dem wir leben.

Wenn das Egoismus ist, so stehe ich zu diesem Egoismus und erkläre meiner Leserschaft, daß ich zu dem Zeitpunkt, an dem der Stern zu verlöschen begann, der Europa zehn Jahre lang erleuchtet hatte, mich wieder diesem Briefe zuwandte, um weiterzulesen:

›... ein Betrug inszeniert worden ist, der mit der Würde von Personen wie Euch nicht vereinbar ist. Ihr seid Euch sicher – und mit Recht –, daß ich gegen Euch nichts ausrichten kann. Ich weiß: Wenn ich etwas gegen Euch unternähme, würde ich besiegt. Arm, ohne Hilfsmittel, ohne Beziehungen – was könnte ich gegen die Justiz ausrichten, die nur auf der Seite der Mächtigen steht? Aber meine Tochter gehört mir, und wenn sie auch heute nicht meinem Willen untersteht, so versichere ich Euch, daß sie es morgen tun wird. Euer Geld könnt Ihr behalten.‹

Als ich den Brief beendet hatte und meinen Blick hob – was mußte ich da sehen! Welche schreckliche Wende war da in dem Kampf zwischen unseren Soldaten und der Kaiserlichen Garde eingetreten! Gütiger Himmel! Würden wir die Schlacht verlieren? Nachdem die französischen Gardisten beim ersten Angriff zurückgeschlagen worden waren, wiederholten sie ihn mit aller Bravour, die ihre von der Hitze ausgedörrten Herzen noch aufbringen konnten. Sie stürzten wieder auf unsere Artillerie zu mit dem unerschütterlichen Entschluß, diese zu erobern oder sich von ihren Kanonen in Stücke reißen zu lassen. Auch unsere Soldaten wurden in ihrem Geist dadurch angespornt, aber der geschundene Körper hatte keine Kraft mehr, so daß auch unsere Artilleristen begannen matt zu werden. Als die erste Reihe fast vollständig verwundet oder tot war, sprang die zweite Reihe ein, und die dritte feuerte. Die Munition wurde von Zivilisten gereicht. Die Franzosen hatten sich durch die ungeheure Tapferkeit der kaiserlichen Gardisten wieder halb erholt und konnten so bis vor die Kanonen gelangen. Von ihren eigenen Batterien aus nahmen sie außerdem die Masse unserer Kavallerie unter ständiges Direktfeuer. Die Kugeln schlugen in die ersten Reihen meines Regiments ein, das sich wie ein einziges Pferd aufbäumte. Wir stießen gegeneinander, und der Anblick von zwei Kameraden, die durch einen solchen Zusammenprall getötet wurden, ohne gegen den Feind gekämpft zu haben, erfüllte uns mit Entsetzen. Zur gleichen Zeit hörten wir, daß unsere Kanonenmunition knapp wurde. Welch schreckliche Nachricht! Wenn unsere Kanonen kein Pulver mehr bekamen, wenn in ihren Bronzeseelen dieser künstliche Zorn, dessen Schnauben die Luft zerreißt, den Boden erschüttert und alles auf seinem Wege zerschmettert, verlöschte, würden wir bald von der tapferen Kaiserlichen Garde erobert werden, so daß uns damit diese Waffe aus der Hand geschlagen würde.

Dieser Gedanke ließ uns die Haare zu Berge stehen. Würde Spanien fallen? Wollte Gott unserem Land den Ruhm des ersten Schlages an den Sockel des Tyrannen Europas verweigern? ... Nein, nein, es war nicht möglich, diesem Schauspiel solcher übermenschlichen Anstrengungen gleichgültig beizuwohnen. O Vaterland! Aber ich muß dir auch gestehen, daß ich fast verging vor Ungeduld zu erfahren, wer der Schreiber jenes dritten Briefes war, den ich in meiner Hand hielt, und daß ich, ohne deinen bewundernswerten Heroismus außer acht zu lassen, auf die Unterschrift schaute und den Namen *Roman*, zweiter Verwalter meiner unvergeßlichen Herrin, erkannte. Da wurde mir bewußt, daß es sich hier um wichtige Offenbarungen handeln würde, so daß mich für einen Augenblick die Neugier so packte, daß du aus meinem Geist entschwandest, du schönes Stück Erde, das mehr als einmal schon dazu ausersehen gewesen war, das Gleichgewicht der Welt wiederherzustellen! Adiós Spanien, adiós Napoleon, adiós Krieg, adiós Schlacht von Bailén. Wie der Schüler die mit Kreide auf die Schiefertafel geschriebene Aufgabe mit einem Schwamm abwischt, damit er sich dem Spiel zuwenden kann, so wurde in mir auch alles ausgelöscht, um nur noch das folgende lesen zu können:

›An Don Luis de Santorcaz: Ich werde Ihnen jetzt berichten, was geschehen ist. Alles ist geregelt, und sie schlagen Ihnen nun die Tür vor der Nase zu. Als die Marquise von Leiva das Fräulein Inés aufgenommen hatte, dachte sie über eine Methode zu deren Legitimierung beziehungsweise gesetzlicher Anerkennung nach. Beide Damen haben Inés seit ihrer Ankunft hier liebgewonnen und versuchen sie dazu zu bewegen, das Kloster zu verlassen. Nachdem die Gräfin Ihren Brief erhalten hatte, in dem Sie die Legitimierung durch nachträgliche Heirat vorschlugen, zeigte sie ihn ihrer Tante, und diese, wütend und außer sich, fragte sie, ob sie sich denn für immer entehren wolle durch die Heirat mit solch einem Taugenichts. Die Gräfin weinte ein wenig, was ein Anzeichen dafür ist, daß sie Sie immer noch etwas liebt, und schließlich, nach vielen Überlegungen, kamen die beiden überein, daß sie es auf keinen Fall zulassen würden, daß Sie in ihre Familie eindringen. Sie wissen doch wohl, daß nach den Satzungen dieses großen Besitzes, eines der größten von Spanien, das Erbrecht auf den zweiten Grad in direkter Linie übergeht, wenn keine direkten Erben vorhanden sind. Dies würde auf den Erstgeborenen des Grafen von Rumblar zutreffen. Als die gegenwärtige Gräfin von Rumblar vom Auftauchen einer Erbin hörte, drohte sie meiner Herrin einen Rechtsstreit an, woraus Sie das Motiv dafür erkennen können, daß man sich in diesem Hause so sehr um die gesetzliche Anerkennung des Fräuleins bemüht. Schließlich kamen die beiden Familien überein, einen ruinösen Rechtsstreit auf folgender Basis zu vermeiden: Nach der gesetzlichen Anerkennung des Fräuleins Inés durch ein Verfahren, das Königliche Beglaubigung genannt wird und in dem beide Erbrechte zu einem einzigen zusammengefaßt werden, so daß keine Fragen mehr zulässig sind, soll sie Don Diego von Rumblar heiraten. Den schwierigsten Teil hat die Frau Marquise also auf geniale und sichere Weise geregelt. Die Kleine ist also mit dem rechten Fuß in die Familie eingetreten. Die Mutter kann nicht legitimiert werden, weil das Gesetz das unter diesen Umständen nicht vorsieht. Es kann auch nicht die

Formel der nach der Geburt erfolgten Heirat oder die der Adoption angewandt werden, weil diese nicht das Haupterbrecht verleihen. Deshalb kam diese Vereinbarung zustande, die bestimmt auch Ihre Bewunderung erregen wird. Dieser Winkelzug bringt der Familie den Vorteil, daß meiner Herrin, der Frau Gräfin, die Beantwortung beschämender Fragen erspart bleibt. Das Fräulein Inés wurde anerkannt von ...‹

Ein heftiger Schlag riß das Papier aus meinen Händen. Mein Pferd bäumte sich auf, und als ich losritt, um der Schwadron zu folgen, hörte ich das schallende Lachen eines Soldaten neben mir, der rief: »Man kommt nicht hierher, um Briefe zu lesen!«

Wir stürmten von der Straße weg, und alle meine Kameraden brachen in frenetische Freudenschreie aus. Ich sah die Kanonen unbeweglich vor einem dichten Rauchvorhang, der sich bald auflöste und den Blick auf die Reste des französischen Gardebataillons freigab. Über der französischen Front flatterte eine weiße Fahne, die sich auf unsere Front zu bewegte. Die Schlacht war geschlagen!

Unsere Soldaten umarmten sich jubelnd. Es mischten sich die verschiedenen Regimenter und die in die Truppen aufgenommenen Zivilisten. Die Einwohner des nahen Bailén eilten mit Krügen und Kannen voller Wasser herbei. Männer und Frauen suchten die Verwundeten, um sie wegzutragen. Die Pferde trabten stolz auf die Straße, und die Generäle gaben inmitten ihrer Soldaten ihrer Freude mit der gleichen Ungezwungenheit wie diese Ausdruck. Die Ausrufe »Hoch Spanien! Es lebe Ferdinand der Siebte!« erschienen wie ein erhabenes Konzert, das die Luft erfüllte wie vorher der Knall der Kanonenschüsse. Alles war ein einziger Jubel über unseren Sieg und die Niederlage Frankreichs, die das erste Wanken des stolzen Kaiserreiches darstellte. Ich streifte über das Schlachtfeld, schaute auf die Hände der anderen, auf die Lafetten der Kanonen, die Blutlachen neben den Körpern der Verwundeten und unter den Kopf eines sterbenden Pferdes, auf die vielen Leichen.

Da kam Marijuan mit offenen Armen auf mich zu und

schrie: »Wir haben gesiegt, Gabriel! Es lebe Spanien und die Spanier, hoch lebe die Jungfrau von Pilar, der wir all dies zu verdanken haben! Aber warum schaust du denn so angestrengt auf den Boden. Suchst du etwas?«

»Ja, ich suche ein Papier, das ich verloren habe.«

29

»Ach, laß doch die Papiere sein!« sagte mir Marijuan. »Diese Gardisten der Franzosen – hast du gesehen, wie die angegriffen haben?«

»Sie machen sie zur legitimen Tochter durch Königliche Beglaubigung!«

»Was sagt du da? Es bleibt doch kein Zweifel mehr daran, daß wir Napoleon besiegt haben, und da der die ganze Welt besiegte, haben wir doch jetzt die ganze Welt besiegt! Na, wirst du darüber nicht vor Freude verrückt, alter Junge? Schau doch mal, wie sie alle die Arme in die Luft werfen und schreien, die Generäle, die da kommen! Die ganzen schrecklichen Schläge, die furchtbare Hitze und der fürchterliche Durst seien gesegnet, weil wir siegreich daraus hervorgegangen sind. Es lebe Spanien!«

»Auf diese Weise«, dachte ich laut vor mich hin an meine eigenen privaten Kriege, »genießt sie das Haupterbrecht, wenn sie Don Diego heiratet, um einen Rechtsstreit zu vermeiden, der beide Familien ruinieren würde.«

»Wovon sprichst du denn eigentlich?« rief Marijuan überrascht aus. »Weißt du nicht, daß sich die Franzosen alle ergeben werden? Was für eine Schande für sie! Dieser Napoleon soll sich bloß nicht noch mal mit den Spaniern anlegen! Junge, wir stecken die Welt in die Tasche, und ich werde den Rat von Sevilla einen Club von Angsthasen nennen, wenn er nicht befiehlt, Paris zu erobern. Es lebe Spanien!«

»Und unser Herr, wo ist der denn?« fragte ich beunruhigt. »Was ist aus dem jungen Grafen von Rumblar geworden?«

»Ich glaube, er ist gefallen«, antwortete mir Marijuan lakonisch, gab seinem Pferd die Sporen und preschte von mir weg.

Diese überraschende Mitteilung gab meinen erregten Gedanken weiteren Anlaß zum Spekulieren. Ich kann nicht sagen, ob ich in diesem Augenblick den Tod meines Herrn bedauerte, oder ob im Gegenteil der verderbliche Egoismus in meiner Seele überhand nahm, so daß ich das Verschwinden desjenigen, der in meinen Augen das Gleichgewicht des Universums mehr störte als Napoleon das von Europa, mit Freuden aufnahm, weil er zwischen mich und meine Liebe gestellt worden war ... Inmitten der Verzückung über diesen großen Sieg, einen mit den meisten Auswirkungen auf die Welt, blieb ich stumm, und mein Pferd trug mich, wohin es wollte. Um mich herum schlug die patriotische Begeisterung hohe Wogen, war das Einzelwesen in die große Gemeinschaft der Nation aufgegangen, die die Erde mit ihren Freudenschreien erzittern ließ – und der einzige, der sich davon abseits hielt – wie ein Sandkorn, das sich nicht mit dem Berg verschmelzen wollte und nach eigenem Willen die zur Harmonie der Welt vorgeschriebenen Bewegungen vollführte – war der egoistische Gabriel.

Ich mußte nachforschen, ob der junge Rumblar wirklich gefallen war ... Wird Inés schließlich doch in die Familie ihrer Mutter eintreten? Werde ich sie für immer verlieren? Muß ich meine dummen, lächerlichen Träume aufgeben? Kann ein Mann wie ich überhaupt noch auf eine so hochgestellte Frau hoffen? Würde die undurchsichtige Zukunft etwas bringen, was diesen großen Unterschied ausgleichen könnte? Konnte ich noch hoffen, oder mußte ich mich bescheiden und die Hand der Vorsehung preisen, die mich dabei in den Staub geworfen hatte, aus dem ich nicht mehr aufstehen sollte?

Dies waren Fragen, die ich mir stellte, als ein unvorhergesehenes Ereignis die äußere Lage änderte. Die Armee nahm ihre vorgesehenen Stellungen ein. Das Signalhorn und die Trommel riefen alle Soldaten zusammen, und ein großer Teil der Einwohner des Ortes, Männer, Frauen und Kinder, strömten herbei. Unsere vorgeschobenen Detachements hatten die Vorhut der Truppen des Generals Vedel gesichtet, der zur Unterstützung von Dupont aus Guarromán kam. Ein Kanonenschuß aus gar nicht so weiter Entfernung zeigte uns die Gegenwart eines neuen Feindes an. Ach! Wäre Vedel wenige Stunden früher gekommen, so hätte man uns in die Zange genommen! Aber Gott, der an diesem Tage der Beschützer des unterdrückten und geplünderten Spaniens war, ließ erst zu, daß Vedel uns erreichte, als der Waffenstillstand schon geschlossen war und die Verhandlungen für die Kapitulation begonnen hatten.

Réding sandte sofort einen Offizier zum französischen General, um ihm die Lage zu schildern, worauf die neuen Feindtruppen jenseits einer Einsiedelei mit dem Namen San Cristóbal, die links von der Königlichen Straße von Bailén nach Guarromán liegt, stoppten. Bald darauf sahen wir einen französischen Offizier mit einer Botschaft für Réding und einer anderen für Dupont kommen. Da das Hauptquartier von Dupont in Verhandlungen über die Kapitulation stand, fühlten wir uns sicher, nicht von der erhöhten Seite der Straße aus angegriffen zu werden, denn der schon abgeschlossene Waffenstillstand bezog sich auf alle Truppen der französischen Armee in Andalusien.

Trotz dieser Zuversicht besetzten mehrere Regimenter, unter anderem das der Iren und das berühmte der Ordonnanzen, das sich in dieser Schlacht so ausgezeichnet hatte, die Straße vor den Truppen Vedels, die schubweise herankamen und in Stellung gingen. Mein Regiment wurde am Osteingang des Ortes postiert. Es muß gegen ein Uhr gewesen sein, als die Franzosen unter Vedel, ohne die Antwort Duponts abzuwarten, das Feuer gegen das irische Regiment eröffneten und dieses mit beträchtlichen Kräften angriffen. Dadurch entstand Tumult in unseren Reihen. Alle wollten losstürmen – nicht nur, um mit den Franzosen zu kämpfen, sondern um sie mit dem Messer abzustechen, weil sie die Gesetze des Krieges gebrochen hatten. Aber wir hatten ein Druckmittel gegen die Verräter in der Hand: die restlichen Truppen von Dupont, die als Geiseln in unserer Gewalt waren – wie ein an den Händen gefesseltes Opfer, dessen Kopf auf dem Block liegt. Während der Verwirrung, die nach dem unerwarteten Angriff entstand, umzingelten einige Truppen das Lager der besiegten Franzosen, während andere den Regimentern der Iren und der Ordonnanzen, die hart bedrängt wurden, zur Hilfe eilten.

Angesichts der zahlenmäßigen Unterlegenheit unserer Truppen sah alles wieder nach einem so erbitterten Kampf wie dem ersten aus, und die tapferen Zivilisten wie die Liniensoldaten bereiteten sich darauf vor zu sterben, um den glorreichen Vormittag mit einem epischen Nachmittag abzuschließen.

Wie ich aber schon sagte, war die Vorsehung auf unserer Seite. Fast gleichzeitig mit den ersten Schüssen des Vedelschen Überfalls waren von weitem andere Kanonenschüsse zu hören, von denen wir anfänglich nicht wußten, was sie zu bedeuten hatten.

»Was ist denn das? Kommt das Feuer vom Fluß Herrumblar oder von den Leuten von Mengibar?« fragte man bei uns.

»Das ist die Division von Don Manuel de la Peña, die von Casa del Rey anrückt«, antwortete ein herbeigeeilter Angehöriger der ersten Schlachtformationseinheit.

Die im Morgengrauen von Castaños aus Andújar zur Verfolgung von Dupont geschickte dritte Division war angekommen und kündigte sich mit Schüssen trockenen Pulvers an. Entsetzt über diese neue spanische Verstärkung, die die Reste seiner Armee auslöschen könnte, wenn sich Vedel nicht dem Waffenstillstand fügen würde, sandte Dupont der soeben aus Guarromán eingetroffenen Division energische Befehle, das Feuer einzustellen – was dann auch geschah. Damit unterwarfen sich die neuntausend Mann von Vedel schon im voraus dem Vertrag, den ihr Kommandierender General abschließen würde.

Wir blieben aber in Bereitschaft, so daß die Ortseingänge weiterhin von starken Kräften bewacht waren, die

417

sich allerdings gegenseitig ablösten, um die Soldaten ausruhen zu lassen. Als ich abgelöst wurde, wandte ich mich an eines der vielen Häuser im Ort, in dem Verwundete gepflegt wurden, um mir eine Salbe für meine linke Hand geben zu lassen, die eine Quetschung erlitten hatte, die zwar nicht schlimm war, aber ziemlich schmerzte. Als ich zu Fuß meinen Posten suchte, legte mir jemand die Hand auf die Schulter. Als ich mich umdrehte, erblickte ich zu meiner Freude Don Paco, den Hauslehrer von Don Diego.

»Was ist aus dem Jungen geworden? Wo ist er denn? Er ist ja nicht ins Haus gekommen!« sprach er mit besorgtem Ton und wurde blaß.

»Don Paco«, antwortete ich, »ehrlich gesagt, ich weiß es nicht, obwohl ich meine, daß er lebt.«

»Welch Schrecken, welche Sorge! Die Heilige Jungfrau von Araceli, die von Fuensanta, die Jungfrau von Pilar und die von Tremedal mögen uns alle zusammen beistehen! … Die Beine zittern mir, Gabriel, und wenn mein Herr und Schüler nicht auftaucht, wage ich nicht, das meiner Herrin zu berichten.«

»Er wird schon wiederkommen. Ich sah ihn kurz vor Ende der Schlacht. Er wollte irgendwo hin.«

»Wenn er gesund wäre, müßte er doch nach Hause gekommen sein oder eine Nachricht gesandt haben. Wo ist denn überall Kavallerie?«

»Bei San Cristóbal, wo die Batterie war, bei dem Ziehbrunnen mit Göpelwerk, auf den Anhöhen rechts, auf den Uferhügeln des Guadiela zum Herrumblar zu und an einigen anderen Stellen. Irgendwo dort wird sich Don Diego schon befinden.«

»Möge Gott das geben! Ich werde ihn suchen. Sag mal, die schießen doch nicht mehr, was? Ist es gefährlich, dort überall hinzugehen? Könntest du mich nicht begleiten? Dieser Junge, wenn der wüßte, welch gute Nachrichten ich für ihn habe, wie würde er mir entgegeneilen!«

»Welche Nachrichten denn, Don Paco? Darf man die erfahren?« fragte ich begierig und schickte mich an, den

Hauslehrer bei seiner Suche auf dem Schlachtfeld zu begleiten.

»Großartige Neuigkeiten, die ihn vor Freude in die Luft springen lassen würden! Heute morgen erhielt die Gräfin eine Botschaft von der Marquise von Leiva, worin diese ihr mitteilte, daß sie mit der Frau Gräfin Amaranta, dem Fräulein Inés und dem Herrn Marquis von Córdoba nach Madrid abfahren würde, wo eine Angelegenheit von großer Wichtigkeit für beide Familien auf sie warte.«

»Die Straßen sind doch aber für Reisen jetzt nicht sicher genug, Don Paco!«

»Sie werden erst einmal über Mengibar hierherkommen, um sich hier nicht nur ein paar Tage auszuruhen, sondern auch, damit beide Familien sich richtig kennenlernen, denn das sind doch Zweige, die nun aufgepfropft werden, damit ein laubreicher Baum entsteht, der tiefe Wurzeln in den Boden der Nation schlägt und viele herrliche Triebe bekommt.«

»Ja, ich habe schon vernommen, daß der junge Herr heiraten wird.«

»Ach, wo ist denn nur dieser künftige Bräutigam? … Ja, er wird heiraten. Ich sah das Bild des Fräulein Inés, die ein Ausbund von Schönheit ist. Die Kleine wollte ja erst nicht das Kloster wieder verlassen, trotz aller Aufforderungen. Zu Anfang dieses Monats muß aber etwas geschehen sein. Wahrscheinlich sah sie das Bild von Don Diego, und Gott sandte ihr den Pfeil der Liebe ins Herz. Jedenfalls bat sie darum, das Kloster verlassen zu dürfen, zur großen Freude ihrer Verwandten, und jetzt fahren alle nach Madrid wegen der gesetzlichen Anerkennung, denn du mußt wissen, daß …«

»Ja, ich habe gehört, daß dieses junge Mädchen die Tochter der Señora Gräfin ist.«

»Schweig, Naseweis! Die Gräfin, die Kusine meiner Herrin, soll solch eine Vergangenheit haben? Das kann nicht sein, unverschämter Bengel! Das Fräulein Inés ist Tochter einer ausländischen Dame, die schon gestorben ist. Sie lebte vor fünfzehn Jahren in der Hauptstadt und gab damals Gesprächsstoff wegen ihrer Liebesbeziehung zu einem berühmten Herrn dieser hohen Familie. Weißt du, wer der Vater von Fräulein Inés ist? Kein anderer als die Zierde der Diplomatie, der verschwiegene Bruder der Marquise von Leiva, der auch das Fräulein als seine Tochter anerkannt hat und sich jetzt beeilt, sie durch Königliche Beglaubigung legitimieren zu lassen, damit ihr das Haupterbrecht zuteil wird, wenn Gott die Marquise von Leiva zu sich ruft.«

»Wie gut das alles eingefädelt worden ist!« rief ich aus, ohne mein Erstaunen verbergen zu können.

»Eingefädelt? Meine Herrin teilte mir heute morgen mit, was ich eben erzählt habe. Ach, dieser Diplomat ohnegleichen, der so berühmt ist in allen Höfen Europas, hat ein Beispiel der Ritterlichkeit gegeben, indem er dieser Frucht seiner bewegten Jugend seinen illustren Namen verlieh, damit die bis jetzt Verschollene als Blüte an dieser illustren Staude des Gartens der spanischen Nation glänzen kann. Aber dieser Don Diego – wo können wir ihn nur finden? Wir können doch mal den Kommandierenden General fragen – oder diese Soldaten hier ... Sagen Sie, meine Helden dieses Tages, der in die Annalen der Geschichte eingehen wird, haben Sie zufällig Don Diego de Rumblar gesehen?«

Und so fragte er alle, die er antraf, aber niemand konnte ihm Auskunft geben.

30

Die französischen Soldaten in ihrem Lager, die vor Erschöpfung und Hunger schon mehr als halb tot waren, warteten sehnlichst auf die Unterzeichnung der Kapitulation. Am ungeduldigsten waren die in das Kaiserliche Heer integrierten Schweizer, die bei Einbruch der Dunkelheit begannen, in unser Lager überzuwechseln. Einer ihrer Geschichtsschreiber berichtete, daß diese Desertion während der Schlacht erfolgte, aber das stimmt nicht. Schlimmer daran ist noch, daß ein spanischer Geschichtsforscher diese falsche Berichterstattung einfach übernahm, womit er seinem Vaterland und der Wahrheit, die über allem steht, keinen guten Dienst erwiesen hat.

Die Kapitulationsverhandlungen gingen langsam voran, weil sich die Parteien nach Andújar begeben hatten, wo das Hauptquartier des spanischen Kommandierenden Generals war, so daß wir in Bailén nicht wußten, was vorging. In der Befürchtung, daß die feindlichen Truppen versuchen könnten zu fliehen, trafen unsere Generäle Vorsichtsmaßnahmen, so daß unsere Artillerie mit schwelender Lunte an strategischen Punkten aufgestellt wurde. Gleichzeitig bedrängten Tausende von Zivilisten, die von den umliegenden Anhöhen strömten, die Franzosen derartig, daß sie keine Bewegungsfreiheit hatten. Diese Wachsamkeit erlaubte es einem Teil der spanischen Armee, sich endlich auszuruhen. Besonders die noch gehfähigen Verwundeten, auch die leicht Verwundeten wie ich, durften im Ort bleiben, so wir Lebensmittel auftrieben und sie in unser Lager sandten oder brachten und die Schwerverwundeten in etlichen Häusern unterbrachten. Ich ging gerade mit einem Korb Lebensmittel für einige Artillerieoffiziere aus Bailén hinaus, als ich unvermittelt auf Santorcaz stieß, der, gefolgt von einigen Freiwilligen aus Utrera und ehemaligen Gedienten aus Malaga, zurückkam.

»Oh, Señor de Santorcaz!« rief ich mit großer Überraschung. »Sie leben also! Ich wähnte Sie schon im Jenseits.«

»Wie du siehst, mein Junge, bin ich noch am Leben«, erwiderte er. »Gott möchte noch, daß der, der in diesem Hemd steckt, einiges auf dieser Welt hier ausrichtet.«

»Sie sind ja noch nicht einmal verwundet.«

»Hier habe ich ein paar Kratzer, aber das ist ja nun wirklich nichts für einen Mann wie mich. Weißt du, daß man mich zum Unteroffizier gemacht hat? Ich bin zwar nicht hierhergekommen, um Rangabzeichen zu erringen, aber wenn man sie mir schon mal gibt, nehme ich sie auch.«

»Sie werden bestimmt Großartiges geleistet haben.«

421

»Nicht der Rede wert. Ich fiel vom Pferd und mußte mich dann gegen drei oder vier Franzosen verteidigen. Einen schlitzte ich auf, einen anderen köpfte ich und mit einer französischen Adlerstandarte, die ich dem Marquis de Coupigny überreichte, kehrte ich in unser Lager zurück. Der Marquis fragte mich, ob ich vorher schon gedient habe, und als ich das bejahte, erklärte er: ›Ich ernenne Sie hiermit zum Unteroffizier.‹ So bin ich Führer dieses Zuges von braven Männern geworden. Möchtest du dich uns anschließen?«

Dabei winkte er seinen Leuten, ihm zu folgen. Ich schaute diese an und glaubte mich nicht zu täuschen, in ihnen die Blüte jener Bewohner von Ibros und den Bergen von Cazorlas und Despeñaperros zu erkennen, die sich durch Leichtfüßigkeit und noch leichtere Moral auszeichneten. Ich lehnte dankend ab und setzte meinen Weg fort.

»Das habe ich ja ganz vergessen – was wissen Sie von Don Diego?« fragte ich.

»Nichts«, antwortete er, den Kopf zu mir zurückgewandt, »nirgends weiß man etwas von ihm. Vielleicht ist er gefallen, vielleicht versprengt. Da müßte man nachforschen. Aber dich muß ich noch fragen, ob du mein Pferd gesehen hast oder weißt, ob es jemand eingefangen hat.«

»Nein, leider nicht«, gab ich als Antwort und ging davon.

Ziemlich spät in der Nacht kehrte ich nach Bailén zurück, wo mich eine traurige Prozession überraschte, die aus drei schwarz gekleideten Frauen bestand, die von einem halben Dutzend Männern gefolgt wurden. Zwei Diener mit Laternen gingen voraus. Als ich näher trat, erkannte ich die Gräfin María mit ihren beiden Töchtern. Alle drei waren schmerzgequält und weinten. Nein, ich muß mich verbessern: Die beiden Mädchen waren in Tränen aufgelöst, aber das Gesicht der Gräfin blieb trocken, wenn auch leidverzerrt. Sie blickte starr vor sich hin und ging mit festem Schritt. Ich trat sofort zu ihr hin, begrüßte sie mit dem größten Respekt und bot ihr meine Hilfe an für den Fall, daß sie – wie man annehmen konnte – nach Don Diego suchten.

»Warum kommt denn der Junge nicht? Wann hast du ihn denn im Kampf aus den Augen verloren?« fragte sie mich.

»Señora, seit unser großer Angriff auf den linken Flügel der Franzosen begonnen hatte, sah ich Don Diego nicht mehr.«

»Ich dachte erst, er sei wohl unter den Verwundeten, aber da ist er nicht. Sind schon alle Toten vom Schlachtfeld getragen worden?«

»Ja, meine Dame, es sind dort nur noch die Unbekannten, die Zivilisten, die zu keinem Regiment gehörten.«

»Die wollen wir uns mal ansehen«, sagte die würdige Frau mit erstaunlicher Festigkeit.

»Ich werde Euer Gnaden gern begleiten.«

»Und wie hat sich denn mein Sohn geführt?« wollte sie von mir wissen, als wir nebeneinander weitergingen.

»Er hat sich wie ein Held benommen, wie es ihm geziemt.«

»Haben seine Vorgesetzten sich überzeugen können, daß er mutig ist und seiner edlen Abstammung Ehre macht?«

»Ja, Señora, die Vorgesetzten haben die Taten von Don Diego mit offenem Mund bewundert«, erwiderte ich, um dem Adelsstolz der Dame zu schmeicheln, deren Schmerz dann auch abnahm, als sie hörte, daß ihr Sohn dem Namen der Rumblars Ehre gemacht hatte.

»Habt Ihr meinen Sohn gern gemocht?«

»O ja, meine Dame. Don Diego ist so beliebt! ... Und er behandelt uns, als wären wir alle seinesgleichen.«

»Was, wie seinesgleichen?« rief die adlige Dame mit leichten Anzeichen des Zornes aus.

»Nein, das eigentlich nicht«, versuchte ich meinen Ausrutscher zu korrigieren, »Don Diego blieb natürlich der Edelmann und wir die Bediensteten ... Ich wollte nur ausdrücken, daß er uns nicht herrisch behandelte ... Der arme

Don Diego! Aber wir werden ihn finden, Señora. Mein Herz sagt mir, daß er lebt.«

»Du bist ein guter Junge. Hilf uns, meinen Sohn zu suchen, und ich werde dich dafür belohnen. Wenn wir ihn lebend finden, verspreche ich dir, daß du bei seiner Heirat sein Knappe sein wirst.«

»O danke, Señora, vielen Dank!« beeilte ich mich zu antworten.

»Du bist bescheiden und glaubst wohl, daß du diese Ehre nicht verdienst. Wenn du sie auch nicht verdienst, lasse ich sie dir doch zuteil werden.«

Wir gelangten an eine Stelle, wo ein Körper leblos auf der Erde lag. Das erschreckte uns alle, und Presentación und Asunción umarmten sich laut weinend. Einen Moment lang kämpfte die Neugier in uns mit der Angst, denn einesteils wollten wir uns vergewissern, andernteils fürchteten wir, in dem Toten Don Diego erkennen zu müssen. Doña María war die erste, die auf die Leiche zuging, und wir folgten ihr. Dieser für sein Vaterland Gefallene hatte noch keinen Verwandten, keinen Freund, keinen Kameraden gefunden, der sich um ihn kümmerte. Es war nicht Don Diego.

Nachdem sie die Leiche gemustert hatte, richtete die Gräfin die Augen zum Himmel empor, faltete die Hände und betete mit lauter Stimme das Vaterunser, worauf wir alle sehr demütig mit »Unser täglich Brot …« einstimmten.

Wir setzten unseren Weg über das Schlachtfeld fort und fanden wieder einige Tote, deren Gesichter die Gräfin María mit übermenschlichem Mut prüfte, bis sie sich überzeugt hatte, daß ihr Sohn nicht darunter war. Wenn wir gerade eine Stelle erreichten, wo jemand begraben wurde, warfen wir alle eine Handvoll Erde in das Grab des Patrioten, der bald in der Weite des Feldes verschwand, ohne eine Spur zu hinterlassen, so wie nur selten etwas von dem Heldentum all der vielen Einzelnen in der Geschichtsschreibung berichtet wird.

Unsere Suche auf dem ganzen Schlachtfeld war vergebens. Die beiden Schwestern konnten sich nicht mehr auf den Füßen halten und hörten nicht auf, mit inbrünstiger Betonung alle ihnen bekannten Gebete auf spanisch und lateinisch zu rezitieren. Die Bestürzung und Verwirrung Don Pacos, der auch zu uns gestoßen war, hatte solche Ausmaße angenommen, daß er mehrere Male hinfiel. Nur Doña María bewahrte eine heroische und fast barbarische Haltung, die an die Überlegenheit des Moralkodex einiger edler Geschlechter über das gemeine Volk glauben ließ. Nicht umsonst floß in dieser Frau von ihrer mütterlichen Linie her das Blut von Guzmán dem Guten.[33]

Es war schon sehr spät, als wir zum Haus zurückkehrten. Drinnen herrschte Trauer, aber keine Träne trat in die Augen der Herrin.

»Wenn es Gott gefallen hat, das Leben meines Sohnes zu nehmen«, erklärte sie und setzte sich auf den klassischen Lederstuhl, »so hat er mir doch wenigstens den Trost gespendet zu wissen, daß er in Ehren gestorben ist.«

»Don Diego wird wiederkommen, Señora«, sagte ich gerührt. »Wenn er gefallen wäre, müßten wir doch seine Leiche gefunden haben.«

Dieses Argument gab Don Paco seine verlorene Redegabe zurück, so daß er mir entgegnete:

»Aber gab es nicht einen kleinen Kampf, als Vedel plötzlich auftauchte? Vielleicht wurde er dort gefangengenommen?«

»Die von den Franzosen gefangenen Spanier wurden heute abend auf Befehl von Dupont freigelassen«, meinte die Gräfin.

»Und wenn der junge Graf verwundet wurde und man ihn in ein französisches Lazarett gebracht hat?«

»Das werde ich herausfinden, meine Dame«, rief ich aus. »Gleich morgen werde ich um einen Passierschein bitten, um das feindliche Lager betreten zu dürfen. Ich habe das Gefühl, daß ich ihn dort finden werde.«

»Du weißt ja, daß ich dir eine große Belohnung versprochen habe. Wenn du das machst, was du eben gesagt hast, und mir meinen Sohn bringst«, sagte mir Doña María, »wird die Belohnung noch größer sein. Gott waltet über alles, und der Glanz auf dieser Welt wird von seiner Hand oft in Elend, Traurigkeit – in Nichts – verwandelt. Wenn mein Sohn nicht zurückkehrt, was bin ich dann noch, was bleibt mir noch, was bleibt von meinem Haus und meinem Namen? Dann wird Gott entschieden haben, daß die Großartigkeit von gestern heute zu Ruinen zerfallen sollen, wo wir uns nur noch zum Weinen verstecken können. Der Sieg konnte aber auch nicht ohne Opfer, ohne Unglück errungen werden. Napoleon ist in Spanien besiegt worden, und angesichts der Rettung unseres Landes – was bedeutet da ein Leben, so edel es auch sein mag, was eine Familie, so groß ihr Glanz auch sein mag?«

Diese energische Ansprache dieser Frau aus Stahl erfüllte mich mit Staunen.

Dann fuhr sie fort: »Ich glaubte, dies würde ein Tag des Jubels in meinem Hause sein. Nach dem Sieg wären wir alle so glücklich gewesen, wenn mein Sohn gekommen wäre, um die ihm Versprochene zu empfangen, die noch heute abend mit meinen Kusinen eintreffen soll … Sind sie noch nicht gekommen? Don Paco, sorgen Sie bitte dafür, daß es an nichts fehlen wird. Ist alles bereit, die Betten, das Nachtmahl, die Zimmer? Mädchen, was sitzt ihr hier mit untätigen Händen?«

Asunción und Presentación weinten laut, als sie ihre Mutter ihre Namen aussprechen hörten. Es erschien mir, als ob auch deren männlicher Geist zu wanken begann und wie die Flamme ihrer Augen verlösche. Ihre energischen Arme fielen mutlos auf den Sitz. Sie wollte aber zweifellos nicht ihre Würde als hohe Frau im Beisein anderer verlieren, so daß sie allen – ihren Töchtern, Don Paco, den Dienern und mir – befahl, sie allein zu lassen.

Einige Zeit später hörte ich den Lärm von Wagen und Maultieren auf der Straße und dann ein Stimmengewirr im Patio. Das Blut schoß mir ins Herz. Versteckt hinter einer Säule sah ich, wie die Neuankömmlinge aus den Kutschen stiegen. In der jungen Frau, die der Diplomat herunterhob, erkannte ich die Nonne aus Córdoba.

Ich fürchtete, von der Gräfin Amaranta entdeckt zu werden. Da diese aber mit ihrer Tante zuerst ausgestiegen und nun schon in der oberen Etage war, wagte ich es, dem Diplomaten zu folgen, der hinter den anderen die Treppen hochstieg und dabei Inés an der Taille stützte. Dahinter folgten Diener – und dann ich. Inés hatte einen weiten Umhang mit großen Fransen um sich geschlungen. Wir stiegen alle langsam hoch, und die vielen Seidenfransen an Inés' Umhang schwankten vor meinen Augen. Wie jemand, der an die Himmelspforte gelangt ist und die Schnur der Glocke zieht, um Einlaß zu begehren, so ergriff ich eine jener baumelnden roten Schnurenden und zog sanft daran. Inés wandte sich um und erkannte mich.

31

Oben angekommen, berichtete der Hauslehrer den Reisenden, was sich zugetragen hatte. Die drei Damen gingen in die für sie vorgesehenen Zimmer, und der Diplomat blieb mit Don Paco im Eßzimmer.

»Sie sehen uns sehr bestürzt, Don Felipe«, sprach der Hauslehrer, »und wenn der junge Herr nicht wieder auftaucht, wird die Welt in dieser schrecklichen Schlacht einen Jüngling verloren haben, der alle Anlagen zu einem großen Philosophen hatte und schon ein vortrefflicher Schönschreiber war.«

»Was für ein Unglück nun nach allem!« rief der Diplomat aus, holte seine Schnupftabaksdose heraus, entnahm dieser eine Prise und bot das kleine Gefäß dann dem Hauslehrer zur Bedienung an. »Das ist ja äußerst bedauerlich! … In unserem Alter hätte man doch gern jemanden, der uns nachfolgt und unseren Glanz erbt, um ihn der Nachwelt weiterzugeben. Das ist doch auch der Grund, warum ich mich jetzt so beeilt habe, meine geliebte Tochter anzuerkennen ... Ach, Don Francisco*, ich hatte eine sehr bewegte Jugend, wie ja wohl alle Welt weiß. Sie werden schon von meinen Abenteuern gehört haben, denn es gab an den Höfen Europas keine Dame, ledig oder verheiratet, die mich nicht erhört hätte. Es ist eigentlich eine Strafe, mit so viel Anziehungskraft geboren worden zu sein, lieber Don Francisco, eine solche Strafe, daß ich immer noch ... Aber lassen wir das. Jetzt beschäftigt mich nur noch das Wohlergehen meiner heißgeliebten Tochter. Sollte sich herausstellen, daß Don Diego wirklich nicht mehr unter den Lebenden weilt, wird sie dennoch nicht ledig bleiben, denn ich habe hier Briefe vom Herzog von Liechtenstein, von Erzherzog Karl Eugen[34], vom Grafen von Schönbrunn und anderen jungen Männern königlichen Geblüts, die sie heiraten möchten. Da ich so viele Freunde an den Höfen Europas und auch Spaniens habe ... erfuhr ich, daß die nach Bayonne gegangenen führenden Familien, wie auch die von Madrid, sich um die Hand meiner Tochter streiten. Haben Sie sie schon gesehen, Don Francisco? Haben Sie in ihren Zügen mein edles Blut erkannt und das dieser so schönen wie unglücklichen ausländische Dame ...? Oh, ich rede ja zu viel, Don Francisco ... Aber lassen Sie uns von einer anderen Sache reden. Erzählen Sie mir doch von dieser Schlacht. Wir haben also gesiegt? Haben die Franzosen kapituliert? Ich bin wohl noch rechtzeitig gekommen. Ich fürchte nämlich, daß unsere Führer einen Fehler machen werden, wenn ich ihnen nicht zur Seite stehe, denn die Militärs sind in Vertragsangelegenheiten ungeschickt ... Ich habe da einen Plan, nach dem Rußland Despeñaperros besetzten wird. Die Spanier werden dafür an den Don und die Moskwa gehen, und Preußen ...«

Während ich mich entfernte, redete der Diplomat weiter auf den Hauslehrer ein, der ihm einen Imbiß und Montilawein zur Wiederherstellung seiner Kräfte reichte. Als ich das Haus verließ, traf ich vor der Haustür auf mehrere Männer mit nicht gerade sehr vertrauenserweckenden

* ›Paco‹ ist die familiäre Variante von ›Francisco‹ (Anm. d. Übers.)

Gesichtern. Einer von ihnen trat auf mich zu, packte mich am Arm und fragte:

»Kennst du die Leute, die gerade hier eingetroffen sind?«

»Nein, Señor de Santorcaz«, erwiderte ich. »Ich weiß nicht, wer das ist, und es kümmert mich auch nicht.«

Wir entfernten uns vom Haus, und auf dem Wege versicherte mir Don Luis wieder, daß er mich gerne in seinem Zug hätte.

Am folgenden Tag, dem 20. Juli 1808, suchten Marijuan und ich wieder nach unserem verschwundenen Herrn, und Don Paco schloß sich uns an. Der spanische General schrieb eine Botschaft an Dupont, in der er ihn bat, uns Nachforschungen im französischen Lager unternehmen zu lassen, um festzustellen, ob Don Diego sich dort befand, verletzt oder tot. Wir suchten das französische Lazarett auf, fanden jedoch unter den Verwundeten keine Spanier, was uns untröstlich machte. Ich war nicht am wenigsten bestürzt über diesen neuen Fehlschlag, obwohl ich ja nun wußte, daß der junge Graf Inés heiraten sollte. Was bedeutete eigentlich solch ein Großmut von meiner Seite? War es reine Güte, reine Sorge um einen Mitmenschen, auch wenn dieser in den privaten Beziehungen ein Gegner war, oder war es eine Mischung aus Menschenfreundlichkeit und Stolz, weil ich überzeugt war, daß Inés nur mich liebte, und ich mir die Freude gönnen wollte, Don Diego von ihr verschmäht zu sehen? Ehrlich gesagt, ich wußte es nicht – und ich weiß es auch heute noch nicht.

Im Lager der Franzosen konnten wir uns ein Bild von der schlimmen Lage machen, in der sich unsere Feinde befanden. Die Wagen mit den Verwundeten nahmen einen großen Platz im Lager ein, und um ihre dreitausend Toten begraben zu können, hatten sie riesige Gruben ausgehoben. Einige Verwundete von hohem Rang waren in einer Kutschenschenke untergebracht, aber die meisten anderen im Feldlazarett, wo die Chirurgen alle Hände voll zu tun hatten, zu amputieren und zu verbinden, um so viele Leben wie möglich zu retten. Die leicht oder gar nicht verletzten Soldaten litten die Qualen des Hungers, den sie mit Hirsesuppen und Haferbrot, das wie gebackene Erde aussah, zu stillen versuchten.

Alle sehnten die Unterzeichnung der Kapitulation herbei, um aus diesem bejammernswerten Zustand befreit zu werden, aber die Verhandlungen zogen sich hin, weil die spanischen Generäle ihren Triumph auskosten wollten. Wie ich an jenem Tag hörte, als wir nach Bailén zurückkehrten, sei schon vereinbart gewesen, daß sich die Franzosen über die Sierra nach Madrid zurückzögen, als eine Botschaft des Generalgouverneurs für das Königreich eintraf, die Dupont befahl, sich in die Mancha zurückzuziehen. Die Spanier erkannten, daß dies für unsere Waffen sehr unvorteilhaft wäre. So war es auch am 21. Juli zwischen den Generälen Chabet und Marescot[35] auf der französischen Seite und den Generälen Castaños und Graf Tilly noch zu keiner neuen Vereinbarung über die Einzelheiten der Kapitulation gekommen.

Wir konnten auch von weitem einen Blick auf die endlose Reihe von Karren werfen, auf denen die Feinde alles, was sie in Córdoba geraubt hatten, mitnehmen wollten. Unheilvolle Reichtümer! Einige Geschichtsforscher sind der Meinung, daß, wenn die Franzosen nicht so viel Beute mitgeschleppt hätten, sie sich rechtzeitig über das Gebirge gerettet haben könnten. Das Bestreben, diese fünfhundert Karren voller Reichtümer nicht zurücklassen zu müssen, hatte sie bewogen, die Waffen niederzulegen in der Hoffnung, diesen Konvoi für sich zu retten. Ich glaube nicht, daß sie hätten fliehen können – ob nun mit diesen Karren oder ohne sie, denn wir waren ja schließlich da, um sie daran zu hindern. Wie dem auch sei, es ist verbürgt, daß Napoleon einige Zeit später in Toulouse bei der Besprechung dieses für das Kaiserreich so folgenreichen Unglücks zu Savary sagte: »*Ich hätte lieber von ihrem Tod als von ihrer Schande gehört. Solche unwürdige Feigheit kann ich mir nur mit der Befürchtung erklären, das geraubte Gut zu verlieren.*«

Wir wagten nicht, mit der schlechten Nachricht ins

Haus zurückzukehren, daß wir den jungen Grafen noch immer nicht gefunden hatte. So streiften wir durch die ganze Umgebung und fragten immer wieder Leute aus dem Feldlager aus. Don Paco war so erschöpft, daß er keinen Fuß mehr vor den anderen setzen konnte und sich einfach zu Boden fallen ließ. Wir konnten ihn aber nach einer Pause dazu bewegen weiterzugehen und wandten uns mit einer anderen Botschaft des Generals Réding dem Lager des Generals Vedel zu. Die Dunkelheit brach aber schon ein, so daß uns die Wachen nicht durchließen. So mußten wir diese Expedition auf den frühen Morgen verschieben. Marijuan, Don Paco und ich hatten inzwischen keinerlei Hoffnung mehr, so daß wir den Haupterben der Rumblars für verloren ansahen.

In der Morgendämmerung hörten wir Stimmen, die verkündeten, daß die Kapitulation unterzeichnet sei, was uns durch den Umstand bestätigt schien, daß mehrere Offiziere mit Botschaften von einem Lager zum anderen gingen.

Wir waren nicht weit von der Einsiedelei San Cristóbal entfernt, als wir Erregung im Lager von Vedel feststellten. Wir beschleunigten unsere Schritte, bis wir in der Nähe waren. Da bemerkten wir, daß uns vom tiefer gelegenen Teil der Straße ein Jüngling mit den munteren Tanz- und Hüpfschritten eines aus der Schule kommenden Kindes entgegenkam. Manchmal rannte er, hielt dann wieder, zog seinen Säbel aus der Scheide und versetzte den Büschen ein paar Hiebe. Dann schien er zu tanzen, wobei er Arme und Beine nach dem Rhythmus seines eigenen Liedes bewegte. Dann wieder warf er seinen Portugiesenhut in die Luft, um ihn mit der Säbelspitze aufzufangen.

»Was sehe ich da!« schrie Don Paco in plötzlicher Erregung. »Ist dieser Knabe da nicht unser leibhaftiger Don Diego? Ist das nicht mein lieber Schüler und das Juwel, die Fackel des Hauses der Rumblars? … He! Don Diego, hier sind wir! … Kommen Sie doch zu uns!«

Und wirklich, als wir näher gekommen waren, blieb kein Zweifel mehr – wir hatten Don Diego leibhaftig vor uns.

Als er uns auch erblickte, rannte er so schnell er konnte auf uns zu, um uns mit großer Freude in die Arme zu fallen.

»Kommen Sie, kommen Sie in meine Arme, Hoffnung der Welt!« rief Don Paco, verrückt vor Freude, aus. »Wenn Sie wüßten, wie sich Ihre Mama um Sie grämt! ... Diese Angst, die uns der Schelm eingejagt hat! ... Aber wo kommen Sie denn eigentlich her, mein Junge? Waren Sie etwa Gefangener?«

»Sie nahmen mich bei der Einsiedelei gefangen«, erklärte Don Diego. »Aber das ist ja wunderbar, daß du lebst, Gabriel, und du, Marijuan. Ich dachte, ihr wäret getötet worden in dieser wilden Attacke. Und Santorcaz? ... Aber ich will euch nun erst einmal erzählen, was ich so erlebt habe. Nach dem Angriff, und als die ›Kavallerie von Spanien‹ eingriff, blieb ich in der Nachhut des Regiments. Mein Pferd wurde tödlich getroffen, und ich schloß mich dann dem Regiment der Iren an. Als wir etwa in diese Gegend hier kamen, wurden wir von den Franzosen gefangengenommen. Ich belegte sie mit so vielen Schimpfwörtern, daß sie mich erschießen wollten.«

»Wie schrecklich«, meinte Don Paco, »aber ich ersehe daraus, daß Sie ein Held sind. O mein lieber Junge! Ich glaube, Ihre Mama wird eine Petition an den Rat richten, daß sie Ihnen die Schärpe des Generalkapitäns verleihen.«

»Sie waren schon dabei, mich zu erschießen«, fuhr der Bursche fort, »als ein französischer Offizier Mitleid mit mir hatte und mir das Leben rettete. Dann nahmen sie mich in ihre Zelte mit, wo sie mir Wein gaben und ...«

»Nun aber schnell nach Hause! Dort können Sie alles genau erzählen«, mahnte Don Paco. »Welche Freude! Fliegen wir, meine Herren! Wenn die Frau Gräfin sieht, daß wir ihn mitbringen ... Denken Sie mal, Ihre Braut ist angekommen! ... Und wie wunderschön sie ist! ... Die Arme konnte gar nicht aufhören zu weinen, weil Sie nicht zu finden waren, und wenn Sie nicht gekommen wären, hätten wir das Mädchen wohl auch begraben müssen. Lassen Sie uns also eilen!«

So liefen wir alle glücklich nach Bailén. Im Ort schlug

einer von uns vor, vorauszugehen, um Doña María auf die ungeheure Freude vorzubereiten, aber Don Paco ließ nicht zu, daß dies ein anderer als er tat: Diese große Freude wollte er sich nicht nehmen lassen. Mit schwankenden Beinen lief er also ins Haus und rief: »Er kommt, er kommt!«

Als wir dann mit dem jungen Grafen das Haus erreichten, traten alle heraus, ihn zu empfangen, mit Ausnahme von Amaranta, die eine starke Migräne ans Bett fesselte. Es war eine Freude, mit anzusehen, wie die Dienstboten, die Schwestern und selbst die Gräfin María, die ihre mütterliche Zärtlichkeit nicht mehr innerhalb der Grenzen ihrer Würde einschließen konnte, ihn umarmten und abküßten. Er wurde ohne Nachsicht von einem zum anderen weitergereicht. Als sich alle wieder etwas beruhigt hatten, versammelten sie sich, einschließlich der Gäste, im Salon des Erdgeschosses, und Don Diego wurde feierlich seiner Braut vorgestellt. Diese Szene, der ich von der Tür her mit anderen Dienstboten beiwohnte, werde ich nie vergessen, so daß ich sie Ihnen hier beschreiben will.

32

Inés, verwirrt und mit gerötetem Gesicht, antwortete nicht, als der Diplomat mit Don Diego an der Hand an sie herantrat und zu ihr sprach: »Meine liebe Tochter, hier ist der junge Mann, den wir dir als Gatten ausersehen haben: mein Neffe, ein edler Graf, den wir bald als General sehen werden, wenn der Krieg weitergeht.«

»Mein lieber Sohn«, fügte die Gräfin María hinzu, »die großen Vorzüge derjenigen, die unweigerlich deine Frau werden wird, brauchen hier nicht noch einmal erwähnt zu werden, weil wir sie alle kennen. Jetzt, bei Abschluß des Vertrages, wird sich die große Liebe, die ihr schon füreinander empfindet, noch verstärken als Zeichen, daß Gott eure Verbindung in seinen weisen Plänen vorgesehen hat.«

»Das Porträt ist sehr hübsch«, sprach Don Diego mit einer in dieser Situation nicht angebrachten Ungeniertheit, »aber Sie, Inés, sind es in Wirklichkeit noch mehr. Warum wollten Sie eigentlich nicht aus diesem verflixten Kloster herauskommen? Diese hinterlistigen Nonnen hielten Sie wohl mit Gewalt fest, weil sie hofften, daß Sie eine schöne Mitgift mitbringen würden. Aber nicht mit mir! Ich schwöre, daß ich entschlossen war, mein Nönnchen von dort herauszuholen, und schon überlegte, wie ich die Mauern übersteigen und Fenstergitter brechen könnte, um mein Ziel zu erreichen.«

Als Doña María das hörte, erbleichte sie, und Funken des Zornes traten in ihre Augen. Sie überspielte ihren Schrecken jedoch und sprach von anderen Angelegenheiten in der Absicht, den edlen Anwesenden die Worte des Milchbartknaben vergessen zu machen.

»Aber erzähl uns doch mal, was du so im Lager der Franzosen erlebt hast«, bat sie schließlich Don Diego.

»Die wollten mich doch glatt erschießen«, antwortete der Haupterbe und setzte sich. »Ich mußte schon niederknien, als ein Offizier befahl, die Exekution abzubrechen.«

»Und warum wollten dich diese Unmenschen töten?«

»Weil ich ihnen tausend Schimpfworte zugerufen hatte. Als sie mich in ein Zelt geführt hatten, lachten sie über mich. Dann zwangen sie mich, Wein zu trinken, und je mehr ich trank, um so mehr schwatzte ich, brachte schauderhafte Sachen heraus, aber auch Witziges, und dann fiel ich wie ein Stein um.«

»Ja, weißt du denn nicht«, bemerkte die Gräfin María dazu, ohne ihre Entrüstung zu verbergen, »daß Leute aus gutem Haus nur wenig trinken?«

»Das stimmt, aber dieser Wein hatte einen Geschmack, der mir sehr zusagte, und die Franzosen lachten viel mit mir. Alle kamen, um mich zu sehen, und nannten mich *le petit espagnol*.«

»Was ›der kleine Spanier‹ heißt«, fühlte Don Paco sich bemüßigt zu übersetzen.

»Du hättest dich aber nicht betrunken machen lassen

dürfen, junger Mann«, tadelte ihn der Diplomat. »Ich schwöre, daß, wenn mir das passiert wäre, ich alle Offiziere der Division Vedel mit meinem Säbel geköpft hätte.«

Doña María, tief entrüstet, stumm, finster blickend, glich einer Sibylle von Michelangelo.

»Alle diese Herren mochten mich doch sehr …«, fuhr Don Diego fort. »Am Nachmittag, als ich aus einem langen Schlaf erwachte, fragten sie mich, ob ich mit einem Stier kämpfen könne. Ich bejahte das, worüber sie sich freuten und befahlen, ich solle auf der Stelle eine *corrida*[36] vorführen. Das ließ ich mir nicht zweimal sagen. So nahm ich einen Stuhl als Stier, reizte ihn mit der *capa*[37], spickte ihn mit *Banderillas*[38] und durchbohrte ihn von oben bis unten mit meinem Säbel. Wie die Kerle dabei lachten! Sogar der General kam herbei, um sich das anzusehen!«

»Jedenfalls sehe ich, daß du dich im Lager der Franzosen nicht gelangweilt hast«, bemerkte die Frau Mutter mit beißender Ironie.

»Sie wollten mich einfach nicht gehen lassen. Ich mußte dann auch noch den *Jalear*[39] vorführen und singen. Das tat ich auf einer Bank. Na, das war ein Hallo! Selbst die Soldaten strömten ins Offizierszelt, um sich das anzusehen. Unter den französischen Offizieren waren zwei, die mich nicht von ihrer Seite ließen. Sie sagten mir, daß sie mich zu ihrem Adjutanten machen würden, wenn ich zur französischen Seite überwechselte. Sie würden mich dann nach Paris und von dort durch ganz Europa mitnehmen.«

»Und du hast ihnen nicht eine Ohrfeige versetzt?« rief Doña María und krallte dabei ihre Fingernägel in das Leder ihres Sitzes.

»Ach was! Ich lachte nur und erzählte ihnen, daß ich vorhabe, mit dem Señor de Santorcaz, der mein Freund ist und nach meiner Hochzeit mein Lehrer sein wird, nach Frankreich zu gehen.«

Diesmal war es nicht Doña María, die vor Überraschung und Empörung auffuhr – es war die Marquise von Leiva, die die Gesichtsfarbe wechselte und mit entsetzten Augen nacheinander ihre Kusine, ihren Neffen und dann dessen Hauslehrer ansah.

»Aber was gibt denn dieser Knabe da von sich?« fragte Don Paco die Gräfin María. »Dieser Santorcaz soll sein Lehrer und Freund sein?«

»Jeder lieber als Sie!« antwortete der Haupterbe frech. »Ein schöner Hauslehrer, der nichts anderes kann, als unnützes Zeug und Albernheiten zu lehren, sind Sie!«

»O mein Gott, du weißt ja nicht mehr, was du sagst!« ermahnte ihn Doña María und konnte nur unter großen Anstrengungen drohende Gesten unterdrücken, die sich ihr hier aufdrängten.

Don Paco führte ein Taschentuch an die Augen, um sich eine Träne abzuwischen. Währenddessen wartete Inés diskret ab, ohne etwas zu sagen. Ach, während alle glaubten, dieser Wortwechsel sei ihr gleichgültig, machte sie sich in Wahrheit einige Gedanken über die Auswirkungen dieser Szene. Ihr überlegenes Urteilsvermögen und ihre Klugheit überstrahlten die Fehler und das Gezänk der historisch bedeutsamen Familie, wie die unrührbare Sonne über der unbeständigen Menschheit steht.

Asunción und Presentación, die sich umschlungen hatten, um ihrem Vergnügen über diese Szene wenigstens etwas Ausdruck zu verleihen, hätten gerne mit ihrem Bruder gelacht – aber der ernste Gesichtsausdruck ihrer Mutter hielt sie davon ab.

»Diese Neigung, die Höfe Europas zu besuchen«, machte sich der Marquis bemerkbar, »zeigt an, daß der Knabe sich zur Diplomatie hingezogen fühlt. Meine Tochter«, fügte er an Inés gewandt hinzu, »ich entdecke immer mehr rühmliche Eigenschaften in dem, den wir als Gatten für dich ausersehen haben, und sehe deine Liebe gerechtfertigt, die du seit etlicher Zeit im stillen hegst und die du mit deinem Feingefühl und in deiner Keuschheit bis zum letzten Augenblick zu verbergen suchst.«

»Ach ja – ich habe ganz vergessen«, fügte Don Diego unter Lachen hinzu, »daß die Franzosen mich auch einige Worte in ihrer Sprache sprechen lehrten.«

Dann stand er auf, machte eine tiefe Verbeugung vor Inés und radebrechte:

»*Pondschur Matamme. Kommontallee wu?*«*

Asunción und Presentación, nachdem sie sich gegenseitig angesehen hatten, meinten, der Moment zum Lachen sei gekommen – und sie wieherten fröhlich los und machten damit endlich ihrem Herzen Luft. Da aber Doña María die Lippen nicht verzog, blieb den beiden Madämchen nichts anderes übrig, als rasch ernste Mienen aufzusetzen.

»Oh, *très bien*!« rief der Diplomat aus. »Don Francisco, Ihr Schüler läßt den lehrreichen Einfluß eines großen Schulmeisters erkennen!« Don Paco vollführte eine geschmeichelte Verbeugung, und sein leidverzerrtes und weinerliches Gesicht verzog sich zu einem Lächeln.

Die Gräfin María schwieg, aber in ihrer Brust grollte ein Sturm. Sie und ihre Kusine von Leiva blickten sich von Zeit zu Zeit an und teilten sich auf diese Weise ihre zornigen Gedanken mit.

»Ich kann auch noch mehr Worte«, fuhr der junge Graf fort, »wie zum Beispiel *Nommdediö, Sacreblö!* Das sind Ausrufe, wenn man wütend ist, so wie wir sagen: *Potzblitz* oder *Verflixt noch mal!*«

Doña María erhob sich von ihrem Sitz – und setzte sich wieder.

»Wie gern mich diese Teufel von Franzosen mochten! Einer von ihnen konnte Spanisch und sprach bisweilen mit mir. Er versicherte mir, die Spanier seien sehr tapfer und ehrenhaft, aber schlecht beraten, Ferdinand den Siebten zu verteidigen, denn dieser Prinz sei ein Tunichtgut, der seinen Vater getäuscht habe und jetzt seine Nation und den Kaiser täusche.«

Doña María legte die Hand über die Augen.

»Ich erklärte ihm, daß die Spanier sie aus Spanien hinauswerfen würden, und er erwiderte mir darauf, daß dies wahrscheinlich sei, denn der Krieg nehme jetzt für Frankreich einen schlechten Verlauf. Das wiederum sei

---

* Soll heißen: Bonjour, Madame, comment allez-vous (Anm. d. Übers.)

auch für uns schlecht, weil Spanien dann wieder unter die elende Regierung von Ferdinand dem Siebten kommen würde und die vielen haarsträubenden Zustände, Ungerechtigkeiten und überholten Sitten aufrechterhalten würden.«

»Ach – und kam es Ihnen nicht in den Sinn, auf diese unverschämten und spanienfeindlichen Behauptungen die richtige Antwort zu geben?« fragte der Diplomat mit Entrüstung.

»Ich sagte ihm, daß wir die Absicht hätten, alles hier selbst zu regeln – und zwar die sogenannte Heilige Inquisition, den Zehnten und das Haupterbrecht abzuschaffen, wie mir der Señor de Santorcaz erzählt hatte.«

Doña María umkrampfte mit den Händen die Armstützen ihres Stuhles, als ob sie das Holz unter ihren Fingern zerbrechen wollte.

»Vor allem das Haupterbrecht«, fuhr der junge Rumblar fort. »Ich sagte dem Franzosen auch, daß ich ein Haupterbe sei und nach der Heirat zwei Familien beerben würde. Wie lachte er doch, als er erfuhr, daß ich ein Grande von Spanien sei! Alle eilten wieder herbei, um mich zu sehen, und gaben mir wieder zu trinken, so daß ich wieder auf den Boden fiel und sang, was das Zeug hielt.«

Doña María hielt sich die Hände an die Schläfen. Sie schloß die Augen und stampfte mit dem rechten Fuß auf. Die Gräfin von Rumblar wirkte wie ein Abbild der Tradition, die die revolutionäre Hydra zerstampft.

»Heute morgen fragten sie mich, ob ich hübsche Schwestern habe. Ich antwortete ihnen, daß meine sehr hübsch seien, und sie antworteten mir, sie würden kommen, sie sich anzusehen, um sie zu heiraten, aber nur wenn sie Haupterbinnen würden. Da erklärte ich ihnen, daß nur der Haupterbe werden könne, der zuerst geboren sei.«

Dann wandte er sich an seine Schwestern:

»Ihr ärgert euch bestimmt, daß ihr weiblich und nach mir geboren wurdet, nicht wahr, Mädchen? Die eine von euch wird irgendeinen Hanswurst heiraten und die andere ins Kloster gehen, um für unsere Sünden zu beten, wenn nicht eines Tages ein galanter Herr an das Fenstergitter kommt, sich in sie verliebt und sie rausholt.«

In diesem Augenblick drohte Doña María die Beherrschung zu verlieren. Ihr ungeheurer Zorn stand kurz vor dem Ausbruch. Noch einmal siegte die Vorsicht über den Zorn. Sie nahm sich wieder zusammen und schloß abermals die Augen, da sie die Ohren nicht schließen konnte.

»Danach«, fuhr der Milchbart fort, »fragten sie mich, ob meine Schwestern wie viele Spanierinnen Messerstecherinnen seien, ob sie Gitarre spielen könnten, zu Stierkämpfen gingen, und ob ich die Inquisition kenne. Wie lachten sie doch alle! Sie wollten mich gar nicht weggehen lassen und riefen immer *soo, soo*.«

»Die sagten *sot*«, erklärte der Diplomat, »und damit wollten sie dich wohl als Dummkopf bezeichnen. Oh, was sind die Franzosen doch niederträchtig! Da sehen Sie mal, Don Paco, was aus einem Volk wird, wenn es vom Jakobismus verseucht ist! ... Und Sie haben ihnen nicht ein paar Säbelhiebe versetzt?«

»Wenn die mich doch so sehr mochten? ... Gestern mußte ich vor einer Ansammlung von vierzig Offizieren den ganzen Abend lang den Bolero und die Cachucha[40] tanzen.«

Asunción und Presentación spähten eifrig nach einer Gelegenheit zum Lachen, aber vergeblich. Ein Blick auf das Gesicht ihrer Mutter, die immer finsterer dreinblickte, flößte ihnen Angst ein. Don Paco, der fühlte, daß sich eine Familienkatastrophe anbahnte, wollte diese verhindern und sagte zu seinem Schüler:

»Nun haben wir genug von den Franzosen gehört, Don Diego. Wollen wir doch von etwas anderem reden. Wenn es nicht zu lang wäre, würde ich Euch bitten, hier dieses Kapitel über die Schlacht von Granico aufzusagen, das Ihr bei mir auswendig gelernt habt, aber damit die erlauchte Zuhörerschaft, und besonders diese frische Blüte von Andalusien, Eure Versprochene, Eure gute Aussprache und Euer Rhythmusgefühl schätzen können, tragt uns doch eine der Romanzen vor, die Ihr gelernt habt.«

»Die von der *Flur des Himmels,* ja?« säuselte Asunción in freudiger Erwartung.

»Die von den *Heiligen Brüsten,* bitte«, meinte Presentación.

»Nun lassen Sie sich doch nicht so bitten!«

»Na, dann werde ich euch ein Lied singen, das mir die Franzosen beigebracht haben.«

»Nein, nichts von den Franzosen!«

»Doch, es ist sehr schön, obwohl ich zugeben muß, daß ich es nicht verstehe.«

Und ohne länger zu warten, stellte sich Don Diego wie ein Komödiant auf und sang laut und begeistert etwas, das so lauten sollte:

> *Allons, enfants de la patrie,*
> *le jour de gloire est arrivé!*
> *Contre nous de la tyrannie*
> *l'etendart sanglant est levé!*

> (Voran Kinder des Vaterlandes,
> der Tag des Ruhmes ist gekommen.
> Gegen uns ist die blutige Standarte
> der Tyrannei erhoben.)

Asunción und Presentación lachten wie zwei Verrückte, und die Gräfin María sagte gar nichts. Keiner aus der Familie hatte ein einziges Wort dieses Textes verstanden.

»Das Lied klingt gut«, meinte Don Paco, »aber wir verstehen den Text nicht.«

Da erhob sich der Diplomat feierlich und ernst und sprach:

»Wissen Sie denn nicht, was der junge Graf hier singt? Na, das ist doch die *Marseillaise,* dieses unheilige und blutrünstige Lied, das bei der Hinrichtung all der Opfer der französischen Revolution, einschließlich Ludwigs des Sechzehnten, meines geliebten Freundes, gesungen wurde. Sie müssen nämlich wissen, daß Ludwig der Sechzehnte und ich so manchen Spaß zusammen hatten und daß wir mit dem Arm um die Schulter des anderen geschlungen im Park von Versailles spazieren gingen … Die ›Marseillaise‹, meine Herrschaften, die ›Marseillaise‹! Sie wurde auch gesungen, als Marie Antoinette[41] zum Schafott geführt wurde … Und wie gut doch diese Dame gewesen war! Wie oft habe ich sie nicht beim Besticken von Taschentüchern in einem Fenster des Petit Trianon gesehen! Wie sehr mochte sie mich! … Dieser junge Mann hat mich mit diesem schaurigen Lied erschreckt … Frau Gräfin, fühlen Sie sich nicht wohl? Und du, liebe Schwester, dir scheint es auch nicht gutzugehen? Das ist aber auch unerhört! Meine Tochter, bist du nervös? Ist dir auch nicht gut? Macht dir dieses Lied angst?«

Inés antwortete, sie habe kein bißchen Furcht. Darauf verließ Doña María, die es nun nicht länger auf ihrem Stuhl aushalten konnte, mit ihren Töchtern das Zimmer. So löste sich diese brillante Versammlung auf, und im Salon blieb nur noch die Familie von Inés mit Don Diego zurück. Bald darauf trug sich eine bedauerliche Szene zu. Die Gräfin María, blind vor Wut und unwillkürlich auf der Suche nach Objekten, an denen sie endlich ihren Zorn entladen konnte, fand Opfer. Und zwar in Gestalt der beiden unschuldigen Mädchen, dieser Engelchen Asunción und Presentación. Daß sie in ihrer Begeisterung über die Rückkehr ihres totgeglaubten Bruders einen Auftrag ihrer Mutter nicht erledigt hatten, bot den Anlaß für die Züchtigung. Arme Kätzchen! Die Würde verbat es der Gräfin, den Erstgeborenen vor seiner Braut und deren Familie zu strafen, so daß die schon vom Erbrecht so benachteiligten Schwestern die Zeche zahlen mußten. Ich sah sie wie Schloßhunde weinen und sich auf die Handflächen blasen, die von diesem fünfschwänzigen Marterinstrument, das im Büro von Don Paco hing, gezüchtigt worden waren. Den Rest des Tages über heulten die Armen ununterbrochen.

33

Lieber Leser, dieses Buch geht nun seinem Ende zu. Die Begebenheiten um die geplante Hochzeit von Inés und den gewundenen und steinigen Weg unserer Liebe werde ich in einem anderen Band beschreiben, den ich Ihnen bald zur Verfügung stellen werde. Hier passen sie nicht mehr hinein. Während sich jene erlauchten Personen auf die Reise nach Madrid vorbereiteten, auf die ich sie mit Ihrer Erlaubnis begleiten möchte, bitte ich Sie noch ein wenig zu verweilen. Am 22. Juli 1808 traf ich wieder auf Santorcaz an der Spitze seiner kleinen Truppe, die – wie ich schon ausführte – aus der ›Creme‹ des Landes bestand. Selbst solche berühmten Abenteurer wie José María und Diego Corrientes hätten keine erlesenere Gefolgschaft finden können.

»Marschieren Sie ab?« fragte ich Santorcaz.

»Ja. Es wurde beschlossen, daß ein Trupp ›Zivilsoldaten‹ den Engpaß von Despeñaperros bewachen soll, und ich meldete mich für diese Aufgabe, die mir sehr gefällt. Dorthin gehe ich jetzt mit meinen Leuten. Möchtest du mitkommen? Bist du im Haus der Rumblars gewesen?«

»Ich komme soeben von dort.«

»Die Familie, die jetzt dort ist, ist es die der Braut von Don Diego?«

»Ja, die ist es.«

»Ich glaube, die fahren alle nach Madrid?«

»So scheint es.«

»Weißt du auch, wann?«

»Soviel ich gehört habe, soll es übermorgen losgehen. Sie wollen erst die Durchführung der Kapitulation abwarten, um davon dann in Madrid berichten zu können.«

»Übermorgen also? Na gut – adiós. Willst du nicht doch mit uns kommen?«

»Nein danke, auf Wiedersehen.«

Ich sah sie verschwinden. Den ganzen Abend mußte ich an diese Leute denken.

Ich sah den traurigen Zug der achttausend Soldaten des französischen Generals Dupont nicht, als sie ihre Waffen dem General Castaños übergaben, denn dieses Zeremoniell fand in Andújar statt. Obwohl unsere erste und zweite Division die Besieger der Feinde gewesen waren, wurde die Ehre, der Übergabe beizuwohnen, der dritten Division und der Reserve zuteil, als eine von vielen Ungerechtigkeiten auf unserer Erde, die sich sowohl in Zeiten der Scham als auch in jenen des Ruhmes zutragen. An uns zogen die Truppen des französischen Generals Vedel in einer Stärke von neuntausenddreihundert Mann vorbei und übergaben uns ihre Handwaffen, viele Adlerstandarten und vierzig Kanonen.

Als wir sie da so anschauten, konnten wir nicht begreifen, daß dies die Eroberer Europas gewesen sein sollten. Nachdem sie die Aufteilung des Kontinents völlig verändert und ihre Fahnen aufgestellt hatten, wo es ihnen paßte, Reiche gestürzt, Throne umgestoßen und Könige wie Marionetten behandelt hatten, waren sie nun über einen Stein auf dem Wege durch dieses abgelegene Andalusien gestolpert, einem Land, das seit der Vertreibung der Mauren fast in Vergessenheit geraten war. Ihr Fall ließ alle unterdrückten Nationen vor Erwartung zittern.

Kein französischer Sieg hatte in Europa einen solchen Widerhall wie diese Niederlage, die unbestritten das erste Straucheln des Kaiserreiches war. Seitdem legte es noch eine beträchtliche Wegstrecke zurück, aber immer lahmend. Spanien, dessen gesamte Bevölkerung aufgestanden war und sich dem Einmarsch mit dem Schwert und der Brandfackel, dem Messer, mit Klauen und Zähnen widersetzt hatte, bewies die Wahrheit des Ausspruches eines großen Franzosen, daß Heere unterliegen können, Nationen aber unbesiegbar sind.

»Wie bedauere ich es, daß der Señor de Santorcaz nicht hier ist!« sagte mir Marijuan, als er diese ehemals prächtigen Soldaten nun halbtot vor Erschöpfung und Scham vor uns vorbeiziehen sah. »Erinnerst du dich an die Geschichten, die er uns in der Mancha über die Siege von denen da gegen die ganze Welt erzählte?«

»Was uns Santorcaz da erzählte, war die reine Wahrheit!« erwiderte ich. »Aber was wir jetzt hier sehen, Freund Marijuan, ist es auch.«

34

Nehmen Sie nun zur Kenntnis, was sich im gleichen Monat Juli auf der anderen Seite der Sierra Morena ereignete. Am 7. Juli 1808 schwor Joseph in Bayonne auf die neue Verfassung, die von einigen Spaniern, die sich den Franzosen verkauft hatten, ausgearbeitet worden war. Am 9. überquerte dieser Joseph die Grenze, um uns zu regieren. Am 15. gewann Bessières[42] auf den Feldern von Rioseco eine blutige Schlacht. Als er davon erfuhr, sprach Napoleon voll Stolz: ›Die Schlacht von Rioseco setzt meinen Bruder auf den Thron von Spanien, wie die von Villaviciosa es mit Philipp dem Fünften tat.‹ Napoleon reiste am 21. nach Paris in der Meinung, daß ihm Spanien nun keine Ungelegenheiten mehr bereiten würde. Am 20., einen Tag nach unserer Schlacht, traf Joseph in Madrid ein, und obwohl ihn der eisige Empfang sehr berührte, erschien es ihm, als ob er die Krone reichliche Zeit würde tragen können. In den Tagen vom 25. bis 27. Juli verbreitete sich aber ein geheimnisvolles Gerücht in der Hauptstadt, das die Spanier mit Freude und die Franzosen mit Schrecken erfüllte. Es wurde erzählt, daß andalusische Zivilisten und einige Linientruppen Dupont so geschlagen hätten, daß er kapitulieren mußte. Dieses Gerücht schwoll an und verbreitete sich, aber keiner glaubte vorerst so richtig daran – die Spanier, weil es ihnen zu schön und daher übertrieben erschien, und die Franzosen, weil sie es sich einfach nicht vorstellen konnten. Diese ›absurde‹ Nachricht zog aber immer größere Kreise und schien sich zu bestätigen –

jedoch der Hof von König Joseph lachte und maß diesem Ammenmärchen keine Bedeutung bei. Als sich aber diese Gerüchte bewahrheiteten, floh der Hof des Joseph, der sich noch gar nicht richtig eingerichtet hatte, in Panik. Die Truppen des französischen Generals Moncey,[43] die sich nach ihrer Vertreibung aus Valencia in die Mancha zurückgezogen hatten, vereinigten sich mit denen von Madrid, und alle zusammen – Soldaten, Generäle und auch König – eilten Hals über Kopf nach Norden und plünderten das Land, durch das sie zogen. Das Phantom der napoleonischen Herrschaft über Spanien verzog sich also wie der Rauch eines Kanonenschusses.

Und dennoch muß ich Ihnen berichten, wie der Krieg, der schon fast beendet schien, wieder mit größerer Heftigkeit aufflammte; muß ich Ihnen erzählen von jenem unglücklichen und wohlmeinenden König Josef, seinem Hofstaat und seinem Bruder; von Somosierra und dem berühmten Angriff der polnischen Ulanen; von der Belagerung Madrids und den vielen anderen berichtenswerten Begebenheiten – aber all das muß für das nächste Buch bleiben, in dem Sie diese historischen Ereignisse gemischt mit den nicht weniger dramatischen Vorfällen meines Lebens und alles, was in bezug auf die Heirat von Inés geschah, finden werden.

Vorerst will ich aber weises Schweigen darüber bewahren und Ihnen gemäß der vorsichtigen Schule des Diplomaten sagen: »Nein, zwingt mich nicht, durch Ausnutzung unserer Freundschaft, Ihnen diese Geheimnisse, von denen vielleicht das Schicksal der Welt abhängt, jetzt schon zu verraten. Versuchen Sie nicht, mit Bitten und schmeichelnden Anregungen die uneinnehmbare Festung meiner Diskretion zu besiegen.«

Ihr besteht trotzdem darauf, Ihr hartnäckigen Freunde? Dann will ich Euch aber jetzt nur verraten, daß die Familie von Inés gegen Ende des Monats nach Madrid abreiste, als auch die siegreiche spanische Armee auf die Hauptstadt Spaniens vorrückte.

Dieser Umstand ermöglichte es mir, mich der Eskorte

anzuschließen, die diese erlauchte Familie bewachen sollte. So wurde ich Mitglied von zehn Reitern, die die beiden Kutschen begleiteten. Ach! Bei den Ruhepausen schaute aus der einen Kutschentür immer ein hübsches Köpfchen, dessen Augen den kleinen martialischen Trupp beobachteten.

»Meine Tochter, diese tapferen Burschen«, sagte ihr ›Vater‹ zu ihr, »gehören zu denjenigen, die auf den Feldern von Bailén mit heldenhafter Wut den Koloß von Europa zu Boden warfen. Ich sehe, daß du sehr nach ihnen spähst, was mir deine Begeisterung für den Glanz des Vaterlandes beweist.«

So, liebe Leser, nun ist es aber genug. Vergebens winken Sie mir jetzt, um mich zum Weiterreden zu bewegen, vergebens behaupten Sie Falsches, damit ich es mit der Wahrheit widerlege. Wozu sollten denn diese Vorgriffe auf etwas dienen, dessen Ort das hier nicht ist? Den ganzen Ungeduldigen kann ich nur noch preisgeben, daß nichts geschah, bis wir am Engpaß von Despeñaperros ankamen. Wir erreichten ihn in einer sehr dunklen Nacht, hörten Schreie, einen Schuß, und einige Männer von verdächtiger Gestalt stürzten aus den Büschen auf die Straße. Sofort ritten wir mir geschwungenem Säbel auf sie zu – aber nun ist endgültig Schluß für heute. Lassen Sie mich bitte jetzt schlafen gehen, denn Sie werden auch mit Kneifzangen kein Sterbenswörtchen mehr aus mir herausholen können.

Oktober/November 1873

Anhang

1. Anmerkungen des Herausgebers zu ›Der Aufstand von Madrid‹

1 Real – der alte spanische Groschen, erstmals von Peter I. von Kastilien im 14. Jahrhundert geprägt. Man unterschied bis Mitte des 19. Jahrhunderts zwischen dem Silberreal zu 64, dem Kupferreal zu 34 und dem Provinzreal zu 17 Maravedi.

2 Technischer Leiter einer Setzerei oder Buchdruckerei.

3 Ehre sei Gott in der Höhe (großes Gloria, Luk.2,14).

4 Von den Spanierinnen zum Verhüllen von Kopf, Hals und Schultern gebrauchter Schleier aus Seide, Spitze, Tüll oder Leinwand mit Spitzeneinsätzen in Schwarz, Weiß oder mit bunter Chenilla durchwirkt.

5 Manuel de Godoy (1767–1851) wurde 1792 als Günstling des spanischen Königs Karl IV. und seiner Gemahlin Maria-Luisa Ministerpräsident. Seine Politik war nach innen die des aufgeklärten Absolutismus und nach außen die Anlehnung an Frankreich. Für den Abschluß des Basler Friedens (1795) erhielt er den Titel ›Friedensfürst‹. 1796 schloß er mit Frankreich das Bündnis von Ildefonso ab. Obwohl er 1796 entlassen wurde, blieb er der eigentliche Herrscher des Landes. 1801 befehligte er das spanische Heer gegen Portugal. Aber das spanisch-französische Bündnis, das einen verlustreichen Krieg zur Folge hatte (Trafalgar 1805), machte Godoy im ganzen Land verhaßt. Thronfolger Ferdinand bildete die Spitze der Gegenpartei.

6 Sánchez Barbero (1764–1819) verfaßte ›A la Batalla de Trafalgar‹ und die ›Diáloguos satíricos‹.

7 Luis de Léon (1527–91) trat 1544 dem Augustinerorden bei, wurde 1561 Professor der berühmten Universität Salamanca, bis ihn die Inquisition vorübergehend (1772–76) einkerkerte. Vielfach als ›Vater der spanischen Prosa‹ gerühmt, schrieb er Dialoge (›De los nom-

bres de Christo‹, 1583), philosophische Abhandlungen
(›La perfecta casadra‹, 1583) und Gedichte, welche die
klassische Form mit tiefem Gefühl vereinten.

8 Francisco de Rioja (1583–1659), Humanist und Theo-
loge, wurde vor allem für seine Liebeslyrik in der Art
Petrarcas bekannt.

9 Fernando de Herrera (1534–97), spanischer Dichter aus
Sevilla, der den Ehrennamen ›el divino‹ erhielt. Verfaßte Oden auf den Sieg von Lepanto, huldigte als Lie-
besdichter der Gräfin von Gelves und schrieb eine Bio-
graphie über Thomas Morus (1592).

10 Silva (Mehrzahl silvae, sylvae) lateinisch, bedeutet
›Wald‹. Wurde oft als Titel für vermischte, gesammelte
Werke verwandt. In Deutschland von Herder nachge-
ahmt (›Kritische Wälder‹, 1769, hieß eines seiner ersten
Bücher).

11 Litotes (griechisch = Schlichtheit) ist eine rhetorische
Figur der Untertreibung, bei der ein Ausdruck durch
die Verneinung des Gegenteils umschrieben wird, zum
Beispiel ›nicht weniger‹ für ›viel‹, ›nicht unbekannt‹ für
›sehr berühmt‹.

12 Onomatopöie ist die Lautnachahmung bei der Bildung
von Worten (z. B.: grunzen, Kuckuck, lispeln), auch in
der Kindersprache. In der Dichtkunst versteht man
darunter allgemein jede Form von Lautmalerei (›Und
hohler und hohler hört man's heulen‹, Schillers ›Tau-
cher‹).

13 Allegorie (griechisch für ›anders sagen‹), meint eine
künstlerische Darstellung, die etwas anderes besagt, als
der dargestellte Gegenstand wirklich ist. Ein abstrakter
Begriff wird durch ein Bild oder eine Gestalt dargestellt
oder personifiziert (etwa der Begriff Gerechtigkeit
durch Justitia, eine blinde Frau). Die Allegorie ist eine
vor allem in der Barockzeit angewandte Kunstform
(etwa im Jesuitendrama).

14 Gemeinsam mit Lucien Bonaparte, Napoleons Bruder,
war Godoy 1801 in Portugal eingedrungen, das, von
England im Stich gelassen, kaum Widerstand leisten

konnte. Der Krieg wurde oft auch als ›Pommeranzen-
krieg‹ bezeichnet, nach den ›Pommeranzenzweigen‹,
die Godoy nach dem Einfall in Portugal an die spanische Königin schickte.

15 Rund 350 km² umfassende Region der Provinz Léon.

16 Marschall Joachim Murat (1767–1815), Prinz und König
von Neapel. Obwohl er anfangs ein überzeugter Jakobiner war, entging er im Verlauf der Französischen
Revolution nur mit Not der Guillotine. Diente beim
Ersten Italienfeldzug unter General Napoleon und
wurde am 10. Mai 1796 zum Brigadegeneral ernannt.
Später in Ägypten und in Italien im Einsatz sowie in
den Schlachten von Marengo (1800), Jena und Austerlitz. Im Februar 1808 wurde er zum kaiserlichen Leutnant in Spanien ernannt. Murat war bei der Nieder-
schlagung des Aufstandes in Madrid beteiligt, mußte
sich aber aus gesundheitlichen Gründen zurückziehen
und wurde am 15. Juli 1808 als Nachfolger von Joseph
Bonaparte König von Neapel. Murat ist in die Militär-
geschichte als großer Kämpfer der Artillerie eingegangen, den übermäßige Spontaneität jedoch daran hinderte, ein Stratege von Rang zu werden. Unbestritten
ist seine charismatische Ausstrahlung.

17 Die Seguidilla, ein andalusischer Volkstanz im 3/4-Takt,
wird schon im ›Don Quijote‹ erwähnt. Die Seguidilla
wird von Gesang, Gitarre und Kastagnette begleitet
und hat auch in die Kunstmusik Eingang gefunden.
(Bizets *Carmen*, 1. Akt).

18 Der Palast El Escorial liegt in dem gleichnamigen Ort
im Guadarrama-Gebirge, 60 km nordwestlich von
Madrid. Der Palast war 1563 als Kloster, Kirche und
Alterssitz Philipps II. erbaut worden und diente später
als königliche Residenz. Die mächtige festungsähnliche
Anlage umfaßte 300 Räume, 16 Binnenhöfe, 15 Kreuz-
gänge und eine nach dem Vorbild des St.-Peter-Doms
in Rom erbaute Kirche mit einer Gruft für die spanischen Könige.

Wie Gabriel im Palast El Escorial den Küchenjungen

›Lopito‹ kennenlernte, beschrieb Pérez Galdós im vorangegangenen Roman ›La corte de Carlos IV.‹ (deutsch in dem Doppelband: Trafalgar/ Die Abenteuer der Pepita González).

19 Arabischer Ausdruck für den Marktplatz von Toledo.

20 Der Opferstock war ein Behälter an den Kirchentüren zur Aufnahme von Gaben für karitative Zwecke und oft in der Form eines Baumstammes oder als Büchse auf einem Ständer gehalten.

21 ›Das Jawort der Mädchen‹ – Originaltitel: El sí de las niñas (1805) – gilt mit seiner Kritik an der Erziehung der Töchter höherer Stände als das vielleicht bedeutendste Bühnenstück von Moratín. Wie so viele von Moratíns Komödien nimmt es das Thema der Verheiratung junger Frauen auf und plädiert dafür, daß die jungen Frauen, bei entsprechender Erziehung, selbst über ihren zukünftigen Ehepartner mitbestimmen können. ›Das Jawort der Mädchen‹ ist eines jener Theaterstücke, die einen Epochenwechsel markieren – Abkehr von der Formelhaftigkeit und Schwülstigkeit des Barocktheaters, Hinwendung zu natürlicheren Ausdrucksformen.

22 Im Originaltext: el famoso *Cuarta y Media*.

23 Ramón de la Cruz y Cano (1731–94), armer Rechnungsbeamter, der zuerst aus dem Französischen und Italienischen Theaterstücke übersetzte und dann eigene Bühnenwerke verfaßte. Seine Einakter, Schwänke und Komödien gehören dem Volkstheater an. Mit seinem sorglosen Humor und der flotten Komik feierte Cruz im Madrid des 18. Jahrhunderts große Erfolge auf den Bühnen.

24 Francisco Goya y Lucientes (1746–1828) gilt als der bedeutendste Maler um 1800. In einem entlegenen Dorf Aragoniens geboren, ging er mit 18 Jahren nach Madrid, um im Atelier des Künstlers Francisco Bayou zu arbeiten, dessen Schwester er später heiratete. Goya war schon weit über 30, als seine Malerei Anerkennung erntete. Im Alter von 43 Jahren ernannte ihn Karl IV. zum Hofmaler. Seine eindrucksvollsten Gemälde schuf

er nach einer schweren Krankheit, die zur Taubheit
führte: Kriegs- und Revolutionsmotive in leidenschaft-
licher Spannung. 1815 wurde Goya wegen seines
Gemäldes ›Die nackte Maja‹ vor die Inquisition zitiert.

25 Die Auseinandersetzungen in Spanien 1820–23 sind
nur vor dem Hintergrund zu verstehen, daß Ferdinand
VII. nach seiner Rückkehr auf den Thron im Jahre 1814
die Errungenschaften der Liberalen und der Verfassung von Cádiz sofort rückgängig machte. Ferdinand
kriminalisierte die Liberalen, schon ihre bloße Erwähnung wurde zum Straftatbestand. 1820 kam es zu einer
Erhebung gegen den absolutistischen König durch
General Riego und Quiroga (›Pronunciamento‹). Um
seinen Thron und vielleicht auch sein Leben zu retten,
mußte König Ferdinand auf die liberale Verfassung von
Cádiz schwören. Heimlich aber wandte er sich an
Frankreich um Hilfe und konnte mit dessen Unterstützung 1823 sein brutales Willkürregiment neu errichten.
Der Freiheitsheld Rafael del Riego wurde in Madrid
gehenkt.

26 Abendgebet.

27 Leopold O'Donnell (1809–67), spanischer Marschall
und Staatsmann, kämpfte im Karlistenkrieg auf Seiten
der Regierung und siegte 1839 bei Lucena. Im Sommer
1854 leitete er den siegreichen Aufstand der liberalen
Opposition, wurde darauf Kriegsminister und 1856 für
kurze Zeit selbst Ministerpräsident. Auch später hatte
er dieses Amt noch zweimal inne.
Pérez Galdós hat in der vierten Serie seiner ›Episodios
Nacionales‹ einen ganzen Roman‹ über diese bedeutende Gestalt der spanischen Geschichte geschrieben
mit dem Titel: *O'Donnell*.

28 Baldomero Espartero (1792–1879), spanischer General
und Staatsmann, kämpfte 1815–20 gegen die aufständischen Kolonien in Südamerika. Nach dem Tod Ferdinands VII. erhielt er die Führung über die Armee im
Norden Spaniens, verhinderte die Eroberung Madrids
durch Don Carlos. 1840 wandte er sich gegen die

Regentin María Christina, die ein reaktionäres Gemeindegesetz durchsetzen wollte. Sie mußte Espartero zum Ministerpräsidenten ernennen und selbst kurz darauf abdanken. Seit dem 8. Mai 1841 Regent des Landes und Vormund Isabellas, die ihn auch nach seinem Sturz 1848 aus dem Exil zurückrief.

29 Die Gestalt des Lizenziaten Lobo wurde in dem vorangegangenen Roman ›La corte de Carlos IV.‹ (deutsch: Trafalgar/Die Abenteuer der Pepita González) eingeführt.

30 Isabela de Farnesio (1692–1766), Tochter Eduards III., war Herzogin von Parma und Königin von Spanien.

31 Caroline Bonaparte hatte im Januar den französischen Marschall Joachim Murat geheiratet (vgl. Fußnote 16).

32 Gemeint ist natürlich Joachim Murat (vgl. Fußnote 16).

33 Diese Gestalt wurde ebenfalls im vorangegangenen Roman ›La Corte de Carlos IV.‹ (deutsch: Trafalgar/Die Abenteuer der Pepita González) eingeführt.

34 Gemeint ist abermals Marschall Murat. Im Jahre 1806 hatte Napoleon seinem Schwiegersohn Murat das Herzogtum Berg vermacht, das auf der rechten Rheinseite lag und sich von der Lippe zum Westerwald erstreckte, mit Düsseldorf als Zentrum (vgl. die Fußnote 16, 31).

35 Nach der Sage bildete Thisbe mit Pyramus ein Liebespaar, dessen Geschichte im 4. Buch von Ovids ›Metamorphosen‹ erzählt wird: Die Eltern widersetzen sich der Verbindung der Liebenden, die daher nur noch durch eine Wand miteinander kommunizieren können. Sie verabreden ein nächtliches Treffen, doch Thisbe, die zuerst am Treffpunkt erscheint, muß vor einer Löwin fliehen. In dem Glauben, die Löwin habe Thisbe zerrissen, nimmt sich Pyramus das Leben.

36 Leandro Fernández de Moratín (1760–1820) war ein großer Erneuerer des spanischen Theaters, übertrug Molières und Shakespeares Werke ins Spanische und griff immer wieder Manierismen des Barocktheaters an. In der Bevölkerung aber nicht unumstritten, weil von Godoy protegiert. Da Moratín Sympathien für

Napoleon bekundete, mußte er 1810–14 aus Spanien fliehen (vgl. Fußnote 21).

37 Pedro Velarde y Santiyán, geboren am 19.10.1799, wurde durch die Mitwirkung am Aufstand von Madrid zum spanischen Volkshelden.

38 Luis Daoíz y Torres (1767–1805) wurde als Artillerist im Zuge der Märzaufstände ebenfalls zum spanischen Volkshelden und in Madrid gemeinsam mit Velarde in einer Skulptur von Antonio Solá verewigt.

39 Ebenfalls eine Gestalt aus dem vorangegangenen Roman ›La Corte de Carlos IV.‹ (deutsch: Trafalgar / Die Abenteuer der Pepita González; vgl. dort im Anhang die Fußnote 64).

40 Der Chargierte ist einer der drei Vorsitzenden eines Korps.

Anmerkungen des Herausgebers zu ›Bailen‹

1 Gemeint sein könnten die Schlachten von Hollabrünn in Österreich am 16. November 1805, als die russische Armee Napoleons Truppen aufhielt, oder die Schlacht fünf Tage zuvor in Dürrenstein, wo ebenfalls russische und französische Truppen aufeinanderstießen.

2 In den Jahren 1761/62 marschierten spanische Truppen in Portugal ein und eroberten Braganca und Almeida. Die portugiesische Armee, neu aufgestellt unter dem Kommando von William von der Lippe, schlug, verstärkt durch ein Bataillon des Generals John Burgoyne, die Invasion zurück.

3 Francois Joseph Lefebvre (1755–1820), Sohn eines Müllers, diente unter Kléber und Hoche in erfolgreichen Feldzügen 1794–97. Er kämpfte in Jena und hatte entscheidenden Anteil an der erfolgreichen Belagerung von Danzig am 18.–27. März 1807, wo er das 10. Regiment befehligte. Zur Belohnung wurde er zum Herzog

von Danzig ernannt. Lefebvre war für seine bedingungslose Treue zu Napoleon bekannt.

4 General Pierre Dupont de l'Etang (1765–1840) war zunächst Leutnant der holländischen Armee (1784–90), bevor er 1791 der französischen beitrat. Diente 1806 unter Marschall Bernadotte und zeichnete sich im Juni 1807 in der Schlacht von Friedland aus, die der russischen Armee Verluste von 20.000 Mann brachte und den 4. Koalitionskrieg zugunsten Napoleons entschied. Noch im selben Jahr bereitete Pierre Dupont den Feldzug nach Spanien vor, wo er verwundet wurde. 1814 wurde er Kriegsminister und schmiedete bis 1822 erfolgreich weiter an seiner politischen Karriere.

5 Gemeint ist Marschall Jean-Baptiste Bessières (1768–1813), der sich in den Schlachten von Jena und Friedland so sehr auszeichnete, daß er zum Herzog von Istrien ernannt wurde.

5a In der Schlacht von Rivoli am 14. Januar 1797 verlor Österreichs Armee gegen Bonapartes Truppen, der dadurch seinen Norditalienfeldzug weiter vorantreiben konnte.

Den größten Anteil an Bonapartes Sieg hatte neben dem erwähnten Bessières noch Joubert, Murat und Rey.

6 Vgl. Fußnote 16 zu ›Der Aufstand von Madrid‹.

7 Die Komödie ›El asombro de Francia, Marta la romarantina‹ erschien 1771 und stammt aus der Feder von Manuel Hildago, der in der zweiten Hälfte des 18. Jahrhunderts wirkte, dessen genaue Lebensdaten aber unbekannt sind.

8 General Gregorio de la Cuesta (1740–1812), kastilischer Herkunft, kämpfte schon 1793 gegen französische Truppen, wurde 1798 Vorsitzender des Rates von Kastilien. Beim Einmarsch der Franzosen in Spanien im Jahr 1808 wurde er zum Generalkapitän von Kastilien ernannt. Zog sich 1809 nach einem Schlaganfall zurück und starb auf Mallorca.

9 General Joachim Blake (1759–1827) wurde auf Malaga geboren, war jedoch von irischer Abstammung. 1808

wurde er zum General der Armee von Galizien ernannt. Nach vielen kleineren Scharmützeln mit den Franzosen geriet er 1812 in Gefangenschaft. Seit 1820 in der Politik mit liberalen Bestrebungen tätig. Ungeachtet seiner Tapferkeit verfolgte Blake das Kriegspech – ›he had a tendency for bad luck‹, heißt es im ›Dicitionary of Napoleon Wars‹ zusammenfassend.

10 General Philibert Guillaume Duhesme (1766–1815) zeichnete sich 1799 bei der Eroberung von Neapel aus und wurde 1808 von Italien nach Spanien versetzt, wo er die Zitadelle von Barcelona eroberte und später einer langen Belagerung standhielt. Dennoch wurde ihm 1810 nach seiner Rückkehr nach Frankreich in mehreren Fällen Fehlverhalten nachgewiesen. Kämpfte später in der Schlacht von Waterloo und starb in Kriegsgefangenschaft.

11 Marschall Jean-Baptiste Bessières (1768–1813), Sohn eines Arztes, diente als Major in Ägypten und wurde nach der Schlacht von Marengo zum General ernannt. Zeichnete sich in den Schlachten von Jena und Friedland aus (vgl. Fußnote 5, 5a).

12 Francisco Xavier Castaños (1756–1852), in der Provinz Baskaya geboren, studierte in Deutschland, bevor er erstmals in Navarre gegen die Franzosen kämpfte. Wurde 1825 Mitglied des spanischen Staatsrates und später Berater von Isabella II.

13 General Teodoro Reding, 1756 geboren, war von schweizerischer Abstammung. Sein Bruder Luis Reding (1765–1818) trat 1794 ebenfalls in die militärischen Dienste Spaniens ein.

14 In dem Roman ›A la Corte de Carlos IV.‹ (deutsch: Trafalgar/Die Abenteuer der Pepita González).

15 Kapitulation der österreichischen Truppen unter Mack vor Napoleon am 17. Oktober 1805 in Ulm.

16 Vgl. Fußnote 1.

17 Der Hügel von Pratzen liegt bei Austerlitz, wo Napoleons Truppen am 2. Dezember 1805 die Russen und Österreicher schlugen.

18 Marschall Nicolas Jean de Dieu Soult (1769–1851) tauschte die Arbeit eines Bäckers mit einer Stellung in der Armee aus. 1791 Feldwebel; diente unter Marschall Masséna und später unter Murat in Neapel. 1805 kommandierte er das 4. Korps der Franzosen in Österreich und erwarb sich bei der Schlacht von Austerlitz den Ruf, Napoleons gewieftester Taktiker zu sein.

19 Marschall Jean Lannes (1767–1809), Herzog von Montebello, war – neben Berthier – Napoleons begabtester und bestbeleumdeter Marschall. Seine Tapferkeit war sprichwörtlich, die Anzahl seiner Wunden höher als die sämtlicher seiner Kollegen. Kämpfte 1798 in Ägypten und Syrien, war bei der Schlacht von Marengo dabei und bei der Erzwingung der Kapitulation von Mack in Ulm. 1805 gewann er die Schlacht von Saalfeld gegen Prinz Louis Ferdinand, den Neffen Friedrichs des Großen. 1808 in Spanien, ein Jahr darauf auf deutschen Kriegsschauplätzen. In der Schlacht bei Aspern und Esslingen zerschmetterte eine Kanonenkugel ihm beide Beine – neun Tage nach der Amputation starb er an den Folgen seiner Kriegsverletzung, heftig beweint von Napoleon, der in ihm auch einen Freund verlor.

20 General Dominique Joseph René Vandamme (1771–1830), diente in Westindien, trat 1791 in die französische Infanterie ein. Entlassung wegen schlechter Führung, bekannt für sein loses Mundwerk. Wurde aber schnell wieder eingestellt. Nahm an der Schlacht von Austerlitz und an Napoleons Rußlandfeldzug teil, in dessen Verlauf er 1812 gefangengenommen wurde. ›Wenigstens hat man mich nie angeklagt, meinen Vater ermordet zu haben‹, soll er im Verhör gegenüber dem Zaren geäußert haben. Konnte 1814 nach Frankreich zurückkehren.

20a Kutusow, Golenischtschew-K., Michail Illarionowitsch, Fürst von Smolensk, (1745–1813), russ. Offizier; 1805 Kommandeur des unterlegenen russ.-östr. Heeres bei Austerlitz. Seine ausweichende und abwartende Kriegsführung im Winter 1812/13 rieb die Armee Napoleons I. auf.

21 Der Friede von Preßburg, unterzeichnet am 26. Dezember 1805, beendete den Dritten Koalitionskrieg zugunsten Napoleons und beschnitt Österreichs Einfluß sowohl auf Deutschland als auch auf Italien.

22 Attila, König der Hunnen, gestorben 453, war Herrscher über zahlreiche germanische, slawische und türkische Volksstämme und demütigte 448 den oströmischen Kaiser Theodosius II. Zog nach (West-)Rom, wurde aber angeblich durch Papst Leo 452 zum Rückzug bewogen.

23 Torcuato Torio (1759-1820), spanischer Kalligraph und Archivar, studierte Jura und Philosophie, bevor er sich durch seine kunstvoll erstellten Abschriften Ansehen erwarb.

24 Vgl. Fußnote 12.

25 Für besondere Aufgaben abkommandierte Truppenabteilungen.

26 Abd er-Rahman I.–III., Kalifen aus der Dynastie der Omaijaden, die im 7. Jahrhundert den Orient beherrschten und, dort besiegt, in Spanien ein neues Reich gründeten. Abd er-Rahman I. bemächtigte sich 756 der Hauptstadt Córdoba und war Gründer des Reichs der Omaijaden von Córdoba, das fast ganz Spanien umfaßte.

27 Montecuckoli, Raimund Graf von, Reichsfürst und Herzog von Melfi, (1609–1680), ital.-dt. Heerführer; erfolgreich im Dreißigjährigen Krieg, 1658 zum Feldmarschall im kaiserl. Heer ernannt.

28 General José Palafox (1780–1847), Herzog von Saragossa. Als Offizier der Königsgarde begleitete er Kronprinz Ferdinand 1808 nach Bayonne, stahl sich aber dort davon, als er von der Verhaftung seines Herren erfuhr, und zog sich nach Aragón, der Stadt seiner Geburt, zurück. 1809 erhob er sich gegen die französischen Besatzer und landete nach dem Verlust von Saragossa für sechs Jahre in französischer Kriegsgefangenschaft.

29 General Jean Andoche Junot (1771–1813), Herzog von Abrantes, diente Bonaparte in Toulon als Sekretär. In Italien verwundet, Einsatz in Ägypten, 1805 Botschafter in Portugal. Führte die Truppen an, die 1807 in Spanien und Portugal eindrangen. Aufgrund eines Mißgeschicks im Rußlandfeldzug 1812, als er nicht rechtzeitig in Valuntina eintraf, um der russischen Armee den Weg abzuschneiden, Gegenstand heftiger Kritik, die ihn am 29. Juli 1813 in den Selbstmord trieb.

30 Vgl. Fußnote 23 zu ›Der Aufstand von Madrid‹.

31 Die ›Encylopédie ou Dictionnaire raisonné des sciences des arts et des metiers‹ (35 Bände, 1751–80), von Diderot und Alembert herausgegeben, an dem zahlreiche namhafte Philosophen (Rousseau), Wissenschaftler (d'Holbach) und Schriftsteller (Voltaire, Montesquieu) mitwirkten, wurde zum programmatischen Standardwerk der französischen Aufklärung. Verschiedene programmatische Artikel in diesem Monumentallexikon erreichten auch als politische Schriften gegen das Ancien Régime eine beispiellose Wirkung in ganz Europa – trotz ständiger Querelen mit der Zensur und zeitweiligem Erscheinungsverbot.

32 General Dominique Honoré Antoine Marie Vedel (1771–1848), geboren in Monaco, Sohn eines Offiziers, trat 1794 in die französische Armee ein. Kriegsverletzung in der Schlacht von Rivoli 1797, vorübergehend gefangen in Ulm, wirkte auch in der Schlacht von Austerlitz mit.

33 Alonzo Pérez de Guzmán (1256–1309), auch Guzmán der Gute genannt, kämpfte im Dienst des Sultans von Marokko und später des kastilischen Königs Sancho IV. Verteidigte 1294 Tarifa heldenmütig gegen Aufständische und entriß 1308 den Mauren Gibraltar. Guzmán ist der Stammvater der Herzöge von Medina-Sidonia.

34 Karl Eugen war Erzherzog von Württemberg.

35 General Armand Samuel Marescot (1758–1832).

36 Stierkampf.

37 Umhang der Stierkämpfer.

38 Kleiner Spieß mit Widerhaken

39 Andalusischer Volkstanz, Einzeltanz im 3/4 oder 3/8 Takt zur Kastagnettenmusik.

40 Bolero: Südspanischer Volkstanz im 3/4 Takt mit Gitarren- und Kastagnettenbegleitung, vermutlich um 1780 in Andalusien aus dem Fandango entstanden.
Cachucha: Andalusischer Volkstanz, dem Bolero verwandt, im 3/4 oder 3/8 Takt, von einer einzelnen Tänzerin ausgeführt, die sich mit Kastagnetten begleitet.

41 Marie-Antoniette (1755–1793), Gemahlin Ludwigs XVI. Als Habsburgerin bei den Franzosen wenig beliebt. Im Laufe der Französischen Revolution hingerichtet.

42 Vgl. Fußnote 11.

43 Marschall Bon Adrien Jannot Moncey (1754–1842), Herzog von Conegliano, 1797 wegen politischer Unbotmäßigkeit nicht in militärischen Ehren, ab 1800 wieder im Dienst, wirkte beim Norditalienfeldzug und beim Einmarsch in Spanien mit.

Nachwort*

1

Benito Pérez Galdós (1843–1920) ist hierzulande immer noch der große Unbekannte der spanischen Literatur. Dem deutschen Leser sind bisher nur wenige Bände seines umfangreichen Romanwerkes in der Übersetzung zugänglich. In seiner Heimat dagegen wird er als ›Titan‹ und ›Wiederhersteller des spanischen Romans‹, als ›Gipfelgestalt‹ verehrt. Seine historischen und zeitgenössischen Romane führen dem Leser über ein Jahrhundert spanischen Lebens vor Augen und finden bis heute begeisterte Leser. Galdós** war ein unerschöpflicher Schriftsteller: Sein Werk umfaßt mehr als hundert Bände; penible Kritiker haben achttausend Personen gezählt, die seine Romane bevölkern. Galdós verdient es – als Schöpfer einer spanischen *Comédie humaine* – in einem Atemzug mit Balzac und mit Dickens genannt zu werden – seinem großen Meister und Vorbild, dessen Zeitgenosse er noch gewesen ist.

Warum dann ist Galdós in Deutschland – über hundert Jahre nach dem Erscheinen seiner wichtigsten Romane – nicht nur ein großer Unbekannter, sondern ein großer Verkannter, obwohl seine Romane weder als schwierig noch als langatmig zu bezeichnen sind und er für den Literaturnobelpreis vorgeschlagen wurde? Galdós ist ›ein pro-

---

* Das Nachwort ist textidentisch mit dem des Bandes ›Trafalgar/Pepita González‹. Nur der Abschnitt 6 wurde vom Herausgeber hinzugefügt.
** Wir folgen hier dem spanischen Sprachgebrauch und beziehen uns meist nur auf ›Galdós‹. Wie in Spanien üblich, führt Pérez Galdós zwei Familiennamen, den des Vaters und den der Mutter. Da aber ›Pérez‹ ein so gebräuchlicher Name ist wie ›Müller‹, wird oft nur sein zweiter Familienname benutzt.

minentes Opfer des historischen Augenblicks und der Zeit, in der er lebte‹* geworden.

Das Spanien, dessen unermüdlicher Chronist Galdós werden sollte, hat im 19. Jahrhundert längst den Zenit seiner Macht überschritten. Einst Mittelpunkt eines Weltreiches, in den zur Zeit Karls V. ›die Sonne nicht unterging‹, ist Spanien zur politischen, wirtschaftlichen und kulturellen Provinz herabgesunken. Die europäischen Metropolen sind Paris und London; zu Spanien herrscht im übrigen Europa gemeinhin eine Einstellung, die in dem Bonmot, daß ›hinter den Pyrenäen Afrika beginne‹, trefflich auf den Punkt gebracht wird. Dementsprechend gering ist das Interesse an einem Autor, der wie kaum ein anderer sein Jahrhundert und seine Nation verkörpert. Auch die Feindschaft der Galdós zeitlich unmittelbar nachfolgenden Literaten, der ›Generation von 1898‹ hat, wie viele Kritiker meinen, zur Unterschätzung des Autors im Ausland beigetragen.

Das 19. Jahrhundert ist in Spanien mehr noch als in West- und Zentraleuropa ein Zeitalter politischer Instabilität. In den gut hundert Jahren von 1833 bis 1936, der Machtergreifung Francos, haben Historiker einhundertdreißig Regierungen, neun Verfassungen, drei Absetzungen von Monarchen und etwa zweitausend Putsche, ›pronunciamientos‹, gezählt (was Wunder, daß letzteres als Fremdwort in andere Sprachen eingegangen ist).

Jahrhundertelang hatte der Zufluß von Reichtümern aus dem Kolonialreich paradoxerweise eine eigenständige Entwicklung des Landes verhindert. England und Flandern, die aufblühenden Industrie- und Handelszentren, waren die Nutznießer: dorthin floß letztlich das Silber aus den spanischen Kolonien. So war Spanien schon im 18. Jahrhundert hinter England und Frankreich zurückgeblieben. Die Tatsache, daß die immensen Reichtümer nicht in Handel und Industrialisierung investiert wurden, wird

---

* Rafael de la Vega, Nachwort zur deutschen Übersetzung des Galdós-Romans ›Miau‹, Frankfurt/M. 1983.

häufig einer Eigenheit der spanischen Mentalität zugeschrieben, die durch die ›Reconquista‹, die Jahrhunderte
während Rückeroberung der iberischen Halbinsel von
den Mauren, geprägt worden sei: Mehr auf den Erwerb
von Reichtümern, Ruhm und Ehre denn auf die Erhaltung
und Mehrung der gewonnenen Güter durch harte Arbeit
habe es der spanische Ritter abgesehen. Die Eroberung
Südamerikas, bei der jeder ›Konquistador‹ hoffte, schnell
zu Gold und Ruhm zu kommen, habe diese allgemeine
Einstellung noch verstärkt. ›Hacer su América‹ – ›sein
Amerika machen‹ ist heute noch ein geläufiger Ausdruck
für ›plötzlich (und oft auch unverdient) zu großem Reich-
tum kommen‹. Jedenfalls fehlt im absolutistischen Spanien jede rationalistische Tradition, die die Basis einer
planvollen Wirtschaftspolitik hätte sein können, wie sie zu
dieser Zeit etwa Frankreich im Merkantilismus und England im Freihandel besitzen.

Gleichwie: Die glanzvolle Zeit der Habsburger ist Ende
des 19. Jahrhunderts längst dahin. Die Bourbonen führen
seit dem 18. Jahrhundert ein eher jämmerliches Regime. In
Spanisch-Amerika hat Anfang des Jahrhunderts eine Kolonie nach der anderen ihre Unabhängigkeit errungen.
Zugleich bietet das Spanien jener Zeit ein Panorama wirtschaftlicher Unterentwicklung. In dem weiten, schwach
bevölkerten Land fehlen Verkehrsverbindungen. Erst in
den 40er Jahren des Jahrhunderts bahnt sich eine zaghafte
Industrialisierung an. Eine planvolle Wirtschaftspolitik
jedoch wird durch die politische Instabilität unterbunden.
Bestimmt wird die spanische Politik im 19. Jahrhundert –
grob gesagt – durch die Auseinandersetzung zwischen
liberalen Kräften und einer absolutistischen Monarchie,
wobei allerdings die traditionellen Werte nicht nur bei den
herrschenden Schichten, sondern im Bürgertum und im
Volk tief verankert sind und die liberalen Kräfte eine Minderheit darstellen.

Mit einem gewaltigen Kollektiverlebnis beginnt das
Jahrhundert, dem ›Unabhängigkeitskrieg‹ gegen Napoleon, der in Spanien die Gestalt eines Volkskrieges

annimmt. In diesem Krieg erfinden die Spanier ein weiteres politisches Phänomen, die ›Guerilla‹. Das Eingreifen Englands besiegelt 1814 das Ende der französischen Herrschaft.

Hat König Ferdinand VII. zunächst noch Hoffnungen auf eine mildere Herrschaft genährt – die noch während des Krieges im belagerten Cádiz zusammengerufenen Cortes (Parlament) sollen die Verfassungsgrundlage für ein modernes Spanien legen –, so entscheidet sich der König nach Ende des Krieges, mit den alten Institutionen absolutistisch weiterzuregieren. Die Auseinandersetzung um die Nachfolge des zunehmend schwachen Königs führten 1833–1840 zum Bürgerkrieg, dem ersten ›Karlistenkrieg‹ (nach dem von den Konservativen befürworteten Thronfolger Carlos, dem Bruder Ferdinands). Schließlich siegen die liberalen Kräfte um Isabel II., die 1843 die neu eingeführte weibliche Thronfolge antritt. Doch auch die Regierungen unter ihrem ›liberalen‹ Regime werden von einer verschwindend kleinen besitzenden Minderheit getragen. Nur 1% der Bevölkerung sind überhaupt wahlberechtigt.

Für die spanische Wirtschaft und Gesellschaft bedeutet die Herrschaft Isabels II. nach einem anfänglich schwankenden Wirtschaftskonzept und sozialen Unruhen eine Phase langsamer Konsolidierung. Das Bürgertum gewinnt an wirtschaftlicher Macht. In der zweiten Hälfte des Jahrhunderts schafft es langsam die ökonomische Basis einer modernen Gesellschaft: die Industrie wird aufgebaut, die Verkehrsverbindungen verbessert, Verwaltungsreformen wie die Abschaffung der Zölle zwischen den Provinzen fördern Handel und Industrie. Die alten Ideale der Monarchie und eines katholischen Staates werden nach und nach durch bürgerliche Vorstellungen in Frage gestellt.

2

Benito Pérez Galdós wird am 10. Mai jenes Jahres 1843 in Las Palmas/Gran Canaria geboren. Sein Vater entstammt einer alten Soldatenfamilie und dient als Leutnant bei der spanischen Schutztruppe auf den Kanarischen Inseln, die Mutter kommt aus einer altehrwürdigen baskischen Familie. Als Jüngster von vielen Brüdern und Schwestern genießt er, wie seine Biographen hervorheben, für die damalige Zeit große Freiheit. Der Autor selbst schweigt sich allerdings in späteren Jahren über seine Jugend aus; er gesteht nur zu, die ganz normale Erziehung eines Kindes einer typischen Mittelschichtfamilie erhalten zu haben. Überhaupt finden sich in seinem späteren Werk keinerlei Anklänge an seine Jugend auf den Kanarischen Inseln. Doch man weiß, daß er bereits früh künstlerischen und literarischen Neigungen nachgeht. Er spielt Klavier, schreibt erste Verse, macht Bekanntschaft mit der englischen Sprache und Literatur, malt. Einige Bilder werden sogar prämiert. Doch Galdós träumt von Madrid, der Hauptstadt und dem Sitz der spanischen Könige.

1862 geht der 19jährige Pérez Galdós nach Madrid, der Metropole des im Umbruch befindlichen Landes, und immatrikuliert sich an der Juristischen Fakultät. Doch obwohl er recht gute Noten hat, beschäftigt er sich, wie Zeitgenossen bezeugen, mehr mit dem Studium der Literatur und mit der Gesellschaft der Stadt, die eine so prominente Rolle in seinem Werk spielen soll. Galdós hat keine Geldsorgen und führt bald das Leben eines intellektuellen Bohémiens. Er selbst bekennt: »Ich ließ alle Katheder links liegen, schlenderte über die Straßen, Plätze und Gassen und hatte meine Freude an dem brausenden Leben dieser ungeheuren Stadt in ihrer bunten Fülle.« Diese Eindrücke sollen später das Fleisch und Blut seiner Gegenwartsromane werden, die ein farbiges Bild der Madrider Gesellschaft seiner Zeit entwerfen. Madrid wird zu seiner Wahlheimat.

Zahlreiche Anregungen werden Galdós auch im Madrider ›Ateneo‹ zuteil, dem geistigen Brennpunkt der Stadt, wo die intellektuelle Elite des Landes verkehrt. Dort, wo Echegaray, Béquer oder López de Ayala ein- und ausgehen, wird auch er zum ständigen Gast. Ein Freund, der Galdós zur Aufnahme eines Brotberufes zu bewegen sucht, stellt ihn 1864 einigen Madrider Journalisten vor. In diese Richtung orientiert sich Galdós auch zunächst. 1865 beginnt er für die fortschrittliche Madrider Zeitung *La Nación* zu arbeiten – der erste literarische Schritt an die Öffentlichkeit als Feuilletonist und Theaterkritiker. In der *Nación* publiziert er auch seine Übersetzung von Dickens' *Pickwick Papers*. Noch im Alter zeigt er sich stolz darauf, Dickens als erster in Spanien bekannt gemacht zu haben.

Im Rückblick ist das Jahrzehnt von 1863 bis 1873 als Galdós' ›Lehrzeit‹ zu bezeichnen. Er muß in dieser Zeit ungeheure Mengen an Anregungen aufgenommen, unglaublich viel Stoff verarbeitet haben. Er ist Student und Journalist, unermüdlicher Leser und Beobachter seiner Umwelt, er schreibt, malt, spielt Orgel, arbeitet am Theater, dilettiert in der Politik ... Vieles von dem, was er in diesen Jahren schreibt, zerreißt er noch.

Die politische Lage unter der inzwischen verhaßten Königin Isabel wird zunehmend gespannter. Zwei politische Ereignisse beeindrucken Galdós in dieser Zeit und prägen, wie er später schreibt, ›sein literarisches Temperament beträchtlich‹: Im April 1865 kommt es, nach der Unterdrückung eines kritischen Artikels (der den Verkauf der Kronschätze durch die Königin anprangerte) durch die Obrigkeit zu Studentenunruhen. Die Polizei geht brutal vor; neun Tote und zahlreiche Verletzte sind das Ergebnis. Im Jahr darauf erhebt sich die Kaserne von San Gil, unterstützt von demokratischen Kräften und der Bevölkerung, gegen die Königin; in Madrid werden Barrikaden errichtet. Die Bewegung wird unterdrückt, sechsundsechzig Aufständische werden erschossen.

Galdós empfindet tiefes Mitgefühl mit den Unterdrückten, nimmt an Kaffeehausverschwörungen teil, geht auf die Straße. Und die Literatur läßt ihn nicht mehr los. 1866 schreibt Galdós ein erstes, nicht erhaltenes Theaterstück, das von den Bühnen abgelehnt wird. 1867 unternimmt er eine Reise nach Paris, besucht die Weltausstellung und beschäftigt sich intensiv mit Balzac (über achtzig Bände habe er auf seiner ersten und zweiten Parisreise erworben und hüte sie mit religiöser Verehrung, berichtet der Autor) und anderen französischen Autoren wie Flaubert und Dumas. Galdós beschließt endgültig, Romanautor zu werden. Eine weitere Frankreichreise folgt 1868.

Als er zurückkehrt, hat die Revolution, die ›Gloriosa‹ (›die Ruhmreiche‹), gesiegt. Die Finanz- und Wirtschaftskrise von 1867 hat zum Ausbruch der Revolution in Cádiz geführt. Die Aufständischen siegen über die Regierungstruppen; Isabel dankt ab und geht nach Frankreich. Die Monarchie allerdings bleibt unter dem farblosen Amadeo von Savoyen zunächst bestehen. 1869 wird eine Verfassung proklamiert, die das allgemeine Wahlrecht für Männer sowie Religions-, Presse- und Versammlungsfreiheit beinhaltet. Doch es kehrt keine Ruhe ein: Der Führer der demokratischen Koalition, General Prim, wird ermordet; eine stabile Regierung ist nicht zustandezubringen; die Karlistenkriege flammen wieder auf. 1873 dankt Amadeo ab.

Galdós engagiert sich als politischer Journalist. Daneben beginnt er, wahrscheinlich 1868, die Arbeit an dem Roman *La fontana de oro* (›Der goldene Brunnen‹), der 1870 publiziert wurde; 1871 erscheint *El Audaz* (›Der Mutige‹), beides erste Versuche auf dem Gebiet des historischen Romans. Das Erlebnis der ›Gloriosa‹ habe in ihm den Wunsch geweckt, historische Romane zu schreiben, erinnert er sich später. Nun beginnt eine intensive Schaffensperiode: Galdós gibt seine Tätigkeit als Redakteur auf. Mit drei weiteren Romanen, die aktuelle religiöse Fragen behandeln, erobert er endgültig das Publikum. Weltanschaulich und politisch steht Galdós im liberalen Lager, wobei er durchaus Sympathie für den Katholizismus, wenn auch nicht für die Kirche als Institution hegt.

Nach der Abdankung des Königs sind die Befürworter der Republik die einzige politische Gruppe, die sich noch nicht diskreditiert hat. Doch die Republik wird zwischen den Karlistenkriegen, anderen lokalen Auseinandersetzungen und Aufständen in Cuba aufgerieben. 1874 putscht das Militär und setzt Alfons XII., den Sohn Isabels, auf den Thron. In der Folge entwickeln die liberale und die konservative Partei ein pragmatisches System der Machtteilung und abwechselnden Herrschaft, das mit Billigung des Königs einigermaßen funktioniert und unter seiner beherrschenden Figur, dem Konservativen Cánovas, bis Ende des Jahrhunderts der Restaurationszeit eine relative politische Stabilität und wirtschaftliches Wachstum gewährleisten.

Seit 1871 hat Galdós geplant, eine Reihe historischer Romane zu verfassen – relativ kurz, eingängig und patriotisch sollten sie sein. Geradezu zur Besessenheit wird ihm die Suche nach einem eingängigen Motto für diese Romane. Sein Freund und Mitarbeiter José Luis Albareda soll ihm schließlich den Titel *Episodios Nacionales* (›Nationale Episoden‹) vorgeschlagen haben. Die zehn ersten Bände der *Episodios Nacionales* erscheinen von Januar 1873 bis März 1875, die zweiten zehn Bände zwischen Juni 1875 und 1883.

Er hat großen Erfolg; die Verkaufszahlen sind hoch. Allerdings darf man sich im 19. Jahrhundert mit seiner sehr begrenzten lesenden Schicht die Auflagen nicht vorstellen wie die eines heutigen Bestsellers. Ende 1873, nachdem die ersten drei Bände vorliegen, sind von ›Trafalgar‹ 295 Exemplare verkauft, von *En la corte de Carlos IV.* (›Die Abenteuer der Pepita González‹) 1278 und von dem Folgeband *El 19 de marzo y el 2 de mayo* (›Der Aufstand von Madrid‹) 794 – gewaltige Zahlen für die Zeit. Dennoch hat Galdós die Lesegewohnheiten des spanischen Publikums verändert, das Übersetzungen und billige Fortsetzungsromane bevorzugte, und sein Publikum für den – praktisch von ihm geschaffenen – modernen spanischen Roman begeistert.

Zwischen 1873 und 1883 vollendet Galdós siebenundzwanzig Romane in dreißig Bänden, mehr als zwölftausend Seiten, darunter die ersten beiden Reihen der *Episodios Nacionales*, allein zwanzig Bände. Andere Romane schildern das Leben der Madrider Bürger und Kleinbürger (*La desheredada, Maríanela, El amigo Manso, El doctor Centeno*) oder gestalten den Gegensatz zwischen Religion, Tradition und Fanatismus und Liberalität, Toleranz und Fortschritt (*Doña Perfecta, Gloria, La familia de León Roch*). Nach dieser rastlosen Arbeitsphase gönnt er sich eine kurze ›Ruhepause‹, eine Reise nach England. In London steht er am Grab des kürzlich verstorbenen Charles Dickens. Weiter geht es nach Holland, Italien und Portugal. Ebenso wie seine kanarische Kindheit scheinen jedoch diese Reisen wenig Spuren in seinem zutiefst ›spanischen‹ Werk hinterlassen zu haben.

1885 stirbt Alfons XII., und Königin Christina übernimmt die Regentschaft für den minderjährigen Alfonso XIII. Galdós wird Mitglied des Parlaments, der Cortes. Ein tiefes politisches Engagement scheint mit diesem Mandat, zu dem ihm die siebzehn Stimmen eines Wahlbezirks in Puerto Rico (damals noch spanisch) verholfen haben, jedoch nicht verbunden zu sein. Alte Mitstreiter haben später bemerkt, daß Galdós, obwohl er durchaus politische Abenteuer auf sich nahm, die Abgeordnetentätigkeit eher als ›nützliche Zerstreuung‹ und als eine Gelegenheit betrachtet habe, Material für sein Studium der Menschheit zu sammeln. 1887 erscheint *Fortunata y Jacinta*, ein vielschichtiges Bild des Madrider Lebens und bis heute der meistgelesene Roman des Autors. *Miau* (1888) schildert Abstieg und schließlich Tragödie eines arbeitslosen Staatsangestellten, nicht ohne zahlreiche Seitenhiebe auf Bürokratie und gesellschaftliche Heuchelei.

Doch Galdós' Lebensstil ändert sich Ende der achtziger Jahre: Hatte er zuvor jahrelang praktisch Tag und Nacht geschrieben, so gönnt er sich jetzt Erholung, wird ruhiger. Er unternimmt längere Reisen durch Spanien, so 1888/90 nach Toledo, das nach Madrid die Stadt ist, die ihn am meisten fasziniert und ebenfalls eine bedeutende Rolle in seinem Werk spielt. Neue Themen, die ihn reizen, sind seelische Sonderzustände und ein starkes Gefühl für spanische Traditionen und kulturelle Werte. 1890 wird er wieder zum Abgeordneten gewählt, doch er scheint des politischen Lebens überdrüssig. Privat nimmt er vom Bohème-Leben Abschied: Er bezieht eine gutbürgerliche Wohnung in Madrid, Mutter und Schwester führen ihm den Haushalt.

Inzwischen feiert Galdós auch als Bühnenautor Erfolge. Das Jahr 1897 bringt die offizielle Anerkennung. Er wird Mitglied der spanischen Akademie. Bezeichnend der Titel seiner Antrittsrede: ›La sociedad reciente como materia novelable‹ (etwa: ›Die aktuelle Gesellschaft als Grundmaterial für den Roman‹).

Galdós' Gegenwartsromane gewinnen eine religiös-idealistische Komponente: Zwar bleibt der Mensch in seinem Milieu gefangen, doch er hat die Möglichkeit, spirituell darüber hinauszuwachsen, zu einer Sinngebung zu gelangen. Das Meisterwerk dieser Richtung ist *Misericordia* (›Barmherzigkeit‹, 1897), in dem das Bettlermilieu Madrids porträtiert wird. Vor diesem Hintergrund spielt die Geschichte der Dienerin Benina, die ihre verarmte Herrschaft durch Betteln über Wasser hält.

Gegen Ende des Jahrhunderts liegen ein halbes Hundert Werke von Galdós vor. Spanien hat inzwischen unter der Restauration wirtschaftliche Fortschritte gemacht. Im Norden werden Bergbau und Stahl zu den wichtigsten Industrien. Auch die Landwirtschaft profitiert vom zunehmenden Export von Wein und Südfrüchten. Die Einwohnerzahl Spaniens steigt im Lauf des Jahrhunderts um zweiundsechzig Prozent an, von 11,5 Millionen um 1800 bis auf über 18 Millionen im Jahr 1900. Die Weltausstellung in Barcelona 1888 scheint zu signalisieren, daß Spanien auf dem Weg in den Kreis der modernen Industrienationen ist.

Da trifft das schicksalhafte Jahr 1898 Spanien völlig unvorbereitet. Die Niederlage Spaniens gegen die US-amerikanische Flotte besiegelt den Verlust der letzten

Kolonien Cuba, Puerto Rico und der Philippinen; die verspätete Erkenntnis, daß Spaniens Zeit als Großmacht endgültig dahin ist, erschüttert das spanische Selbstverständnis und markiert das geistige Ende des 19. Jahrhunderts, dessen prominentester literarischer Vertreter Galdós ist. Eine neue literarische Generation, die ›Generation von 98‹ versucht, diesen Einschnitt in ihr Lebensgefühl zu verarbeiten.

Galdós arbeitet weiter, vollendet weitere Romane und setzt, durch eine finanzielle Notlage unter Druck geraten, die *Episodios Nacionales* fort, deren letzter Band 1879 erschienen war. 1898 beginnt er mit dem Roman *Zumalacárregui* die dritte Serie. Benito Pérez Galdós wird für den Nobelpreis vorgeschlagen, erhält ihn aber nicht, was ihn tief enttäuscht.

Nach einer Augenoperation erblindet Galdós 1913 völlig; weitere Leiden stellen sich ein. Er stirbt am 4. Februar 1920 in seinem Haus in Madrid. Galdós hinterläßt ein monumentales Werk: 46 Bände der *Episodios Nacionales*, 32 Romane, 24 Theaterstücke, von denen eines verlorengegangen ist, sowie 15 Bände Reiseberichte, Reden, Kritiken, Erinnerungen, von denen manche erst posthum erschienen sind.

3

Galdós steht in der spanischen Tradition epischer und erzählerischer Prosa wie dem Ritter- und Schelmenroman. Besonders hervorgehoben wird seine Verbindung zu Cervantes, dem Schöpfer des *Don Quijote*. Cervantes habe den modernen spanischen Roman geschaffen; Galdós habe ihn zur Vollendung geführt, meint der große spanische Philologe Pérez de Ayala. Beide hätten mit der Affektiertheit der Sprache und der Darstellung gebrochen, die zu ihrer Zeit vorherrschte. Beide hätten Menschen jeden Standes dargestellt. Galdós sei ohne Zweifel der wichtigste Vertreter dieser Tradition zwischen Cervantes und den spanischen und lateinamerikanischen Autoren dieses Jahrhunderts. Zwischen Cervantes und Galdós klaffen eineinhalb Jahrhunderte, in denen der spanische Roman im Niedergang begriffen war; erst im neunzehnten Jahrhundert waren wieder einige bedeutende Autoren aufgetreten.

Galdós hat Balzac und Dickens intensiv gelesen und sich zu ihnen als seinen Meistern bekannt. Kaum habe er als junger Mann die *Comédie humaine* verschlungen, habe er sich an das umfangreiche Werk Dickens' gemacht. Dennoch hebt die Kritik hervor, daß beide – ebenso wie Galdós' Auslandsreisen – eigenartigerweise wenig direkten Einfluß auf ihn ausgeübt haben. Sein Werk steht für sich. Allenfalls vermag man einer gewissen Vorliebe für seelische Ausnahmezustände, die in Galdós' späten Romanen spürbar ist, mit den magischen Elementen bei Balzac oder der Gespensterwelt von Dickens in Verbindung bringen.

Das Bemerkenswerte an Galdós' Romanen ist ihr Realismus, der allen Figuren echtes Leben verleiht. Es heißt, auch die unbedeutendsten seiner Personen hätten reale Vorbilder, nach denen sie gestaltet sind. Umgekehrt schafft es Galdós, auch den großen historischen Gestalten, die er auftreten läßt, Leben einzuhauchen, ihnen die Maske vom Gesicht zu reißen, ohne sie ihrer Bedeutung zu berauben. Seine Darstellung historischer Ereignisse ist so präzise, daß diese zum Teil sogar Geschichtswissenschaftlern als Quelle dient.

Dabei ist der ›Realismus‹ Galdós' jedoch nicht als literaturwissenschaftliche Kategorie zu nehmen. Es ist ihm nie eingefallen, sich einer bestimmten Schule zuzurechnen, eine Position zwischen Realismus, Naturalismus und Idealismus – den literarischen Strömungen seiner Zeit – zu beziehen. Sein Glaubensbekenntnis: ›Der Roman ist das Abbild des Lebens, und die Kunst muß ihre Aufgabe darin sehen, die menschlichen Charaktere darzustellen, die Leidenschaften und die Schwächen, das Große und das Kleine, das Innere und das Äußere, den ganzen Geist und die Materie, die uns umgeben, sowie die Sprache, die das Kennzeichen unseres Volkes ist, und die Wohnverhältnisse, die das Bild der Familie sind, und die Kleidung, die der Persönlichkeit ihre letzten äußeren Züge verleiht. Und all das, ohne zu vergessen, den Ausgleich zu schaffen zwischen der Genauigkeit und der Schönheit der Darstellung‹ – so Galdós in seiner Antrittsrede vor der Spanischen Akademie.

Die *Episodios Nacionales* umfassen etwa die Hälfte von Galdós' Romanwerk und sind im Urteil von Kritikern und Lesern der am besten ausgearbeitete Teil seines Werks. Galdós weiß viel von der jüngsten Vergangenheit seines Landes und hat umfangreiche Recherchen unternommen. Er konsultiert einschlägige Literatur, macht Reisen an Ort und Stelle, befragt Zeitzeugen. Er beabsichtigt eine Art ›Geschichtspädagogik‹, will die Geschichte als Lehrmeister für die Gegenwart darstellen. Breiten Raum nimmt die Schilderung der alltäglichen Realität und die Perspektive der kleinen Leute ein: (Gabriel Araceli ist in *Trafalgar* Schiffsjunge, und in ›Die Abenteuer der Pepita González‹ erlebt Gabriel die Vorgänge am Hof aus seiner Sicht als Diener einer Schauspielerin).

In Galdós' Geschichtsauffassung, wie sie in den *Episodios* zutage tritt, ist der Wandel der spanischen Gesellschaft im Verlauf des 19. Jahrhunderts abzulesen: In der ersten Serie vertritt er eine gemäßigt optimistische Auffassung, in der die Geschichte der Vorsehung folgt und stets zum Vollkommenen fortschreitet. Wirtschaftliche Verhältnisse als Triebkraft der Geschichte werden jedoch außer acht gelassen. In den späteren Serien sind zunehmend Pessimismus, ja Verzweiflung spürbar – hier spiegeln sich die Restaurationsjahre und der Schock von 1898.

Galdós' historische Romane greifen nicht in eine weit entfernte Vergangenheit zurück. Seinem geschichtspädagogischen Antrieb entsprechend, thematisiert er stets die jüngste Vergangenheit, die in die Gegenwart hineinwirkt und aus der vielleicht Lehren gezogen werden können. Die letzten beiden Serien der *Episodios* umfassen Ereignisse, die er selbst miterlebt hat und aus einer Distanz von zwanzig Jahren oder mehr schildert.

Die *Episodios* lassen sich nach ihrem historischen Gegenstand in fünf Serien einteilen, von denen die ersten beiden Perioden umfassen, die vor Galdós' Geburt liegen. Jede der Serien rankt sich jeweils um eine Hauptfigur. Die erste Serie behandelt die Zeit des ›Unabhängigkeitskrieges‹ von der Schlacht bei Trafalgar, in der Spanien endgültig seine Seegeltung verliert, bis zur Schlacht von Arapiles, die zweite die politische Zeit zwischen 1813 und 1834. Die dritte beschreibt die Ereignisse von 1834 bis 1845: den ersten Karlistenkrieg, ›Pronunciamientos‹, Aufstände. Die vierte Serie (1848 bis 1869) behandelt Ereignisse, die Galdós bereits als Erwachsener erlebt hat: die Herrschaft der Königin Isabel II. und ihren Sturz. Die fünfte und letzte schließlich schildert ein Spanien ohne König, die erste Republik, die Restauration, die Regentschaft der Königinwitwe María Cristina von Österreich und die Präsidentschaft von Cánovas und umfaßt die Jahre von 1870 bis zu jenem schicksalhaften Jahr 1898. Die letzte Serie hat der Autor nicht vollenden können; statt der geplanten zehn erschienen sechs Bände. Nicht nur in seinen Gegenwartsromanen, sondern auch im Genre des historischen Romans ist Galdós ein Neuerer, und er ist sich dessen durchaus bewußt. Im Epilog einer seiner *Episodios* spricht er von dem ›für mich glücklichen Umstand, daß in der zeitgenössischen spanischen Literatur keine Romane über die jüngste Vergangenheit existieren‹.

4

Trafalgar erscheint 1873 als erster Roman der *Episodios Nacionales*. Von Anfang an hat Galdós geplant, seine historischen Romane mit dem Jahr 1805 beginnen zu lassen, dem Jahr, in dem die französisch-spanische Flotte im

Kampf gegen Nelson vernichtet wurde. Wie durch eine Intuition sei ihm in einem Gespräch mit seinem Freund Albareda über die geplante Romanserie das Wort ›Trafalgar‹ über die Lippen gekommen.

Im Sommer 1871 lernt Galdós in Santander den letzten Überlebenden der Schlacht von Trafalgar 1805 kennen, der als Schiffsjunge auf der *Santísima Trinidad* gedient hatte. Galdós will die Geschichte als Erlebnisbericht eines Augenzeugen niederschreiben, womit er zugleich seiner pädagogischen Absicht Rechnung trägt, gerade die jüngste Geschichte als in die Gegenwart hineinwirkend darzustellen – mit dem Vorteil, daß noch Augenzeugen der Ereignisse am Leben sind.

Was die literarischen Vorbilder angeht, sind in Trafalgar deutlich Anklänge an den Schelmenroman und den *Don Quijote* zu erkennen. Abgesehen davon, daß die Figur des Alonso de Cisniega geradezu quijoteske Züge aufweist, lehnt sich Galdós häufig auch im Stil an Cervantes an. Doch auch das Muster des Schelmenromans scheint durch: die Art der autobiographischen Erzählung mit häufigen Ansprachen an den Leser, die einfache Herkunft des Erzählers, seine schwere Kindheit und sein wechselvoller Lebensweg lassen ihn als pikaresken Helden erscheinen.

In zweifacher Hinsicht nimmt ›Trafalgar‹ die Stellung eines Prologs zu den *Episodios* ein: Zum einen wird die Lebensgeschichte Gabriel Aracelís, des Helden der gesamten ersten Serie, aufgerollt; zum anderen führt Galdós dem Leser die Situation des Landes vor, die zur Schlacht von Trafalgar geführt hat. Da Galdós' Hauptinteresse allerdings der Auswirkung auf die Gegenwart gilt, rollt er die Vergangenheit nicht ausführlich auf, sondern macht dem Leser vor allem klar, daß hier das letzte große Gefecht der spanischen Seestreitmacht stattfindet.

›Trafalgar‹ ist eine Erzählung, die aus zahlreichen Geschichten besteht. Die Seeschlacht selbst wird von Gabriel erzählt; dazu kommen jedoch die Berichte aus dem Mund anderer Personen, die dazu beitragen, das Bild abzurunden: In Kapitel neun erklärt Marcial die Strategie Nelsons und Villeneuves, ein englischer Offizier berichtet vom Tod Nelsons.

Trotz des Themas – immerhin einer Schlacht – wird in *Trafalgar* mitnichten einem aggressiven Patriotismus das Wort geredet. Deutlich ist dies in der Entwicklung der Hauptfigur angelegt: Gabriels anfängliche kindliche Haltung, der Stolz auf sein kriegerisches Volk, weicht kurz vor der Schlacht einem Gefühl kollektiver Identität, dem Gefühl, gemeinsam gegen einen Feind von außen zu stehen. Mehr noch: In Kapitel XII, als die Engländer die *Santísima Trinidad* übernehmen, wird ihm zum erstenmal klar, daß der Feind dieselben patriotischen Gefühle gegenüber *seinem* Land hegen mag. In Kapitel dreizehn gelangt Gabriel schließlich zu der Einsicht, daß aus Kriegen nur einige wenige Profit ziehen, während die Völker dazu geschaffen seien, einander beizustehen.

Am Schicksal einiger Personen am Ende des Romans läßt sich Galdós' Urteil über die historische Situation ablesen: das alte, stolze, dekadente Spanien in Gestalt von Don Alonso und Marcial muß sterben – der eine an seiner Trauer und der andere in der Schlacht. Auch der junge Gabriel triumphiert nicht, aber ebenso wie Marcial siegt bei ihm die Liebe über den Haß. Der Held kann seinem Onkel vergeben und den Sieg seines Rivalen akzeptieren; Marcial vergibt vor seinem Tod den Engländern und Franzosen. Aus der Erzählung über eine Seeschlacht zieht Galdós eine zutiefst humanistische Lehre.

5

›Die Abenteuer der Pepita González‹ (Originaltitel: *En la corte de Carlos IV.*) ist der zweite Band der *Episodios Nacionales* und wurde – mit der typischen Geschwindigkeit Galdós', der über weite Perioden seines Schaffens pünktlich vier Romane pro Jahr veröffentlichte – zwischen März und April 1873 geschrieben.

Die Handlung kreist um die sogenannte Verschwörung von El Escorial. Der Prinz von Asturien, Ferdinand, versucht im November 1807, seinen Vater Karl IV. zu stürzen, der seit 1788 regiert. Die Verschwörung wird entdeckt und vereitelt, spielt aber dennoch eine entscheidende Rolle für den Entschluß Napoleons, in Frankreich einzumarschieren. Galdós schildert hier deutlicher als in *Trafalgar* die inneren Auseinandersetzungen am spanischen Hof. Wieder ist Gabriel Aracelí der Protagonist; er erfährt allerdings nur durch die Tatsache, daß er Diener einer einflußreichen Dame ist, von den Ereignissen bei Hofe. Und wieder folgt Galdós der Technik der ›vielen Geschichten‹, indem Gabriel verschiedenste, auch widersprüchliche Meinungen hört.

Vier Handlungsfäden sind verknüpft: Zum einen Gabriels Stellung als Diener einer Schauspielerin, was ihn in Kontakt mit dem Theatermilieu und einigen Aristokraten bringt. Galdós gelingt es, das Schauspieler- und Theatermilieu Anfang des 19. Jahrhunderts stimmungsvoll und genau einzufangen. Der zweite Handlungsfaden erzählt von Gabriels Beziehung zu Inés und ihrer Familie, einer Geschichte, die erst mit dem Ende der ersten Serie der *Episodios* ihren Abschluß findet. Eine dritte Binnenhandlung umfaßt den Aufenthalt Gabriels im Palast, just zu der Zeit, als die Verschwörung entdeckt wird; dies gibt Galdós die Gelegenheit, den Einfluß der Hofkamarilla und die Dekadenz bei Hof aufzudecken. Der vierte Handlungsfaden schließlich bringt die Meinung des Volkes ein, indem Gabriel auf seinen Gängen durch das Zentrum von Madrid mit Personen aus dem Volke spricht (wie dem Schleifer).

›Die Abenteuer der Pepita González‹ ist auch ein Roman um Schein und Sein, was vor allem durch das Wechselspiel von Literatur und Realität, Theater und Wirklichkeit verdeutlicht wird. Die drei Theaterstücke, auf die besonders Bezug genommen wird, reflektieren die

Beziehungen zwischen Romangestalten: So besteht ein intimes Dreiecksverhältnis wie zwischen dem Königspaar und Godoy, das von zentraler Bedeutung für die Entstehung der Verschwörung ist, und zwischen anderen Personen. Umgekehrt werden die Hofintrigen in den zentralen Kapiteln als schlechte Komödie dargestellt, in der jedermann lügt und betrügt.

Wie *Trafalgar* ist auch dieses zweite Prosawerk ein Entwicklungsroman. Auch hier hat Gabriel zu Beginn der Handlung naive Illusionen: Im ersten Kapitel sieht er sich als Helden zurückkehren und die Liebe Inés' gewinnen. Im zweiten glaubt er – überzeugt, daß sozialer Aufstieg nur durch Protektion zu vollbringen sei –, dies über die Gräfin Amaranta erreicht zu haben. Inés und Chinitas sehen voraus, in welche Gefahr der gerät, der sich nicht auf eigene Verdienste, sondern auf die Gunst der Mächtigen stützt. Am Ende des Romans scheint Gabriel dies erkannt zu haben, als er versichert, er werde niemandes Diener mehr sein, sondern einen Beruf ergreifen, in dem er selbst seines Glückes Schmied ist.

6

Der Aufstand von Madrid – die wörtliche Übersetzung des spanischen Originaltitels wäre: Der 19. März und der 2. Mai – ist der dritte Roman der *Episodios Nacionales* und führt die Liebesgeschichte zwischen Inés und Gabriel ebenso weiter wie die Geschichte Spaniens. Die zentrale Gestalt dieses Romans ist neben dem Ich-Erzähler der Priester Don Celestino. Pérez Galdós zeichnet ihn gleichermaßen liebevoll, sympathisch wie satirisch-distanziert. Don Celestinos Wärme, seine Menschlichkeit, sein Glauben und seine Ablehnung jeder Gewalt erstrahlen in einer kriegerischen Zeit um so heller, aber unübersehbar sind auch seine Weltfremdheit, seine übertriebene Gutgläubigkeit, die ihn veranlassen, die arme Inés in die Fänge des geizigen Don Mauro Requejo und seiner furienhaften Schwester zu liefern. Zeitweilig wirkt der Priester wie ein neuer Don Quijote, wenn er immer und immer wieder von seiner Beziehung zu dem Friedensfürsten Manuel de Godoy schwärmt, der sich seiner doch in Wahrheit kaum erinnern kann. Sinnbildlich für Celestinos Geisteshaltung sind die Verse, die er verfaßt, noch ganz im alten, hohen Stil, voller rhetorischer Figuren und selbstverständlich in der Gelehrtensprache Latein.

Pérez Galdós stellt in diesem Roman zwei Aufstände gegenüber: der erste ist der in Aranjuez gegen den Ministerpräsidenten Manuel de Godoy, der lange Zeit der eigentliche Machthaber im Lande war. Obwohl der Autor keineswegs Godoys Rolle in der Geschichte schönfärbt, macht er keinen Hehl aus seiner Antipathie gegen diesen Aufstand. Er schildert ihn als eine Erhebung des Pöbels, der seinen niedrigen Instinkten nachgibt: Er will nur seinen Haß auf den Mächtigen ausleben, nicht aber bewußt politisch handeln. Die Zerstörungswut erscheint als unausweichliche Konsequenz der Selbstgerechtigkeit. Die Individuen verschmelzen in diesem Aufstand, so stellt der Autor es dar, zu einer dumpfen Masse.

Den Aufstand von Madrid gegen die französischen Besatzer dagegen stilisiert der Autor zu einem Kampf, in dem die einzelnen Individuen, Männer wie Frauen, über sich selbst hinauswachsen und zu ›Märtyrern der Freiheit‹ werden – so auch der Name jenes Monuments, das heute gegenüber vom Prado-Museum die Erinnerung an den 2. Mai 1808 wachhält, der zum Fanal der spanischen Erhebung gegen Napoleon wurde. Zwar schlugen die Franzosen den Aufstand in der Hauptstadt mit unerbittlicher Härte nieder. Aber nun loderte die Freiheitsbewegung mit Ungestüm von einem Ende des Landes zum anderen. Sechs Jahre sollte dieser Unabhängigkeitskrieg noch dauern, der Europa zeigte, daß Napoleon doch nicht unbesiegbar war.

Ungeachtet seiner Bewunderung für die Kämpfer des Aufstandes wie Pedro Velarde und Louis Daoíz liegt Pérez

Galdós nichts ferner, als Heldenromane zu schreiben, wie vor allem der nachfolgende vierte Band der ›Episodios Nacionales‹ zeigt: *Bailén* (so auch der Originaltitel). Das Bild des jungen Gabriel Aracelí, der auf dem Schlachtfeld steht und für mehrere Minuten die Kugeln, die ihm um die Ohren pfeifen, gar nicht wahrnimmt, weil ihm Briefe in die Hände geraten sind, die ihm Aufschluß über seine geliebte Inés geben, gewinnt Symbolcharakter. Auch im Rausch der nationalen Begeisterung, im gemeinsamen Kampf gegen Napoleon, bewahrt das Individuum noch seine persönlichen Gefühle und Neigungen. Die Liebe ist mindestens genauso wichtig wie die Selbstbehauptung gegen den Tyrannen, die Rechte des Einzelnen auf persönliche Erfüllung sind unveräußerlich.

Bewußt lenkt Pérez Galdós die Aufmerksamkeit des Lesers durch die Gegenüberstellung von Santorcaz und dem Grafen Rumblar auf die nicht zu leugnende Tatsache, daß Napoleon als Herrscher Frankreichs ein fortschrittlicheres Land repräsentierte, als es das damalige Spanien war. In der Gestalt des Grafen von Rumblar, der zwar eine stattliche Genealogie aufweisen kann, ansonsten aber ungebildet, weltfremd, ja lebensuntüchtig ist, karikiert er auch die überkommenen Strukturen des alten monarchischen Spanien, das sich den Ideen der Aufklärung allzulange verweigerte: In Bailén macht sich der Graf buchstäblich zum Affen der Franzosen, wenn er jedem noch so beleidigenden Wunsch nach Belustigung nachkommt. Hier schließt sich die politische Geschichte mit der Liebesgeschichte zusammen: Gabriel wird immer wieder an der Erfüllung seiner Sehnsucht nach Inés gehindert, weil er den Ränken und Intrigen der gewinnsüchtigen Bürger (Don Mauro Requejo) und der Adelscliquen (Herzogin Amaranta, Gräfin von Rumblar) hilflos ausgesetzt ist. Ihre Liebe droht an jenen überkommenden Strukturen zu zerbrechen, die die Witzfigur des kindischen Grafen Rumblar repräsentiert.

Barbara Röhl

Band 13 904

Benito Pérez Galdós
**Der Aufstand von
Madrid
Bailén**
Deutsche
Erstveröffentlichung

Gabriel Araceli, der junge verträumte Abenteurer, hat sich in die
verwaiste Inés verliebt. Zu seinem Entsetzen muß er mit-
erleben, daß ihr gutmütiger Onkel sie leichtfertig in die Obhut
eines Geschwisterpaars gibt, das voller Habgier ist. Während
Gabriel seine Geliebte aus den Fängen dieser gerissenen
Kaufleute befreien will, die Inés wie eine Gefangene behandeln,
entbrennt rings um ihn in Madrid der große Aufstand gegen
Napoleons Truppen, die Spanien besetzt halten. Gabriel
schließt sich den Aufständischen an und zieht nach zahlreichen
Verwicklungen in die Schlacht von Bailén, deren Ausgang
maßgebend für die Geschichte Europas zu Beginn des 19.
Jahrhunderts werden sollte.

Sie erhalten diesen Band
im Buchhandel, bei Ihrem
Zeitschriftenhändler sowie
im Bahnhofsbuchhandel.